普通高等教育规划教材

进出口业务与单证一体化教程

金 钢 编

机械工业出版社

本书主要内容包括国际贸易惯例、国际贸易业务和国际贸易单证等。

本书具有以下特点:一是按照进出口业务流程来编排教学内容;二是将国际贸易实务与国际贸易单证有机结合,在介绍流程的同时详细介绍各环节所需要的单证,使学生更清晰地掌握业务流程;三是突出实践教学和案例教学。

本书适合应用型本科国际经济与贸易专业学生以及外贸公司从事相关工作的人员使用。

图书在版编目(CIP)数据

进出口业务与单证一体化教程/金钢编. —北京:机械工业出版社,2018.7

普通高等教育规划教材

ISBN 978-7-111-60353-5

Ⅰ. ①进⋯ Ⅱ. ①金⋯ Ⅲ. ①进出口贸易 – 原始凭证 – 高等学校 – 教材 Ⅳ. ①F740.44

中国版本图书馆 CIP 数据核字(2018)第 143118 号

机械工业出版社(北京市百万庄大街22号 邮政编码100037)

策划编辑:常爱艳 责任编辑:常爱艳 何 洋

责任校对:王 欣 封面设计:鞠 杨

责任印制:孙 炜

北京中兴印刷有限公司印刷

2018 年 8 月第 1 版第 1 次印刷

169mm×239mm · 21.5 印张 · 391 千字

标准书号:ISBN 978-7-111-60353-5

定价:45.80 元

>>>>>> 前言

随着"一带一路"倡议的快速推进、跨境电子商务和"互联网＋"的蓬勃发展，国内外企业客观上都需要大量掌握国际贸易理论知识和实际操作技能的综合型应用人才。为了适应社会对人才的需求，许多高校国际经济与贸易专业都加强了教学改革，开发出了大量突出实践技能的国际贸易实务与国际贸易单证教材。这些教材虽然内容丰富、各有侧重，但是仍然存在一些不足之处：一是将国际贸易实务与国际贸易单证独立做成两本教材，二者并没有很好地融合在一起，容易使学生产生困惑；二是大部分教材都是按内容模块而不是按实际业务流程来编写的，不利于学生掌握实际的业务流程。为此，编者根据自己多年的教学经验和在外贸公司的实际工作经历，在参考了大量《国际贸易实务》《国际贸易单证》《国际结算》和《国际贸易案例分析》经典教材的基础上，编写了本书。

本书具有以下特点：一是按照进出口业务流程来编排教学内容，方便读者掌握国际贸易实务概貌；二是将国际贸易实务与国际贸易单证有效结合，在介绍流程的同时详细介绍各环节所需的单证，使学生更清晰地了解各种单证在什么时候制作、有何作用等；三是突出实践教学和案例教学，不仅有大量的实训操作介绍，还有大量的案例讲解业务技能。

本书在编写过程中，参考了众多专家、学者的研究成果，谨在此表达诚挚谢意。广西民族师范学院外国语学院的刘聪老师，经济与管理学院国际经济与贸易教研室的王鹏飞、郑国富、张振强、王超、谭俊杰、陈基海、徐丽、杨月元、尹紫翔也为本书的编写提出了宝贵意见，在此一并表示感谢。

本书是广西民族师范学院 2016 年"服务旅游与商贸产业专业群"教学改革立项课题成果，课题名称"国际贸易实务与单证一体化教程"，课题编号 Lyysm-jc2016002。

由于编者水平有限，尽管付出了很大努力，但是书中难免存在不足之处，敬请广大读者和专家批评指正。

编　者

>>>>>> 目录

第一章
>>>>>>贸易术语与国际贸易惯例

在国际货物买卖中，交易双方通过磋商，确定各自应承担的义务。作为卖方，其基本义务是提交合格的货物和单据；买方的对等义务则是接受货物和支付货款。在货物交接过程中，有关风险、责任和费用的划分问题，也是交易双方在谈判和签约时需要明确的重要内容，因为它们直接关系到商品的价格。在实际业务中，对于上述问题，往往通过使用贸易术语加以确定。学习和掌握国际贸易中现行的各种贸易术语及其有关的国际惯例，对于正确运用这些贸易术语来明确当事人的基本义务和合理规定价格，具有十分重要的意义。

第一节　贸易术语的概念及其发展

一、贸易术语的含义和作用

国际贸易具有线长、面广、环节多、风险大等特点。线长是指货物的运输距离长；面广是指交易中要涉及许多方面的工作；环节多是指货物从出口地到进口地要经过多道关卡，办理许多手续。其间货物遭遇自然灾害或意外事故而导致损坏或灭失的风险自然会比较大。为了明确交易双方各自承担的责任和义务，当事人在洽商交易、订立合同时，必然要考虑以下几个重要问题：

（1）卖方在什么地方、以什么方式办理交货？

（2）货物发生损坏或灭失的风险何时由卖方转移给买方？

（3）由谁负责办理货物的运输、保险以及通关过境的手续？

（4）由谁承担办理上述事项时所需的各种费用？

（5）买卖双方需要交接哪些有关的单据？

在具体交易中，以上这些问题都是必须明确的，贸易术语正是为了解决这些问题，在长期的国际贸易实践中逐渐产生和发展起来的。在国际贸易中，确定一种商品的成交价，不仅取决于其本身的价值，还要考虑到商品从产地运至最终目的地的过程中，有关的手续由谁办理、费用由谁负担以及风险如何划分等一系列问题。如果由卖方承担的风险大、责任广、费用多，其价格自然要高一些；反之，如果由买方承担较多的风险、责任和费用，货价则要低一些买方才能接受。由此可见，贸易术语具有两重性：一方面，用来确定交货条件，即说明买卖双方在交接货物时各自承担的风险、责任和费用；另一方面，又用来表示该商品的价格构成因素。这两者是紧密相关的。

综上所述，贸易术语是在长期的国际贸易实践中产生的，用来表明商品的价格构成，说明货物交接过程中有关的风险、责任和费用划分问题的专门用语。贸易术语是国际贸易发展过程中的产物，它的出现又促进了国际贸易的发展。这是因为贸易术语在实际业务中的广泛运用，对于简化交易手续、缩短洽商时间和节约费用开支，都具有重要的作用。

二、贸易术语的产生与发展

国际贸易起源于奴隶制社会，它是随着商品交换跨越国界而产生的，而贸易术语却是国际贸易发展到一定历史阶段的产物。据有关史料记载，中世纪时，海外贸易的主要形式是：有的商人自己备船将货物运到国外，在当地市场直接销售；也有一些商人亲自到国外采购货物然后运回国内；还有的是二者兼顾，在售出货物的同时，购进所需的货物。不论哪种方式，都是由货主自己承担货物在长途运输中的全部风险、责任和费用。这些做法是与当时的商品经济发展水平相适应的，那时还没有关于贸易术语的记载。

随着商品生产的日益发展和国际贸易范围的不断扩大，到 18 世纪末 19 世纪初，出现了装运港船上交货的术语，即 Free on Board（FOB）。据有关资料介绍，当时所谓的 FOB，是指买方事先在装运港口租定一条船，并要求卖方将其售出的货物交到买方租好的船上。买方自始至终在船上监督交货的情况，并对货物进行检查，如果他认为货物与他先前看到的样品相符，就在当时当地偿付货款。这一描述的情景虽然有别于今天使用的凭单交货 FOB 贸易术语，但可以说它是 FOB 的雏形。随着科学技术的进步、运输和通信工具的发展，国际贸易的条件发生了巨大的变化，为国际贸易服务的轮船公司、保险公司纷纷成立，银行参与了国际贸易结算业务。到 19 世纪中叶，以 CIF 为代表的单据买卖方式逐渐成为国际贸易中最常用的贸易做法。国际贸易术语在长期的贸易实践中，无论在数量、名称及其内涵方面，都经历了很大的变化。随着贸易发展的需要，新的术语应运而生，过时的术语则逐渐被淘汰。

国际商会于 1936 年制定并于 1953 年修订的《国际贸易术语解释通则》（简称《通则》）中只包括了 9 种贸易术语，后来，由于业务发展的需要，对《通则》做了多次修订。2010 年 9 月 27 日，国际商会正式推出《2010 年国际贸易术语解释通则》（INCOTERMS 2010），与 INCOTERMS 2000 并用，新版本于

2011 年 1 月 1 日正式生效。新的通则更新并加强了"交货规则"——规则的总数从 13 个降到 11 个，并为每一规则提供了更为简洁和清晰的解释。INCO-TERMS 2010 同时也是第一部使得所有解释对买方与卖方呈现中立的贸易解释版本。

第二节 国际贸易惯例及其性质与作用

一、国际贸易惯例

贸易术语是在国际贸易实践中逐渐形成的。在相当长的时间内，在国际上没有形成对各种贸易术语的统一解释，不同国家和地区在使用贸易术语和规定交货条件时，有着各种不同的解释和做法。这样一来，一个合同的当事人对于对方国家的习惯解释往往不甚了解，这就会引起当事人之间的误解、争议和诉讼，既浪费了各自的时间和金钱，也影响了国际贸易的发展。为了解决这一问题，国际商会、国际法协会等国际组织以及美国一些著名商业团体经过长期的努力，分别制定了解释国际贸易术语的规则，这些规则在国际上被广泛采用，因而形成一般的 国际贸易惯例 （International Trade Practice），或称 国际商业惯例（International Commercial Practice）。国际贸易惯例一般是指在国际贸易业务中，经过反复实践而形成的，并经过国际组织加以解释和编纂的一些行为规范和习惯做法。在国际贸易中应用的主要惯例均由国际商会制定和发布，主要包括《国际贸易术语解释通则》《跟单信用证统一惯例》《托收统一规则》和《国际标准银行实务》。

（一）《国际贸易术语解释通则》

有关贸易术语的国际贸易惯例主要有四种，即《1932 年华沙—牛津规则》《1990 年美国对外贸易定义修订本》《2000 年国际贸易术语解释通则》和《2010 年国际贸易术语解释通则》。

1. 《1932 年华沙—牛津规则》（Warsaw-Oxford Rules 1932）

《华沙—牛津规则》是国际法协会专门为解释 CIF 合同而制定的。19 世纪中叶，CIF 贸易术语在国际贸易中得到广泛采用，然而对使用这一贸易术语时买卖双方各自承担的具体义务，并没有统一的规定和解释。对此，国际法协会于 1928 年在波兰首都华沙开会，制定了关于 CIF 买卖合同的统一规则，称为《1928 年华沙规则》，共包括 22 条。其后，在 1930 年的纽约会议、1931 年的巴黎会议和 1932 年的牛津会议上，将此规则修订为 21 条，并更名为《1932 年华沙—牛津规则》，沿用至今。这一规则对 CIF 的性质、买卖双方所承担的风险、责任和费用的划分以及货物所有权转移的方式等问题都做了比较详细的解释。

2.《1990 年美国对外贸易定义修订本》（Revised American Foreign Trade Definitions 1990）

《1990 年美国对外贸易定义修订本》是由美国几个商业团体制定的。它最早于 1919 年在纽约制定，原称《美国出口报价及其缩写条例》。后来于 1941 年在美国第 27 届全国对外贸易会议上对该条例做了修订，命名为《l941 年美国对外贸易定义修订本》。这一条例经美国商会、美国进口商协会和全国对外贸易协会所组成的联合委员会通过，由全国对外贸易协会予以公布。1990 年，根据形势发展的需要，该定义被再次修订，并被命名为《1990 年美国对外贸易定义修订本》（简称《定义》）。该《定义》中所解释的贸易术语共有 6 种，分别为：

（1）EXW（Ex Works）（产地交货）。

（2）FOB（Free on Board）（在运输工具上交）。

（3）FAS（Free Along Side）（在运输工具旁边交货）。

（4）CFR（Cost and Freight）（成本加运费）。

（5）CIF（Cost，Insurance and Freight）（成本加保险费运费）。

（6）DEQ（Delivered Ex Quay）（目的港码头交货）。

《1990 年美国对外贸易定义修订本》主要被美洲国家采用，由于它对贸易术语的解释，特别是对第（2）和第（3）种贸易术语的解释，与国际商会制定的《国际贸易术语解释通则》有明显的差异，所以，我们在同美洲国家进行交易时应加以注意。

3.《2000 年国际贸易术语解释通则》（INCOTERMS 2000）

《国际贸易术语解释通则》（简称《通则》）原文为 "International Rules for the Interpretation of Trade Terms"，缩写形式为 INCOTERMS。INCOTERMS 来自 International Commercial Terms，它是国际商会为了统一对各种贸易术语的解释而制定的。最早的《通则》产生于 1936 年，后来为适应国际贸易业务发展的需要，国际商会先后进行过多次修改和补充。《2000 通则》是国际商会根据近 10 年来形势的变化和国际贸易发展的需要，在《1990 通则》的基础上修订产生的，并于 2000 年 1 月 1 日起生效。

国际商会推出《2000 通则》时，在其引言中指出：进行国际贸易时，除了订立买卖合同外，还要涉及运输合同、保险合同、融资合同等。这些合同相互关联、互相影响，但《通则》只限于对货物买卖合同中交易双方权利义务的规定，而且该货物是有形的，不包括计算机软件之类的东西。作为买卖合同的卖方，其基本义务可概括为交货、交单和转移货物的所有权，而《通则》也仅仅涉及前两项内容，而不涉及所有权和其他产权的转移问题，也不涉及违约及其后果等问题。与《1990 通则》对《1980 通则》的修改相比，《2000 通则》对《1990 通则》的改动不大，带有实质性内容的变动只涉及三种贸易术语，即

FCA、FAS 和 DEQ。但在规定各种贸易术语下买卖双方承担的义务时，《2000 通则》在文字上还是做了一些修改，使其含义更加明确。国际商会在对《2000 通则》的介绍中，将各种常用的专业词语，如"发货人"（Shipper）、"交货"（Delivery）、"通常的"（Usual）等，做了明确的解释。

在内容和结构方面，《2000 通则》保留了《1990 通则》包含的 13 种贸易术语，并仍将这 13 种贸易术语按不同类别分为 E、F、C、D 4 个组。E 组只包含 EXW 一种贸易术语，这是在商品产地交货的贸易术语；F 组包含 FCA、FAS 和 FOB 3 种贸易术语，按这些贸易术语成交，卖方必须将货物交给买方指定的承运人，从交货地至目的地的运费由买方负担；C 组包含 CFR、CIF、CPT、CIP 4 种贸易术语，采用这些贸易术语时，卖方要订立运输合同，但不承担从装运地启运后所发生的货物损坏或灭失的风险及额外费用；D 组中包括 DAF、DES、DEQ、DDU 和 DDP 5 种贸易术语，按照这些贸易术语达成交易，卖方必须承担将货物运往指定的进口国交货地点的一切风险、责任和费用。

4.《2010 年国际贸易术语解释通则》（INCOTERMS 2010）

国际商会（ICC）重新编写的《2010 年国际贸易术语解释通则》（INCO-TERMS 2010，即《2010 通则》），是国际商会根据国际货物贸易的发展，对《2000 通则》的修订。该通则于 2010 年 9 月 27 日公布，2011 年 1 月 1 日开始全球实施。《2010 通则》较《2000 通则》更准确地标明了各方承担货物运输风险和费用的责任条款，令船舶管理公司更易理解货物买卖双方支付各种收费时的角色，有助于避免现时经常出现的码头处理费（THC）纠纷。此外，新通则还增加了大量指导性贸易解释和图示，以及电子交易程序的适用方式。

《2000 通则》中包含 13 种贸易术语，分别是 EXW（工厂交货）、FCA（货交承运人）、FAS（装运港船边交货）、FOB（装运港船上交货）、CFR（成本加运费）、CIF（成本加保险费加运费）、CPT（运费付至……）、CIP（运费、保险费付至……）、DAF（边境交货）、DES（目的港船上交货）、DEQ（目的港码头交货）、DDU（未完税交货）和 DDP（完税后交货）。《2010 通则》则删去了 DAF、DES 和 DDU，代之以新增加的 DAP（目的地交货）；另外，删去了 DEQ，代之以 DAT（运输终端交货）。这样一来，《2010 通则》中包含的贸易术语由原来的 13 种减少为 11 种。

《2010 通则》不再按 E、F、C、D 分组，而是根据它们适用的运输方式分为两类，即适用于各种运输方式的贸易术语和仅适用于水上运输方式的贸易术语。按照新的分类，适用于各种运输方式的贸易术语包括 EXW、FCA、CPT、CIP、DAT、DAP 和 DDP 7 种；仅适用于水上运输方式的贸易术语包括 FAS、FOB、CFR 和 CIF 4 种。

在具体解释每种贸易术语的开篇部分，增加了一个使用说明或称指导意见。

使用说明解释了该种贸易术语用什么样的运输方式、卖方在什么情况下完成交货、风险何时转移、费用如何划分等基本问题，但不构成贸易术语实际规则的组成部分。增加这一部分内容，主要是为了帮助使用者根据具体的交易情况准确、高效地选择恰当的贸易术语。

虽然《2010 通则》于 2011 年 1 月 1 日正式生效，但并非《2000 通则》就自动作废。因为国际贸易惯例本身不是法律，对国际贸易当事人不产生必然的强制性约束力。国际贸易惯例在适用的时间效力上并不存在"新法取代旧法"的说法，即《2010 通则》实施之后并非《2000 通则》就自动废止，当事人在订立贸易合同时仍然可以选择适用《2000 通则》甚至《1990 通则》。

（二）《跟单信用证统一惯例》

《跟单信用证统一惯例》是调整信用证业务关系的国际惯例。国际商会为明确信用证有关当事人的权利、责任、付款的定义和贸易术语，减少因解释不同而引起各有关当事人之间的争议和纠纷，调和各有关当事人之间的矛盾，于 1930 年拟订了一套《商业跟单信用证统一惯例》（Uniform Customs and Practice for Commercial Documentary Credits），并于 1933 年正式公布。随着国际贸易变化，国际商会分别在 1951 年、1962 年、1974 年、1978 年、1983 年、1993 年进行了多次修订，称为《跟单信用证统一惯例》（Uniform Customs and Practice for Documentary Credits），被各国银行和贸易界广泛采用，已成为信用证业务的国际惯例，但其本身不是一个国际性的法律规章。

《跟单信用证统一惯例（1993 年修订本）》（即国际商会第 500 号出版物，简称 UCP 500）使用十余年后，从 2007 年 7 月起，又被《跟单信用证统一惯例（2007 年修订本）》（即国际商会第 600 号出版物，简称 UCP 600）所代替。

（三）《托收统一规则》

国际商会为统一托收业务的做法，减少托收业务各有关当事人可能产生的矛盾和纠纷，曾于 1958 年草拟《商业单据托收统一规则》（The Uniform Rules for Collection, ICC Publication No. 322）；1995 年再次修订，称为《托收统一规则》（国际商会第 522 号出版物，简称 URC 522），1996 年 1 月 1 日实施。《托收统一规则》自公布实施以来，被各国银行所采用，已成为托收业务的国际惯例。

《托收统一规则》（URC 522）共 7 部分、26 条，包括：总则及定义，托收的形式和结构，提示方式，义务与责任，付款，利息、手续费及其他费用，以及其他规定。根据《托收统一规则》规定，托收意指银行根据所收的指示，处理金融单据或商业单据，目的在于取得付款和/或承兑，凭付款和/或承兑交单，或按其他条款及条件交单。上述定义中所涉及的金融单据是指汇票、本票、支票或其他用于付款或款项的类似凭证；商业单据是指发票、运输单据、物权单据或其他类似单据，或除金融单据之外的任何其他单据。

（四）《国际标准银行实务》

《关于审核跟单信用证项下单据的国际标准银行实务》（International Standard Banking Practice for the Examination of Documents under Documentary Credits, ISBP）简称《国际标准银行实务》。ISBP 是国际商会在信用证领域编纂的国际惯例，ISBP 不仅是各国银行、进出口公司信用证业务单据处理人员在工作中的必备工具，也是法院、仲裁机构、律师在处理信用证纠纷案件时的重要依据。它的生效在各国的金融界、企业界、法律界产生了重大影响。国际商会银行委员会于 2000 年 5 月成立了一个专门工作组对世界主要国家审单惯例加以统一编纂和解释。专门工作组以美国国际金融服务协会制定的惯例为基础，收集了世界上有代表性的 50 多个国家的银行审单标准，结合国际商会汇编出版的近 300 份意见，并邀请了 13 个国家的贸易融资业务专家和法律专家，于 2002 年 4 月份完成了 ISBP 的初稿并向全世界的银行征询意见。2003 年 1 月，ISBP 作为国际商会第 645 号出版物正式出版。因 2007 年 7 月 1 日起实施 UCP 600，所以 ISBP 于 2007 年也更新为 ISBP 681。

二、国际贸易惯例的性质与作用

（1）国际贸易惯例不是法律，对双方当事人不具有强制性的法律效力。

（2）依法订立的合同在签订合同的双方当事人之间，具有相当于法律的效力。也就是说，国际贸易惯例不如合同所规定的效力大，双方当事人可以在合同中排除某个惯例，如果发生冲突以合同为准。

（3）国际惯例对贸易实践具有重要的指导作用。如果双方都同意采用某种惯例来约束该项交易，并在合同中做了明确的规定，那么，该项约定的惯例就具有强制性。

（4）如果双方在合同中既未排除，也未注明该合同适用该项惯例，在合同执行发生争议时，受理该争议案的司法和仲裁机构也往往会用某项国际惯例进行判决或裁决，这是因为通过各国立法或国际公约赋予其法律效力。

我国法律规定，凡中国法律没有规定的，适用国际贸易惯例。《联合国国际货物销售合同公约》规定，合同没有排除的惯例、已经知道或应当知道的惯例、经常使用反复遵守的惯例适用于合同。

[案例 1-1]

有一份 CIF 合同在美国订立，由美国商人 A 出售一批计算机给中国香港商人 B，按 CIF 香港条件成交。双方在执行合同的过程中，对合同的形式及合同有关条款的解释发生争议。请分析解决此项纠纷应适用香港法律还是美国法律？

[分析] 应适用于美国法律。理由：合同与美国关系最密切，因为订约地和履约地都在美国。在按 CIF 香港条件成交的合同中，出口方在出口方装运港履

行交货义务，所以履约地在美国装运港，而非目的港香港。

第三节 《2010 年国际贸易术语解释通则》中的 11 种贸易术语简介

国际商会修订的《2010 年国际贸易术语解释通则》（简称《2010 通则》）中的全部贸易术语共有 11 种，如表 1-1 所示。

表 1-1 《2010 年国际贸易术语解释通则》中的 11 种贸易术语

通用的运输方式	贸易术语	英文全称	中文翻译	交货地点
任何运输方式或多种运输方式	EXW	Ex Works	工厂交货	卖方在出口国完成交货义务
	FCA	Free Carrier	货交承运人	
	CPT	Carriage Paid to	运费付至……	
	CIP	Carriage and Insurance Paid to	运费、保险费付至……	
	DAT	Delivered at Terminal	运输终端交货	卖方在进口国完成交货义务
	DAP	Delivered at Place	目的地交货	
	DDP	Delivered Duty Paid	完税后交货	
海运及内河运输方式	FAS	Free alongside Ship	装运港船边交货	卖方在出口国完成交货义务
	FOB	Free on Board	装运港船上交货	
	CFR	Cost and Freight	成本加运费	
	CIF	Cost，Insurance and Freight	成本加保险费加运费	

《2010 通则》对 11 种贸易术语的买卖双方的手续、责任、费用以及风险的划分做了修订。该通则在国际上被普遍采用，是当今世界上影响最广泛的贸易术语。

《2010 通则》的主要变化有以下几点：

（1）将《2000 通则》13 种贸易术语增删为 11 种。删除了《2000 通则》中的 DEQ、DAF、DES 和 DDU 4 个贸易术语，新增了 DAT、DAP 2 个贸易术语。其中，DAT 取代了《2000 通则》中的 DEQ；DAP 取代了《2000 通则》中的 DAF、DES 和 DDU。

（2）改变了《2000 通则》的分组，将 11 个贸易术语按运输方式分为两组。第一组的 7 个贸易术语可以适用于任何运输方式或多种运输方式，在用于多种运输方式时，没有海运也可使用，海运是其中一部分也可以使用；第二组的 4 个贸易术语只适用于海运及内河水运，交货点和将货物交至买方的点都是港口。

（3）取消了 FOB、CFR 和 CIF 3 个贸易术语以"船舷"作为风险转移的界限，代之以将货物"装上船"（Placed on Board）。这样更合情合理，并且能避免已经过时的风险在一条假想的垂直线上摇摆不定的情形出现。

(4) 正式规定国际贸易术语可以用于国内货物买卖合同。此前的国际贸易术语只适用于货物跨越国界的国际货物买卖合同；《2010 通则》的副标题正式确认国际贸易术语对国际国内货物买卖合同均可适用。

(5) 明确了买卖双方有完成或协助完成安检通关的义务。近年来，人们对货物移动时的安全问题日益关注，不仅要求货物的品质符合要求，还要求货物对人的生命和财产不得构成威胁。鉴于这种变化，《2010 通则》在各贸易术语的 A2/B2 和 A10/B10 条款中，明确了买卖双方负有完成或协助完成安检通关的义务，并可以向对方索取因此发生的费用；还增加了与安全有关的清关手续。

(6) 明确了码头作业费的分摊。码头作业费是指在港口或集装箱码头设施内处理和移动货物的费用。在使用 CPT、CIP、CFR、CIF、DAT、DAP 和 DDP 时，卖方负责安排运输，并支付运费将货物运至指定目的地；但运费实际支付人是买方，因为运费已经包含在货物总价中。但在实践中，运输费用有时会包含码头作业费，对这种费用，承运人或港口运营人很可能向买方收取。如果这样，买方就会为同一服务支付两次费用：一次是在货物总价中向卖方支付；另一次是单独向承运人或港口运营人支付。为了避免此类情况的发生，《2010 通则》在相关贸易术语的 A6 和 B6 条款中明确了此类费用的分摊。

(7) 赋予电子信息与纸质信息同等效力。《通则》的以往版本也规定诸多文件可以用电子数据信息替代。《2010 通则》的 A1 和 B1 条款则在各方约定或符合惯例的情况下，赋予电子信息与纸质信息同等效力。这种表述更有利于电子程序在《2010 通则》有效期内的发展。

(8) 澄清了链式销售中卖方履行交货义务的方式。在商品销售中，货物在运至销售链终端的过程中常常被多次转卖。在这种情况下，处在销售链中间的卖方实际上不是运送货物，而是以"取得"货物（无须装货）的方式履行对买方的交货义务，因为处于销售链始端的卖方已经安排了运输。为了反映这种情况，《2010 通则》在相关贸易术语中，将"取得"运输中货物作为完成交货义务的一种方式，弥补了以前版本的不足。

(9) 明确了双方与保险相关的义务。《2010 通则》将与保险相关的信息义务从《2000 通则》的 A10 和 B10 泛泛的条款中抽出，纳入关于运输和保险合同的 A3 和 B3；为了明确双方与保险相关的义务，A3 和 B3 中有关保险的用语也做了相应调整。

总的来说，《2010 通则》反映了近十年来国际贸易领域的变化，内容更加简洁，操作性和指导性进一步加强；但有的内容也引起了业界的争议，最终效果还有待实践的检验。

一、FOB——Free on Board（insert named port of shipment）

1. FOB 的含义

FOB 的中译名为装运港船上交货。它表示卖方以在指定装运港将货物装上买方指定的船上或通过取得已经交付至装运港船上货物（物权运输单据）的交付方式交货。货物灭失或损坏的风险在货物交到船上时转移，同时，买方承担自卖方交货时起的一切费用。

上述"卖方通过取得已经装至船上的货物（运输单据）的方式交货"，通常是指卖方是中间商的情况：A（原卖方）先把货物卖给 B（中间商），B 紧接着又把货物转卖给 C（买方）。A 在装运货物取得运输单据后向 B 交单，B 付款后就取得了单据（即货物）。在 B 和 C 的交易中，B 不需要自己在装运港把货物装上船，只要取得 A "已经装上船的货物"，就可以算作 B 对 C 完成"交货"了。在实际工作中，运输单据（如"提单"等）通常是代表货物的所有权的，因此，B 只要取得了运输单据，就等于"取得了已经装上船的货物"，当然也就表明 B 完成"交货"了。

FOB 贸易术语仅适用于海运或内河运输方式。

2. 卖方的主要义务

（1）在合同规定的时间内和装运港口，将合同规定的货物交到买方指定的船舶上，并及时通知买方。

（2）承担货物在装运港装上载货船舶之前的一切风险和费用。货物在装运港码头上载货船舶以前的费用由卖方承担，货物装上载货船舶以前的风险也由卖方承担。如果装运港码头的水位太浅，载货船舶不能靠岸，而必须在远离码头较远的深水水域抛锚，从码头岸边到远洋货轮之间需要用驳船转运时，在 FOB 贸易术语下：①转运的费用应由卖方支付；②货运风险的划分仍然以远洋货轮的船上，而不是以驳船的船上为界。

（3）自负风险和费用，取得出口许可证或其他官方证件；办理货物出口的海关手续，并交纳海关税费。所谓"自负风险和费用"，意思就是：万一卖方因故没能申请到相关的出口证件，如出口许可证、商检出口货物放行单、出口收汇核销单等，由此引起的不良后果由卖方承担；如果在申领证件时需要付费，其费用也应由卖方承担。

（4）提交商业发票，自费提供证明卖方已经按时交货的清洁单据或具有同等作用的电子记录或程序。"清洁运输单据"是指承运人没有在上面批注有关"装运货物或其包装有任何缺陷"的单据。纸制单据和电子单据，根据买方的意愿或实际情况任选一种，即卖方提供了纸制单据，就不用提供电子单据；反之亦然。

3. 买方的主要义务

（1）订立从指定装运港运输货物的合同，支付运杂费用，并将船名、装货地点、装运要求和交货时间及时通知卖方。

（2）按照合同规定接受单据、支付货款并受领货物。

（3）承担货物在装运港装上载货船舶以后的一切风险和费用。

（4）自负风险和费用，取得进口许可证或其他官方文件，并办理货物进口的海关手续。

4. 使用 FOB 贸易术语的注意事项

（1）注意船货的衔接，避免发生空舱费用。

（2）注意某些国家对此惯例的不同解释。

（3）货物装船以后，卖方应该及时通知买方，以便买方能够及时办理货运保险。所谓"及时"，按惯例，一般可以理解为：在货物装上指定远洋货轮以后的 24 小时以内。

5. FOB 术语的变形

在按 FOB 条件成交时，卖方要负责支付货物装上船之前的一切费用。但各国对"装船"的概念没有统一的解释，有关装船的各项费用由谁负担，各国的惯例或习惯做法也不完全一致。如果采用班轮运输，船方管装管卸，装卸费计入班轮运费之中，自然由负责租船的买方承担；而采用程租船运输，船方一般不负担装卸费用。这就必须明确装船的各项费用应由谁负担。为了说明装船费用的负担问题，双方往往在 FOB 贸易术语后加列附加条件，这就形成了 FOB 术语的变形。主要包括以下几种：

（1）FOB Liner Terms（FOB 班轮条件）。这一变形是指装船费用按照班轮的做法处理，即由船方或买方承担。所以，采用这一变形，卖方不负担装船的有关费用。

（2）FOB Under Tackle（FOB 吊钩下交货）。这一变形是指卖方负担费用将货物交到买方指定船只的吊钩所及之处，而吊装入舱以及其他各项费用，一概由买方负担。

（3）FOB Stowed（FOB 理舱费在内）。这一变形是指卖方负责将货物装入船舱并承担包括理舱费在内的装船费用。理舱费是指货物入舱后进行安置和整理的费用。

（4）FOB Trimmed（FOB 平舱费在内）。这一变形是指卖方负责将货物装入船舱并承担包括平舱费在内的装船费用。平舱费是指对装入船舱的散装货物进行平整所需的费用。

在许多标准合同中，为表明由卖方承担包括理舱费和平舱费在内的各项装船费用，常采用 FOBST（FOB Stowed and Trimmed）方式。

FOB 的上述变形，只是为了表明装船费用由谁负担而产生的，并不改变 FOB 的交货地点以及风险划分的界限。《2000 通则》指出，《通则》对这些贸易术语后的添加词句不提供任何指导规定，建议买卖双方应在合同中加以明确。

注：过去我国外贸业界有时称 FOB 为离岸价，严格说来，这一叫法并不恰当。根据《2010 通则》的解释，FOB 条件下买卖双方划分风险的界限是在装运港船上，而非码头（岸）。同时，当买方所派船只无法靠近装运港码头时，按规定卖方还必须用驳船将货物运至买方派来的船边并负责装船，此时卖方需另付驳船运费。由此可见，用"离岸价"是无法表示 FOB 的真正含义的。

[案例 1-2]

我国黑龙江某外贸公司以 FOB 条件签订了一批皮衣买卖合同，装船前检验时货物的品质良好且符合合同规定。货到目的港后，买方提货检验时发现部分皮衣有发霉现象，经调查确认，原因是包装不良导致货物受潮引致，据此买方向卖方提出索赔要求。但是，卖方认为货物在装船前品质是合格的，发霉在运输途中发生的，因此拒绝承担赔偿责任。对此争议应做何处理？

[分析] 尽管发霉是在运输途中发生的，但是造成发霉的原因，即包装不良则是在装船前已经存在了，因此是卖方在履约过程中的过失。按照有关 FOB 的风险转移规定，买方有理由提出索赔要求，卖方的拒绝是没有道理的。

[案例 1-3]

我方进口商以 FOB 条件从巴西进口橡胶，但是我方由于租船困难，不能在合同规定的时间内到装运港接运货物，从而出现了较长时期的货等船现象，于是巴西方面要求撤销合同并向我方进口商提出赔偿损失的要求。巴西出口商的做法是否合理？

[分析] 根据 FOB 条件成交，要求买方在约定的期限租船到指定的装运港接运货物。我方进口商没能及时派船接运货物，属于违约行为，因此，巴西出口商有权以此为由撤销合同并要求赔偿损失。

二、CFR——Cost and Freight

1. CFR 的含义

CFR 的中译名为成本加运费，后接指定目的港。它表示卖方在船上交货或以取得已经这样交付的货物（物权运输单据）的方式交货。货物灭失或损坏风险在货物交到船上时转移。卖方必须签订运输合同，并且支付将货物运至指定的目的港所必需的成本和运费。

CFR 贸易术语适用于海运或内河运输方式。

CFR = FOB + Freight。这就是说，与 FOB 比较，CFR 的价格里又加上了货物从装运港运到目的港的运杂费用。另外，CFR 后面的港口是"目的港"，即买卖货物必须最终运抵这里，而且货物运至此处的运杂费用由卖方支付。

2. 卖方的主要义务

（1）签订从约定的装运港将货物运往指定的目的港的运输合同（即负责"租船订舱"）；在买卖合同规定的时间和港口，将合同规定的货物装上船，支付货到目的港的运杂费，装船后及时通知买方。

（2）~（4）与 FOB 卖方义务的（2）~（4）基本相同。

这里只说基本相同，而不说完全相同，原因在于：在 FOB 贸易术语下，卖方义务的（2）为"承担货物在装运港装上载货船舶以前的一切风险和费用"；而在 CFR 贸易术语下，买卖双方的风险划分仍然以装运港的船上为界，但费用的划分却不能再以此为界了，卖方必须将必需的运费付到指定的目的港为止。

3. 买方的主要义务

除租船订舱、支付运杂费用改由卖方办理和支付以外，其他一概与 FOB 的买方义务相同。

4. 使用 CFR 贸易术语的注意事项

（1）卖方要及时向买方发装运通知。按照有些西方国家的法律规定，如英国的《货物买卖法》的规定，如果卖方未发装运通知，致使买方没有投保，而货物又在运输途中受损，其损失应由卖方承担，而不能再以装运港船上为界。

（2）防止买方日后指定船公司。轮船公司的服务有优劣之分，其收费也有高低之别。卖方在出口报价时预估的运杂费用，一般只是按中等水平的船舶和收费加以匡算的，既不是指最差的船公司及船舶，也不是最好的。如果买方在履约时提出要求货物必须装某某船公司的船舶，这种被买方指定而又由卖方付费的船公司及船舶的收费，肯定会高于先前预算的收费水平，因为买方绝不会指定收费低廉、服务质量不高的船公司或船舶。此时，卖方可以根据具体情况选择以下办法予以应对：

1）予以默许和接受——如果卖方愿意承担这样的高额费用。

2）提出加价——当卖方承担不起，或不愿意吃亏时。

3）予以拒绝——如果买方既要指定船公司，又不同意加价。

4）事先在买卖合同条款中注明："此运费不包括买方指定船公司及/或载货船舶的收费标准。"

5. CFR 贸易术语的变形

"CFR 贸易术语的变形"主要是为了明确"货物在目的港的卸货费用由谁承担"的问题。至于买卖双方在"CFR 贸易术语原形"上其他义务的惯例，并不会因为"变形"而发生丝毫改变。

（1）CFR Liner Terms——CFR 班轮条件。这一变形是指货物在目的港的卸货费用由卖方承担。另外，有关"班轮"的英文称谓，除了"Liner"以外，还

有 "Line Vessel" "Regular Vessel" 以及 "Conference Vessel"（"Conference Vessel" 还有"公会船"的含义）等；有关"班轮条件"的其他英文称谓还有"Gross terms"和"Berth Terms"等。

（2）CFR Landed——CFR 卸至码头上（岸上）。这一变形是指货物在目的港码头的卸货费用甚至包括可能涉及的驳船费用都由卖方负担。

如果目的港码头水位太浅，远洋货轮不能靠岸，只能在离岸边有一定距离的较深的水域抛锚并卸下货物。货物从载货船舶到码头岸上，都得靠驳船进行转运。在这种情况下，如果货物买卖使用"CFR Landed"贸易术语变形，按照卖方必须把货物置于目的港码头岸上才算完成交付的义务的惯例去推论，驳船的转运费应该由卖方负担。

（3）FOB Ex Tackle——CFR 吊钩下交货。这一变形是指卖方负担将货物在目的港的码头从船上吊起，卸到码头岸边或驳船上吊钩所及之处的费用。

（4）CFR Ex Ship's Hold——CFR 舱底交货。这是指货物运到目的港后，由买方自行启舱，并负担货物从舱底卸到码头的费用。

应当指出，CFR 贸易术语的附加条件只是为了明确卸货费用由何方负担，而其交货地点和风险划分的界限并无任何改变。《2000 通则》对贸易术语后加列的附加条件不提供公认的解释，建议买卖双方通过合同条款加以规定。

[案例 1-4]

中国 A 公司（买方）与澳大利亚 B 公司（卖方）于某年 3 月 20 日订立了 5000kg 羊毛的买卖合同，单价为 314 美元/kg，CFR 张家港，规格为型号 T56FNF，信用证付款，装运期为当年 6 月，我公司于 5 月 31 日开出信用证。7 月 9 日卖方传真我方称，货已装船，但要在中国香港转船，香港的船名为 SAFETY，预计到达张家港的时间为 8 月 10 日。但直到 8 月 18 日 SAFETY 轮才到港，我方去办理提货手续时发现船上根本没有合同项下的货物，后经多方查找，才发现合同项下的货物已在 7 月 20 日由另一条船运抵张家港。但此时已造成我方迟报关和迟提货，被海关征收滞报金人民币 16000 元。我方向出口方提出索赔。

[分析] 在船名船期通知错误这一问题上，责任在卖方是毋庸置疑的。

因为根据 CFR A7 的规定，卖方有义务将转船的变化情况及时通知买方，以便买方能采取通常必要的措施来提取货物。可是本案例中的卖方没有这样做，使得我方不得不设法打听货物的下落甚至支付滞报金之类的额外费用。

故仲裁庭裁决出口方赔偿滞报金给我方。

三、CIF——Cost，Insurance and Freight

1. CIF 的含义

CIF 贸易术语的中译名为成本加保险费加运费，后接指定目的港。按此贸易术语成交，货价的构成要素中包括从装运港至约定目的地港的通常运费和约定的保险费，故卖方除具有与 CFR 贸易术语相同的义务外，还要为买方办理货运保险，支付保险费。按一般国际贸易惯例，卖方投保的保险金额应按 CIF 价加成 10%。如买卖双方约定了加成投保比例，而保险公司也同意，则卖方应按约定的比例加成投保办理保险；如买卖双方未约定具体险别，则卖方只需取得最低限度的保险险别；如买方要求加保战争险等附加险，在保险费由买方负担的前提下，卖方应予加保。卖方投保时，如能办到，必须以合同货币投保。

2. 卖方的主要义务

（1）~（4）与 CFR 卖方义务的（1）~（4）完全相同。

（5）按照买卖合同的规定，自费办理货物的水上运输保险。

3. 买方的主要义务

除了剔除了"自费办理货物的水上运输保险"这一条以外，其他与 CFR 项下的买方义务完全相同。

4. CIF 贸易术语的变形

（1）CIF Liner Terms——CIF 班轮条件。这一变形是指货物按班轮条件装运，货到目的港后的卸货费用已包括在运费之内，即由船方负担。实际上是由卖方负担卸货费。

（2）CIF Ex Ship's Hold——CIF 舱底交货。这一变形是指货物运抵目的港后，自舱底吊起至卸货码头的卸货费用均由买方负担。

（3）CIF Ex Tackle——CIF 吊钩下交货。这一变形是指货物到达目的港后，卖方只负担船舱底起吊到船边卸离吊钩为止的费用。如果船舶靠不上码头，驳船费和码头费由买方负担。

（4）CIF Landed——CIF 卸到岸上。这一变形是指卖方负担将货物卸到目的港岸上的费用。包括因船舶不能靠岸的情况下，租用驳船运至岸上的驳船运费和码头费在内都由卖方负担。

5. 使用 CIF 术语的注意事项

（1）在买卖合同中事先订明投保险别。如果买方特别要求加保特殊附加险别，则加保费用可以提出由买方负担。《2010 通则》特别强调：在 CIF 贸易术语下，卖方仅需投保最低险别。如果买方需要更多的风险保护，则需要与卖方事先达成明确协议，或者自行做出额外的保险安排。

（2）CIF 条件下卖方自主订船，选择船公司和货代、自付运费、码头费等，一般不接受买方指定的货代/船公司等。卖方租船订舱，只限于租用一般普通的船只。实际业务中，客户会选择国外服务较好的马士基、APL 等知名船运公司。一般在与买方协商好运费、船期后也可以接受，但一般不接受买方指定的货代。

（3）卖方在装船后给买方发装船通知。在 CIF 条件下，虽然买方不急着需要船名、船期等信息去办理货运保险，但卖方还是应该在适当的时候将有关装运信息通知买方，以便买方及时办理销售、进口通关及提货手续等事宜。

（4）CIF贸易术语属于典型的单据买卖，只要卖方提交的单据符合合同规定，即使货物在运输途中遭受损失或者灭失，买方也必须付款；反之，如果卖方提交的单据与买卖合同规定不符，即使货物完好无损地送达目的地，买方仍有权拒付货款、拒收货物。

6. 象征性交货与实际交货

（1）象征性交货（Symbolic Delivery）。卖方只要在规定的时间和地点完成装运，并及时向买方提交了合同规定的相关商业单据和货运单据，就算完成了交货义务，而无须等到货交买方，也无须保证将货物运到目的地。

象征性交货的主要特点如下：

1）交货与收货并不同时发生。卖方交货在前，买方收货在后，而且卖方交货的时候，买方并没有收到货物，甚至连货物的所有权都没有得到。

2）货交承运人或者承运人的代理。卖方并不是直接把货物交给买方。

3）交单代替交货。卖方把货物交给承运人、取得货运单据以后，卖方就算完成了交货义务。

4）只规定装运期限，不规定到货期限。卖方必须在什么时间段或者必须在什么时间之前完成装运；至于货物必须在什么时候交给买方，则一般没有严格的限制。当然，也不是完全没有限制。如果到货拖延太长的时间，一般也是不允许的。

5）风险转移与买方接收货物不同时发生。一般在象征性交货方式下，货运风险转移在先，买方收到货物在后。

（2）实际交货（Physical Delivery）。卖方必须在规定的时间和地点，将符合合同规定的货物提交给买方或买方指定的人，而不能以交单代替交货。

实际交货的主要特点如下：

1）交货与收货同时发生。卖方交货的时间，也是买方收到货物的时间。

2）货物直接交给买方或买方指定人，不再是交给承运人。即使有时候由承运人接收货物，此时的承运人也是代表买方的。

3）不限定装运期限，而限定到货期限。卖方什么时候装运货物，买卖合同不做规定，但必须限定卖方在何时何地把货物交给买方。这一点比在象征性的交货方式下，对于卖方的难度更大。

4）风险转移与买方接受货物同时发生。此时，卖方只有把货物交给买方控制以后，货运风险才能转移给买方。这比在象征性交货方式下风险转移的时间和空间都大大后移了，对于卖方的风险也随之更大了。

7. FOB、CFR与CIF的比较

（1）三种常用贸易术语的相同点。

1）都适用于海运或内河运输。

2）交货地点都在装货港的船上。

3）风险划分都以货物在装运港装上船舶为界。

4）单据、出口证件、装运通知等文件都由卖方提供。

5）出口手续都由卖方负责办理。

（2）三种常用贸易术语的不同点。

1）办理运输的责任不同：FOB 由买方办理，CFR 和 CIF 由卖方办理，因为这两种贸易术语里都含有"Freight"。

2）办理保险的责任不同：FOB 和 CFR 由买方办理，因为对于卖方来说，这两种贸易术语里都没有"Insurance"，CIF 由卖方办理。

3）贸易术语后面港口的含义不同：FOB 为装运港，CFR 和 CIF 是目的港。

4）贸易术语的价格构成不同：FOB 不含运费、保险费，CFR 不含保险费，CIF 包含运费和保险费。

8. 特别说明

国际商会在《2010 通则》中特别提示，当买卖货物通过集装箱运输时，建议不使用适用海运或内河运输方式的贸易术语（如 FOB、CFR 和 CIF 等），而应该使用适用于任何运输方式或多种运输方式的贸易术语。因为在集装箱运输时，卖方向承运人交付货物的地点通常是在某一地点（如集装箱码头），而不是在装运港船边或船上。

但在实际工作中，集装箱运输也并不一定非要排除适用海运的贸易术语。其理由如下：

（1）迄今为止，FOB、CFR 和 CIF 这三个贸易术语在实际工作中的使用频率仍然是最高的，而且国外客户都已经习惯于采用这些贸易术语了。

（2）在现代国际货物运输中，除了整船租赁的租船运输下的大宗商品不使用集装箱运输以外，班轮运输不使用集装箱的运输方式已经极少见了。

（3）即使货物采用非集装箱运输方式，卖方也并不是在装运港船上把货物交付给承运人的，而通常是在装运港码头的仓库等处。

（4）在事先投保了货运风险的情况下，用集装箱运输的同时使用上述贸易术语，货物在装运港码头附近的集装箱堆场（Container Yard，CY）发生了货运风险，通常仍然由被保险人（买方）去向保险公司索赔。这一点与非集装箱运输情况下索赔的差别并不大。

注：关于"到岸价"的说明。长期以来，不少人经常把 CIF 价格条款叫作"到岸价"（In – shore Price Terms）。这种叫法严格来讲是不合理的，其理由是："到岸价"的含义应该是卖方负责把货物安全运达目的港的报价，卖方不仅要承担货物运抵目的港的运费、保险费，还要承担运输过程中货物遭受损失和

灭失的风险。而在 CIF 贸易术语里，虽然货物的成本、运费和保险费等确实都由卖方一直付到了指定目的港，可是 CIF 属于象征性交货方式，卖方是在装运港载货船舶的船上完成交货义务的，也就是说，货物只要在装运港装运上了船舶，如果货物发生了风险损失，其损失就应该由买方承担，而不是由卖方承担。因此，从"交货"和"货运风险"的角度去考虑，把 CIF 价格叫作"到岸价"就不够严密。

[案例 1-5]

我国某出口公司对加拿大魁北克某进口商出口 500t 核桃仁，合同规定价格为每吨 4800 加元 CIF 魁北克，装运期不得晚于 10 月 31 日，不得分批和转运，并规定货物应于 11 月 30 日前到达目的地，否则买方有权拒收，支付方式为 90 天远期信用证。

加方于 9 月 25 日开来信用证。我方于 10 月 5 日装船完毕，但船到加拿大东岸时已是 11 月 25 日，此时魁北克已开始结冰。

承运人担心船舶驶往魁北克后出不来，便根据自由转船条款，指示船长将货物全部卸在哈利法克斯，然后从该港改装火车运往魁北克，待这批核桃仁运到魁北克已是 12 月 2 日。于是进口商以货物晚到为由拒绝提货，提出降价 20% 以弥补其损失。几经交涉，最终以我方降价 15% 结案，我方出口公司共损失 36 万加元。

[分析] 本案例中的合同已非真正的 CIF 合同。CIF 合同是装运合同，卖方只负责在装运港将货物装上船，货物装到船上之后的一切风险、责任和费用均由买方承担。

本案例在合同中规定了货物到达目的港的时限条款，改变了合同的性质，使装运合同变成了到达合同，即卖方必须承担货物不能按期到达目的港的风险。

吸取的教训：

（1）在 CIF 合同中添加到货期等限制性条款将改变合同性质。

（2）像核桃仁等季节性很强的商品，进口方往往要求限定到货时间，卖方应采取措施减少风险。

（3）对货轮在途时间估算不足；对魁北克冰冻期的情况不了解。

[案例 1-6]

我国某进口商与东南亚某国以 CIF 条件签订合同进口香米，由于考虑到海上运输距离较近，且运输时间段海上一般风平浪静，于是卖方在没有办理海上货运保险的情况下将货物运至我国某一目的港口。适逢国内香米价格下跌，我国进口商便以出口方没有办理货运保险、卖方提交的单据不全为由，拒收货物和拒付货款。我方的要求是否合理？此案应如何处理？

[分析] 我方的要求是合理的。尽管我方的动机是由于市场行情发生了对其

不利的变化，但由于是 CIF 贸易方式，要求卖方凭借合格完全的单证完成交货义务。本案例中卖方没有办理货运保险，提交的单据少了保险单，即使货物安全到达目的港，也不能认为其完成了交货义务。

四、FCA——Free Carrier

1. FCA 的含义

FCA 贸易术语的中译名为货交承运人，后接指定的交货地点。其含义是卖方在卖方所在地或其他指定地点将货物交给买方指定的承运人或其他人，风险在交货地点货交承运人后转移至买方。此处所述"卖方所在地"通常是指卖方办公所在地的城市，"其他指定地点"也通常是指卖方所在国家的某个城市，"其他人"一般是指承运人的代理人（Agent）。

2. 买卖双方的义务

关于买卖双方的义务，FCA 与 FOB 基本相似，所不同的是：

（1）交货地点可以是卖方所在国的任何指定地点。在 FCA 条件下，卖方交货的地点既可以是指定的车站、码头、飞机场，也可以是其他指定地点；而在 FOB 条件下，交货地点只能在装运港船上。

（2）卖方只需把货物交给买方指定的承运人或其他人就行了，卖方并不一定需要负责将货物装上承运人的运输工具。

关于"卖方将货物交给承运人时的装卸费用由谁承担"的问题，具体应分为两种情况：

1）如果卖方在本地交货，卖方应该负责将货物装上指定承运人的运输工具。例如，位于武汉的卖方在武汉"货交承运人"，则卖方应当负责将货物装上承运人的运输工具。

2）如果卖方在异地交货，则"货交承运人"时的卸货费用都应由买方承担。例如，位于武汉的公司要把货物运到上海去交给承运人，则货物在上海"货交承运人"时的卸货费用都应由买方承担。

（3）风险和费用的划分均以"货交承运人"为界。货交承运人以前的一切风险损失和费用全由卖方承担，货交承运人以后的一切风险损失和费用全由买方承担。

五、CPT——Carriage Paid to

1. CPT 的含义

CPT 贸易术语的中译名为"运费付至……"，后接指定的目的地。其含义是卖方将货物在双方约定的地点交给卖方指定的承运人或其他人。卖方必须签订运输合同，并支付将货物运至指定目的地所需的费用。货运风险在卖方将货物交付给承运人以后转移至买方。

CPT 贸易术语适用于任何运输方式，也可适用于多种运输方式。

2. 有关运输的几个常见概念

（1）直达（Direct Transport）：是指一批货物从装运地运抵目的地仅用一个运输工具来完成的运输。

（2）转船（Transhipment）：是指一批货物从装运地运抵目的地仅用海运一种运输方式，但需要用两条或两条以上的船舶来完成的运输，整个运输过程中会发生货物从一条船上卸下接着装上另一艘船的作业环节。

（3）联运（Through/Combined Transport）：是指一批货物从装运地运抵目的地需要运用两种运输方式，其中一种为海洋运输来完成的运输。"联运"货物在换装时，汉语通常叫作"转运"，但英语依然叫作"Transhipment"。另外，在实际工作中，"Through"更多的时候用于"使用海运一种运输方式，但需要使用两条或两条以上的船只把一批货物运到目的港"的情况，例如"Through B/L"（联运提单＝转船提单，但一般不说"Transhipment B/L"）。

（4）多式联运（Multimodal Transport）：是指一批货物从装运地运抵目的地使用任意两种或两种以上的运输方式。运输方式是指空运、陆运和海运，只要同一批货物的运输使用了两种以上的运输方式，就可以称为"多式联运"。因此，"联运"有时也可以称为"多式联运"。可以把"联运"看成一种特殊形式的"多式联运"。

（5）第一承运人（The First Carrier）：在多式联运中，同一批货物如果必须经两个或两个以上的承运人运输，与托运人签订运输合同的承运人就是第一承运人。第一承运人对托运人全权负责将货物从启运地运至目的地。如果中途需要转运，第一承运人再与第二承运人签订余下路程的运输合同，第二承运人再与第三承运人签约……直到最后一个承运人负责把货物运到目的地。每一个承运人都对自己的前任全权负责该货物余下的全程运输。如果因为其中某一个承运人的责任，致使托运货物在货运途中遭受了损失，无论是哪一个承运人的责任，托运人都只需去找第一个承运人就可以，而不必也不能去找其他直接责任人索赔。

3. 买卖双方的义务

关于买卖双方的义务，CPT 与 CFR 基本相似，二者之间只存在以下差别：

（1）CPT 适用于任何运输方式，也适用于多种运输方式；而 CFR 在理论上只适用于水运。

（2）CPT 贸易术语下，装运地和目的地可以是任何地点，不一定是港口；而 CFR 贸易术语必须分别是装运港和目的港口。

（3）CPT 贸易术语下，买卖双方风险的划分以"货交承运人"为界；而

CFR 贸易术语却以装运港载货船舶的船上为界。

（4）CPT 贸易术语下，运输单据可能是提单，也可能是多式联运单据；而 CFR 贸易术语下的运输单据则一般为海运提单。

六、CIP——Carriage and Insurance Paid to

1. CIP 的含义

CIP 贸易术语的中译名为"运费、保险付至……"，后接指定的目的地。其含义是卖方将货物在双方约定的地点交给卖方指定的承运人或其他人。卖方必须签订运输合同和保险合同，并且支付将货物运至指定目的地所需的费用。货物在交付给承运人时，风险转移至买方。如果涉及多个承运人，则货物交给第一承运人时风险转移。

2. 买卖双方的义务

关于买卖双方的义务，CIP 与 CIF 有相似之处，它们的价格构成中都包括了通常的运费和约定的保险费，而且，按这两种贸易术语成交的合同均属于装运合同。但 CIP 和 CIF 贸易术语在交货地点、风险划分界限以及卖方承担的责任和费用方面又有其明显的区别，主要表现在：CIF 适用于水上运输，交货地点在装运港，风险划分以货物装上船为界，卖方负责租船订舱、支付从装运港到目的港的运费，并且办理水上运输保险，支付保险费。而 CIP 贸易术语则适用于各种运输方式，交货地点要根据运输方式的不同由双方约定，风险是在承运人控制货物时转移，卖方办理的保险，也不仅是水上运输险，还包括各种运输险。

七、EXW——Ex Works

1. EXW 的含义

EXW 贸易术语的中译名为"工厂交货"，后接指定的交货地点。其含义是卖方在其所在地或其他指定地点（如工厂、车间或仓库等）将货物交给买方处置时，即完成交货。买方承担在指定地点收取货物以后所产生的全部费用和风险。卖方不需要将货物装上任何前来接收货物的运输工具；需要清关时，卖方也无须办理清关手续。该贸易术语对于卖方来说，就像是普通的商店零售一样——只管在自己的商店卖货收钱，其他一概不管，由买方自己负责把货物运走。

在《2010 通则》的全部 11 种贸易术语中，EXW 是卖方义务最轻、买方义务最重的一种贸易术语。卖方在自己的工厂或营业场所把货交给买方处置后就完成了所有的交货义务，后续的运输、保险、出口通关手续、风险和费用都由买方自己承担。卖方甚至不需要把货物装上买方接货的运输工具。

2. 卖方义务

（1）在合同规定的时间和地点将合同规定的货物置于买方的处置之下。

（2）承担货物交给买方以前的一切风险和费用。

（3）提交商业发票或同等的电子记录或程序。

3. 买方的义务

（1）按合同规定受领货物并支付货款。

（2）承担受领货物以后的一切风险和费用。

（3）自负风险和费用，取得出口和进口许可证或其他官方证件，并办理货物的出口和进口海关手续。

EXW 贸易术语适用于任何运输方式，也适用于多种运输方式；而且，它属于实际交货方式。

八、FAS——Free alongside Ship

1. FAS 的含义

FAS 贸易术语的中译名为"装运港船边交货"，后接指定的交货地点。其含义是卖方在指定的装运港将货物交到买方指定的船边时，即为"交货"。货物灭失或损坏的风险在货物交到船边时发生转移，同时，买方承担自那时起的一切费用。

FAS 贸易术语适用于海运或内河运输方式。

2. 几点说明

（1）"船边"在贸易术语下一般是指"载货船舶的吊钩所及之处"。

（2）如果载货船舶因为码头原因不有靠岸，则卖方应负担"货物在装运港码头到载货船舶的吊钩下"之间转运的驳船费用。

3. 买卖双方的义务

关于买卖双方的义务，FAS 与 FOB 基本相似，其区别主要有以下几点：

（1）卖方只需将货物交到船边，而不需装上载货船舶。

（2）风险的划分以"船边"为界，而不以装运港载货船舶的船上为界。

（3）交货凭证可能是"承运货物收据"等运输单据，而不是"已装船提单"。

九、DAT——Delivered at Terminal

1. DAT 的含义

DAT 贸易术语的中译名为"运输终端交货"，后接指定的目的港或目的地的运输终端。"运输终端"在国际贸易中是指一批国际买卖货物运输到某个进口国家的运输终点站（全程运输到此为止）。这些"终端"需要视具体的运输方式而定。例如，海运的终端是港口码头，铁路的终端是铁路货运车站，而航空运输的终端就是航空货运机场等。运输终端可以是任何地点，无论该地点是否有遮盖、码头、仓库、集装箱堆场或公路、铁路、空运货站（场）等均可。

该贸易术语的含义是卖方在指定目的港口或目的地的指定运输终端将货物从抵达的载货运输工具上卸下，交给买方处置时，即为"交货"。卖方承担将货物送至指定目的港口或目的地的运输终端并将货物卸下之前的一切风险。

2. 买卖双方的义务

关于买卖双方的义务，DAT 与 CIP 非常相似，现在对二者比较如下：

（1）相同点

1）都适用于任何运输方式和多种运输方式。

2）都由卖方负责申请出口证件，办理出口通关手续，支付出口海关税费。

3）都由卖方订立运输合同、支付运费，都由卖方办理货运保险、支付保险费。

4）都由买方负责申请进口证件，办理进口通关手续，支付进口海关税费。

（2）不同点

1）交货地点不同：CIP 在出口国指定地点完成"交货"，而 DAT 则在进口国的某个运输终端。

2）风险划分的界限不同：CIP 在出口国以"货交承运人"为界，而 DAT 则在进口国以"货物交给买方控制"为界。

3）卖方支付的费用不同：卖方在 CIP 贸易术语下通常不需要支付目的地的卸货费用，而在 DAT 贸易术语下，卖方需要在目的地运输终端把货物从运输工具上卸下来。

4）交货方式不同：CIP 属于象征性交货，而 DAT 属于实际交货。

十、DAP——Delivered at Place

1. DAP 的含义

DAP 贸易术语的中译名为"目的地交货"，后接指定的目的地。其含义是卖方在指定目的地将还处在运抵运输工具上可供卸载的货物交由买方处置时，即为"交货"。卖方承担将货物运送到指定地点的一切风险。

DAP 贸易术语适用于任何运输方式，也适用于多种运输方式。

2. 买卖双方的义务

关于买卖双方的义务，DAP 与 DAT 这两个贸易术语非常相近，只存在以下两点主要区别：

（1）在 DAP 贸易术语下，"目的地"更加宽泛，它既可以是"运输终端"，也可以是进口国内其他任意的"指定地点"；而 DAT 则只能是"运输终端"（某种运输方式的终点站）。

（2）在 DAP 贸易术语下，卖方不需要在目的地抵达的运输工具上把买卖货物卸下来，而是直接在运输工具上向买方"交货"；而在 DAT 贸易术语下，卖方则必须先卸货，而后才能"交货"。

十一、DDP——Delivered Duty Paid

DDP 贸易术语的中译名为"完税后交货"，后接指定的目的地。其含义是卖方在指定目的地将仍处于抵达的工具上，但已完成进口清关，且可供卸载的货物交由买方处置时，即为"交货"。卖方承担将货物运至目的地的一切风险和费用，并且有义务完成货物的出口和进口清关，支付所有出口和进口的关税，办理所有的海关手续。

DDP 是全部 11 种贸易术语中，卖方风险、责任和费用最大的一种。它适用于任何运输方式，也适用于多种运输方式。

十二、"装运合同"和"到达合同"

1. 装运合同

凡是按"卖方在出口国国内完成交货义务"的贸易术语所签订的买卖合同都属于"装运合同"。EXW、FCA、FAS、FOB、CFR、CIF、CPT 和 CIP 这 8 种贸易术语都属于"装运合同"，而且，除 EXW 属于"实际交货"方式以外，其他 7 种贸易术语都属于象征性交货方式。

2. 到达合同

凡是按"卖方在进口国国内完成交货义务"的贸易术语签订的买卖合同都属于"到达合同"，到达合同都属于"实际交货"方式的范畴，包括 DAT、DAP 和 DDP。

复习思考题

1. 贸易术语是如何产生的？它的作用如何？
2. 国际贸易惯例与法律有何联系与区别？如合同内容与惯例有冲突，以什么为准？
3. 当事人可否在合同中做出与惯例不符的规定？
4. 有关贸易术语的国际惯例都有哪些？各有何不同？
5. 如何理解 CIF 属于象征性交货的贸易术语？

第二章
>>>>>> 国际贸易单证概述

第一节　国际贸易单证的含义和分类

一、国际贸易单证的含义

国际贸易单证（International Trade Documents）也称外贸单证，是指在国际贸易业务中所使用的各种单据和证书。国际贸易单证工作是随着国际贸易的发展而发展的。在货币没有出现以前，买卖双方只能进行"易货贸易"，即以货换货。货币发明之后，在债务的清偿方面出现了"现金结算"，但在国际贸易中，由于买卖双方所在地理位置相对遥远，这种结算方式存在较大弊端。随着航海运输业和保险业的发展，"非现金结算"方式应运而生。卖方凭单交货，买方凭单付款，使得商品买卖能够通过单据交换来实现。在这种情况下，当买卖双方签订进出口贸易合同以后，单证工作基本贯穿于合同履行的每一个环节，包括用来处理商品的交付、运输、商检、保险、报关、结汇等全过程。单证工作专业性、时间性强，工作量大，任务繁杂，涉及面广。但商品交换单据化大大便利了国际贸易中商品货权的让渡与转移，因而单据在国际贸易中起到了非常重要的中介作用。

二、国际贸易单证的分类

根据不同的分类标准，国际贸易单证可以分为如下几类：

1. 根据国际贸易单证的性质划分

根据国际商会第 522 号出版物《托收统一规则》，国际贸易单证按照性质可以分为以下两类：

（1）金融单据（Financial Documents）。它是指汇票、本票、支票及其他用于取得款项的凭证。

（2）商业单据（Commercial Documents）。它是指发票、运输单证、保险单证、装箱单证、保险单证以及其他类似单据。

2. 根据国际贸易单证的用途划分

（1）资金单据，如汇票、本票、支票等。

（2）商业单据，如商业发票、形式发票、装箱单、重量单等。

（3）货运单据，如海运提单、多式联运单据、空运单、公路铁路内河运输单据、专递和邮政收据等。

（4）保险单据，如保险单、预保单、保险证明等。

（5）公务单据，如海关发票、领事发票、原产地证书、商检证书等。

（6）附属单据，如装运通知、受益人证明、船舶航程证明、寄单证明等。

3. 根据国际贸易单证流向划分

（1）进口单据，如进口许可证、信用证、进口报关单、进口商检单等。

（2）出口单据，如出口许可证、报关单、包装单据、运输单据、商业发票、汇票、商检证书、产地证书、保险单等。

第二节　国际贸易单证工作的意义

一、国际贸易单证是履行外贸合同的必要手段和证明

国际贸易是国与国之间的商品买卖。由于买卖双方分别处于不同的国家和地区，商品和货币不能进行简单的直接交换，而必须以单证作为交换的媒介。就国际贸易中使用的两大类单证而言：一类是具有货物属性的商业单据，它们有的代表货物的所有权（如海运提单），有的说明所交货物的详情（如商业发票），有的为货物输出国提供必要的证件（如出口许可证），有的为货物在运输途中可能遭遇的灾害和损失承担风险（如保险单），等等；另一类是具有货币属性的金融单据，它们有的直接代表货币（如汇票、本票、支票），有的为货款的支付做出承诺或做出有条件的保证（如信用证、银行保函等），等等。各种单证在外贸业务的各个环节都有其特定的功能，它们的填制、签发、流转、组合、交换等具体应用，反映了外贸合同履行的进展情况及相关方的责任、权利和义务的发生、转移和终止。正如国际贸易专家施米托夫（Schmitthoff）在《出口贸易》一书中所述："从商业观点来看，可以说 CIF 合同的目的不是货物本身，而是与货物有关的单据的买卖。"由此可见，国际贸易单证是履行外贸合同的必要手段和证明。

二、国际贸易单证是结算的基础工具

国际商会第 600 号出版物《跟单信用证统一惯例》（简称 UCP 600）第 5 条

规定："在信用证业务中，各有关当事人处理的是单据，而不是单据所涉及的货物、服务或其他行为。"也就是说，在信用证支付方式下，只要出口方能提交符合信用证规定的单证，银行就必须承担付款或承兑的责任，至于货物的实际情况如何，银行不必过问。《跟单信用证统一惯例》第14条又规定："当开证行及（或）保兑行（如有），或代其行事的指定银行，收到单据时，必须仅以单据为依据，确定单据是否表面与信用证条款相符。如果单据表面与信用证条款不符，可以拒绝接受。"因此，在信用证支付方式下，受益人所提交的单据是否正确一致是银行付款的先决条件。在托收方式下，进口商也是凭必要的和符合买卖合同规定的单据付款，若单据不符合同要求，也有可能被进口商借故拒付。因此，在国际贸易中，全套正确、完整的单据，是卖方安全、迅速结汇的基础工具，同时也是买方取得物权证明的保证。

三、单证工作是企业经营管理的重要环节，与企业的经济效益密切相关

单证工作贯穿于合同履行的全过程，在合同履行的不同阶段都会有相应的单证出立、组合和流通。合同内容、信用证条款、货源安排、检验检疫、租船订舱、报关保险、交单议付等出口业务管理问题，都集中在单证上反映出来。单证工作的质量直接反映了外贸业务管理水平的高低。如果在某个环节上不能正确、及时地缮制或流转相关单证，就会影响整个合同履行的过程。单证工作的好坏与企业的经济效益密切相关。如果强化制单和审单工作，提高单证质量，就会减少单证工作的差错，就能在完成出口任务的同时，使企业的利益有了可靠的保障，还可以增收节支，加速资金周转，为国家多创外汇；若单证质量不过关，制单、审单时粗心大意，轻则给企业收汇带来不必要的麻烦，重则会给企业和国家带来无法挽回的经济损失，进而影响企业自身的声誉。

四、单证工作是一项政策性很强的涉外工作

国际贸易单证工作体现着平等互利和按国际惯例办事的政策精神。进出口单证不仅要用于交货、结汇，还需要在国外流通，因此，单证是涉外的商业文件。它不但具有经济意义，还具有政治意义，体现了一个国家的对外贸易方针政策，必须严格按照有关国家的各项法规和制度办理。例如，海关发票供进口国海关考核该商品是否属于倾销，作为采取不同国别政策的依据；普惠制产地证供进口国家执行普遍优惠制和作为海关减、免税的依据；进、出口许可证关系到有关国家对进出口商品的计划管理，甚至还涉及两国之间的贸易协定。

进出口单证又是重要的涉外法律文件。它不但是收汇的依据，当发生纠纷时，又常常是处理争议的依据。因此，单证必须严格符合有关国家的法律、规

则和惯例等要求。例如，货物在运输途中受损，货方向保险公司提出索赔，保险单就是赔偿的凭证；如关系到赔偿额的计算问题，发票就是赔偿的依据；如属承运人的责任，向承运人索赔，提单或其他运输单据就是处理索赔的依据；如对货物品质发生争执，品质检验证书就是处理纠纷的依据。

第三节　国际贸易单证工作的基本要求

对每项外贸业务而言，进、出口双方都要做单证工作，但出口商的单证工作相对要多一些。下面主要以出口为例阐述出口单证的基本要求。

出口单证工作主要包括审证、制单、审单、交单和归档五个环节。总的要求是"四个一致"，即"证同一致""单证一致""单单一致""单货一致"。其中，"证同一致"是指信用证与合同保持一致；"单证一致"是指外贸单据与信用证保持一致；"单单一致"是指各种单据之间保持一致；"单货一致"是指单据中所描述的货物与实物保持一致。

单证制作原则上应做到正确、完整、及时、简明、清晰。

一、正确

（1）要求单据能够真实、准确地反映买方对货物的要求，即要做到单据与单据之间、单据与合同规定、单据与信用证、单据与所装运的货物要完全一致。

（2）要求单据的缮制要符合有关的国际惯例和进口国法律的规定。目前在使用信用证作为支付方式时，各国银行一般都是以 UCP 600 为审单依据的，因此制单应注意不能与 UCP 600 的规定有抵触。制单必须把正确放在首位。

二、完整

所谓完整，是指制单必须符合以下三个方面的规定：

（1）内容要完整。每一种单据都有其特定的作用，而这些特定的作用又是通过其特定的格式、项目、内容、文字、签章等表现出来的。如果格式使用不当、项目漏填、意思表达不全、该签章的地方没有签章、需要背书的没有背书等，都属于内容不完整，就不能构成一份有效的文件，也就不能被银行接受。

（2）要求单证的种类要齐备。在信用证业务下，进口商需要哪些种类的单证，都会在信用证单据要求中有明确的规定。受益人在向银行交单时，需要仔细审查信用证所要求的各种单证是否都提交了。

（3）要求每一种单证的份数要齐全。份数齐全是指每一种单证的正本份数、副本份数需按规定的份数要求制作和提交，不能随意减少。

三、及时

单证工作的时间性强，各环节的业务又是环环相扣的，因此，每一环节的工作都要及时完成，否则会影响到后续工作的开展。"及时"的要求主要表现在以下两个方面：

（1）每一种单证的出单要及时，否则会影响到后续业务的开展。

（2）交单要及时。单证制作好了以后，一定要尽快向银行交单，特别是信用证结算项下，信用证有交单期的规定，如不及时向银行交单，就有可能造成过期交单，从而造成单证不符。另外，尽早交单还会给修改单证中出现的错误赢得时间。

四、简明

所谓简明，是指单据内容应按信用证规定和国际贸易惯例填制，力求简单明了，力戒烦琐，避免画蛇添足、弄巧成拙。简化单证不仅可以减少工作量和提高工作效率，也有利于提高单证质量和减少单证的差错。为简化单证内容，UCP 600 第 14 条 e 款规定："除商业发票以外，其他单据中的货物、服务或履约行为的描述，可使用与信用证中的描述不矛盾的概括性用语。"

五、清晰

所谓清晰，就是要求字迹清楚，内容排版整齐，层次分明，重点项目醒目突出。不允许在一份单证上多次涂改，更改一处一定要加盖校对章或简签，如涂改过多，应重新缮制单证。单证清晰，能让人一看单证就可以迅速地查找到所需要的信息。

近年来，随着我国进出口贸易的迅速发展，单证繁杂、易出差错与外贸业务量迅速上升的矛盾日益突出。所以，传统的单证工作已不能适应目前外贸工作发展的需要，单证格式、制单方式、单证流转的改革势在必行。单证的标准化和电子化是国际贸易单证工作改革和发展的趋势，其中引人注目的是制单中EDI 方式的出现及开立信用证中大量使用 SWIFT 方式。

复习思考题

1. 国际贸易单证的种类有哪些？
2. 国际贸易单证工作的要求有哪些？
3. 结合外贸实例，说明单证在出口业务中的作用。

第三章
>>>>>> 签约前的准备

在国际贸易中，寻找交易对手并与之进行交易磋商占有十分重要的地位，它是贸易合同订立的基础。没有找到交易对手就没办法进行磋商，更不可能达成贸易合同。进出口交易磋商工作的好坏，直接影响到合同的签订及履行，关系到买卖双方的经济效益。进出口交易磋商主要是通过进出口贸易函电，如电报、电传、传真、电子邮件等为主要载体进行的。

一笔具体的进出口交易磋商通常是从进出口商的一方向潜在的客户发函建立业务关系开始，其后通过询盘、发盘、还盘、接受等磋商过程（其中发盘和接受是必经的两个环节），最终达成交易。

第一节　寻找交易对手

寻找交易对手的过程包括国际市场调研、寻找潜在客户以及与客户建立业务关系三方面的内容。

一、国际市场调研

国际市场调研是为了获得与贸易有关的各种信息，通过对信息的分析，得出国际市场的行情特点，判定贸易的可行性，进而制订贸易计划。国际市场调研的范围和内容包括经济调研、市场调研和客户调研三个方面。

经济调研 的目的在于对经济大环境的总体进行了解，也是对可能的风险和效益情况的预估。经济环境较好的国家和地区是出口商应重点关注和开拓的市场，对外贸易应尽量在经济环境较好的国家和地区间开展。

市场调研 的目的主要在于确定该商品贸易是否具有可行性和收益性。从消费习惯来看，全球市场可大致分为美加市场（美国和加拿大市场）、欧洲市场、日韩市场、东欧市场、中东市场、非洲市场这几类，每类市场的风格和特点都不尽相同。一般日韩市场特别是日本市场，偏爱精致优质的产品，高、精、尖、小巧美观，喜好中国传统文化，一些具有民族特色的产品常常能得到理解与欢迎，也能接受高价格，但数量一般不会太大；美加与西、北、南欧等英语国家市场一般对品质要求适中，喜欢简洁流畅、新奇多变的产品风格，价格要适中，量比较大；中东市场对品质要求相对不高，对产品的审美方面较为朴实，价格低，数量比较大；非洲市场弹性最大，跨度较大，对奢侈品和品质极差的产品都能接受。

客户调研 在于了解欲与之建立贸易关系的国外客户的基本情况，包括它的发展历史、企业规模、经营范围、财务状况、组织情况、信誉状况、社会口碑及它与其他客户开展贸易的历史和现状等。只有对国外客户有一定的了解，判断对方是可依赖的合作对象，方可与之建立业务联系。

一般情况下，调研信息的主要来源如下：

（1）一国官方公布的经济数据，如国内生产总值、国际收支状况、对外贸易规模、通胀率和失业率等。

（2）国内外综合刊物。

（3）通过我国外贸公司驻外分支机构收集资料。

（4）委托专业的咨询机构或商业银行进行行情调查。

（5）通过我国驻外商务参赞处在国外进行资料收集。

（6）参加国内外各种商品交易会、展销会、洽谈会了解有关信息。

（7）派遣专门的出口代表团、推销小组等进行直接的国际市场调研，获得第一手资料。

（8）利用互联网获取信息，如百度、阿里巴巴、环球资源网等。

（9）利用客户来华做生意的机会了解有关信息。

（10）从本公司的利益相关者处获得有用信息。

二、寻找客户

外贸企业在充分调研的基础上，结合本企业的市场定位，采用多种方法寻找客户。

1. 参加商品交易会

商品交易会上聚集了来自全球各地的进口商和出口商，各自的目的性比较明确，且双方有机会直接进行洽谈，达成交易的可能性较大。参展企业一定要精心布展，以饱满的热情、专业的姿态迎接前来咨询的每一位客人，耐心地介绍本公司的产品特色与优势，以期给客人留下深刻的印象。参展企业要尽可能地拿到客人的名片或联系方式，以便会后能主动与其联系。在我国现行的国际贸易实践中，主动参加各种展会以开拓业务是一种最为重要的寻找客户的方法，其最大的障碍在于成本相对较高。例如，2017 年春季广交会的摊位费最便宜的为 3 万元，最贵的在 10 万元以上。如果是到国外参展，成本会更高。故许多外贸企业倾向于选择参加国内举办的国际性展览会或交易会。

[知识链接]

中国进出口商品交易会

中国进出口商品交易会（The China Import and Export Fair）即广州交易会，简称广交会，英文名为 Canton Fair，创办于 1957 年春季，每年春秋两季在广州举办，距 2016 年已有 59 年历史。截至 2017 年，春季广交会已经成功举办 121 届，是我国目前历史最长、层次最高、规模最大、商品种类最全、到会客商最多、成交效果最好的综合性国际贸易盛会。自 2007 年 4 月第 101 届起，广交会由中国出口商品交易会更名为中国进出口商品交易会，由单一出口平台变为进出口双向交易平台。2012 年 10 月 15 日，第 112 届广交会开幕，尽管受到全球市场持续降温状态的影响，但我国外贸发展的传统优势并未被根本削弱。

中国进出口商品交易会的贸易方式灵活多样，除传统的看样成交外，还举办网上交易会（VirtualExpo，Online Exhibition）。广交会以出口贸易为主，也做进口生意，还可以开展多种形式的经济技术合作与交流，以及商检、保险、运输、广告、咨询等业务活动。来自世界各地的客商云集广州，互通商情，增进友谊。

广交会展馆坐落于广州琶洲岛，总建筑面积 110 万 m^2，室内展厅总面积 33.8 万 m^2，室外展场面积 4.36 万 m^2。2014 年 6 月 19 日，琶洲国际会展中心四期扩建规划通过，四期建设后，展览面积达 50 万 m^2，超过德国汉诺威的 47 万 m^2；整个琶洲地区会展面积达 66 万 m^2，规模达世界第一。

2. 利用网络寻找客户

目前电子商务蓬勃发展，各类电子商务平台比比皆是，比较有影响力的电子商务平台如阿里巴巴、环球资源网、各行业的专业门户网站和各展会的官方网站等。但这类网络平台一般都不是免费的，需要付费注册成为会员，利用会员账号和密码登录才能看到目标客户的联系方式。另外，还可以利用各类搜索引擎如百度等来寻找客户信息。

3. 付费咨询专业信息机构

社会上存在各类信息机构，只要付费，这类信息咨询机构就可以替外贸企业调查目标市场上各类进出口企业的有关信息，包括企业规模、经营范围、进出口数量和联系方式等。

4. 第三方介绍

第三方介绍即通过我国驻外使领馆的商务参赞、代表处或国外驻华使领馆的商务参赞、代办处、国内外各种商会、银行及与我方有业务合作关系的其他企业介绍客户。但这类公共信息平台提供的信息较粗略且信息更新较慢，加之商业领域激烈的竞争态势，导致这种方式的有效使用受到了严重阻碍。但其成本较低，对于个别企业来说，仍不失为一种简单有效的方法。

三、建立业务联系

企业通过各种渠道和方法找到国外客户，在对客户资信情况进行调查之后，就可以从中选择一些最有价值的客户进行联系，尝试与之建立合作关系。

在国际贸易中，买卖双方业务关系的建立，往往是由交易一方通过主动向对方发电子邮件、发传真等形式开展的，有时也会通过正式的谈判建立。建立业务联系的函件一般包括如下三部分内容：

（一）开头部分

（1）告知信息来源，即主动说明取得对方资料的方法，如从哪个网站获取对方的信息等。例如：

We learned from × × × that you are interested in AAA.

We have obtained your name and address from the Internet.

（2）说明去函目的，如建立长期业务关系、扩大交易范围等。例如：

We are writing to you to establish long – term trade relations with you.

In order to expand our products into South America, we are writing to you to seek possibilities of cooperation.

（二）介绍部分

（1）公司介绍。主要包括公司性质（制造商还是纯粹的外贸公司）、宗旨及公司的经营优势等。例如：

We are leading company with many years' experience in machinery export business.

We enjoy a good reputation in the circle of textiles.

（2）产品介绍。分两种情况：一是在明确对方需求的情况下，宜选取某类特定产品进行具体的推荐；二是在不明确对方需求的情况下，宜对企业产品整体情况做笼统介绍（最好附上公司的商品目录、报价单或另寄样品供对方参考）。例如：

Art. No. 66 is our newly launched one with super quality, fashionable design, and competitive price.

To give you a general idea of our products, we are airmailing you our catalogue for your reference.

（三）结尾部分

通常结尾部分包括盼对方尽快回复、下订单或告知意见并表示敬意等语句。例如：

Your comments on our products or any information on your market demand will be highly appreciated.

We are looking forward to your specific inquiries.

[实训演示]

根据下列背景资料拟写建交函：

（1）背景资料。网上有一则悉尼 THOMAS WILSON CO.，LTD. 的求购广告，急需一批 EVA 鞋底运动鞋。请给对方发一封 E-mail，再寄一套公司的最新产品目录。下面是公司的有关情况介绍：

安徽化工进出口公司是一家国有外贸企业，主要经营化学工业所需原料及相关产品的进出口业务。近年来，随着公司内部管理体制的改革及外贸业务的高速发展，公司已经取得了巨大的成绩。

橡胶制品部是公司的主要业务部门之一，经营各类国产鞋类的出口，包括布面胶鞋、睡鞋、童鞋、胶底皮鞋、便鞋及 EVA 鞋底运动鞋等，产品行销中国香港、欧洲、美国及亚洲市场。

公司拥有经验丰富的制鞋专业人员、品质管理人员及国际贸易人员，并与市内和附近的十余家制鞋厂建立了密切的业务联系，可确保稳定广泛的货源及质量。

公司在国际市场上竭诚寻求合作机会，可通过如兴办合资鞋厂，或来样加工、补偿贸易等多种形式，并愿意按照互利互惠、共同发展的原则同世界各地的鞋类经销商进行业务往来。

（2）操作评析。根据上述资料，可以从以下几个方面着手写建交信函：

1）开头部分。说明从网上得知对方公司求购 EVA 鞋底运动鞋，并说明去函目的是在互惠互利、共同发展的基础上与对方建立业务关系。

2）介绍部分。第一介绍公司的情况：本公司是国有外贸企业，主要经营化学工业所需原料及相关产品的进出口业务，公司拥有经验丰富的制鞋专业人员、品质管理人员及国际贸易人员，并与市内和附近的十余家制鞋厂商建立了密切的联系，可确保稳定广泛的货源及质量。第二介绍公司产品情况：公司的橡胶制品部经营各类国产鞋类的出口业务，包括布面胶鞋、睡鞋、童鞋、胶底皮鞋、便鞋及 EVA 鞋底运动鞋等，产品行销中国香港、欧洲、美国及其他亚洲市场，并附上最新产品目录等。

3）结尾部分。主要表达希望对方尽快回复并表示敬意等。

（3）操作参考

Dear Sir or Madam,

We learned from the Internet that you are in the market for jogging shoes with EVA sole, which just fall into our business scope. We are writing to enter into business relations with you on a basis of mutual benefits and common developments.

Our corporation, as a state-owned foreign trade organization, deals in the import and export of raw materials and relevant products for chemical industry. We have a Rubber Products Department, which specialize in the export of various kinds of shoes made in China including jogging shoes with EVA sole of fashionable designs, comfortable feeling, and high popularity in America, Europe and Asia. We have established close business relationship with more than a dozen of shoe manufacturers so that the stable supplies, the quality guarantee as well as the flexible ways of doing business can be reached.

Enclosed is our latest catalogue on jogging shoes with EVA sole, which may meet with your demand. If there isn't, please let us know your specific requirements. We can also produce according to your designated styles.

It will be a great pleasure to receive your inquiries against which we will send you our best quotations.

We are looking forward to your prompt reply.

Yours faith fully,

Anhui Chemicals Import And Export Corporation

× × ×

第二节 出口报价核算

一、出口报价核算

价格核算是出口业务的关键环节，它直接关系到交易磋商的成败和买卖双方的利益，因此，只有掌握出口价格核算，才能保证所报价格的准确与合理。

（一）出口价格的表示方法

出口商品的价格可以用单价（Unit Price）和总值（Total Value）两种方法表示。单价由计价货币、计价金额、计量单位和贸易术语四个部分组成。例如，出口××商品：每公吨 6000 美元 CIF 东京（USD 6000 Per Metric Ton CIF Tokyo）。总值是单价与数量的乘积。

（二）出口价格构成

出口商品的价格主要由成本、费用和利润三部分构成。

1. 成本（Cost）

成本是整个价格的核心。它是出口企业或外贸单位为出口其产品进行生产、加工或采购所产生的生产成本、加工成本或采购成本，通常称之为含税成本。

2. 费用 （Expenses/Charges）

出口价格中的费用主要有国内费用和国外费用两部分。其中，国内费用主要包括包装费、仓储费、国内运输费、认证费、港口费、商检报关费、捐税、购货利息、经营管理费、银行费用等；国外费用包括出口运费、出口保险费及佣金等。

3. 预期利润 （Expected Profit）

做贸易必须保证有合理的利润，否则就没有意义，因此，在价格的构成中还必须加上合理的预期利润。

（三） 出口报价核算要点

1. 成本核算

一般来说，我们掌握的成本是采购成本或含税成本，即包含增值税。但很多国家为了降低出口商品的成本，增强其产品在国际市场上的竞争能力，往往对出口商品采取增值税全部或部分退还的做法。在实施出口退税制度的情况下，出口商品在核算价格时，就应该将含税的采购成本中的税收部分根据出口退税比率予以扣除，从而得出实际采购成本。

因为

$$实际采购成本 = 含税成本 - 退税收入$$

$$退税收入 = 含税成本 \times \frac{出口退税率}{1 + 增值税率}$$

由此得出实际采购成本的计算公式为

$$实际采购成本 = 含税成本 \times \frac{1 - 出口退税率}{1 + 增值税率}$$

例如，某产品每单位的购货成本是 28 元人民币，其中包括 17% 的增值税，若该产品出口有 13% 的退税，那么该产品每单位的实际采购成本 = 含税成本 × [1 – 出口退税率/（1 + 增值税率）] = 28 × [1 – 13% /（1 + 17%）] = 24. 889 元人民币。

2. 运费核算

本书仅就海洋班轮运输运费的计算进行讲述。班轮运费的计算又分为件杂货运费计算与集装箱货物运费计算。一般来说，它们的计算公式为

$$班轮运费 = 基本运费 + 附加运费 = 基本运费率 \times 运费吨 \times （1 + 各种附加费率）$$

$$集装箱运费 = 包箱费率 \times 集装箱的数量$$

关于集装箱的数量计算，关键在于确定是拼箱货还是整箱货。若为拼箱货，应先算出所装箱的确切数量，再按件杂货的计算方法查表计算；若为整箱货，直接按表中给出的单箱运费计算即可；若部分装整箱，部分以拼箱方式运输，需要混合这两种计算方式。

3. 保险费核算

在出口交易中，在以 CIF 或 CIP 贸易术语成交的情况下，出口报价中应包含保险费，保险费通常是按照货物的保险金额乘以保险费率计算的。用公式表示为

$$保险费 = 保险金额 \times 保险费率$$

$$保险金额 = CIF(CIP)货价 \times (1 + 保险加成率)$$

由上面公式可以进一步得出 CFR（CPT）价格换算为 CIF（CIP）价格的公式

$$CIF(CIP) = \frac{CFR(CPT)}{1 - (1 + 保险加成率) \times 保险费率}$$

4. 佣金核算

在出口报价中，有时对方要求报价中包含佣金，这样在出口报价中要将佣金考虑进去。包含有佣金的价格为含佣价，计算公式为

$$含佣价 = \frac{净价}{1 - 佣金率}$$

例如，卖方报出的净价为"USD 1000.00/MT CFR Net Sydney"（澳大利亚悉尼），买方又要求改报包含3%佣金的 CFR 价格。则应报价为

$$USD\ 1000.00 \div (1 - 3\%) \approx USD\ 1030.93$$

5. 折扣核算

折扣（Discount/Rebate/Allowance）是指卖方按原价给予买方一定百分比的减让，即在价格上给予适当的优惠。在国际贸易中，折扣通常在合同价格条款中用文字明确表示出来。

例如，"CIF 伦敦每公吨200美元，折扣3%"（USD 200 per metric ton CIF London including 3% discount）。此例也可以这样表示："CIF 伦敦每公吨200美元，减3%折扣"（USD 200 per metric ton CIF London less 3% discount）。折扣还可以这样表示：在贸易术语后面加上代表折扣的字母 D、R 或 A 及折扣比率，百分号可有可无，如"CIFD 3% KOBE（日本神户）"或"CIFR 3 KOBE"都表示包含3%的折扣。其中，

$$折扣额 = 含折扣价 \times 折扣率$$

$$含折扣价 = \frac{净价}{1 - 折扣率}$$

例如，原价为"USD 2000.00/MT CIF R2% KOBE"（日本神户），则净价应为

$$CIF\ Net = 2000\ 美元/MT \times (1 - 2\%) = USD\ 1960.00/MT$$

6. 预期利润

利润是出口价格的三个组成部分之一，出口价格中包含利润的大小由出口企业自行决定。利润的确定可以用某一固定的数额表示，也可以用利润率即百分比表示。用利润率表示时应当注意计算的基数，可以用某一成本作为计算利润的基数，也可以用销售价格作为计算利润的基数。

例如，出口某商品，生产成本为每单位 185 元，出口的各项费用为 13.5 元，如果公司的利润率为 10%，公司对外报 FOB 价，试分别按照生产成本、出口成本和出口价格为基数计算利润额。

按生产成本为基数计算的利润额为 185 元 × 10% = 18.5 元。

按出口成本为基数计算的利润额为（185 元 + 13.5 元）× 10% = 19.85 元。

按 FOB 出口价格为基数计算的利润额为（185 元 + 13.5 元）÷（1 - 10%）-（185 元 + 13.5 元）= 22.06 元。

7. FOB、CFR、CIF 三种价格的报价核算

$$FOB\ 报价 = \frac{实际采购成本 + 各项国内费用之和}{1 - 预期利润率}$$

$$CFR\ 报价 = \frac{实际采购成本 + 各项国内费用之和 + 国外运费}{1 - 预期利润率}$$

$$CIF\ 报价 = \frac{实际采购成本 + 各项国内费用之和 + 国外运费}{1 - 预期利润率 - (1 + 投保加成率) × 保险费率}$$

二、出口还价核算

出口还价核算 就是计算出口报价遭到还价后，价格中的其他要素可能产生的变化。出口报价由实际采购成本加上各种费用和预期利润组成，出口还价核算通常采用倒算方法，即以销售收入减去相应内容以分析还价后价格中各要素（如购货成本、费用、利润等）可能发生的改变。计算时，首先应当根据所给资料将价格的各组成部分依次列出，然后按照还价核算中提出的要求分别列出利润、费用和成本。出口还价所采用的计算公式为

利润 = 销售收入 - 费用 - 实际采购成本

实际采购成本 = 销售收入 - 费用 - 利润

某项费用 = 销售收入 - 利润 - 其他费用 - 实际采购成本

通过上述公式，可以根据对方的还价，计算出利润、实际成本或采购成本、总费用或某项费用的变化情况，从而决定是否可以接受对方的还价。

第三节　交易磋商的程序

一、交易磋商的含义

交易磋商 又称合同磋商，是指买卖双方为了买卖商品，对交易的各项条件进行协商以达成交易的过程，通常称为商务谈判。

二、交易磋商的形式

交易磋商通常有口头磋商、书面磋商和行为磋商三种形式。

（1）**口头磋商**。口头磋商是指交易双方面对面地就交易条件和双方的权利与义务进行谈判，也包括双方通过电话进行的谈判。它是国际贸易中通常采用的谈判形式。

（2）**书面磋商**。书面磋商又称书面谈判，是指交易双方通过函电往来，就交易的主要条件和双方的权利与义务进行谈判的方式。具体可采用信件、传真、电子邮件等形式。

（3）**行为磋商**。行为磋商是指通过行为进行交易磋商。最典型的就是在拍卖市场中进行拍卖或者购进。

三、交易磋商的内容

交易磋商的具体内容，就是将来要签订的合同中所涉及的各项条款，具体包括商品的品名、价格、质量、数量、包装、运输、保险、支付、商检、争议、索赔、不可抗力和仲裁等。

商品的品名、价格、质量、数量、包装、运输、保险、支付属于磋商的主要内容，也是将来合同的 主要交易条款 ，因此需要交易双方进行具体而详细的磋商，因为在每笔交易中这些条款都各不相同；商检、争议、索赔、不可抗力和仲裁等条款与主要交易条款相比，属于比较固定的交易条款，称为 一般交易条款 ，它们在每笔交易中的规定大体相同。买卖双方第一次谈判时，可以将交易的主要条款和一般条款都列入具体的谈判内容，并进行认真磋商。对于老客户来说，在长期的贸易交往中，一般交易条款已经形成习惯做法，为了节省时间和费用，在交易磋商中无须与其再次进行谈判，按常规办理即可。

四、交易磋商的一般程序

交易磋商的一般程序包括询盘、发盘、还盘和接受四个环节，其中发盘和接受是达成交易不可缺少的两个基本环节，询盘和还盘则不一定发生。

（一）询盘

询盘（Enquiry）又称询价，是指一方向另一方询问交易条件，试探对方对交易的诚意和了解其对交易条件的意见。询盘对于询盘人和被询盘人都没有法律上的约束力，仅仅表示一种买或卖的意愿，是询盘人对交易条件及相关内容的询问和了解，是买卖双方相互试探、摸底的开端。询盘人和发盘人无必须买或卖的义务；受盘人也无必须回答的义务。询盘也不是交易磋商必须经过的步骤，但它往往是一笔交易的起点，受盘人可根据自己的实际情况给予及时和适当的回应。询盘往往也不限于一个对象。例如，生活中人们在服装市场向店员询问价格、材质等内容就是一种询盘。

询盘多由买方做出，也可由卖方做出。买方发出的询盘称为"邀请发盘"（invitation to make an offer），卖方发出的询盘称为"邀请递盘"（invitation to bid）。

询盘的内容可详可略，多数询盘都是以询问商品的价格为主，所以询盘也常被称为询价。例如：

（1）We would like to buy middle-size T-shirt 1500 dozens. Please offer the lowest price and the earliest delivery.

我们希望订购中号 T 恤 1500 打，请发盘告知最低价和最早装运时间。

（2）We can supply northeast soybean. Please bid.

我们可供应东北大豆，请递盘。

（二）发盘

1. 发盘的含义

发盘（Offer）也称发价，是指交易的一方（发盘人）向另一方（受盘人）提出各项交易条件，并愿意按这些条件达成交易的一种表示。

发盘多由卖方提出，也可由买方提出。由卖方发出的称作销售发盘（Selling Offer），由买方的发盘也称为购买发盘（Buying Offer），或递盘（Bid）。实务中常见由买方询盘后，卖方发盘，但也可以不经过询盘，一方径直发盘。发盘在法律上称为要约，在发盘的有效期内，发盘一旦被对方即受盘人有效接受，合同即告成立，发盘人受其约束，不得反悔。例如：

We supply middle-size T-shirt 1000 cartons for 30 dozens per carton, fifty U. S. dollars per dozen CIF London December shipment, irrevocable sight L/C subject. Please reply us before fifteenth.

我方供应中号 T 恤 1000 纸箱，每箱 30 打，每打 50 美元 CIF 伦敦，12 月装船，即期不可撤销信用证支付，限 15 日复到我方。

2. 发盘函的基本内容

发盘是交易磋商过程中必不可少的环节之一。一般而言，发盘函由以下基本内容组成：

（1）对客户的询盘表示感谢，可以顺便再介绍一下产品的优点。例如：

We are pleased to receive your fax of ×××.

（2）明确答复对方在来信中所询问的事项，准确阐明各项交易条件（品名规格、价格、数量、包装、付款方式、装运、保险等），以供对方参考。例如：

The price is USD 100100 per set CIF Hongkong.

Delivery is to be made within 45 days after receipt of order.

Our usual terms of payment are by confirmed irrevocable L/C available by draft at sight.

（3）声明此项发盘的有效期及其他约束条件和事项。例如：

This offer is valid for 10 days.

（4）鼓励对方尽早订货，并保证供货满意。例如：

As we have been receiving a rush of orders now, we would advise you to place your order as soon as possible.

3. 构成有效发盘的条件

（1）**向一个或一个以上的特定人提出**。发盘中必须指明特定受盘人的名称。受盘人可以是一个，也可以是多个；可以是自然人，也可以是法人。但受盘人必须是特定的人。不指定受盘人的发盘，即使内容明确完整，也不属于发盘，仅应被视为发盘的邀请。因此，出口商向国外广泛寄发的商品目录、价目表以及在杂志或电视、广播中所做的商业广告等，由于是向公众提出的而不是向特定的人提出的成立合同的建议，旨在让收到建议的人向表意人发出要约。这类建议一般属于要约邀请而不是要约，因此一般都不构成发盘。

（2）**内容十分确定（肯定）**。根据《联合国国际货物销售合同公约》第 14 条规定，发盘的内容必须十分确定，并认为"一个建议如果写明货物并且明示或暗示地规定数量和价格或规定如何确定数量和价格，即为十分确定"。

（3）**明确表明订立合同的意思**。发盘必须表明严肃的订约意思，即发盘人应该表明当受盘人做出接受时，发盘人将按发盘条件承担与受盘人订立合同的法律责任。这种意思可以用"发盘""实盘""递盘"等术语加以表明，也可不使用上述或类似上述的术语和语句，而按照当时的谈判情形，或按照当事人之间以往的业务交易情况或双方已经确立的习惯做法来确定。

（4）**送达受盘人**。《联合国国际货物销售合同公约》第 15 条明确规定："发盘于送达受盘人时生效"。《国际商事合同通则》对何为"送达"做出了明确规定：如果是口头发盘，发盘于口头传达给受盘人时为送达；如果以其他方式发盘，则以发盘被递送到受盘人的营业地或通讯地址时为送达。这就是说，即使发盘已经发出，但在送达受盘人之前该发盘并不对发盘人产生约束力，即使受盘人已经从某一途径获悉该发盘，也不能接受该发盘。另外，发盘如果在传递中遗失以致受盘人未能收到，则该发盘同样无效。

4. 发盘的有效期（Time of Validity 或 Duration of Offer）

发盘的有效期是指发盘中规定受盘人做出接受的期限。在进出口贸易中，发盘通常都规定有效期，超过了规定的有效期限，发盘人就不再受该发盘的约束。

在实际业务中，发盘有效期的规定方法通常有以下两种：

（1）**明确规定有效期**。明确规定有效期并非构成发盘不可缺少的条件。

1）规定最迟接受的期限。规定最迟接受期限时，可同时限定以接受送达盘人或以发盘人所在地的时间为准。例如："发盘限 6 月 15 日复到有效"。由于进出口双方所在地多存在时差，所以发盘中应明确以何方所在地时间为准。一般情况下，以发盘人所在地时间为准。例如，以我方时间为准，如"发盘有效至我方时间星期五"。

2）规定一段接受的期间。发盘的有效期规定一段接受的期间，如"本发盘有效期为七天"。采用这种方法存在一个如何计算"一段接受期间"的起讫问题。计算有效期的起止时间一般依据《联合国国际货物销售合同公约》的规定，发盘人在电报或信件中订立的接受期间，从电报交发时刻或信封上载明的发信日期（无发信日期则依据信封上的邮戳日期）起算。发盘人以电话、电传或其他可立即传达到对方的方法订立的接受期间，从发盘到达受盘人时起算。在计算接受期间时，正式假日或非营业日应计算在内。但是，如果接受通知在接受期间的最后一天未能送达发盘人地址，是因为那天在发盘人的营业所在地是正式假日或非营业日，则这一期间应顺延至下一个营业日。

（2）未明确规定有效期时，应理解为在合理时间（Reasonable Time）内有效。口头发盘应当场表示接受。《联合国国际货物销售合同公约》规定，采用口头发盘时，除发盘人发盘时另有声明外，受盘人只有当场表示接受方为有效。

[案例 3-1]

某法国商人到我处访问时，我方业务员向他口头发出实盘，客户当时未回复。客户回到本国后认为此价格合理，又表示接受。我方拒绝，可否？

[分析] 可以，因为《联合国国际货物销售合同公约》规定：采用口头发盘时，除发盘人发盘时另有声明外，受盘人只有当场表示接受方为有效。此案例中，客户对我方业务员口头发出的实盘没有当场表示接受，所以他的接受无效，但是我方若同意接受他的回复也可。

5. 发盘的撤回（Withdrawal）（发盘生效前）

《联合国国际货物销售合同公约》第15条第2款的规定："一项发盘，即使是不可撤销的，也可以撤回，如果撤回的通知在发盘到达受盘人之前或同时到达受盘人。"这一规定是基于发盘到达受盘人之前对发盘人没有产生约束力，所以，发盘人可以将其撤回。但是，这有一个前提条件，就是发盘人要以更快的通信方式使撤回的通知赶在发盘到达受盘人之前到达受盘人，或起码与之同时到达；反之，如果发盘人做不到这一点，发盘的通知已先到达受盘人，发盘即已生效，对发盘人产生了约束力。

（1）英美法和大陆法对发盘撤回的不同意见。

1）英美法认为，发盘原则上对发盘人没有约束力。发盘人在受盘人对发盘表示接受之前的任何时候，都可撤回发盘或变更其内容。

2）大陆法认为，发盘对发盘人有约束力。如《德国民法典》规定，除非发盘人在发盘中订明发盘人不受发盘的约束，否则发盘人就要受到发盘的约束。

（2）《联合国国际货物销售合同公约》的精神。根据《联合国国际货物销售合同公约》的规定，一项发盘（包括注明不可撤销的发盘），只要在其尚未生效以前，都是可以修改或撤回的。因此，如果发盘人发盘内容有误或因其他原因想改变主意，可以用迅速的通信方式，将发盘的撤回或更改通知赶在受盘人收到该发盘之前或同时送达受盘人，则发盘即可撤回或修改。

（3）发盘撤回的适用场合。发盘的撤回一般只在使用信件或电报向国外发盘时才适用。

6. 发盘的撤销（Revocation）（发盘生效后）

发盘的撤销不同于撤回，它是指发盘送达受盘人，即已生效后，发盘人再取消该发盘，解除其效力的行为。

（1）英美法和大陆法对发盘撤销的不同意见。关于发盘能否撤销的问题，英美法与大陆法存在严重的分歧。

1）英美法认为，在受盘人表示接受之前，即使发盘中规定了有效期，发盘人也可以随时予以撤销。这显然对发盘人片面有利。

2）大陆法系国家对此问题的看法相反，认为发盘人原则上应受发盘的约束，不得随意将其发盘撤销。例如，德国法律规定，发盘在有效期内，或没有规定有效期，则依通常情况在可望得到答复之前不得将其撤销。法国法律虽规定发盘在受盘人接受之前可以撤销，但若撤销不当，发盘人应承担损害赔偿的责任。

（2）《联合国国际货物销售合同公约》采取折中的方式。该公约第 16 条规定，在发盘已送达受盘人，即发盘已经生效，但受盘人尚未表示接受之前这一段时间内，只要发盘人及时将撤销通知送达受盘人，仍可将其发盘撤销。如一旦受盘人发出接受通知，则发盘人无权撤销该发盘。

《联合国国际货物销售合同公约》还规定，并不是所有的发盘都可撤销，下列两种情况下的发盘，一旦生效，则不得撤销：第一，在发盘中规定了有效期，或以其他方式表示该发盘是不可撤销的；第二，受盘人有理由信赖该发盘是不可撤销的，并本着对该发盘的信赖采取了行动。

7. 发盘效力的终止

发盘效力终止的原因，一般有以下几个方面：

（1）在发盘规定的有效期内未被接受，或虽未规定有效期，但在合理时间内未被接受，则发盘的效力即告终止。

（2）发盘被发盘人依法撤销。

（3）被受盘人拒绝或还盘之后，即拒绝或还盘通知送发盘人时，发盘的效力即告终止。

（4）发盘人发盘之后，发生了不可抗力事件，如所在国政府对发盘中的商品或所需外汇发布禁令等。在这种情况下，按出现不可抗力可免除责任的一般原则，发盘的效力即告终止。

（5）发盘人或受盘人在发盘被接受前丧失行为能力（如患精神病等），则该发盘的效力也可终止。

（三）还盘

出口商发盘后，进口商往往会进行还盘（Counter Offer）。还盘在法律上称反要约，它实际上是受盘人以发盘人的身份做出的一个新发盘，原发盘人成为新发盘的受盘人。还盘又是受盘人对发盘的拒绝，发盘因对方还盘而失效，原发盘人不再受其约束。出口商收到对方的还盘后，通常要做出答复，答复可以是接受或拒绝对方的还盘，也可以是对对方的还盘进行再还盘。多次的还盘就是双方在讨价还价。例如：

Your offer of Oct. 12 acceptable if payment by D/P at sight.

你方10月12日的发盘如改为即期付款交单可以接受。

We think your offer is too high, which is difficult for us to accept.

我们认为你方的发盘要价过高，我方难以接受。

从法律上讲，还盘并非交易磋商的必经环节。然而，在实际业务中，交易磋商中还盘的情况很多，特别是复杂的交易，经常需要多次还盘才能最后达成交易。一般来说，还盘包括如下内容：

（1）感谢对方来函，并简要说明我方对对方来函的态度。如很遗憾对方公司觉得本公司所报价格太高，本公司自认为报价比其他供应商报价低。例如：

We are glad to receive your letter of March 22, but sorry to learn that your customer finds our quotation is too high.

（2）表明我方对对方还价的态度，并列举理由。如由于原料价格上涨，或工厂成本上升造成出口成本提高；强调本公司报价只含最低利润；请对方调查目前的市价或测试本公司的样品质量，以求证明。例如：

We believe our prices are quite realistic, it is impossible that any other suppliers can quote lower than us if their products are as good as ours in quality.

（3）提出我方条件，并催促对方早日下订单。如由于期望与对方建立业务关系，故若对方的订单超过多少数量或多少金额，将给予对方多少折扣；或提出其他条件有所变化；或推荐一些其他替代品，以寻求新的商机。例如：

In order to assist you to compete with dealers in the market, we have decided to reduce 2% of the previous letter, if your order reaches 5000 sets at one time.

（四）接受

1. 接受的含义

接受（Acceptance）是指受盘人在发盘规定的有效期内，以声明或行为表示同意发盘人提出的各项条件。可见，接受的实质是对发盘表示同意。接受与发盘一样，既是一种商业行为，又是一种法律行为。受盘人对发盘（或还盘）一旦表示接受，合同即告成立，发盘（或还盘）中的交易条件对发盘人（或还盘人）、受盘人都构成法律约束力。

《联合国国际货物销售合同公约》规定：①受盘人声明或做出其他行为表示同意一项发盘，即是接受。缄默或不行动本身不等于接受。②接受于表示同意的通知送达发盘人时生效。如果接受的通知在发盘所规定的时间内或一段合理的时间内未送达发盘人，接受就无效，但必须适当考虑到交易的情况，包括发盘人所使用的通信方式的迅速程度。对口头发盘必须立即接受，但特别情况不在此限。例如：

We accepted "red star" gloves 8000 dozens U. S. dollar 4. 50 per dozen CIF New York shipment during July payment in sight irrevocable L/C.

我方接受"红星"牌手套8000打，每打4.50美元CIF纽约，7月装运，不可撤销即期信用证支付。

2. 构成接受的要件

（1）接受必须由受盘人做出。发盘是向特定人提出的，因此，只有特定的受盘人才能对发盘做出接受。由第三者所做出的接受是无效的接受，不具有法律效力，只能作为一项新的发盘；必须由原发盘人予以确认，合同才能成立。

[案例3-2]

中国香港某中间商A，就某商品以电传方式邀请我方发盘，我方于6月8日向A方发盘并限6月15日复到有效。12日我方收到美商B按我方发盘条件开来的信用证，同时收到中间商A的来电称："你8日发盘已转美商B。"经查该商品的国际市场价格猛涨，于是我方将信用证退回开证银行，再按新价直接向美商B发盘，而美商B以信用证于发盘有效期内到达为由，拒绝接受新价并要求我方按原价发货，否则将追究我方的责任。对方的要求是否合理？为什么？

[分析] 对方的要求不合理。根据法律规定，接受生效的构成要件的第一条即：接受或者承诺必须由受盘人做出，第三者不能代替受盘人做出接受或者承诺。本案中，我方发盘中特定的受盘人是中国香港某中间商A，由其发出的接受通知才具有接受的效力。因而，12日我方收到美商B开来的信用证（以行动表示的接受），不是一项有效的接受，因此，合同并未成立。只有美商B对我方新的发盘做出有效接受时候，合同才能宣告成立。所以，在合同未成立的情况下，美商B就要求我方发货是不合理的。

（2）接受必须表示出来。受盘人表示接受的方式有：①用声明（Statement）做出表示，即受盘人用口头或书面形式向发盘人同意发盘；②用做出行为（Performing an Act）来表示，通常是指由卖方发运货物或由买方支付价款来表示。

（3）接受必须是同意发盘提出的交易条件（即接受必须与发盘相符）。对发盘做出实质性修改视为还盘，但对于非实质性修改（Non-material Alteration），除发盘人在不过分延迟的时间内表示反对其间差异的外，一般视为有效接受；而且合同的条件以该发盘和接受中所提出的某些更改为准。

[案例3-3]

2004年2月1日，巴西大豆出口商向我国某外贸公司报出大豆价格，在发盘中除列出各项必要条件外，还表示"编织袋包装运输"。在发盘有效期内我方复电表示接受，并称："用最新编织袋包装运输。"巴西方收到上述复电后即着手备货，并准备在双方约定的7月装船。之后3月大豆价格从每吨420美元暴跌至350美元左右。我方向对方去电称："我方对包装条件做了变更，你方未确认，合同并未成立。"而巴西出口商则坚持认为合同已经成立，双方为此发生了争执。分析此案应如何处理，简述你的理由。

[分析] 由于包装不属于发盘或还盘实质性条件，因此我方的回复不构成一项还盘，巴西方不必对此做出回答，合同已经按照原发盘内容和接受中的某些修改为交易条件成立。所以我方以巴西方对修改包装条件未确认为理由否认合同的成立是不正确的。

（4）接受必须在发盘规定的时效内做出。发盘中通常都有有效期，受盘人必须在发盘规定的有效期内（若发盘未规定具体有效期，则在"合理时间"内）做出接受的表示并送达发盘人，才具有法律效力。

（5）接受通知的传递方式应符合发盘的要求。发盘人发盘时，有的具体规定接受通知的传递方式，也有未做规定的。如果发盘没有规定传递方式，则受盘人可按发盘所采用的，或采用比其更快的传递方式将接受通知送达发盘人。

3. 接受生效的时间

接受是一种法律行为，这种行为何时生效，各国法律有不同的规定。

（1）英美法采用"投邮生效"的原则。

（2）大陆法和《联合国国际货物销售合同公约》采用"到达生效"的原则。

（3）接受还可以在受盘人采取某种行为时生效。《联合国国际货物销售合同公约》第8条第3款规定，如根据发盘或依照当事人业已确定的习惯做法或惯例，受盘人可以做出某种行为来表示接受，无须向发盘人发出接受通知。例如，发盘人在发盘中要求"立即装运"，受盘人可做出立即发运货物的行为对发盘表示同意，而且这种以行为表示的接受，在装运货物时立即生效，合同即告成立，发盘人就应受其约束。

4. 逾期接受

如接受通知未在发盘规定的时限内送达发盘人，或者发盘没有规定时限，且在合理时间内未曾送达发盘人，则该项接受称作逾期接受（Late Acceptance）。

按各国法律规定，逾期接受不是有效的接受。但《联合国国际货物销售合同公约》第 21 条第 1 款规定，只要发盘人毫不迟延地用口头或书面通知受盘人，认为该项逾期的接受可以有效，愿意承受逾期接受的约束，合同仍可于接受通知送达发盘人时订立。如果发盘人对逾期的接受表示拒绝或不立即向受盘人发出上述通知，则该项逾期接受无效，合同不能成立。《联合国国际货物销售合同公约》第 21 条第 2 款规定，如果载有逾期接受的信件或其他书面文件显示，依照当时寄发情况，只要传递正常，它本来是能够及时送达发盘人的，则此项逾期接受应当有效，合同于接受通知送达发盘人时订立。除非发盘人毫不迟延地用口头或书面方式通知受盘人，认为其发盘因逾期接受而失效。以上表明，逾期接受是否有效，关键要看发盘人如何表态。

[案例 3-4]

　　某外贸公司与美商洽谈一笔交易，我方 4 月 7 日的电报发盘中规定 4 月 12 日复到有效。该电报发盘于 4 月 9 日到达美方。对方于 4 月 10 日以电报表示接受。我方于 4 月 14 日才收到该项复电。业务员因其为逾期接受，未予以理睬，将货又售予另一客户。日后，美商坚持合同已成立，要我方发货。美商的要求是否合理？

　　[分析] 美商的要求是合理的。因为情况表明，对方的电报接受是因为邮寄原因而逾期，且我方在收到该电文时并未及时对对方表示该接受因逾期已失效，所以应为有效的接受，双方合同成立，我方应依约履行。

5. 接受的撤回或修改

　　《联合国国际货物销售合同公约》第 22 条规定，如果撤回通知于接受原发盘应生效之前或同时送达发盘人，接受得予撤回。如接受已送达发盘人，即接受一旦生效，合同即告成立，就不得撤回接受或修改其内容，因为这样做无异于撤销或修改合同。接受一旦生效，合同即告成立，所以不存在撤销问题。以行为表示接受时，不涉及接受的撤回问题。采用传真、EDI（电子数据交换）、电子邮件等形式订立合同，发盘和接受都不可能撤回。

[实训演示]

拟写还盘函

（1）操作材料

根据下列材料拟写还盘信。

经过多次往来函电交涉，加拿大 FASHION FAIR 公司来电如下：

October 20，2017

Anhui Garment Imp. & Exp. Corp.

Dear Sir,

　　We are desire to place as much order with you as possible and therefore sent you a cable agreeing to purchase 5000 dozens of this shirts provided you could accept our price of US $ 31. 50 per dozen CIF C3% TORONTO. We will wait for your reply to our cable, but in the mean time we would explain that shirts can now be purchased from the usual European sources at the above figure and no doubt you are already aware of the fact that values on the market are considerable low.

Yours faith fully,

FASHION FAIR CO. ,

Clark Lemin

我公司认为对方还价太低, 比市场价还低, 不如换一款便宜些的产品谈谈, 如 No. 998, 其产品质量差不多, 价格可以按他们的还价, 也许会有结果。

(2) 操作评析与参考

To FASHION FAIR CO. ,

Dear Mr Lemin,

We are indeed regretful you still feel our price too high.

We appreciate you are prepared to place a large order with us and help you in the matter of bridging price gap, but we just can't make reduction any more. As the continual appreciation of lab or cost has caused the sharp rise in our export cost, the prices we quoted are exceptionally low. We trust that an investigation of current market prices would persuade you to believe this truth.

However, to meet your demand, we would like to recommend our model No. 998 as an excellent substitute. It is similar in quality and function to the substance you need and we can agree to your previous-mentioned price, i. e. US $ 31. 50 per dozen CIF C3% TORONTO.

Please avail yourself of this exceptional opportunity and we are looking forward to your favorable reply.

Yours faithfully,

ANHUI GARMENTS I & E GROUP CO.

×××

复习思考题

1. 国际市场调研的主要内容是什么?
2. 出口交易前的准备工作主要有哪些?
3. 构成有效发盘的条件有哪些?
4. 磋商的一般程序包括哪几个环节? 其中哪几个是达成交易所不可缺少的基本环节?

第四章
>>>>>> 进出口合同的签订

第一节 合同概述

一、合同的概念

在国际货物买卖中，一项发盘被有效接受后，交易即告达成，买卖双方合同关系成立。合同 是买卖双方达成交易的协议书，它明确了买卖双方的权利和义务，对双方都具有法律约束力。从事进出口贸易的企业通常都有其固定的合同格式，出口交易达成以后，进口方或出口方应根据交易磋商的结果，将各项内容填入贸易合同中。

二、合同的种类

（1）按法律效力的不同，可以分为正本合同和副本合同。正本合同必须签字方为有效；副本合同无须签字，也无法律效力。

（2）按合同内容的繁简程度，可以分为合同（Contract）和确认书（Confirmation）两种。前者的条款内容翔实、全面、完整，几乎对买卖双方所有想到的内容都有规定；后者的内容则比较简略，一般省略了诸如异议索赔、罚金条款、不可抗力、争议仲裁等条款内容。确认书虽然内容比较简略，但是，它与完整的合同一样，具有同等的法律效力。

（3）按合同条款起草者的不同，可以分为销售合同（Sales Contract）和购买合同（Purchase Contract）。销售合同（出口合同）是由卖方草拟，然后由买卖双方签署生效的合同。通常情况下这种合同的条款是偏重于卖方利益的，即它通常对卖方的权益和买方的义务规定得比较细致，而对买方的权益和卖方的义务规定得比较简略。类似的，购买合同（进口合同）是由买方草拟，然后由买卖双方签署生效的合同。通常情况下这种合同的条款是偏重于买方利益的，即它通常对买方的权益和卖方的义务规定得比较细致，而对卖方的权益和买方的义务规定得比较简略。

（4）按合同的形式，可分为书面合同、口头合同和行为合同。《联合国国际货物销售合同公约》规定，销售合同无须以书面订立或书面证明，在形式方面也不受任何其他条件的限制。销售合同可以用包括人证在内的任何方法证明。所以，根据《联合国国际货物销售合同公约》的解释，合同的形式可以是口头的，也可以是书面的。1986年12月，我国政府在向联合国交存对《联合国国际货物销售合同公约》的核准书时，我国不同意国际货物买卖合同采用书面以外的形式订立、更改或终止，应采用书面形式方为有效。

1）书面合同。大多数外贸合同都以书面形式订立，它是合同成立的依据，是履行合同的依据，有时是合同生效的依据，也是仲裁、诉讼的依据。

[案例 4-1]

我方某公司与外商洽商进口某商品一批，经往来电传洽谈，已谈妥合同的主要交易条件，但我方在电传中表明交易于签订确认书时生效。事后对方将草拟的合同条款交我方确认，但因有关条款的措辞尚需研究，故我方未及时给对方答复。不久该商品的市场价格下跌，对方电催我方开立信用证，而我方以合同未成立为由拒绝开证。

问：我方的做法是否有理？为什么？

[分析] 我方的做法没有问题。由于在电传中我方已表明交易于签订确认书时生效，而由于我方尚未确认草拟合同的内容，故合同未成立。我方完全有理由拒绝开证。

2）口头合同。采用口头形式订立的合同，称口头合同或对话合同，是指当事人之间通过当面谈判或通过电话方式达成协议而订立的合同。但是，因无文字依据，空口无凭，一旦发生争议，往往造成举证困难，不易分清责任。一般口头达成的合同最终还是要形成文字，即形成书面合同。

3）行为合同。行为合同是指以行为方式表示接受而订立的合同。例如，根据当事人之间长期交往中形成的习惯做法，或发盘人在发盘中已经表明受盘人无须发出接受通知，可直接以行为做出接受而订立的合同，均属于此种形式。

三、合同的内容

合同一般包括三部分，即约首、主体和尾部。合同的约首包括合同的名称、编号、签约日期、地点、双方当事人的名称、地址等；合同的主体包括商品名称、品质规格、数量、包装、单价、总价、交货、保险、支付方式、商检、索赔、仲裁和不可抗力等；合同的尾部包括合同的份数、使用的文字和效力以及双方的签字等。

合同样例：

合　同

Contract

合同号：

Contract No.：LS-01-2017061801

日期：

Date：2017-06-18

签约地点：

Place：ZIYANG，CHINA

买方：

The Buyers：Sichuan × × Textile Industry Corporation

General Manager：Huang Ming

卖方：

The Sellers：German Textile Machinery Company

Sales Manager：David Paul

本合同由买卖双方根据下列条款和条件，经买卖双方共同协商签订，以便共同遵守。

This contract is made by and between the buyer and the seller whereby the buyer and the seller agrees to sell and the buyer agrees to buy the under-mentioned goods according to the terms and conditions as stipulated below：

（1）商品名称和规格 Name of Commodity and Specification：Flexible Rapier Loom 抗扰箭杆织布机 Specifications：MIG，德国最新生产 MIG 型号

（2）数量 Quantity：50sets

（3）单价 Unit Price：USD ＄150000.00/set CIF 5% SHANGHAI, CHINA

（4）总价 Total Value：USD ＄7500000.00

（5）原产国 Country of Origin：Germany

（6）装运期限 Shipping Date：NOT LATER THAN JULY 30, 2017

（7）装运口岸 Port of Loading：Hamburger Germany

（8）到货口岸 Port of Destination：SHANGHAI, CHINA

（9）付款条件 Terms of Payment：100% of the total value will be paid by L/C at 90 days at sight.

（10）包装：需用适合长途海运，防潮、防湿、防震、防锈、耐粗暴搬运的包装，由于包装不良所发生的损失，由于采用不充分或不妥善的防护措施而造成的任何锈损，卖方应负担由此产生的一切费用和/或损失。

Packing：The packages should be suitable for long distance transportation and well protected against dampness, moisture, shock, rust and rough handling. The sellers shall be liable for any damage to the goods on account of improper packing and for any rust damage attributable to inadequate or improper protective measures taken by the sellers.

（11）装运条款：卖方保证按时将合同所述货物运往买方港口。没有买方的同意，不得转运。

Terms of Shipment：The seller shall ship the goods within the shipping date from the port of shipment to the port of destination. Transshipment is not allowed without the buyer's consent.

（12）装运通知：货物全部装船后，卖方将于 10 个工作日内将合同编号、商品名称、数量、毛重、发票金额、船名和开船日期传真通知买方。

Shipping Advice：The seller shall within 10 working days after the completion of the loading of the goods advise by fax the buyer of the contract No. , commodity, quantity, gross weight, invoice value, name of vessel and date of departure.

（13）保险：由卖方按照发票价值的 110% 投保中国人民保险公司 1981 年 1 月 1 日制定的海洋货物运输保险条款中的一切险和罢工险。

Insurance：Insurance shall be covered by the seller for 110% of the invoice value against All Risks and Strike Risks as per Ocean Marine Cargo Clauses of the People's Insurance Company of China, dated 1 /1/1981.

（14）检验：卖方须在装运前 15 日委托德国机械进出口检验机构对本合同的货物进行检验并出具检验证书。货到目的港后，由买方委托中国进出口货物检验机构进行检验。

Inspection：The Seller shall have the goods inspected 15 days before the shipment and have the Inspection Certificate issued by German Machinery I/E Inspection Bureau. The Buyer may have the goods reinspected by China I/E Inspection Corporation after the goods arrived at the destination.

（15）索赔：货物到达买方后，买方应向中国出入境检验检疫局申请对质量、规格、数量进行初步检验，并出具检验证明书，如发现货物品质、规格、数量与合同不符，除保险公司或船运公司应负责的以外，买方在货到 90 天内有权换货或索赔，一切费用（如商检费、相关的运费、保险费等）由卖方承担。

Claims：Within 90 days after the arrival of goods at destination should the quality, specifications or quantity be found not in conformity with the stipulations of the contract except those claims for which the insurance company or the owners of the vessel are liable, the buyers shall, on the strength of the inspection certificate issued by China

Entry-Exit Inspection and Quarantine Bureau have the right to claim for replacement with new goods or for compensation and all the expenses (such as inspection charges, freight for returning the goods and for sending the replacement insurance premium) shall be borne by the sellers.

（16）仲裁：凡有关本合同或执行本合同而发生的一切争执，应通过友好协商解决。如不能解决，则应申请进行仲裁。仲裁将在中国国际经济贸易仲裁委员会进行。其做出的裁决是最终的，买卖双方均应受其约束，任何一方不得向法院或其他机关申请变更。仲裁费用由败诉方负担。

Arbitration：All disputes in connection with this contract or the execution thereof shall be settled through friendly negotiation, in case no settlement can be reached through negotiations, the case under dispute shall be submitted for arbitration to the China International Economic and Trade Arbitration Commission in accordance with the provisional rules of procedures promulgated by the said arbitration commission. The award of the arbitration shall be final and binding upon both parties for revising the decision. The arbitration fee shall be borne by the losing part.

（17）不可抗力：由于人力不可抗拒事故，而卖方交货迟延或不能交货时，责任不在卖方，但卖方应立即将事故通知买方，并于事故发生后 14 天内将事故发生地政府主管机关出具的事故证明用空邮寄交卖方为证。

Force Majeure：The seller shall not be held responsible for any delay in delivery or non - delivery of the goods due to force majeure, which might occur during the process of manufacturing or in the course of loading or transit. However, the seller shall advise the buyer immediately of such occurrence and within 14 days thereafter, the seller shall send by airmail to the buyers a certificate of the accident issued by the competent government authorities of the place where the accident occurs as evidence thereof.

（18）附加条款：本合同一式两份，买卖双方各执一份。

Supplements and Other Terms：This contract is made in two originals, one original to be held by each party. The original pieces have the same law effect to each party.

卖方   买方

The Seller   The Buyer

（Signature）   （Signature）

四、合同内容评析

（1）合同名称：如 Sales Contract（销售合同）、Sales Confirmation（售货确认书）等，一般于约首部分醒目注明。

（2）合同编号（S/C No. or P/O No.）：一般说来，合同都要编号，以便于存储、归档和管理。

（3）签约日期（Date）：表明进出口双方在何时签订的合同。

（4）签约地点（Place or Signed at）：表明进出口双方在何地签订的合同。在何处签约关系到如果发生争议或纠纷时，对本合同的解释适用哪一国法律的问题。因此，我国出口公司通常将签约地点规定为出口公司在我国的营业所在地。

（5）合同当事人的信息：主要包括当事双方的名称、地址和联系方式。

（6）买卖双方订立合同的意愿。

（7）品名及规格条款（Name of Commodity & Specification）：详细规定商品的名称、规格等商品的属性。

（8）数量条款（Quantity）：通常包括计量单位、计量方法和成交数量等内容，有时还规定数量机动幅度（也称溢短装条款）。

（9）价格条款（Price Terms）：价格条款通常包括单价和总值两方面的内容，注明贸易术语（如 CIF、FOB），有时还可能反映交易中的佣金和折扣信息。总金额往往除了用阿拉伯数字（in figures）表示外，还要用大写（in words）表示。

（10）包装条款（Terms of Packing）：主要规定包装方式、包装材料、包装规格、包装标志和包装费用等内容。如无包装可填写"NAKED"或"IN BULK"等字样。例如：TO BE PACKED IN CARTONS OF 20 PCS EACH ONLY，TOTAL 380 CARTONS。

包装种类主要有木箱（Wooden Case）、纸箱（Carton）、袋（Bag）、桶（Drum）等。

（11）装运条款（Terms of Shippment）：主要规定装运期、装运港（地）和目的港（地），货物的运输方式以及是否允许分批装运及转船等有关运输的条款。

（12）支付条款（Terms of Payment）：明确约定货款的支付方式。货款的支付方式主要包括：汇款、托收、信用证等。

（13）保险条款（INSURANCE）：通常是对由哪一方投保、保险险别、保险金额的确定方法、所适用的保险条款以及保险生效的日期进行规定。

例如：2/2 SETS OF ORIGINAL INSURANCE POLICY OR CERTIFICATE，BLANK ENDORSED，COVERING ALL RISKS AND WAR RISKS FOR 110% INVOICE VALUE，SHOWING CLAIMS PAYABLE IN INDIA.

（14）其他条款（Other Terms/Remarks）：包括商品检验条款、异议索赔条款、开证条款、对投保事项的约定、不可抗力条款、仲裁条款等。

第二节　合同中商品的品名条款

一、商品名称的概念

商品名称（Name of Commodity）是指能使某种商品区别于其他商品的一种称呼或概念。它在一定程度上体现了商品的自然属性、用途以及主要的性能特征。在国际贸易中，交易双方在磋商交易条件时，首先必须明确所要交易的商品是什么。品名条款就是用来明确规定所交易的是何种商品。一般地说，合同中通常只规定商品具体名称即可。但因有些商品具有不同的品种、商标、等级、型号，为了明确起见，在品名条款中还必须将该商品的具体品种、商标、等级、型号等描述也包括进去，以便做进一步限定。此外，有的品名条款甚至将品质规格也包括进去。在此情况下，它就不单是品名条款，而实质上是品名条款与品质条款的综合表述。例如：

品名：山东花生仁，Name of Commodity：Shandong Peanut

品名：中国桐油，Name of Commodity：Chinese Tung Oil

二、商品品名的命名方法

（1）以商品主要用途命名，如洗洁精、旅游鞋。

（2）以商品所使用的主要原材料命名，如涤棉、羊绒衫。

（3）以商品主要成分命名，如西洋参、蜂王浆。

（4）以商品外观造型命名，如红小豆、喇叭裤。

（5）以商品制作工艺命名，如精制油。

（6）以人物命名，如王守义十三香、李宁运动服。

三、拟定品名条款时应注意的问题

合同中的品名条款一般比较简单，多在"Name of Commodity"或者"Description of Goods"处，列明成交商品的名称。规定品名条款时，应注意以下事项：

（1）商品的名称必须做到内容明确具体，避免空泛、笼统的规定。

（2）商品的名称必须切实反映商品的实际情况，必须是卖方能够提供而且是买方所需要的商品，凡做不到或不必要的描述性的词句都不应列入。

（3）商品的名称要尽可能使用国际上通行的名称；在采用外文名称时，应做到译名准确，与原名意思保持一持。

（4）商品的名称在《协调制度》中能够准确归类。

（5）对新商品的定名，应力求准确，符合国际上的习惯称呼。对某些商品还应注意选择合适的品名，以利减低关税、方便进出口和节省运费开支。例如，全球最大的航运企业之一——中国远洋运输（集团）（简称中远集团或 COSCO）对棉手套（Cotton Gloves）、尼龙手套（Nylon Gloves）和劳保手套（Working Gloves）规定的运费等级就不同。

四、品名的相关法律和惯例

按照有关的法律和惯例，对交易标的物的描述是构成商品说明的一个主要组成部分。若卖方交付的货物不符合约定的品名或说明，买方有权提出损害赔偿要求，直至拒收货物或撤销合同。

[案例 4-2]

2018 年年初，我国某公司对外签订了一份合同。合同规定，商品品名为"手工制造书写纸"（Handmade Writing Paper）。买方收到货物后，经检验发现货物部分制造工序为机械操作，而我方提供的所有单据均表示为手工制造，因此，对方要求我方赔偿。而我方拒赔，主要理由是：①该商品的生产工序基本是手工操作，而且关键工序完全采用手工；②该交易是经买方当面先看样品成立的，并且实际货物品质又与样品一致。因此，应认为所交货物与商定品质一致。

问：该案例的责任到底应由谁承担？

[分析] 责任在我方。因为出口合同规定的商品品名为"手工制造书写纸"，而我方实际所交的货物部分制造工序为机械操作，我方显然违反了合同中的规定。虽然交易是经买方当面先看样品成交的，但此交易并非凭样品买卖，只能算参考样品，因此，卖方仍不能推卸其必须按合同交货的义务。对于该案例，我方应认识到自己确已违反了合同，不应在是否违反合同上与对方纠缠；另外，我方应主动承认错误，以求得买方的谅解，并赔偿由此给买方造成的损失。

第三节　合同中商品的品质条款

一、商品品质的概念

商品品质（Quality of Goods）是指商品的内在素质和外观形态的综合。前者包括商品的物理性能、机械性能、化学成分和生物特征等自然属性；后者包括商品的外形、色泽、款式和透明度等。

二、商品品质的重要性

品质条款是国际货物买卖合同中不可缺少的一项主要交易条件，是买卖双方交接货物的基本依据。根据《联合国国际货物销售合同公约》的有关规定，卖方交付的货物必须与合同规定的品质、规格相符，必须适用于同一规格货物通常使用的目的，并适用于订立合同时曾明示或默示地通知卖方的任何特定目的，卖方交货品质应与卖方向买方提供的货物样品或样式相同。如卖方交货品质、规格与合同规定不符，不论价款是否已付，买方都有权要求卖方减价、赔偿损失，甚至可以拒收货物或撤销合同。

[案例4-3]

2017年3月，我国某出口A公司对外成交一批食用柠檬酸。在交货时，误将工业用柠檬酸装运出口。轮船开航后数天才发现所装货物不符。为了避免造成严重事故，A公司急速通知外轮代理公司，请该公司转告中国香港代理，于该船抵达香港时，将货截留。虽避免了一次严重事故，但出口公司损失惨重。

[分析] 本案例中，我国出口公司误将工业柠檬酸当作食用柠檬酸装运出口，严重违反合同中有关品质的约定。根据《联合国国际货物销售合同公约》规定，卖方交货必须符合约定的品质，如卖方交货不符约定的品质条件，买方有权要求损害赔偿，甚至拒收货物和撤销合同。虽然A公司较早发现误装，但损失仍然很大，如一旦没有及时发现，将工业柠檬酸运抵目的港后误作食用，将会造成更为严重的后果。这一案例给我们的启示是：①必须健全工作管理制度；②业务员应加强风险意识。

[案例4-4]

商品质量不符引起的纠纷案

我国某生产企业向马来西亚客户出口汽车配件，品名为YZ-8303R/L，但该生产企业提供了YZ-8301R/L。两种型号的产品在外形上非常相似，但却用在不同的车型上，因此客户不能接受，要求我方调换产品或降低价格。我方考虑到退货相当麻烦，费用很高，因此只好降价15%，了结此案。

[分析] 商品质量是国际货物买卖合同中不可缺少的主要条件之一，是十分重要的条款。卖方属于重大违约，因此赔偿对方损失是不可避免的。

[案例4-5]

1997年10月，我国香港某商行向内地一企业按FOB条件订购5000t铸铁井盖，合同总金额为305万美元（约人民币2534.5万元）。货物由买方提供图样进行生产。该合同品质条款规定：铸件表面应光洁；铸件不得有裂纹、气孔、砂眼、缩孔、夹渣和其他铸造缺陷。

合同规定：（1）订约后10天内卖方须向买方预付约人民币25万元的"反保证金"，交第一批货物后5天内退还保证金。

（2）货物装运前，卖方应通知买方前往产地抽样检验，并签署质量合格确认书；若质量不符合同要求，买方有权拒收货物；不经双方一致同意，任何一方不得单方面终止合同，否则由终止合同的一方承担全部经济损失。

[分析] 这是一起典型的外商利用合同中的品质条款进行诈骗的案例。

铸件表面"光洁"是一个十分含糊的概念，没有具体标准和程度；"不得有裂纹、气孔……铸造缺陷"存在的隐患更大，极易使卖方陷入被动。

对方的实际目标是25万元"反保证金"。

这类合同的特点：价格诱人，工艺简单；技术标准含糊，并设有陷阱；预收保证金等后逃之夭夭，或者反咬一口；被欺诈对象多为合同管理不严、缺乏外贸经验、急功近利的中小企业。

三、商品品质的表示方法

在国际贸易中，不同种类的商品有不同的表示品质的方法。概括起来，主要分为以下两大类：

（一）以实物表示商品品质

以实物表示商品品质通常包括以成交商品的实际品质（Actual Quality）和凭样品（Sample）两种表示方法。前者为看货买卖；后者为凭样品买卖。

1. 看货买卖

这种交易方式一般是在现场进行，或者在卖方或买方所在地进行。通常是先由买方或其代理人在卖方所在地验看货物，达成交易后，卖方即应按验看过的商品交付货物。只要卖方交付的是验看过的商品，买方就不得对品质提出异议。这种方法多用于寄售、拍卖和展卖业务中。

2. 凭样品买卖（Sale by Sample）

这是指卖方或买方先提交若干个能代表商品品质的少量实物，议定品质和价格，然后由卖方批量交货。这些能够代表商品品质的少量实物被称为样品，是将来交货时确定货物品质的标准，卖方必须保证以后交付的货物品质与样品一致。这种做法尤其适用于品质很难用文字说明的货物。

凭样品买卖时根据样品的提供者的不同，可分为以下几种方式：

（1）凭卖方样品成交（Sale by Seller's Sample）。这是指交易中以卖方提供的样品作为交货品质依据的交易。为此，在合同中一般规定"品质以卖方样品为准"（Quality as per Seller's Sample）。

（2）凭买方样品成交（Sale by Buyer's Sample）（来样成交或来样制作）。这是指以买方提供的样品作为交货品质依据的交易。在合同中一般规定"品质以买方样品为准"（Quality as per Buyer's Sample）。此时，卖方所交整批货的品质，必须与买方样品相符。

（3）凭对等样品成交（Sale by Counter Sample）。在凭买方样品买卖中，要求卖方所交整批货的品质，必须与买方样品一致。为避免交货时双方对样品品质理解不同而产生纠纷，卖方往往要根据买方提供的样品，加工复制出一个类似的样品交买方确认，这种经确认后的样品，称为"对等样品"或"回样"，也有称为"确认样品"（Confirming Sample）的。实际上，对等样品改变了交易的性质，即由凭买方样品买卖变成了凭卖方样品买卖，使卖方处于较有利的地位。

由于凭样品买卖要求交货品质与样品完全一致，有时难以做到，交易中易发生纠纷。特别是在市场行情剧变时，买方往往会苛求"货""样"一致的标准而拒收货物。因此，在使用这种方法时，应注意做好以下几项工作：

（1）凡凭样品买卖，卖方交货品质必须与样品完全一致。

（2）以样品表示品质的方法，只能酌情采用。凡能用科学的指标表示商品品质时，就不宜采用此方法。

（3）采用凭样成交而对品质无绝对把握时，应在合同条款中相应做出灵活的规定。"品质与样品大致相同"（Quality shall be about equal to the sample）或"品质与样品相似"（Quality is nearly same as the sample），以利于卖方日后交货。

（4）提供的商品要有代表性。应在大批货物中选择品质中等的实物作为样品，避免由于样品与日后所交货物品质不一致，引起纠纷，造成经济损失。

（5）寄送样品时应留存一份或数份同样的样品，作为复样（Duplicate Sample）或留样（Keep Sample），以备日后交货或处理争议时核对之用。

（6）寄发样品和留存复样，要注意编号和注明日期，以便日后查找。

（7）在买方寄来样品时，卖方要制作"对等样品"（Counter Sample）或"确认样品"（Confirming Sample）或"回样"（Return Sample）。

（8）采用凭买方样品成交时，应规定工业产权问题。

（9）如果提交对方的样品不是标准样品，应注明"仅供参考"（For Reference Only）字样。

[案例4-6]

我国某出口公司与美商凭样成交一批高级瓷器，复验期为60天，货到国外经美商复验后，未提出任何异议。但时隔一年，买方来电称：瓷器全部出现"釉裂"，只能削价处理销售，因此要求我方按成交价赔偿60%。我方接电话后立即查看留存的复样，发现其釉下也有裂纹。问：我方应如何处理？

[分析] 货物品质要与样品品质相符。这批瓷器出现"釉裂"是由于配方本身与加工不当所导致的，买方收到货物时无法发现，要经过一段时间后才可显露出来，留存样品与出口货物出现同样情况，所以要赔偿。

（二）凭文字说明表示商品品质

凡以文字、图表、相片等方式来说明商品品质的，均属于凭说明表示商品品质的范畴。在国际贸易中，多数商品采用文字说明表示品质。这种做法使品质的表达更为明确和科学，从而有助于消除或解决日后的品质纠纷。具体有下列几种方式：

1. 凭规格买卖（Sale by Specification）

商品规格（Specification of Goods）是指一些足以反映商品品质的主要指标，如化学成分、含量、纯度、性能、容量、长短、粗细等。在国际贸易中，买卖双方洽谈交易时，对适合以规格买卖的商品，应提供具体规格来说明商品的基本品质状况，并在合同中订明，这种用商品的规格来确定商品品质的方法称为"凭规格买卖"。这种方法较方便、准确，在贸易中应用最为广泛。在凭规格买卖时，卖方应注意的是，只需在合同中列入主要指标，而对商品品质不起重大影响的次要指标不要做过多罗列。

[案例 4-7]

A 出口公司与国外买方订立一份 CIF 合同，合同规定"番茄酱罐头 200 箱，每箱 24 罐×100g"，即每箱装 24 罐，每罐 100g。但卖方在出货时，却装运了 200 箱，每箱 24 罐，每罐 200g。国外买方见货物的重量比合同多了一倍，拒绝收货，并要求撤销合同。问：买方是否有权这样做？为什么？

[分析] 本案中合同规定的商品规格为每罐 100g，而卖方却交付的是每罐 200g，与合同规定的规格条件明显不符，违反合同中的品质规定。尽管卖方交付给买方的罐头重量多了一倍，对于买方来说，也并非好事，因为极有可能使其原来的商业目标全部落空，如果此规格的罐头不适销，还会给买方造成损失。另外，假设进口国是实行进口贸易管制比较严格的国家，如重量比进口许可证的重量多一倍，就可能遭到行政当局质询，甚至被怀疑有逃避进口管制、偷漏关税等行为而追究责任，其后果相当严重。

2. 凭等级买卖（Sale by Grade）

商品的等级（Grade）是指同类商品，按其规格上的差异，分为各不相同的若干级别。

例如：冻带骨兔（去皮、去头、去爪、去内脏）。

特级	每只净重	≥1500g
大级	每只净重	≥1000g
中级	每只净重	≥600g
小级	每只净重	≥400g

凭等级买卖时，由于不同等级的商品具有不同的规格，为了便于履行合同和避免争议，在品质条款列明等级的同时，最好一并规定每一等级的具体规格。

[案例 4-8]

某出口公司与国外成交红枣一批，合同与信用证上均列明的是三级品，但到发货装船时才发现三级红枣库存告罄。于是改以二级品交货，并在发票上加注："二级红枣仍按三级计价。"问：这种以好顶次、原价不变的做法妥当吗？

[分析] 根据 UCP 600 规定：商业发票中的货物描述，必须与信用证规定相符。由此可见，本例所述情况与 UCP 600 的规定相悖，如当地市场价格疲软或下跌，买方完全可以借与原合同规定不符向卖方要挟。尽管卖方给的是好货，对方也会借以拒收或索赔。所以，在工作中千万要防止出现这种"赔了夫人又折兵"的做法。

3. 凭标准买卖（Sale by Standard）

商品的标准（Standard）是指将商品的规格、等级予以标准化并以一定的文件表示出来。对有些商品，人们往往采用某种标准作为说明和评定商品品质的依据，这种用商品标准来确定商品品质的方法称为"凭标准买卖"。国际上，货物的标准一般有国际标准、国家标准、行业标准等各种标准。业务中，根据具体情况，尽量采用国际标准或国家标准。标准随着生产技术的发展而不断修改和变动，援引某个标准时，应载明采用的版本年份。

[案例 4-9]

A 公司从国外进口一批青霉素油剂，合同规定该商品品质"以英国药局 1953 年标准为准"，但货到目的港后，发现商品有异样，于是请商检部门进行检验。经反复查明，在英国药局 1953 年版本内没有青霉素油剂的规格标准，结果商检人员无法检验，从而使 A 公司对外索赔失去了依据。

[分析] 此案例说明在进口贸易中，一定要认真制定商品品质条款，如需要用标准来说明商品品质时，为了便于安排生产和组织货源，通常以采用我国有关部门所规定的标准成交为宜。此外，也可根据需要和可能，酌情采用国际标准化组织或出口国规定的品质标准。但要密切注意各种标准修改和变动的情况，以免引起争议，造成损失。

在国际贸易中，对某些品质变化较大而难以规定统一标准的农副土特水产品，往往采用"良好平均品质"（Fair Average Quality，F. A. Q）和"上好可销品质"（Good Merchantable Quality，G. M. Q）两种标准表示其品质。

（1）良好平均品质（F. A. Q），是指代表一定时期内某地出口货物的中等平均品质水平，适用于农副产品。其具体解释和确定办法是：

1）指农产品的每个生产年度的中等货。

2）指某一季度或某一装船月份在装运地发运的同一种商品的"平均品质"。

（2）上好可销品质（G. M. Q），是指卖方交货品质只需保证尚好的、适合销售的品质即可。这种标准含义不清，在国际货物贸易中很少使用，一般只适用于木材或冷冻鱼类等物品。

4. 凭说明书和图样买卖（Sale by Descriptions and Illustrations）

这是指用说明书和图样确定商品品质而进行的买卖。在国际货物贸易中，有些机器、电器和仪表等技术密集型产品，通常以说明书附以图样、照片、设计图、分析表以及各种数据来说明其具体性能和结构特点。按这种表示品质的方法成交时，卖方所交货物必须符合说明书和图样的要求。例如，品质和技术数据必须与卖方提供的产品说明书严格相符。

5. 凭商标或品牌买卖（Sale by Trade Mark or Brand Name）

商标（Trade Mark）是指生产者或商号用来说明其所生产或出售的商品的标志，它可由一个或几个具有特色的单词、字母、数字、图形或图片等组成。品牌（Brand Name）是指工商企业给其制造或销售的商品所冠的名称，以便与其他企业的同类产品区别开来。用商标或品牌确定商品品质而进行的买卖，称为"凭商标或品牌买卖"。这种方法适用于品质稳定、信誉良好并为消费者所熟悉的产品，如格力空调、小天鹅洗衣机等。

在使用商标或品牌时，人们经常发现，有的商品尽管使用同一品牌或商标，但生产者为了适应不同市场的不同需求，对商品性能的设计和制造可能有所差别。因此，在这类商品的交易中，在规定品牌商标的同时，还应订明商品的具体规格。此外，还要注意所使用的商标品牌是否合法、是否登记注册等，以维护商标专用权。

6. 凭产地名称买卖（Sale by Name of Origin）

这是指用产地来表示其独特的品质、信誉而进行的买卖。这种方法多用于工艺独特的地方产品，如四川榨菜、长白山人参、北京烤鸭、西湖龙井、东北大米等。

四、合同中的品质条款

1. 品质条款的一般内容

在品质条款中，一般要写明商品的名称和具体品质。由于表示品质的方法不同，合同中品质条款的内容及其繁简也不尽相同。对可以采用科学指标来说明其品质的商品，则应列明诸如商品规格、等级等指标的内容；而对习惯于凭标准买卖的商品，则在品质条款中应列明采用何种标准；对有些品质变化较大而难以规定统一标准的农产品，则往往在品质条款中列明"良好平均品质"字样；对性能和结构比较复杂的机、电、仪器等技术密集型产品，很难通过使用几个简单的指标来表示其品质的全貌，故通常在品质条款中载明"卖方应提供说明书，并随附有关图样、照片、设计、分析表及各类数据"等内容。此外，一般还需要增加品质保证条款和技术服务条款。对难以用科学的指标说明其品质的商品，则应在品质条款中列明凭卖方样品或买方样品或对等样品交货字样。对某些国际市场上久负盛名的名牌商品，在品质条款中只列明成交商品的商标或品牌即可。对一些在品质方面具有独特风格和地方特色的商品，也可以只用原产地名称来表示品质。

2. 品质机动幅度

品质机动幅度的规定是为了保证进出口合同的顺利履行。对品质指标容易出现差错的某些制成品，可在品质条款中采用下列灵活变通的规定方法：

（1）约定一定幅度的品质公差（Quality Tolerance）。品质公差是指工业制成品的品质指标出现国际上公认的误差，即使合同没有规定，只要交货品质在公差范围内，也不能算作违约。但为了明确起见，最好还是在合同中约定一定幅度的品质公差。例如，手表走时每天误差若干秒。对某些难以用数字或科学方法表示的，则采取"合理误差"这种笼统的规定办法。例如，质地、颜色允许合理差异。但是，应当指出的是，采用此种方法应当特别慎重，因为何谓"合理差异"可能因理解不同而引起争议。

（2）约定交货品质的机动幅度（Quality Latitude）。品质机动幅度是指允许卖方所交货物的品质指标可有一定幅度范围内的差异，只要卖方所交货物的品质没有超出机动幅度的范围，就算合格，买方就无权拒收货物。这一方法主要适用于初级产品。

品质机动幅度的规定方法主要有以下三种：①规定范围。对某项货物的品质指标规定允许有一定的差异范围。例如，锦缎，幅阔 35/36in⊖，即布的幅阔在 35～36in 的范围内均合格。②规定极限。对有些货物的品质规格，规定上下限。常用的表示方法有最大、最高、最多、最小、最低、最少。③规定上下差异。例如，灰鸭毛，含绒量18%，上下1%。

（3）交货品质与样品大致相同或类似条款。为了避免争议和便于履行合同，卖方要求在品质条款中加订"交货品质与样品大体相等"（Quality to be considered and being about equal to the sample）之类的条文。

为体现按质论价，在交货品质允许有一定的机动幅度的情况下，对某些货物也可在合同中规定按实际交货的品质情况加价或减价，即在合同中订立品质增减价条款。根据我国外贸实践，品质增减价条款有下列几种约定方法：

1）对机动幅度内的品质差异，可按交货实际品质规定予以增价或减价。

2）只对品质低于合同规定者扣价。在品质机动幅度范围内，交货品质低于合同规定者扣价，而高于合同规定者却不增加价格。为了更有效地约束卖方按规定的品质交货，还可以规定不同的扣价办法。例如，在机动幅度范围内，交货品质低于合同规定1%，扣价1%；低于合同规定1%以上者，则加大扣价比例。

采用品质增减价条款，一般应选用对价格有重要影响而又允许有一定机动幅度的主要品质指标，对次要的品质指标或不允许有机动幅度的重要指标，则

⊖　1in = 0.0254m。

不适用。

此外，在有些合同的品质条款中，还就交货品质低于约定品质时如何处理也做了约定。

第四节 合同中商品的数量条款

一、约定商品数量的意义

商品的数量是指以一定的度量衡单位表示的商品的重量、数量、长度、面积、体积、容积等。商品的数量是国际货物买卖合同中不可缺少的一项主要交易条件，是买卖双方交接货物的一项基本依据。《联合国国际货物销售合同公约》第 35 条规定，卖方交货数量必须与合同规定相符。在这里需要提出的是，关于在履行合同过程中，如果卖方交货数量大于或小于约定数量，应该如何处理，《联合国国际货物销售合同公约》第 52 条规定，如果卖方交付的货物数量大于合同规定的数量，买方可以收取也可以拒绝收取多交部分的货物。如果买方收取多交部分货物的全部或一部分，他必须按合同价格付款。《联合国国际货物销售合同公约》第 37 条规定，如果卖方交货数量少于约定的数量，卖方应在规定的交货期届满前补交，但不得使买方遭受不合理的不便或承担不合理的开支，即使如此，买方有保留要求损害赔偿的权利。

[案例 4-10]

我国某公司从国外进口小麦，合同规定，数量 200 万 MT，每公吨 100 美元。而外商装船时共装运了 230 万 MT，对多装的 30 万 MT，我方应如何处理？如果外商只装运了 180 万 MT，我方是否有权拒收全部小麦？

[分析] 根据《联合国国际货物销售合同公约》规定，如果卖方交付的货物数量大于合同规定的数量，买方可以收取也可以拒绝收取多交部分的货物，如果买方收取多交部分货物的全部或一部分，他必须按合同价格付款。本案例中，我方对外商多交的 30 万 MT，可以拒收也可以全部收下，还可以只收下其中的一部分，如果我方收取多交小麦的全部或一部分，要按每公吨 100 美元付款。

如果外商只装运了 180 万 MT，我方无权拒收全部小麦。《联合国国际货物销售合同公约》规定，如果卖方交货数量少于约定的数量，卖方应在规定的交货期届满前补交，但不得使买方遭受不合理的不便或承担不合理的开支，即使如此，买方也有保留要求损害赔偿的权利。在本案例中，外商只比合同规定少交 20 万 MT，尚未构成根本性违约，我方只有权要求外商在交货期内补交，没有权拒收全部小麦，如在补交期间，外商给我方带来不合理的开支，我方有保留要求损害赔偿的权利。

[案例4-11]

我国某出口公司与匈牙利商人订立了一份出口水果合同，支付方式为货到验收后付款。但货到经买方验收后，发现水果总重量缺少10%，而且每个水果的重量也低于合同规定。匈牙利商人既拒绝付款，也拒绝提货。后来水果全部腐烂，匈牙利海关向中方收取仓储费和处理水果费用5万美元。我国出口公司陷于被动。从本案例中，我们可以吸取什么教训？

[分析] 商品的数量是国际货物买卖合同中不可缺少的主要条件之一。按照某些国家的法律规定，卖方交货数量必须与合同规定相符，否则，买方有权提出索赔，甚至拒收货物。此案例中显然我方陷于被动，但仍可据理力争，挽回损失。首先应查明短重是属于正常途耗还是我方违约没有交足合同规定数量，如属我方违约，则应分清是属于根本性违约还是非根本性违约。如不属根本性违约，匈牙利方无权退货和拒付货款，只能要求减价或赔偿损失；如属根本性违约，匈牙利方可退货，但应妥善保管货物，对鲜活商品可代为转售，尽量减少损失。《联合国国际货物销售合同公约》（以下简称《公约》）第86条第一款明确规定："如果买方已收到货物，但打算行使合同或本公约任何权利，把货物退回，他必须按情况采取合理措施，以保全货物，他有权保有这些货物，直至卖方把他所付的合理费用偿还给他为止。"而匈方未尽到妥善保管和减少损失的义务，须对此承担责任。因此，我方公司可与匈牙利商人就商品的损失及支出的费用进行交涉，尽可能挽回损失。

[案例4-12]

某公司定购钢板400MT，计6ft、8ft、10ft、12ft四种规格各100MT，并附每种数量可增减5%的溢短装条款，由卖方决定。今卖方交货为：6ft，70MT；8ft，80MT；10ft，60MT；12ft，210MT，总量未超过420MT的溢短装上限的规定。对于出口商按实际装运数量出具的跟单汇票，进口商是否有权拒收拒付？

[分析] 国际贸易中，一般对溢短装条款解释为不但总量受其约束，而且所列每种具体规格和数量也受其约束。案例中虽然总量符合要求，但卖方所交每种具体规格的钢板均与5%的约定相差甚大，其中12ft钢板超装运110%，这是违反合同的。所以，买方对其所开票据完全有理由拒收拒付。

二、计量单位和计量方法

由于各国的度量衡制度有所不同，所以在国际货物买卖中使用的计量单位和计量方法也各式各样。因此，有必要了解各国使用的度量衡制度，熟悉各种计量单位和计量方法。

国际贸易中常用的度量衡制度（Measuring System）有公制（The Metric System）、英制（The British System）、美制（The U. S. System）和国际标准计量

组织在公制基础上颁布的国际单位制（The International System of Units，SI）。

1. 计量单位的确定方法

国际贸易中不同种类的商品，需要采用不同的计量方法，通常使用的有下列几种：

（1）按重量（Weight）计量。常用的计量单位有公吨（Metric Ton）、长吨（Long Ton）、短吨（Short Ton）、公斤（Kilogram）、克（Gram）、盎司（Ounce）等，主要适用于初级产品（如大米、花生、煤、铁矿）以及部分工业制成品。

（2）按数量（Number）计量。其所使用的计量单位有件（Piece）、双（Pair）、套（Set）、打（Dozen）、卷（Roll）、令（Ream）、罗（Gross）以及袋（Bag）和包（Bale）等，适用于大多数工业制成品，尤其是日用消费品、轻工业品、机械产品以及部分土特产品。

（3）按长度（Length）计量。通常采用米（Meter）、英尺（Foot）、码（Yard）来计量，适用于纺织品、绳索、电线电缆等。

（4）按面积（Area）计量。常见的有平方米（Square Meter）、平方英尺（Square Foot）、平方码（Square Yard）等，适用于皮革产品、塑料制品等。

（5）按体积（Volume）计量。有立方米（Cubic Meter）、立方英尺（Cubic Foot）、立方码（Cubic Yard）等，适用于化学气体、木材等。

（6）按容积（Capacity）计量。有蒲式耳（Bushel）、公升（Liter）、加仑（Gallon）等，适用于谷物类及部分流体、气体物品，如玉米、汽油、啤酒等。

2. 计算重量的方法

国际贸易中的很多商品都是按重量来计量的，但商品不同，有时采用的计算重量的方法也不同。通常计算重量的方法有以下几种：

（1）毛重（Gross Weight）。凡商品本身重量加包装的重量（皮重）称为毛重。有些低值产品常以毛重作为计算价格的基础，称为"以毛作净"。

（2）净重（Net Weight）。净重是指商品本身的重量，即除去包装后的商品实际重量（净重＝毛重－皮重）。国际上有下列几种计算皮重的做法：

1）按实际皮重（Actual Tare 或 Real Tare）计算，即包装的实际重量，是指对包装逐件衡量后所得的总和。

2）按平均皮重（Average Tare）计算，即从全部商品中抽取几件，称其包装的重量，除以抽取的件数，得出平均数，再以平均每件的皮重乘以总件数，算出全部包装重量。

3）按习惯皮重（Customary Tare）计算，即按市场已公认的规格化的包装计算皮重，用标准单件皮重乘以总件数即可。

4）按约定皮重（Computed Weight）计算。它是指按买卖双方事先约定的皮重作为计算的基础。

（3）公量（Conditioned Weight）。公量是指用科学仪器抽去商品中的水分，再加上标准的含水量求得的重量。这种方法适用于经济价值高而含水量极不稳定的商品，如棉花、羊毛、生丝等。公量的计算公式为

$$公量 = 干量 + 标准含水量 = \frac{实际重量（1 + 标准回潮率）}{1 + 实际回潮率}$$

例如，某毛纺厂从澳大利亚进口羊毛10MT，双方约定标准回潮率为11%，用科学仪器抽出水分后，羊毛净剩8MT。问：该批羊毛的公量为多少？

$$实际回潮率 = \frac{水分 - 干量}{干量} = \frac{10MT - 8MT}{8MT} = 25\%$$

$$公量 = 干量 + 标准含水量 = \frac{实际重量（1 + 标准回潮率）}{1 + 实际回潮率} = \frac{10MT \times（1 + 11\%）}{1 + 25\%} = 8.88MT$$

（4）理论重量（Theoretical Weight）。对于某些按固定规格生产和买卖的商品，只要其规格一致，每件重量大体是相同的，一般可以从其件数推算出总量。

（5）法定重量（Legal Weight）和实物净重（Net-Net Weight）。所谓法定重量，是指商品重量加上直接接触商品的包装物料，如销售包装等的重量。而除去这部分重量所表示出来的纯商品重量，则称为实物净重。

三、数量条款的基本内容

在我国进出口合同中，数量条款通常包括成交数量、计量单位和计量方法等内容。由于商品种类很多，其性质、特点各异，加之各国的度量衡制度不同，计量单位和计量方法也多种多样，因此，数量条款内容的繁简主要取决于商品的种类和特性。

在某些大宗商品（如矿砂、化肥和粮食等）的交易中，由于受商品特点、货源变化、船舱容量、装载技术和包装等因素的影响，有时难以准确地按约定数量交货，为了便于履行合同，在洽商数量条件时，可增加数量增减价条款（或溢短装条款），并注明由何方来行使此项机动幅度的选择权。此外，多装或少装部分的计价方法也应一并注明。为了防止当事人根据自身利益随意增加或减少交货数量，也可在数量机动幅度条款中，增加"此项机动幅度，只在适应船舶实际装载量的需要时才能适用"之类的文句。

四、约定数量条款的注意事项

（一）合理规定数量机动幅度

合理规定数量机动幅度，即数量增减条款，又称溢短装条款（More or Less Clause）。有些出口商品，如矿砂、化肥、粮食等，由于其本身特性或因自然条件的影响或受包装和运输工具的限制，实际交货数量往往难以符合合同规定的交货数量。为避免争议，可以订立数量机动幅度条款。只要卖方交货数量在约

定的增减幅度范围内，就算按合同规定数量交货，买方不得以交货数量不符为由而拒收货物或提出索赔。

买卖合同中的数量机动幅度条款一般是指溢短装条款，即在买卖合同的数量条款中明确规定可以多交或少交的百分比，但增减的幅度以不超过规定数量的百分比为限。溢短装条款的内容：

（1）可溢装或短装的百分比。应视商品特性、行业或贸易习惯和运输方式等因素而定。

（2）溢短装的选择权。溢短装的选择权通常归卖方所有，但 FOB 贸易术语下也可以由派船方决定，或由船方根据船舱容量确定。

（3）溢短装部分的作价。在数量机动幅度内装运的货物，一般按合同价格计收。但是，对于价格波动频繁的商品，为体现合理计价，可以规定多装或少装的部分按装运时的市价计算。

[案例 4-13]

2017 年 3 月，广西某粮油进出口 C 公司向南非出口食糖。合同规定：食糖，数量 500MT，每公吨 120 美元，可有 3%增减，由卖方选择；增减部分按合同价格计算。如果在交货前食糖市场价格上涨，在不违反合同的情况下，卖方要想获利，可装多少公吨？如果市场价格下降呢？

[分析] 本案例中，按合同规定，卖方最多可交 515MT，最少可交 485MT 食糖，增减部分按合同计价。如在交货前市场上涨，少交对卖方有利，即卖方可交 485MT；如交货前市价下降，多交对卖方有利，即卖方可交 515MT。

（二）正确掌握成交数量

成交数量的确定，不仅关系到进出口任务能否完成，而且还涉及对外政策和经营意图的贯彻，因此，在商定出口商品成交量时，应当做到心中有数，防止盲目成交。具体地说，应根据国际市场的供求状况、国内货源供应情况以及国外客户的资信状况和经营能力，合理确定出口商品的成交量；根据国内的实际需要、支付能力和行情变化，确定进口商品的数量。

应当指出，在我国外贸实际业务中，有些外贸专业人员对外订立合同时，往往考虑欠周，给国家和企业造成经济损失。

例如，我国某省外贸公司在货源未落实的情况下，与中东某商人签订了出售麻袋 1 亿条、价款总额达 1800 万美元的合同。由于当时国内加工能力有限，到期未能按时交货，对方遂向国际商会巴黎仲裁院提请仲裁。后经双方协商达成和解协议，由卖方赔偿买方 300 万美元才了结此案。这不仅造成了巨大的经济损失，而且造成了不良国际影响。

（三）数量条款应当明确具体

在数量条款中，对成交商品的具体数量、使用何种计量单位和计量方法、数量机动幅度的大小及其选择权由谁掌握以及溢短装部分的具体作价办法等内容，都应列明。此外，对成交的数量一般不宜采用"大约""近似""左右"等字眼来表示，以免引起解释上的分歧而给履约造成困难。根据《跟单信用证统一惯例600号》（简称 UCP 600）第30条的规定：

（1）若成交数量前使用"大约""近似"等字眼，这个约数可解释为交货数量有不超过10%的增减幅度。

[案例4-14]

我国某公司出口布匹以信用证结算，买方银行来证规定，数量大约为5000码，每码1美元，但金额注明为不超过总额5000美元，则我国某公司如何掌握装运数量？

[分析]　本案例中，该公司最多可装运5000码，最少装运4500码。因为根据 UCP 600 第30条的规定，若成交数量前使用"大约""近似"等字眼，这个约数可解释为交货数量有不超过10%的增减幅度。合同和来证单价为每码1美元，信用证总金额为5000美元，因此，我方最多只能装5000码，但可少交10%，即交4500码。

（2）除非信用证规定货物的指定数量不得有增减外，在所支付款项不超过信用证金额的条件下，货物数量准许有5%的增减幅度，但以包装单位或个数记数时不适用。

[案例4-15]

2015年3月，广西某粮油进出口 C 公司向俄罗斯出口小麦，合同规定，数量为1000MT，每公吨100美元，以信用证方式支付。合同签订后，俄罗斯进口商开来信用证，金额为100000美元。问：我方最多和最少分别可交多少公吨小麦？为什么？

[分析]　本案例中，我方最多可交1000MT，最少可交950MT小麦。因为根据 UCP 600 规定，对合同未规定数量机动幅度的散装货，除非信用证规定货物的指定数量不得有增减外，在所支付款不超过信用证金额的条件下，货物数量准许有5%的增减幅度。在本案例中，小麦是散装货，数量可有5%的增减，即卖方交货数量可在950～1050MT。但信用证金额只有100000美元，因此，卖方最多只能交1000MT，最少可交950MT。

出口合同中的数量条款一般包括商品的数量、计量单位及/或数量机动幅度的规定。在国际贸易实务中，根据商品的不同性质，通常使用的计量单位有重量、个数、长度、面积、体积和容积6种。重量的计算方法有按净重、毛重、公量和理论重量等。在签订合同时，一般应明确规定买卖货物的具体数量作为买卖双方交接货物的数量依据。但在实际业务中某些商品由于其本身的特性或是受其他条件的限制，卖方的交货数量要做到与合同完全一致非常困难。为此，对一些难以严格计量的商品，通常在合同中规定溢短装条款或"约"量。常见的数量条款实例如下：

中国大米 10000MT，5%上下由卖方决定。

Chinese rice 10000 metric tons, 5% more or less at seller's option.

中国花生 1000MT，以毛作净，卖方可溢短装 5%，增减部分按合同价计算。

Chinese peanut 1000 metric tons, gross for net, 5% more or less at seller's option at contract price.

在订立数量条款时，要注意以下几个问题：

（1）按重量计算的商品应明确用哪种计重方法，即按毛重、净重或以毛作净等。在合同中未明确按毛重或净重计量时，按惯例应以净重计量。

（2）使用"约"量必须注意其机动幅度及适合的情况。

（3）在使用溢短装条款时，应注明溢短装部分的百分比、溢短装部分的选择权及溢短装部分的作价原则等。

[案例 4-16]

我国某粮油食品进出口公司出口一批驴肉到日本。合同规定，该批货物共25t，装 1500 箱，每箱净重 16.6kg。如按规定装货，则总重量应为 24.9t，余下 100kg 可以不再补交。当货物运抵日本港口后，日本海关人员在抽查该批货物时，发现每箱净重不是 16.6kg 而是 20kg，即每箱多装了 3.4kg。

因此，该批货物实际装了 30t。但在所有单据上都注明了 24.9t。议付货款时也按 24.9t 计算，白送 5.1t 驴肉给客户。此外，由于货物单据上的净重与实际重量不符，日本海关还认为我方少报重量有帮助客户逃税的嫌疑，向我方提出意见。经我方解释，才未予深究，但多装 5.1t 驴肉不再退还，也不补付货款。本案例说明了什么问题？

[分析] 世界上许多国家的海关一般对货物进口都实行严格的监管，如进口商申报进口货物的数量与到货数量不符，进口商必然受到询查。如属到货数量超过报关数量，就有走私舞弊之嫌，海关不仅可以扣留或没收货物，还可追究进口商的刑事责任。

本案例中，由于我方的失误，不仅给自己造成了损失，还给进口商带来了麻烦。

第五节　合同中商品的包装条款

进出口商品，除少数直接装入运输工具的散装货（Bulk Cargo）和在形态上自成件数、无须包装或略加捆扎既可成件的裸装货（Nude Cargo）不必包装以外，绝大多数商品都需要包装，以保护商品在流通和销售过程中品质完好、数量完整，并为货物的运输、交接和保管等环节的操作提供方便。由于商品包装涉及买卖双方的利益，故交易双方洽商交易时，应谈妥包装条件，并在合同中具体规定。

一、包装的含义

商品的包装（Packing of Goods）是指为了有效保护商品品质的完好和数量的完整，采用一定的方法将商品置于合适容器的一种措施。

二、包装的意义

在当前国际市场竞争愈演愈烈的形势下，各国都把改善包装，特别是销售包装作为加强对外竞争力的重要手段之一。精美的销售包装，不仅在销售过程中能有效地保护商品，而且还能美化商品。良好的包装有利于提高商品的售价和扩大销路；反之，如果商品包装不好，即使是适销对路的良好商品，也卖不出好价，有可能出现"一等商品、二等包装、三等价格"的情况。例如，我国出口茶叶，过去采用麻袋包装，被人称为"人参当萝卜卖"，价格异常低廉；后来改为喷铝复合包装工艺，一举使茶叶身价倍增，售价提高，并畅销国际。此外，在当前世界各国强调环境保护和推行绿色营销的情况下，采用无公害的绿色包装显得非常重要。

鉴于包装如此重要，必须高度重视包装工作，无论是各生产企业还是销售部门，都要共同配合，做好包装工作，使我国出口商品的包装符合科学、经济、牢固、美观、适销和增值等多方面的要求。

在国际贸易中，交易双方都十分重视商品的包装和包装条件的约定，视包装为说明货物的重要组成部分，包装条件为买卖合同中的一项主要交易条件。《联合国国际货物销售合同公约》第35条规定：卖方须按照合同规定的方式装箱或包装；如果合同未规定，货物按照同类货物通用方式装箱或包装；如果没有此种通用方式，则按照足以保全和保护货物的方式装箱或包装。其他国家的法律也规定，如卖方交付的货物未按约定的条件包装，或者货物的包装不符合行业习惯，买方有权拒收货物。若出口货物虽按约定的条件包装，但却与其他货物混杂在一起，买方有权拒收违反约定包装的那部分货物，甚至可以拒收整批货物。由此可见，重视出口商品包装工作，并切实按约定的包装条件与行业习惯进行包装，对顺利履行合同具有重要的意义。

[案例4-17]

我国出口公司出口到加拿大一批货物，计值人民币128万元。合同规定，用塑料袋包装，每件要使用英、法两种文字的唛头。但该公司实际交货改用其他包装代替，并仍使用只有英文的唛头。加拿大商人为了适应当地市场的销售要求，不得不雇人重新更换包装和唛头，后向我方提出索赔，我方理亏，只好认赔。

[分析] 许多国家对在市场上销售的商品制定了有关包装和标签管理条例，近年来，这方面的要求越来越严。有的内容规定十分繁杂，不仅容量或净重要标明公制或英制，还要注明配方、来源国、使用说明、保证期限等，甚至罐型、瓶型也有统一标准。进口商品必须符合这些规定，否则不准进口或禁止在市场上出售。这些管理条例一方面用来作为限制外国产品进口的手段，另一方面也方便消费者的需要。从本案例来看，卖方未严格按照合同规定的包装条件履行交货义务，应视为违反合同。《联合国国际货物销售合同公约》第 35 条规定，卖方交付的货物必须与合同规定的数量、品质和规格相符，并须按照合同所规定的方式装箱或包装。我国出口公司的错误有两个：一是擅自更换包装材料，虽然未对货物本身的品质造成影响；二是未按合同规定使用唛头，由于加拿大部分地区原是法国殖民地，为此，销售产品除英文外还要求加注法文。加拿大当局对有些商品已在其制定的法令中加以规定。本案例中买卖双方已订明用英、法两种文字唛头，更应照办。总之，为了顺利出口，必须了解和适应不同国家规定的特殊要求，否则会造成索赔、退货等经济损失，并带来其他不良影响。

三、包装的分类

根据包装的作用不同，商品的包装可分为运输包装和销售包装两大类。

（一）运输包装

1. 运输包装的含义

运输包装（Shipping Package）是指保护商品，防止货物在运输途中出现货损货差，以及便于运输、储存计数和分拨的包装，也称大包装、外包装。

2. 对运输包装的要求

国际贸易中的商品，一般都需要通过长途运输才能到达收货人和消费者手中。为了保证长途运输中的货物不受外界影响和安全到达，就需要有科学合理的运输包装。一般来说，国际货物运输包装比国内货物运输包装的要求更高。因此，制作出口货物的运输包装时，应当体现下列要求：

（1）必须适应商品的特性。每种产品都有自己的特性，如水泥怕潮湿，玻璃、陶瓷制品易破碎，流体货物容易渗漏和流失等，这就要求运输包装相应具有防潮、防震、防漏等性能。

（2）必须适应各种不同运输方式的要求。不同运输方式对运输包装的要求不同。例如，海运包装要求牢固，并具有防止挤压和碰撞的功能；铁路运输包装要求具有不怕振动的功能；航空运输包装要求轻便且不宜过大。

（3）必须考虑有关国家的法律规定和客户的要求。各国法律对运输包装的规定不一。例如，美国政府宣布，从 1998 年 12 月 17 日起，凡未经处理的中国木制包装和木制托架，一律不准进境，以免带进天牛而危害美国森林。又如，有些国家禁止使用柳藤、稻草之类的材料做包装用料，恐将病虫害带进去。此外，如客户就运输包装提出某些特定的要求，也应根据需要和可能予以考虑。

（4）要便于运输物流各环节有关人员进行操作。运输包装在流通过程中需要经过装卸、搬运、储存、保管、清点和查验，为了便于这些环节的有关人员进行操作，包装的设计要合理，包装规格和每件包装的重量与体积要适当，包装方法要科学，包装上的各种标示要符合要求，而这就需要事先将运输包装标准化。因为标准化的运输包装，既易于识别、计量和查验，又便于装卸、搬运和保管。

（5）要在保证包装牢固的前提下节省费用。运输包装成本的高低和运输包装重量与体积的大小，都直接关系到费用开支和企业的经济效益。因此，在选用包装材料、进行包装设计和打包时，在保证包装牢固的前提下，应注意节约。例如，选用量轻、价廉而又结实的包装材料，有利于降低包装成本和节省运费；包装设计合理，可以避免用料过多或浪费包装容量；包装方法科学，也有利于节省运费，因为轻泡货物按体积收取运费，包装紧密，体积小，可以少付运费。此外，还要考虑进口国家的关税税则。对输往从价征税的国家的出口包装，不宜采用价格昂贵的包装，以免遭受损失。

3. 运输包装的分类

（1）按包装方式划分，可分为单件运输包装和集合运输包装。

（2）按包装造型划分，可分为箱、袋、包、桶和捆等不同形状的包装。

（3）按包装材料划分，按包装材料不同，可分为纸制包装、金属包装、木制包装、塑料包装等。

（4）按包装质地划分，有软性包装、半硬性包装和硬性包装。

（5）按包装程度划分，可分为全部包装（Full Packed）和局部包装（Parted Packed）。

在国际贸易中，买卖双方究竟采用何种运输包装，应根据商品特性、形状、贸易习惯、货物运输路线的自然条件、运输方式和各种费用大小等因素，在洽商交易时谈妥，并在进出口合同中具体注明。

4. 运输包装标志

为了装卸、运输、仓储、检验和交接工作的顺利进行，防止发生错发错运和损坏货物与伤害人身事故，保证货物安全、迅速、准确地运交收货人，需要在运输包装上书写、压印、刷制各种有关的标志，以资识别和提醒人员操作时注意。运输包装标志，按其用途可分为运输标志、指示性标志和警告性标志三种。

（1）运输标志（Shipping Mark）。运输标志，俗称唛头，由一个简单的几何图形和一些字母、数字及简单的汉字组成，其作用在于使有关人员在运输过程中易于辨认货物，便于核对单证，避免错发错运。其主要内容包括：目的地的名称或代号；收、发货人的代号；件号；批号。此外，有的运输标志还包括原产地、合同号、许可证号和体积与重量等内容。运输标志的内容繁简不一，由买卖双方根据商品特点和具体要求商定。

鉴于运输标志的内容差异较大，有的过于繁杂，不适应货运量增加、运输方式变革和电子计算机在运输与单据流转方面的应用要求，因此，联合国欧洲经济委员会简化国际贸易程序工作组，在国际标准化组织和国际货物装卸协调协会的支持下，制定了一套运输标志向各国推荐使用。该套运输标志包括：

1）收货人或买方名称的英文缩写字母或简称。

2）参考号，如运单号、订单号或发货票号。

3）目的地。

4）件号。

至于根据某种需要而需在运输包装上刷写的其他内容如许可证号等，则不作为运输标志的必要组成部分。图4-1是标准唛头的例子。

```
SICO——收货人
C/NO. 345789——合同号（或订单号、发票号等）
NEWYORK——目的港（地）
NO. 1-80——件号
```

图4-1 唛头

[案例4-18]

国内某出口公司与日本某公司达成一项出口交易，合同指定由我方出唛头。因此，我方在备货时就将唛头刷好。但在货物即将装运时，国外开来的信用证上又指定了唛头。问：在此情况下，我方应如何处理？

[分析] 我方可以通知买方要求其修改信用证，使信用证内容与合同相符。如买方同意改证，卖方应坚持在收到银行修改通知书后再对外发货；或者我方在收到信用证以后，按信用证规定的唛头重新更换包装，但所花费的额外费用应由买方负担。我方切记，在收到信用证与合同不符后，不要做出既不通知买方要求其改证，也不重新更换包装而自行按原唛头出口的错误行为。

（2）指示性标志（Indicative Mark）。指示性标志是以简单、醒目的图形和文字在包装上标出，提示人们在装卸、运输和保管的过程中注意的事项，又称操作标志、注意标志。指示性标志多种多样，如图4-2所示。

① 易碎物品，表明运输包装件内装易碎品，因此搬运时应小心轻放。

② 禁止手钩，表明搬运运输包装时禁止手钩。

③ 向上，表明运输包装件的正确位置是竖直向上。

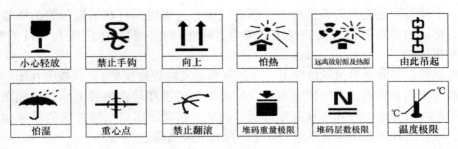

| 小心轻放 | 禁止手钩 | 向上 | 怕热 | 远离放射源及热源 | 由此吊起 |
| 怕湿 | 重心点 | 禁止翻滚 | 堆码重量极限 | 堆码层数极限 | 温度极限 |

图 4-2 指示性标志

④ 怕热，表明运输包装件不能直接照射。

⑤ 远离辐射及热源，表明货物要远离放射源及阳光照射。

⑥ 由此吊起，表明货物起吊时应在此位置挂链条。

⑦ 怕湿，表明包装件怕雨淋。

⑧ 重心点，表明一个单元货物的重心位置。本标志应标在实际的重心位置上。

⑨ 禁止翻滚，表明该货物不能翻滚运输包装。

⑩ 堆码重量极限，表明该运输包装件所能承受的最大重量极限。

⑪ 堆码层数极限，相同包装的最大堆码层数极限，"N"表示层数极限。

⑫ 温度极限，表明运输包装件应该保持的温度极限。

（3）**警告性标志**（Warning Mark）。警告性标志又称危险品标志，是指在装有爆炸品、易燃物品、腐蚀物品、氧化剂和放射性物质等危险货物的运输包装上用图形或文字表示各种危险品的标志。其作用是警告有关装卸、运输和保管人员按货物特性采取相应措施，以保障人身和物资安全。我国国家品质技术监督局发布的《危险货物包装标志》中规定了各种在运输包装上应标打的警告性标志，如图 4-3 所示。

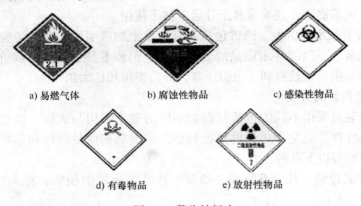

a) 易燃气体 b) 腐蚀性物品 c) 感染性物品

d) 有毒物品 e) 放射性物品

图 4-3 警告性标志

上述运输包装上的各类标志，都必须按有关规定标打在运输包装的明显部位，标志的颜色要符合有关规定的要求，防止褪色、脱落，应使人一目了然，容易辨认。

此外，国际海事组织也规定了《国际海运危险货物规则》。该规则在国际上已被许多国家采用，有的国家进口危险品时，要求在运输包装上标打该规则规定的危险品标志，否则不准靠岸卸货。因此，在我国出口危险货物的运输包装上，要标打我国和国际海事组织规定的两套危险品标志。

（二）销售包装

1. 销售包装的含义和意义

销售包装（Sales Package）又称内包装，是指直接接触商品并随商品进入零售网点和消费者直接见面的包装。这类包装除必须具有保护商品的功能外，更应具有促销的功能。因此，在销售包装的造型结构、装潢画面和文字说明等方面都有较高的要求。不断改进销售包装设计，改善包装用料，更新包装式样，美化装潢画面，做好文字说明，提高销售包装的品质，是加强对外竞销能力的一个重要方面。

2. 对销售包装的要求

（1）便于陈列展示。许多商品在零售时，一般都要陈列在商店或展厅货架上，让成千上万种商品构成琳琅满目的"商品海洋"，以吸引顾客和供消费者选购。因此，包装的造型结构必须适合陈列展示。

（2）便于识别商品。顾客采购商品时，一般都希望对包装内的商品有所了解。有些顾客则习惯于看货成交。因此，采用某些透明材料做包装，或在销售包装上辅以醒目的图案及文字标示，可以使人一目了然，便于识别商品。

（3）便于携带和使用。销售包装的大小要适当，以轻便为宜，必要时，还宜附有提手装置，为人们携带商品提供方便。对于某些要求密封的商品，在保证封口严密的前提下，还要求易于开启，便于使用。

（4）要有艺术吸引力。销售包装要有艺术上的吸引力。造型考究和装潢美观的销售包装，不仅能显示商品的名贵，而且包装本身也具有观赏价值，有的还可做装饰品用。这就有利于吸引顾客，提高售价和扩大销路。

3. 销售包装的分类

销售包装可采用不同的包装材料和不同的造型结构与式样，这就导致了销售包装的多样性。究竟采用何种销售包装，主要根据商品特性和形状来定。常见的销售包装有以下几种：

（1）挂式包装。凡带有吊钩、吊带、挂孔等装置的包装，称为挂式包装，这类包装便于悬挂。

（2）堆叠式包装。凡堆叠稳定性强的包装（如罐、盒等），称为堆叠式包装，其优点是便于摆设和陈列。

（3）携带式包装。在包装上附有提手装置的为携带式包装，这类包装携带方便，颇受顾客欢迎。

（4）易开包装。对要求封口严密的销售包装，标有特定的开启部位，易于打开封口，其优点是开启安全，使用方便，如易拉罐等。

（5）喷雾包装。喷雾包装是指在液体和气体商品的包装容器内带有自动喷出液体和气体装置的包装，如香水、空气清新剂等。

（6）配套包装。对某些需要搭配成交的商品，往往采用配套包装，即将不同品种、不同规格的商品配套装入同一包装内。

（7）礼品包装。对某些用于送礼的商品，为了包装外表美观和显示礼品的名贵，往往采用专门的送礼用包装。

（8）复用包装。这种包装除了用作包装出售商品外，还可用作存放其他商品或供人观赏，具有多种用途。例如，装茶叶的金属罐。喝完茶叶以后，可以用金属罐装针头线脑等小物件。

4. 销售包装的装潢画面和文字说明

在销售包装上，一般都附有装潢画面。装潢画面要美观大方，富有艺术吸引力，突出商品的特点，其图案和色彩要适应有关国家、民族的习惯和爱好。在设计装潢画面时，应充分考虑进口国的喜好，以利于扩大出口。

销售包装上还应有必要的文字说明，如商标、品牌、品名、产地、数量、规格、成分、用途和使用方法等。文字说明要同装潢画面紧密结合，互相衬托，彼此补充，以达到宣传和促销的目的。使用的文字必须简明扼要，并能让顾客看懂，必要时中外文同时并用。

在销售包装上使用文字说明或制作标签时，还应注意有关国家的标签管理条例的规定。例如，日本政府规定，凡销往该国的药品，除必须说明成分和服用方法外，还要说明其功能，否则不准进口。美国进口药品也有类似的规定。有些国家进口罐头等食品，必须注明制造日期和食用有效期，否则不准进口。此外，有些国家甚至对文字说明所使用的语种也有具体规定。如加拿大政府规定，销往该国的商品，必须同时使用英文、法文两种文字说明。

5. 条码

商品包装上的条码（Bar Code）是由一组带有数字的黑白及粗细间隔不等的平行条纹所组成的，它是利用光电扫描阅读设备为计算机输入数据的特殊代码语言。

自 1949 年条码问世以来，相继被广泛应用于银行、邮电通信、图书馆、仓储货运、票证及工业生产自动化等领域。20 世纪 70 年代初，美国将条码技术应用于食品零售、杂货类商品。目前，世界许多国家都在商品包装上使用条码，有效地提高了结算的效率和准确性，也方便了顾客。采用条码技术，还提高了国际贸易信息传递的准确性，并使交易双方能及时了解对方的有关资料和本国商品在对方的销售情况。

目前，许多国家的超级市场都使用条码技术进行自动扫描结算，如果商品包装上没有条码，即使是名优商品，也不能进入超级市场，而只能当作低档商品进入廉价商店。有些国家规定，对包装上无条码标志的某些商品不予进口，为此，我国商品包装必须进一步推广使用条码标志，以适应国际市场的需要。

国际上通用的条码主要有两种：一种是由美国、加拿大组织的统一编码委员会编制的 UPC（Universal Product Code）；另一种是由原欧共体 12 国组成的欧洲物品编码协会（该组织后更名为国际编码协会）编制的 EAN（European Article Number）。在实际应用中，EAN 有两种版本：标准版和缩短版。标准版是由 13 位数字组成的，称为 EAN-13 或长码；缩短版 EAN 由 8 位数字组成，称为 EAN-8 或短码。目前，EAN-13 在国际上使用最广泛，该编码前 3 位数字为国别码，中间 4 位数字为厂商代码，后 5 位数字为产品代码，最后一位为校验码。例如，编码 6920779602080，其中，"692" 为前缀码，代表国家；"0779" 是制造厂商代码；"60208" 是商品项目代码；"0" 为校验码。

为了适应国际市场的需要和扩大出口，1988 年 12 月我国建立了中国物品编码中心，负责推广条码技术，并对其进行统一管理。1991 年 4 月我国正式加入国际物品编码协会，该协会分配给我国的国别号为 "690" "691" "692" "489" "471" 等。此外，我国的书籍代码为 "978"，杂志代码为 "977"。随着我国社会主义市场经济的发展，凡适合使用条码的商品，特别是出口商品，应争取在商品包装上印刷条码。

四、中性包装和定牌

采用中性包装和定牌生产，是国际贸易中常见的习惯做法。

（一）中性包装

中性包装（Neutral Packing）是指既不标明生产国别、地名和厂商的名称，也不标明商标或牌号的包装。也就是说，出口商品包装的内外，都没有原产地和出口厂商的标记。

中性包装包括无牌中性包装和定牌中性包装两种。前者是指包装上既无生产地名和厂商名称，又无商标、品牌；后者是指包装上仅有买方指定的商标或品牌，但无生产地名和出口厂商的名称。

采用中性包装，是为了打破某些进口国家与地区的关税和非关税壁垒以及适应交易的特殊需要（如转口销售等），它是出口国家厂商加强对外竞销和扩大出口的一种手段。为了把生意做活，对国际贸易的这种习惯做法，也可酌情采用。

（二）定牌生产

定牌（Brand Designated by the Buyer）是指卖方按买方要求在其出售的商品或包装上标明买方指定的商标或品牌，这种做法称为定牌生产。

当前，世界许多国家的超级市场、大百货公司和专业商店，对其经营出售的商品，都要在商品上或包装上标有本商店使用的商标或品牌，以扩大本店知名度和显示该商品的身价。许多国家的出口商为了利用买主的经营能力及其商业信誉和品牌声誉，以提高商品售价和扩大销路，愿意接受定牌生产。在我国出口贸易中，如外商订货量较大，且需求比较稳定，为了适应买方转售的需要和扩大我国产品出口，我们也接受定牌生产。具体做法如下：

（1）在定牌生产的商品和/或包装上，只用外商所指定的商标或品牌，而不标明生产国别和出口厂商名称。这属于采用定牌中性包装的做法。

（2）在定牌生产的商品和/或包装上，标明我国的商标或品牌，同时也加注国外商号名称或表示其商号的标记。

（3）在定牌生产的商品和/或包装上，采用买方所指定的商标或品牌的同时，在其商标或品牌下标示"中国制造"字样。

[案例4-19]

菲律宾客户与上海某自行车厂洽谈进口"永久牌"自行车10000辆，但要求我方改用"剑"牌商标，并在包装上不得注明"Made in China"字样。问：买方为何提出这种要求？

[分析] 这是一起对方要求定牌中性包装的案例。自行车是美国、欧盟等对我国实施反倾销的商品，对原产地有严格的要求，以防转口贸易。菲律宾客户提出这样的要求，是为了方便转售或提高自身品牌知名度。

五、合同中包装条款的基本内容

出口合同中的包装条款主要包括包装方式、包装材料、包装规格、包装费用、包装总件数和包装标志等内容。

（1）包装方式。不论是运输包装还是销售包装，其方式多种多样，买卖双方洽商交易时，对于采用何种包装方式，应予明确规定。

就运输包装而言，是采用集合运输包装还是单件运输包装，是采用集装箱还是固定在托盘上，是采用集装袋还是集装包，均应事先明确。若采用单件包装，则包装方式是桶装、箱装还是其他方式包装，也应具体写明。

就销售包装而言，应根据商品特性、销售习惯和市场需要等因素，约定具体的包装。

（2）包装材料。包装材料多种多样，包括金属、塑料、木材、玻璃、陶瓷、竹、麻等。究竟采用何种材料制成的包装，应一并在包装条款中说明。

（3）包装规格。根据成交商品的形状、特点和适合运输与销售等方面的要求来确定包装的规格及其尺寸大小，并在包装条款中注明，以便买卖双方交接货物时有所遵循。

（4）包装标志。为了保证货物安全、迅速、准确地运交收货人，在运输包装上需要书写、压印、刷制唛头及其他有关标志，在销售包装上一般也应附有装潢画面和文字说明等标志。交易双方商定包装条件时，对这些标志也应事先谈妥，并在合同中具体列明。

（5）包装费用。在交易双方约定由卖方提供包装的情况下，包装连同商品一起交给买方，包装费用通常包括在货价之内，不另行计收。但有时也会不计在货价之内，而规定由买方另行支付。有时虽约定由卖方供应包装，但交货后，卖方要将原包装收回。至于原包装返回给卖方的运费究竟由何方负担，应在包装条款中一并写明。如果交易双方约定由买方供应包装或包装物料，则应列明买方提供包装或包装物料的时间，以及由于包装或包装物料未能及时提供而影响货物发运时所应承担的责任。

国际货物买卖合同中的包装条款举例：

1）每件装一塑料袋，半打为一盒，10打装一木箱。

Packing：each piece in a poly-bag, half dozen in a box and 10 dozen in a wooden case.

2）单层新麻袋，每袋约50kg。

Packing：in new single gunny bags of about 50 kgs each.

3）用塑胶袋包装，25英镑装一袋，4袋装一密封的木箱，木箱用金属条加固。包装费用由卖方承担。

To be packed in poly bags, 25 pounds in a bag, 4 bags in a sealed wooden case which is lined with metal. The cost of packing is for seller's account.

六、订立包装条款的注意事项

为了使包装条款科学、合理，以利于合同的履行，在商定包装条款时，主要应考虑下列事项：

（1）根据成交商品的特点，选择适合的包装。商品种类繁多，其特性和形状各异，因而对包装的要求也不同。故在约定包装材料、包装方式和包装标志时，必须考虑商品的特点，并以此确定合适的包装。

（2）成交商品所采用运输方式的要求。进出口商品一般都需要经过长途运输，而不同运输方式对包装的要求各不相同。因此，交易双方在商定包装条款时，应根据成交商品所采用的运输方式来确定适用何种运输包装。

（3）有关国家的法律规定。许多国家对市场销售的商品规定了有关包装和标签管理的条例，其内容十分繁杂和具体，凡进口商品必须遵守其规定，否则，不准进口或禁止在市场上销售。例如，有些国家规定，凡直接接触食品的包装、标签纸上，只要发现荧光物质，一律禁止进口，等等。对于这类情况，交易双方在商定包装条款时，均应予以考虑。

（4）在不影响包装品质的前提下，注意节省各种费用。交易双方在商定包装条款时，除考虑商品特点、运输要求和有关法律规定外，在选用包装材料和确定包装方式、包装规格等方面，还应考虑有利于节省包装费用和减少其他费用开支。

（5）要考虑有关国家的消费水平、消费习惯和客户的具体要求。由于各国经济、文化背景不同，消费水平和消费习惯各有差异，故客户对包装样式、包装材料、包装规格、包装装潢画面及文字说明等方面都有特定的具体要求。例如，有些客户要求用公制和英制来标明容量或重量，有些客户要求同时用英文和法文两种文字的唛头。在洽商交易和订立合同时，应尽可能考虑其要求，以利于合同的顺利履行。

（6）要正确运用中性包装和定牌生产。中性包装和定牌生产是国际贸易中常见的习惯做法，正确运用这些贸易习惯做法，有利于打破某些国家的关税和非关税壁垒，发展转口贸易和扩大出口。在我国对外贸易中，也可酌情采用这些行之有效的做法。但运用定牌生产时要注意工业产权问题，避免侵犯其他国家的工业产权。

（7）不宜轻易接受按某国家式样包装的条件。采用按某国家式样包装的条件，既增加了履约的难度，又容易引起争议，故在包装条款中一般不宜轻易接受此种条件。

（8）对包装的规定要明确、具体。为便于履行合同，包装条款应明确具体。如系麻袋包装，应注明是一层还是两层，是新的还是旧的。如一项商品有两种或两种以上包装方法，应明确由何方选择，以利于合同的履行。在这里要强调指出的是，规定包装条款时，切忌使用笼统、含糊的词句。例如，一般不宜采用"海运包装"（Seaworthy Packing）和"习惯包装"（Customary Packing）之类的贸易术语。这类贸易术语含义含糊，且无统一解释，容易引起争议。

[案例 4-20]

在荷兰某一超级市场上有黄色竹制罐装的茶叶一批，罐的一面刻有中文"中国茶叶"四字，另一面刻有我国古装仕女图，看上去精致美观，颇具民族特点，但国外消费者少有问津。问：原因是什么？

[分析] 问题主要出在文字说明方面。出口商品的销售包装上应有必要的文字说明，如商标、牌名、品名、产地、数量、规格、成分、用途和使用方法等。

使用的文字必须简明扼要，并能让顾客看懂，必要时也可中外文同时并用。具体到本案例，当地人除了对仕女图投以一瞥外，不知内装何物。即使消费者知道内装为茶叶，但是红茶还是绿茶，分量多少，质量如何⋯⋯还是无从得知。因此，上述包装不便于消费者了解商品，何谈购买？

[**案例 4-21**]

英国穆尔公司以 CIF 伦敦的条件，从兰陀公司购买 300 箱澳大利亚水果罐头。合同的包装条款规定："箱装，每箱 30 听。"卖方所交货物中有 150 箱为每箱 30 听，其余 150 箱为每箱 24 听，买方拒收。卖方争辩说，"每箱 30 听"字样并非合同的重要部分，不论是 24 听还是 30 听，其品质均与合同相符，因此，买方应接受。

[**分析**] 有些国家的法律把买卖分为两类，一种为凭样品买卖，另一种为凭说明买卖。后者所包括的范围很广，不仅涉及商品品质方面的问题，也包括数量，甚至包括合同中有关装运期、包装和货物花式搭配方面的陈述。按照英国《货物买卖法》的规定，凡合同中一切有关货物"说明"的事项都是合同的要件，如有违反，买方有权拒收货物，并可以提出索赔。本案例中，英国法律认为，包装是"说明"的组成部分，属于要件，卖方违背合同要件，买方有理由拒收全部货物，也可以接受合乎规定部分，拒收不合规定部分，并提出损害赔偿。

第六节　合同的其他条款

一、价格条款

1. 合同中价格条款包括的基本内容

合同中的价格条款一般包含商品的单价和总值两项基本内容。单价由四部分组成：即计量单位、单位价格金额、计价货币和贸易术语。

例如：每公吨　　　　580　　　　美元　　　　　CIF 纽约

　　　计量单位　　单位价格金额　　计价货币　　　　贸易术语

总值是指单价与成交商品数量的乘积，即一笔交易的货款总金额。总值使用的货币应与单价所使用的货币一致。

2. 佣金（Commission）

在国际贸易中，有些贸易是通过中间商或代理人进行的，买方或卖方因中间商介绍生意或代买代卖而向其支付一定的报酬，这种报酬称为佣金。在买卖合同中明确订明"佣金"及其比率的叫"明佣"；不标明而由买卖双方当事人另行约定的佣金则叫"暗佣"。在我国出口业务中，佣金通常由我出口企业在收到全部货款后再支付给中间商或代理商。

凡价格中包含佣金的，叫作"含佣价"（Price including Commission）。含佣价可用文字表示，也可以在贸易术语后加注"佣金"的英文缩写字母"C"，并注明佣金的百分比来表示，百分号也可以省略。佣金在合同中的表示方法，如"FOB C3%"、"CIP C5"，分别表示该价格里分别包含着3%、5%的佣金；不含佣金的价格可用"Net"表示，如"CIP Net""CFR Net"等。有关换算公式为

$$含佣价 = \frac{净价}{1 - 佣金率}$$

$$佣金额 = 含佣价 \times 佣金率$$

例如：卖方报出的净价为"USD 1000.00/MT CFR NET SYDNEY"，买方又要求改报包含3%佣金的CFR价格。则新的报价计算方法为

含佣价 = 净价 ÷（1 - 佣金率）= USD 1000/MT ÷（1 - 3%）≈ USD 1030.93/MT

即新的报价为"AT USD 1030.93/MT CFR C 3% SYDNEY"。

3. 折扣（Discount/Rebate/Allowance）

折扣是卖方按原价给予买方一定百分比的减让，即在价格上给予适当的优惠。与佣金类似，折扣的规定也分"明扣"和"暗扣"两种。凡在价格条款中明确规定折扣率的，叫作"明扣"；凡交易双方就折扣问题已经达成协议，而在价格条款中却不明示折扣率的方法，叫作"暗扣"。当交易双方采用"暗扣"的做法时，就不会在合同中规定，有关折扣的问题按交易双方暗中达成的协议处理。折扣一般由买方在支付货款时预先予以扣除，即买方以扣除折扣后的货款金额进行结算。

含折扣价的表示方法与含佣金价的方法相同，在贸易术语后直接加注"折扣"的英文字母缩写字母"D"或"R"或"A"，并注明折扣的百分比来表示，百分号也可以省略，如"CIF D3%""CPT R5"等。有关换算公式为

$$含折扣价 = \frac{净价}{1 - 折扣率}$$

$$折扣额 = 含折扣价 \times 折扣率$$

例如，原价为"USD 1200/MT CIF R2 KOBE"（KOBE是日本神户），则净价应为

净价 = 含折扣价 ×（1 - 折扣率）= USD 1200/MT ×（1 - 2%）= USD 1176.00/MT

与含佣价和含折扣价对应的是，把不包含佣金和折扣的价格称为"净价"（Net Price），净价是全部归于卖方款项。一般来说，净价不需要特别注出，但有时为了明确起见，特别加列"净价"（Net）字样。

例如，USD 300.12 PER CUBIC METER FOB SHANGHAI NET。

4. 订立价格条款的注意事项

（1）合理确定商品的单价，防止偏高或偏低。定价过高就会丧失竞争力，不利于达成交易，过低则将损失利润。

（2）根据经营意图和实际情况，在权衡利弊的基础上选用适当的贸易术语。在实务中，普遍是由客户决定采用什么贸易术语，当然，作为卖方也可建议采用对双方都有利的贸易术语。

（3）争取选择有利的计价货币，以免遭受币值变动带来的风险。如采用了对我方不利的计价货币，应争取订立外汇保值条款。出口定价，卖方应争取硬币计价；进口定价，买方应争取软币计价。另外，可以与银行签订远期外汇合约等保值措施。

（4）在固定价格、非固定价格、价格调整条款之间灵活选择最合适的作价方法，以避免价格变动的风险。

（5）参照国际贸易的习惯做法，注意佣金和折扣的运用。在当今竞争日益加剧的情况下，佣金和折扣常用于促进贸易的成交。在实践的过程中，还出现当外贸公司接单利润不足时，直接将客户介绍给工厂，再从工厂抽取佣金的情况。

（6）如果货物品质和数量约定有一定的机动幅度，则对机动部分的作价也一并规定。这样有利于明确合同，便于合同的履行。

（7）如果包装材料和包装费用另行计算，对其计价方法也应一并规定。这样有利于成本的核算与合同的履行。

（8）单价中涉及的计价数量单位、计价货币、装卸地名称等必须书写正确、清楚，以免产生差错。这些属于合同的要件，为了避免日后的争议，必须在合同中明确规定。

（9）单价与总值的金额要吻合，且币别保持一致。

（10）如果数量允许增减，则合同中的总金额也应有相应的增减。

二、货物装运条款

在国际货物买卖合同中，买卖双方必须对交货时间、装运地、目的地、分批装运、转运、装运通知、滞期、速遣条款等内容做出具体的规定。明确、合理地规定装运条款，是保证买卖合同顺利履行的重要条件。

（一）装运时间

装运时间又称装运期，是指卖方将合同规定的货物装上运输工具或交给承运人的期限。装运时间是国际货物买卖合同的主要交易条款，卖方必须严格按规定时间交付货物，不得任意提前和延迟。否则，如造成违约，则买方有权拒收货物，解除合同，并要求损害赔偿。

在国际贸易中，交货时间（Time of Delivery）和装运时间（Time of Shipment）是两个不同的概念。在使用 FOB、CIF、CFR 以及 FCA、CIP、CPT 等贸易术语签订的买卖合同中，卖方在装运港或装运地，将货物装上船只或交付给承运人监管，就算已完成交货义务。因此，按照上述贸易术语订立的合同，交货和装运的概念是一致的，可以把二者当作同义词。但若采用 D 组贸易术语，如 DES（目的港船上交货）、DEQ（目的港码头交货）等达成交易时，交货时间是指货物运到目的港交给买方的时间。装运时间是指卖方在装运港将货物装上船或其他运输工具的时间。所以，按照 D 组贸易术语成交的合同，交货和装运则是两个完全不同的概念，二者不能相互代替使用，以免引起不必要的纠纷。

在国际贸易中，有关装运日期，过去一般是从狭义上理解。随着国际贸易和运输方式的发展，国际惯例的最新解释是：装船（Loading on Board）、发运（Despatch）、收妥待运（Accepted for Carriage）、邮局收据日期（Date of Post Receipt）、收货日期（Date of Pick-up）等，以及在多式联运方式下承运人的"接受监管"（Taking in Charge），均可理解为装运日期。

1. 装运时间的规定方法

（1）规定明确、具体的装运时间。这又可分为规定一段时间和规定最迟期限两种。例如，"7 月份装运"（Shipment during July）、"7、8、9 月份装运"（Shipment during July/Aug./Sep.）；又如，"装运期不迟于 7 月 31 日"（Shipment not later than July 31st）、"9 月底或以前装运"（Shipment at or before the end of Sep.）。此种规定方法明确、具体，使用较广。

（2）规定收到信用证后若干天装运。例如，规定："收到信用证后 30 天内装运"（Shipment within 30 days after receipt of L/C）。为防止买方不按时开证，一般还规定"买方必须不迟于某月某日将信用证开到卖方"（The relevant L/C must reach the seller not later than...）的限制性条款。对某些进口管制较严的国家或地区，或专为买方制造的特定商品，或对买方资信不够了解，为防止买方不履行合同而造成损失，可采用此种规定方法。

（3）规定近期装运术语。例如，规定"立即装运"（Immediate Shipment）、"即期装运"（Prompt Shipment）、"尽快装运"（Shipment As Soon As Possible）等。由于这些术语在各国、各行业中解释不一，不宜使用。国际商会制定的《跟单信用证统一惯例》中也明确规定不宜使用此类术语，如果使用，银行将不予置理。

2. 规定装运时间应注意的问题

（1）买卖合同中装运时间的规定要明确具体，装运期限应当适度。海运装运期限的长短，应视不同商品和租船订舱的实际情况而定，装运期限过短，势必给船货安排带来困难；装运期过长也不合适，特别是采用在收到信用证后多少天内装运的条件下，装运期过长，会造成买方积压资金，影响资金周转，从而反过来影响卖方的售价。

（2）应注意货源情况、商品的性质和特点以及交货的季节性等。例如，雨季一般不宜装运烟叶，夏季一般不宜装运沥青、易腐性肉类及橡胶等。

（3）应结合考虑交货港、目的港的特殊季节因素。例如，北欧、加拿大东海沿岸港口冬季易封冻结冰，故装运时间不宜订在冰冻时期；反之，热带某些地区，则不宜订在雨季装运等。

（4）在规定装运期的同时，应考虑开证日期的规定是否明确合理。装运期与开证日期是互相关联的，为保证按期装运，装运期和开证日期应该互相衔接起来。

（二）装运港（地）和目的港（地）

装运港（Port of Shipment）是指货物起始装运的港口。目的港（Port of Destination）是指最终卸货的港口。在国际贸易中，装运港（地）一般由卖方提出，经买方同意后确认；目的港（地）一般由买方提出，经卖方同意后确认。

1. 装运港（地）和目的港（地）的规定方法

在买卖合同中，装运港和目的港的规定方法有以下几种：

（1）在一般情况下，装运港和目的港分别规定各为一个。

例如，装运港：上海（Port of Shipment：Shanghai）。目的港：伦敦（Port of Destination：London）。

（2）有时按实际业务的需要，也可分别规定两个或两个以上的装运港或目的港。

例如，装运港：新港/上海（Xingang/Shanghai）；大连/青岛/上海（Dalian/Qingdao/Shanghai）。目的港：伦敦/利物浦（London/Liverpool）。

（3）在磋商交易时，如明确规定装运港或目的港有困难，可以用选择港（Optional Ports）办法来规定。选择港有两种方式：一种是在两个或两个以上港口中选择一个，如 CIF 伦敦，选择港汉堡或鹿特丹（CIF London，Optional Hamburg/Rotterdam），或者 CIF 伦敦/汉堡/鹿特丹（CIF London/Hamburg/Rotterdam）；另一种是笼统规定某一航区为装运港或目的港，如"地中海主要港口"，即最后交货则选择地中海的一个主要港口为目的港。

2. 确定国内外装运港（地）和目的港（地）的注意事项

（1）对国外装运港或目的港的规定，应力求具体明确。在磋商交易时，如国外商人笼统地提出以"欧洲主要港口"或"非欧洲主要港口"为装运港或目的港，则不宜轻易接受。因为，欧洲或非欧洲港口众多，究竟哪些港口为主要港口，并无统一解释，而且各港口距离远近不一，港口条件也有区别，运费和附加费相差很大。所以，应避免采用此种规定方法。

（2）不能接受内陆城市为装运港或目的港的条件。因为，接受这一条件，我方要承担从港口到内陆城市这段路程的运费和风险。

（3）必须注意装卸港的具体条件。条件主要有：有无直达班轮航线，港口和装卸条件，以及运费和附加费水平等。如果租船运输，还应进一步考虑码头泊位的深度，有无冰封期，冰封的具体时间，以及对船舶国籍有无限制等港口制度。

（4）应注意国外港口有无重名问题。各国港口重名的很多，如维多利亚（Victoria）港，世界上有 12 个之多，波特兰（Portland）等也有数个。为防止发生差错引起纠纷，在买卖合同中应注明装运港或目的港所在国家和地区的名称。

（5）如采用选择港规定，要注意各选择港不宜太多，一般不超过三个，而且必须在同一航区、同一航线上。同时，在合同中应明确规定：如所选目的港要增加运费、附加费，应由买方负担，同时要规定买方宣布最后目的港的时间。

3. 规定国内装运港（地）或目的港（地）应注意的问题

在出口业务中，对国内装运港的规定，一般以接近货源地的对外贸易港口为宜，同时考虑港口和国内运输的条件和费用水平。在进口业务中，对国内目的港的规定，原则上应选择以接近用货单位或消费地区的对外贸易港口为最合理。但根据我国目前港口的条件，为避免港口到船集中而造成堵塞现象或签约时目的港尚难确定，在进口合同中，也可酌情规定为"中国口岸"。

总之，买卖双方在确定装运港时，通常都是从本身利益和实际需要出发，根据产、销和运输等因素考虑的。为了使装运港和目的港条款制定合理，必须从多方面加以考虑，特别是国外港口很多，情况复杂，在确定国外装运港和目的港时，更应格外谨慎。

（三）分批装运和转运

分批装运和转运都直接关系到买卖双方的利益，因此，买卖双方应根据需要和可能，在合同中做出具体的规定。一般来说，合同中如订明允许分批装运和转运，对卖方交货比较主动。

1. 分批装运

分批装运（Partial Shipment）又称分期装运（Shipment by Instalments），是指一个合同项下的货物分若干批或若干期装运。在大宗货物或成交数量较大的交易中，买卖双方根据交货数量、运输条件和市场销售等因素，可在合同中规定分批装运条款。

国际上对分批装运的解释和运用有所不同。按有些国家的合同法规定，如合同对分批装运不做规定，买卖双方事先对此也没有特别约定或习惯做法，则卖方交货不得分批装运。国际商会制定的《跟单信用证统一惯例》规定，除非信用证另有规定，允许分批装运。因此，为了避免不必要的争议，争取早出口、早收汇，防止交货时发生困难，除非买方坚持不允许分批装运，原则上应明确在出口合同中制定"允许分批装运"（Partal Shipment to Be Allowed）条款。

《跟单信用证统一惯例》规定："运输单据表面上注明货物是使用同一运输工具装运并经同一路线运输的，即使每套运输单据注明的装运日期不同及/或装运港、接受监管地不同，只要运输单据注明的目的地相同，也不视为分批装运。"该惯例对定期、定量分批装运还规定："信用证规定在指定时期内分期支款及/或装运，其中任何一期未按期支款及/或装运，除非信用证另有规定，则信用证对该期及以后各期均告失效。"如合同和信用证中明确规定了分批数量，例如"3～6月分4批每月平均装运"（Shipment during March/June in Four Equal Monthly Lots），以及类似的限批、限时、限量的条件，则卖方应严格履行约定的分批装运条款，只要其中任何一批没有按时、按量装运，则本批及以后各批均告失效。据此，在买卖合同和信用证中规定分批、定期、定量装运时，卖方必须重合同、守信用，严格按照合同和信用证的有关规定办理。

2. 转运

卖方在交货时，如驶往目的港没有直达船或船期不定或航次间隔太长，为便于装运，应在合同中订明"允许转船"（Transhipment to Be Allowed）。按《跟单信用证统一惯例》规定，"转运"（Transhipment）一词在不同运输方式下有不同的含义：在海运情况下，是指在装货港和卸货港之间的海运过程中，货物从一艘船卸下再装上另一艘船的运输；在航空运输情况下，是指从启运机场至目的地机场的运输过程中，货物从一架飞机上卸下再装上另一架飞机的运输；在公路、铁路或内河运输情况下，则是指在装运地到目的地之间用不同运输方式的运输过程中，货物从一种运输工具上卸下，再装上另一种运输工具的行为。

《跟单信用证统一惯例》规定，除非信用证另有规定，可准许转运。为了明确责任和便于安排装运，买卖双方是否同意转运以及有关转运的办法和转运费的负担等问题，应在买卖合同中订明。

3. 合同中的分批、转运条款

国际货物买卖合同中的分批、转运条款通常是与装运时间条款结合起来规定的。合同中分批、转运条款举例如下：

（1）5、6、7月份装运，允许分批和转运（Shipment during May/June/July, with partial shipments and transhipment allowed）。

（2）6、7月份分两批装运，禁止转运（During June/July in two shipments, transhipment is prohibited）。

（3）11、12月份分两次平均装运，由香港转运（During Nov./Dec. in two equal monthly shipment, to be transhipped at Hongkong）。

（四）装运通知

买卖双方为了互相配合，共同搞好车、船、货的衔接和办理货运保险，不论采用何种贸易术语成交，交易双方都要承担互相通知的义务。因此，装运通知（Advice of Shipment）也是装运条款的一项重要内容。

（五）滞期、速遣条款

在国际贸易中，大宗商品大多使用程租船运输。由于装卸时间直接关系到船方的经营效益，如果装卸货物由租船人负责，船方对装卸货物的时间都要做出规定。如果承租人未能在约定的装卸时间内将货物装完和卸完，而延长了船舶在港停泊时间，从而延长了航次时间。这对船舶所有人来说，既可能因在港停泊时间延长而增加了港口费用的开支，又因航次时间延长意味着相对降低了船舶的周转率，从而相对地减少了船舶所有人的营运收入。与此相反，如果承租人在约定的装卸时间以前将全部货物装完和卸完，从而缩短了船舶在港停泊时间，使船舶所有人可以更早地将船投入下一航次的营运，取得了新的运费收入，这对船舶所有人来说是有利的。正由于装卸时间的长短和装卸效率的高低直接关系到船方的利害得失，故船方出租船舶时，都要求在定程租船合同中规定装卸时间、装卸率，并规定延误装卸时间和提前完成装卸任务的罚款与奖励办法，以约束租船人。

但是，在实际业务中，负责装卸货物的不一定是租船人，而是买卖合同的一方当事人，如 FOB 合同的租船人是买方，而装货由卖方负责；反之，CIF 合同的租船人是卖方，而卸货由买方负责。因此，负责租船的一方为了促使对方及时完成装卸任务，在买卖合同中也要求规定装卸时间、装卸率和滞期、速遣条款。

1. 装卸时间

装卸时间是指允许完成装卸任务所约定的时间，一般以天数或小时数来表示。装卸时间的规定方法很多，主要有以下几种：

（1）日（Days）或连续日（Running Days；Consecutive Days）。所谓日，是指午夜至午夜连续 24 小时的时间，也就是日历日数，以"日"表示装卸时间时，从装货开始到卸货结束，整个经过的日数，就是总的装货或卸货时间。在此期间内，不论是实际不可能进行装卸作业的时间（如雨天、施工或其他不可抗力），还是星期日或节假日，都应计为装卸时间。这种规定对租船人很不利。

（2）累计 24 小时好天气工作日（Weather Working Days of 24 Hours）。这是指在好天气情况下，不论港口习惯作业为几小时，均以累计 24 小时作为一个工作日。如果港口规定每天作业 8 小时，则一个工作日便跨及几天的时间。这种规定对租船人有利，而对船方不利。

（3）连续 24 小时好天气工作日（Weather Working Days of 24 Consecutive Hours）。这是指在好天气情况下，连续作业 24 小时算一个工作日，中间因坏天气影响而不能作业的时间应予扣除。这种方法一般适用于昼夜作业的港口。当前，国际上采用这种规定的较为普遍，我国一般都采用此种规定办法。

由于各国港口习惯和规定不同，在采用此种规定办法时，对星期日和节假日是否计算也应具体订明。如在工作日之后加订"星期日和节假日除外"（Sundays and Holidays Excepted），或者规定"不用不算，用了要算"（Not to Count Unless Used）或"不用不算，即使用了也不算"（Not to Count Even Used）。对星期六或节假日前一天怎样计算，也应予以明确。

除了具有一定含义的日数表示装卸时间的办法外，有时关于装卸时间并不按日数或每天装卸货物的吨数来规定，而只是"按港口习惯速度尽快装卸"（To Load/Discharge in Customary Quick Despatch，CQD）。这种规定不明确，容易引起争议，故采用时应审慎行事。为了计算装卸时间，合同中还必须对装卸时间的起算和止算时间加以约定。

关于装卸时间的起算时间，各国法律规定或习惯并不完全一致。一般规定在船长向承租人或其代理人递交了"装卸准备就绪通知书"（Notice of Readiness，N/R）以后，经过一定的规定时间后，开始起算。

关于止算时间，现在世界各国习惯上都以货物装完或卸完的时间，作为装卸时间的止算时间。

2. 装卸率

所谓装卸率，是指每日装卸货物的数量。装卸率的具体确定，一般应按照港口习惯的正常装卸速度，掌握实事求是的原则。装卸率的高低关系到完成装卸任务的时间和运费水平。装卸率规定过高或过低都不合适：规定过高，完不成装卸任务，要承担滞期费（Demurrage）的损失；反之，规定过低，虽能提前完成装卸任务，可得到船方的速遣费（Despatch Money），但船方会因装卸率低、船舶在港时间长而增加运费，致使租船人得不偿失。因此，装卸率的规定应当适当。

3. 滞期费和速遣费

滞期费（Demurrage）是指在规定的装卸期限内，租船人未完成装卸作业，给船方造成经济损失，租船人对超过的时间应向船方支付的一定罚金。速遣费（Despatch Money）是指在规定的装卸期限内，租船人提前完成装卸作业，使船方节省了船舶在港的费用开支，船方应向租船人就可节省的时间支付一定的奖金。按惯例，速遣费一般为滞期费的一半。滞期费和速遣费通常约定为每天若干金额，不足一天者，按比例计算。

（六）其他装运条款

装运条款涉及的面很广，除上述条款，有时根据需要，还订有其他与装运有关的条款。例如，UCP条款就是其中的一种。

在同美国进行贸易时，为了取得运费上的优待，可以采用OCP条款。"OCP"是Overland Common Points的缩写，意为"内陆地区"。所谓"内陆地区"，是根据美国运费率规定，以美国西部 9 个州为界，也就是以落基山脉为界，其以东地区均为内陆地区范围。

按 OCP 运输条款达成的交易，出口商可享受美国内陆运输的优惠费率。因此，对美交易中，采用 OCP 运输条款，对进出口双方均有利。不过，在采用时必须注意下列问题：

（1）货物最终目的地必须属于 OCP 地区范围。

（2）货物必须经由美国西海岸港口中转。因此，签订 CFR 和 CIF 出口合同时，目的港必须是美国西海岸港口。

（3）提单上必须标明"OCP"字样，并且在提单目的港一栏中除填明美国西部海岸港口名称外，还要加注内陆地区的城市名称。

[案例 4-22]

某对外贸易进出口公司于 5 月 23 日接到一张国外开来信用证，信用证规定受益人为对外贸易进出口公司（卖方），申请人为 E 贸易有限公司（买方）。信用证对装运期和议付有效期条款规定："Shipment must be effected not prior to 30th June, 2017. The Draft must be negotiated not later than 30th July, 2017"。

该对外贸易进出口公司发现信用证装运期太紧，23 日收到信用证，30 日装运就到期。所以，有关人员即于 6 月 26 日（24 日和 25 日系双休日）按装运期 6 月 30 日通知储运部安排装运。储运部根据信用证分析单上规定的 6 月 30 日装运期即向货运代理公司配船。因装运期太紧，经多方努力，才设法商洽将其他公司已配上的货退载，换上对外贸易进出口公司的货，勉强挤上有效的船期。

该对外贸易进出口公司最终于 6 月 30 日装运完毕，并取得 6 月 30 日签发的提单。7 月 3 日备齐所有单据向开证行交单。7 月 17 日开证行来电提出："提单记载 6 月 30 日装运货物，不符合信用证规定的装运期限。不同意接受单据……"

[分析] 信用证规定的是"装运必须不得早于 2017 年 6 月 30 日（...not prior to 30th June），议付有效期规定为最迟不得晚于 7 月 30 日"，即装运期与议付有效期都是在 7 月 1 日～7 月 30 日，而卖方却于 7 月 1 日以前装运，所以不符合信用证要求。

一般信用证对装运期习惯规定为最迟装运期某月某日，或不得晚于某月某日装（...not later than...）。

有关审证人员没有认真审查信用证条款，因而误解了信用证装运期的规定。

[案例 4-23]

我某出口企业同某国 A 公司达成一笔交易，买卖合同规定的支付方式是即期付款交单。我方按期将货物装出，由 B 轮船公司承运，并出具转运提单，货物经日本改装后，再由其他轮船公司船舶运往目的港。货到目的港后，A 公司已宣告破产倒闭。当地 C 公司伪造假提单，向第二程船公司在当地的代理人处提走货物。

我方企业装运货物后，曾委托银行按跟单托收（付款后交单）方式收款，但因收货人已倒闭，货款无着落，后又获悉货物已被冒领，遂与 B 轮船公司交涉，凭其签发的正式提单要求交出承运货物。B 轮船公司却以依照提单第 13 条规定的"承运人只对第一程负责，对第二程运输不负运输责任"为由，拒不赔偿。于是，我方诉诸法院。

[分析] B 轮船公司难辞其咎。其拒绝赔偿的理由不成立，因为货物在目的港被 C 公司提走，并非第二程运输中的"运输责任"所造成的损失。

B 轮船公司必须赔偿，这是由海运提单的性质决定的。

三、保险条款

在国际货物买卖合同中，为了明确交易双方在货运保险方面的责任，通常都订有保险条款，其内容主要包括保险投保人、保险公司、保险险别、保险费率和保险金额的约定等事项。

（一）保险投保人的约定

每笔交易的货运保险，究竟由买方或卖方投保，完全取决于买卖双方约定的交货条件和所使用的贸易术语。由于每笔交易的交货条件和所使用的贸易术语不同，故对投保人的规定也相应有别。例如，按 FOB 或 CFR 条件成交时，在买卖合同的保险条款中，一般只订明"保险由买方自理"。如买方要求卖方代办保险，则应在合同保险条款中订明"由买方委托卖方按发票金额××% 代为投保××险，保险费由买方负担"。按 DES 或 DEQ 条件成交时，在合同保险条款中，也可订明"保险由卖方自理"。凡按 CIF 或 CIP 条件成交时，由于货价中包括保险费，故在合同保险条款中，需要详细约定卖方负责办理货运保险的有关事项，如约定投保的险别、支付保险费和向买方提供有效的保险凭证等。

（二）保险公司和保险条款的约定

按 CIF 或 CIP 条件成交时，保险公司的资信情况，与卖方关系不大，但与买方却有重大的利害关系。因此，买方一般要求在合同中限定保险公司和所采用的保险条款，以利日后保险索赔工作的顺利进行。例如，我国按 CIF 或 CIP 条件出口时，买卖双方在合同中，通常都订明"由卖方向中国人民保险公司投保，并按该公司的保险条款办理"。

（三）保险险别的约定

按 CIF 或 CIP 条件成交时，运输途中的风险本应由买方承担，但一般保险费则约定由卖方负担。因货价中包括保险费，买卖双方约定的险别通常为平安险、水渍险和一切险三种基本险别中的一种。但有时也可根据货物特性和实际情况，加保一种或若干种附加险。如约定采用英国伦敦保险协会货物保险条款，也应根据货物特性和实际需要约定该条款的具体险别。在双方未约定险别的情况下，按惯例，卖方可按最低的险别予以投保。

在 CIF 或 CIP 货价中，一般不包括加保战争险等特殊附加险的费用，因此，如买方要求加保战争险等特殊附加险时，其费用应由买方负担。如买卖双方约定，由卖方投保战争险并由其负担保险费，卖方为了避免承担战争险费率上涨的风险，往往要求在合同中规定"货物出运时，如保险公司增加战争险的费率，则其增加的部分保险费应由买方负担"。

（四）保险金额的约定

按 CIF 或 CIP 条件成交时，因保险金额关系到卖方的费用负担和买方的切身利益，故买卖双方有必要将保险金额在合同中具体订明。根据保险市场的习惯做法，保险金额一般都是按 CIF 价或 CIP 价加成计算，即按发票金额再加一定的百分率。此项保险加成率，主要是作为买方的预期利润。按国际贸易惯例，预期利润一般按 CIF 价的 10% 估算，因此，如果买卖合同中未规定保险金额时，习惯上是按 CIF 价或 CIP 价的 110% 投保。

中国人民财产保险股份有限公司承保出口货物的保险金额，一般也是按国际保险市场上通常的加成率，即按 CIF 或 CIP 发票金额的 110% 计算。由于不同货物、不同地区、不同时期的预期所得利润不一，因此，在洽商交易时，如买方要求保险加成超过 10% 时，卖方也可酌情接受。如买方要求保险加成率过高，则卖方应同有关保险公司商妥后方可接受。

（五）保险单的约定

在买卖合同中，如约定由卖方投保，通常还规定卖方应向买方提供保险单，如被保险的货物在运输过程中发生承保范围内的风险损失，买方即可凭卖方提供的保险单向有关保险公司索赔。

四、支付条款

出口合同中的支付条款，依不同的付款方式或支付方式内容各异。

（一）汇付方式

在采用汇付方式时，合同中应明确规定汇付的时间、方式及金额等。举例如下：

（1）买方应在 2016 年 9 月 15 日前将 100% 的货款以电汇方式预付给卖方。

The buyer shall pay 100% of the sales proceeds in advance by T/T to reach the seller not later than Sep. 15th, 2016.

（2）买方应于收到卖方寄交的正本提单后立即将 100% 的货款用电汇付给卖方。

The buyer should pay 100% of the contract value by T/T upon the receipt of the original bills of lading sent by the seller.

（3）买方应不迟于 10 月 15 日将 100% 的货款经由票汇预付给卖方。

The buyer shall pay 100% of the sales proceeds in advance by demand draft to the seller not later than Oct. 15.

（4）买方应于×年×月×日前将全部货款以电汇（信汇/票汇）方式预付给卖方。

The buyer shall pay 100% of the sales proceeds in advance by T/T（M/T or D/D）to the seller before ×××.

（5）买方应于×年×月×日前将 20% 货款以电汇（信汇/票汇）方式预付给卖方，余款在收到卖方正本提单（传真）后支付，付款后交单。

The buyers shall pay 20% of the total value to the sellers in advance by T/T（M/T or D/D）not later than ×××. The rest will be paid against receiving the fax of the original B/L. The shipping documents are to be delivered against payment only.

（二）托收方式

在采用托收方式时，要具体说明使用即期付款交单、远期付款交单还是承兑交单。举例如下：

（1）**即期付款交单**。买方凭卖方开具的即期跟单汇票，于第一次见票时立即付款，付款后交单。

Upon first presentation the buyer shall pay against documentary draft drawn by the seller at sight. The shipping documents are to be delivered against payment only.

（2）**远期付款交单**。买方对卖方出具的见票后××天付款的跟单汇票于第一次提示时予以承兑，并在汇票到期日付款，付款后交单。

The buyer shall duly accept the documentary draft drawn by the seller at × × days upon first presentation and make payment on its maturity. The shipping documents are to be delivered against payment only.

（3）**承兑交单**。买方应于第一次提示卖方开具的见票后××天付款的跟单汇票时予以承兑，并于汇票到期日付款，承兑后交单。

The buyer shall duly accept the documentary draft drawn by the seller at × × days upon first presentation and make payment on its maturity. The shipping documents are to be delivered against acceptance.

（三）信用证支付方式

在采用跟单信用证支付时，应在合同中就信用证支付条款的主要内容，包括开证时间、开证银行、信用证的种类、信用证金额、装运期、有效期、交单期及交单地点等做出明确规定。在合同中明确开证时间，不仅是敦促买方及时开证的重要手段，在买方未按时开证时，还是追究其法律责任的重要依据。合同中的支付条款举例如下：

（1）**即期信用证支付条款**。买方应通过卖方所接受的银行于装运月份前30天开出并送达卖方不可撤销的即期信用证，于装运月份后15天在中国议付有效。

The buyers shall open through a bank acceptable to the sellers an irrevocable sight letter of credit to reach the sellers 30 days before the month of shipment. Valid for negotiation in China until the 15th day after the month of shipment.

（2）**远期信用证支付条款**。买方应通过卖方可以接受的银行于装运月份前××天开出并送达卖方不可撤销见票后45天付款的信用证，有效期至装运月份后15天在上海议付。

The buyers shall open through a bank acceptable to the sellers an irrevocable letter of credit at 45 days sight to reach the sellers × × days before the month of shipment. Valid for negotiation in Shanghai until the 15th day after the month of shipment.

（3）**托收与信用证相结合**。这种支付方式是指部分货款用托收方式支付，部分货款用信用证方式支付。一般做法是来证规定，出口人出立两张汇票，信用证部分凭光票付款，全套货运单据附在托收部分汇票项下收取。但信用证内必须注明"在发票金额全部付清后方可交单"的条款。

买方应通过为卖方所接受的银行于装运月份前30天开出不可撤销的即期信用证，规定50%的发票金额采用即期光票支付，其余50%发票金额即期付款交单。100%的发票金额的全套装运单据随附托收项下，于买方付清发票的全部金额后交单。若买方不付清全部发票金额，则货运单据须由开证行掌握，凭卖方指示处理。

The buyers shall open through a bank acceptable to the sellers an irrevocable sight letter of credit to reach the sellers 30 days before the month of shipment, stating that 50% of the invoice value available against clean draft at sight while the remaining 50% on D/P at sight. The full set of the shipping documents of 100% of invoice value shall accompany by the collection item and shall only be released after full payment of the invoice value. If the buyers fail to pay full invoice value, the shipping documents shall be held by the issuing bank at the sellers disposal.

五、检验条款

在国际贸易中，进出口双方地处两个不同的国家或地区，货物不能当面清点验收。同时，货物在长途运输中也可能由于种种原因发生残损短缺。为了便于货物的交接，也为了便于确定事故的起因和责任归属，商品在装运前有必要通过指定机构进行检验并出具有关证明。因此，在国际货物买卖合同中一般都订有检验条款。

检验条款主要包括检验机构、检验证书、检验的时间与地点、检验的方法、检验标准、复验和索赔的期限等内容。不同的检验条款，涉及合同双方的切身利益，因此，买卖双方都要认真商定检验条款。

目前，我国的出口贸易中，一般采用出口国检验、进口国复验的办法，即货物在装船前，由我国出口口岸商检机构进行检验，并签发检验证书，作为向银行议付货款的依据；货到目的港后允许买方有复验权，并且以目的港检验机构检验货物后出具的检验证书作为索赔的依据。一般规定如下：

买卖双方同意货物在装运港（地）装运前由中华人民共和国国家质量监督检验检疫总局进行检验，签发的品质和重量（数量）检验证书，作为 L/C 项下议付单据的一部分，买方有权对货物运抵目的港（地）卸货后经双方同意的检验检疫机构进行复验。如发现货物的品质、数量、包装不符合合同规定，买方有权向卖方索赔，并提供经卖方同意的公证机构出具的检验检疫报告。索赔期限为货物到达目的港（地）后××天内。

Both buyer and seller agree to inspect the goods before shipment at the port of shipment. The quality and weight（quantity）certificate issued by General Administration of Quality Supervision, Inspection and Quarantine of the People's Republic of China for Quality Supervision and Inspection and Quarantine will be regarded as a part of documents presented for negotiation under the L/C. The buyer has the right to re-inspect the goods delivered at the port of destination by an inspection bureau agreed by both parties. In case the quality, quantity and packaging of the goods are found not in accordance with those stipulated in the contract, the buyer should provide the inspection report issued by authority agreed by the seller. The duration for lodging claims should be within × × days after the arrival of the goods at the destination port.

复习思考题

1. 规定品名条款应注意哪些问题？
2. 表示品质的方法有哪几种？
3. 订立品质条款应该注意哪些问题？
4. 什么是运输标志？国际标准化组织推荐的标准运输标志包括哪些内容？
5. 出口业务中，关于交货的数量机动幅度有哪些规定方法？
6. 订立合同中的包装条款应注意哪些问题？

第五章
>>>>>> 催证、审证和改证

进出口合同签订之后，作为出口商，往往是在进口商支付了预付款或者开来了信用证之后，再根据合同或信用证的要求备货和发货的。如果进口商没有按照约定及时支付预付款或者开来信用证，为降低出口风险、保障自身利益，出口商就要及时催促进口商支付预付款或开立信用证。催付预付款相对比较简单，不在此赘述。本章假定合同中约定以信用证作为结算方式，阐述出口商在合同签订以后的催证、审证和改证业务要点。

第一节 认识信用证

一、信用证的含义

信用证 （Letter of Credit，L/C）是银行做出的有条件付款的承诺。它是开证行应开证申请人（一般为进口商）的要求和指示向受益人开立的一种不可撤销的有条件保证支付款项的书面承诺。

"不可撤销的"的意思就是：

（1）信用证一经开立，开证行就要自始至终受到其信用证条款的约束。

（2）在信用证的有效期内，不经受益人和申请人的同意，开证行不得随意修改信用证的条款，更无权私自撤销信用证。

"有条件保证支付款项的书面承诺"是指开证行履行付款义务是有前提条件的，即受益人不折不扣地满足信用证条款中所规定的各项要求。如果受益人做到了这一点，则开证行的付款义务将是无条件的。

二、信用证的性质

信用证支付方式属于银行信用，而不是商业信用。因为，开证行对受益人承担着"第一性的付款责任"。关于这一点，可以从下面两点去理解：

（1）在理论和法律上，开证行首先承担支付信用证款项的责任，即受益人将直接找开证行收取款项，而不是向买方收取款项。

（2）银行支付款项只以"单据符合信用证条款的要求"为前提，而不以买方的意愿和能力为条件。只要受益人提交的单据完全符合信用证和有关国际惯例的规定，即使买方不愿意支付款项，或者买方此时已经破产倒闭了，银行也照样对受益人履行付款的义务。也就是说，受益人能否获得款项，只与银行有关，与进口商无关。

三、信用证的特点

（1）**信用证是一项自足文件**（Self-sufficient Instrument）。信用证是根据买卖合同而开立的，但一经开立并被受益人接受，它便与买卖合同相分离，成为独立于贸易合同的独立契约，不受合同条款的约束。信用证开立后，各银行在处理信用证项下的单据时也仅以信用证条款为依据，而不以合同条款为依据。

（2）**信用证方式是纯单据业务**（Pure Documentary Transaction）。UCP 600 第5 条规定，银行仅处理单据，而不是单据所涉及的货物、服务或其他行为。信用证是凭单付款，不以货物为准。若货物有质量等与单据无关的问题，只要"单证相符、单单相符"，开证行照样要无条件付款。

银行判别单据是否与信用证相符，依据的是单据的"表面"。UCP 600 第14 条 A 款规定，各有关银行必须仅以单据为基础对提示的单据进行审核，并且以此决定单据是否在表面上与信用证条款构成相符提示。第 34 条又进一步规定，银行对任何单据的形式、完整性、准确性、内容的真实性、单据的真伪性或法律效力，或对单据中规定的或附加的一般性或特殊性条件，概不负责。

（3）**开证银行承担第一性的付款责任**（Primary Liabilities for Payment）。信用证体现的是一种银行信用，只要受益人提交的单据与信用证的条款一致，开证银行就必须承担首先付款的责任。

四、信用证的开立形式

开证行应开证申请人的要求，可以用以下方式开立信用证。

（一）信开

信用证使用初期，银行采用信开（To Open by Airmail）方式开立信用证。通常银行把信用证航空邮寄给受益人或通知行，邮寄方式有平邮、航空挂号及特快专递等。通知行接到纸质的信用证后，通过核对印鉴的方式来判别信用证的真伪。信开信用证的费用较低，但传递时间长。随着通信方式的日新月异，目前信开方式信用证已不多见。

（二）电开

电开（To Open by Cable）是指以电报、电传或 SWIFT 等电信方式开立信用证。它的操作过程是，先由开证行在计算机上编辑好信用证的电文，然后通过电报、电传或 SWIFT 等方式向通知行传递信用证，通知行接收到电子版的信用证后，通过密押等方式核对信用证的真伪，然后把它打印出来并通知受益人。随着现代电信业务的快速发展，电开信用证在实际业务中使用十分广泛，尤其是用 SWIFT 方式开立信用证。

电开信用证有全电本（Full Cable）和简电本（Brief Cable）之分。全电本开立的信用证内容详细，简电本开立的信用证一般只说明信用证的性质、有效期、装运期、货物的基本情况等内容。简电本上通常注上"随寄证实书"等字样，此种简电本并非有效的信用证文件。

五、信用证的一般业务流程

信用证的一般业务流程如图 5-1 所示。

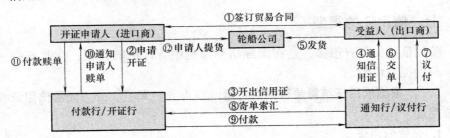

图 5-1 信用证的一般业务流程

步骤说明：

① 进出口商签订贸易合同，合同中约定采用信用证方式结算货款。

② 开证申请人（进口商）选择合适的银行申请开立信用证。

③ 开证行按照开证申请人的指示开立信用证并送达通知行。

④ 通知行鉴别了信用证的真伪后，将信用证通知受益人（出口商）。

⑤ 受益人确认信用证无误后，按合同和信用证的要求及时发货。

⑥ 受益人备齐结汇单证向通知行（或议付行）交单。

⑦ 若是议付信用证，议付行议付受益人提交的单据。

⑧ 议付行向开证行（或付款行）寄单索汇。

⑨ 开证行（或付款行）偿付议付行。

⑩ 开证行通知申请人付款赎单。

⑪ 开证申请人向开证行付款赎单。

⑫ 开证申请人凭提单向承运人提货。

六、信用证的内容

信用证虽然是国际贸易中的一种主要支付方式，但它并无统一的格式。不过其主要内容基本上是相同的，大体包括以下几方面：

（1）对信用证自身的说明：信用证的种类、性质、编号、金额、开证日期、有效期及到期地点、当事人的名称和地址、使用本信用证的权利和可否转让等。

（2）汇票的出票人、付款人、期限以及出票条款等。

（3）货物的名称、品质、规格、数量、包装、运输标志、单价等。

（4）对运输的要求：装运期限、装运港、目的港、运输方式、运费应否预付、可否分批装运和中途转运等。

（5）对单据的要求：单据的种类、名称、内容和份数等。

（6）特殊条款：根据进口国政治经济贸易情况的变化或每一笔具体业务的需要，可做出不同的规定。

（7）开证行对受益人和汇票持有人保证付款的责任文句。

七、信用证的类型

信用证的类型有很多，这在国际结算课程中有详细的介绍，在此不一一赘述，只做扼要说明。

（一）根据信用证结算是否附带货运（或商业）单据，分为光票信用证和跟单信用证

1. 光票信用证

光票信用证（Clean Credit）是指不附商业单据或货运单据，受益人可以凭开立的收据或汇票分批或一次向开证行领取款项的信用证。光票信用证可以用于贸易结算和非贸易结算两个领域。在贸易结算中，主要用于贸易从属费用的结算；关系较为密切的进、出口商在进行交易时，可由出口商按信用证规定直接将单据交进口商，出口商再仅凭汇票向开证行收款，但这种做法并不多见。在非贸易结算中，主要有旅行信用证。旅行者在信用证总金额范围内，可在国外一次或数次向指定银行凭汇票或收据支取现金。

2. 跟单信用证

跟单信用证（Documentary Credit）是指凭附带货运单据和商业单据的汇票或仅凭货运单据和商业单据付款的信用证。跟单信用证的核心是单据，至于汇票可以没有。跟单信用证中的单据主要包括提单、保险单、商检证书、产地证、发票和包装单据等，银行通过对物权单据（如海运提单）的控制来防范结算风险。在国际贸易结算中所使用的信用证绝大部分为跟单信用证。

（二）根据信用证是否附加了第三方银行的保兑，可分为保兑信用证和不保兑信用证

1. 保兑信用证

如果一张信用证除了开证行的付款保证外，还得到了另一家银行的付款保证，则该信用证即为保兑信用证（Confirmed Credit）。保兑行一旦对信用证加具保兑，即承担和开证行同样的付款责任，而且它的付款跟开证行一样都是终局性的，即没有追索权。具体兑付时，受益人一般首先要服从信用证条款的规定：如信用证规定以保兑行作为付款人，受益人应该先要求保兑行付款，保兑行不付再由开证行付；如规定以开证行作为付款人，受益人应该先要求开证行付款，开证行不付再由保兑行付。信用证加具保兑后，受益人就得到了开证行和保兑行两家银行做出的付款承诺，受益人面临的开证行倒闭或破产的风险大为降低。但这并不是说受益人要求所有的信用证都要开成保兑信用证就最好。其理由一是出于节约成本和维护自身形象的考虑，一般银行开出信用证是不愿意其他银行加具保兑的；二是一般信誉卓著的大银行开出的信用证也没有必要再加保兑；三是如果受益人自己在开证行不知情的情况下找到一家银行对信用证做了保兑，则受益人是需要自己支付保兑费用的。

2. 不保兑信用证

不保兑信用证（Unconfirmed Credit）是指只有开证行的付款保证，没有另一家银行承担保证兑付责任的信用证。这种信用证在实务中是比较常见的，大银行或资信良好的银行开出的信用证均是不保兑信用证。

（三）根据付款时间的不同，可分为预支信用证、即期信用证、远期信用证和假远期信用证

1. 预支信用证

预支信用证（Anticipatory Letter of Credit）是指允许出口商在装货交单前支取全部或部分货款的信用证。由于预支款是出口商收购及包装货物所用，所以预支信用证又叫"打包放款信用证"（Packing L/C）。预支信用证中往往加列了预支条款，且这些条款往往以红色或绿色书写或打印，使之更加醒目，因而又称为"红条款信用证"和"绿条款信用证"。

2. 即期信用证

即期信用证（Sight Credit）是指开证行或付款行收到符合信用证条款的跟单汇票或装运单据后，立即履行付款义务的信用证。

3. 远期信用证

远期信用证（Usance Credit）是指开证行或付款行收到信用证的单据时并不立即付款，而是等到信用证规定的到期时间方履行付款义务的信用证。具体又可分为延期付款信用证和承兑信用证。

（1）延期付款信用证（Deferred Payment Credit）。延期付款信用证一般不要求受益人开立汇票，而仅规定受益人交单后若干天付款，或货物装船后若干天付款，或在某一固定的将来日期付款。延期付款信用证的业务处理与承兑交单相仿，银行在收到单据后，就将单据交给申请人，银行在信用证规定的付款到期日才付款。因此，出口商交单后不能立即得到货款，加上没有汇票，出口商也不能通过贴现已经承兑的远期汇票而得到资金融通。因此，这种信用证对出口商并无多大好处，除了银行的保证到期付款作用外，无资金融通的作用。

（2）承兑远期信用证（Acceptance Credit）。承兑远期信用证要求受益人开立以指定银行为付款人的远期汇票，连同规定单据向指定银行交单，该行确认汇票和单据表面合格后，即收下单据并将已承兑的汇票交还给受益人（或受益人的委托银行），负责到期付款。承兑行可以是开证行，也可以是开证行指定的其他银行，如付款行、保兑行和通知行等。这种信用证对开证申请人和受益人都有好处：①开证申请人获得了远期付款的融资。②受益人因利用承兑信用证满足了开证申请人延期付款的愿望，有助于成交；受益人获得了银行承兑汇票即意味着获得了银行不可撤销的到期付款承诺；受益人还可将已承兑汇票贴现，提前收回款项。

4. 假远期信用证

假远期信用证（Usance Credit Payable at Sight）是指买卖双方签订的贸易合同原规定为即期付款，但来证要求出口人开立远期汇票，同时在来证上又说明该远期汇票可即期议付，由付款行负责贴现，银行收取的贴现费用和延迟付款利息由开证申请人负担的信用证。这种信用证，对出口人来说仍属于即期十足收款的信用证；但对开证人来说则属于远期付款的信用证，故也称为"买方远期信用证"（Buyer's Usance Credit），因此，它并非真正意义上的远期信用证，故称"假远期信用证"。开证申请人之所以愿意使用假远期信用证，是因为：国际金融市场贴现利率一般比银行的贷款利率低，进口商往往利用银行承兑汇票以取得优惠贴现率，所以在签订即期付款的贸易合同后，并不想借款支付货款（贷款利率较高），而是申请开立远期承兑信用证，信用证上规定"所有贴现利息和费用由申请人负担"。这样，出口商仍能像即期付款信用证那样通过贴现取得全部货款，而贴现银行应收取的利息和承兑行承兑汇票的费用则向进口商收取。这是进口商通过贴现手段取得资金融通的方法，而且还获得了比贷款更低的融资利率。

（四）根据受益人对信用证的权利可否转让，可分为可转让信用证和不可转让信用证

1. 可转让信用证

可转让信用证（Transferable Credit）是指特别注明"可转让"字样的信用

证。它是开证行授权指定的转让行在原受益人（即第一受益人）的要求下，将信用证的可执行权利全部或部分转让给一个或数个第三者（即第二受益人）的信用证。可转让的信用证只能转让一次，即作为第二受益人不能继续将信用证转让给其后的第三受益人，但第二受益人将信用证又转回给第一受益人不在禁止之列，并且可由第一受益人将信用证进行再次转让。

2. 不可转让信用证

不可转让信用证（Non-transferable Credit）是指受益人不能将信用证的权利转让给他人的信用证。根据 UCP 600 的规定，凡信用证中未注明"可转让"者，均是不可转让信用证。

（五）其他类信用证

1. 循环信用证

循环信用证（Revolving Credit）是指信用证被全部或部分金额被使用后，其金额又恢复到原金额，继续被使用，直至达到规定的次数或规定的总金额为止的信用证。它通常在分批均匀交货、分批付款情况下使用。循环信用证又可分为按时间循环的信用证和按金额循环的信用证。

（1）**按时间循环的信用证**。按时间循环的信用证规定了受益人每隔多少时间（如 1 个月或 1 个季度）可循环使用信用证上规定的金额。按时间循环的信用证根据每期信用证余额处理方式的不同，又可分为以下两种：

1）积累循环信用证（Cumulative Revolving Credit）。它是指受益人在规定期限内可支取的信用证金额有余额的，该余额可以移到下期一并使用的信用证。

2）非积累循环信用证（Non-cumulative Revolving Credit）。它是指上期未用完的信用证余额不能移到下期一并使用的信用证。

（2）**按金额循环的信用证**。按金额循环的信用证在信用证每期金额用完后，可恢复到原金额循环使用，直至用完规定的总额为止。在按金额循环的信用证条件下，恢复到原金额的具体做法有三种：

1）自动式循环信用证（Automatic Revolving Credit）。它是指每期用完一定金额，无须等待开证行的通知，即可自动恢复到原金额继续使用的信用证。

2）非自动循环信用证（Non-automatic Revolving Credit）。它是指每期金额用完后，必须等待开证行的通知到达，才能恢复到原金额继续使用的信用证。

3）半自动循环信用证（Semi-automatic Revolving Credit）。它是指每次用完一定金额后若干天内，如未接到开证行提出停止循环使用的通知，则可恢复到原金额继续使用的信用证。

循环信用证与一般信用证的不同之处就在于：一般信用证在使用后即告失效；而循环信用证则可多次循环使用。循环信用证的优点在于：进口方可以不必多次开证，从而节省开证费用和时间，同时也可以简化出口方的审证、改证等手续，有利于合同的履行。

2. 背对背信用证

背对背信用证（Back to Back Credit）又称对背信用证、转开信用证，是指一张信用证的受益人以这张信用证为保证（或抵押），要求该证的通知行或其他银行在该证的基础上，开立一张以本地或第三国的实际供货人为受益人的新证。这张新证就是背对背信用证，它是一种从属性质的信用证。

3. 对开信用证

对开信用证（Reciprocal Credit）是指两张信用证申请人互以对方为受益人而开立的信用证。两张信用证的金额相等或大体相等，可同时互开，也可先后开立。它多用于易货贸易或来料加工和补偿贸易业务。对开信用证的特点是：第一张信用证的受益人和申请人分别是第二张信用证的申请人和受益人；第一张信用证的开证行和通知行分别是第二张信用证的通知行和开证行。对开信用证的业务流程如图 5-2 所示。

图 5-2 对开信用证的业务流程

八、信用证的作用和局限性

（一）信用证的作用

采用信用证支付方式，给进出口双方以及银行都带来一定的好处。信用证在国际贸易结算中的作用主要表现在以下几方面：

1. 对出口商的作用

（1）保证出口商凭单取得货款。信用证支付的原则是单证严格相符，出口商交货后提交的单据，只要做到与信用证规定相符，"单证一致、单单一致"，银行就保证支付货款。在信用证支付方式下，出口商交货后不必担心进口商到时不付款，而是由银行承担付款责任，这种银行信用要比商业信用可靠。因此，信用证支付为出口商收取货款提供了较为安全的保障。

（2）使出口商得到外汇保证。在进口管制和外汇管制严格的国家，进口商要向本国申请外汇得到批准后，方能向银行申请开证，出口商如能按时收到信用证，说明进口商已得到本国外汇管理当局使用外汇的批准，因而可以保证出口商履约交货后，按时收取外汇。

（3）可以取得资金融通。出口商在交货前，可凭进口商开来的信用证作抵押，向出口地银行借取打包贷款（Packing Credit），用以收购、加工、生产出货物和打包装船；或出口商在收到信用证后，按规定办理货物出运，并提交汇票和信用证规定的各种单据，叙作押汇取得货款。这是出口地银行对出口商提供的资金融通，从而有利于资金周转，扩大出口。

2. 对进口商的作用

（1）可保证取得代表货物的单据。在信用证方式下，开证行、付款行、保兑行的付款及议付行的议付货款都要求做到单证相符，都要对单据表面的真伪进行审核。因此，可以保证进口商收到的是代表货物的单据，特别是提单。提单是物权的凭证。

（2）保证按时、按质、按量收到货物。进口商申请开证时，可以通过控制信用证条款来约束出口商交货的时间、交货的品质和数量。如在信用证中规定最迟装运期限以及要求出口商提交由信誉良好的公证机构出具的品质、数量或重量证书等，以保证进口商按时、按质、按量收到货物。

（3）提供资金融通。进口商在申请开证时，通常要交纳一定的押金。如果开证行认为进口商资信较好，进口商就有可能在少交或免交部分押金的情况下履行开证义务。如果采用远期信用证，进口商还可以凭信托收据（Trust Receipt）向银行借单，先行提货、转售，到期再付款。这就为进口商提供了资金融通的便利。

3. 对银行的作用

开证行接受进口商的开证申请，即承担开立信用证和付款的责任。这是银行以自己的信用做出的保证，以银行信用代替了进口商的商业信用。所以，进口商在申请开证时，要向银行交付一定的押金或担保品，为银行利用资金提供便利。此外，在信用证业务中，银行每提供一项服务均可获得收益，如开证费、通知费、议付费、保兑费、修改费等各种费用。因此，承办信用证业务是各银行的业务项目之一。在国际贸易结算中，信誉良好、作风正派的银行及其高质量的服务，又促进了信用证业务的发展。

(二) 信用证的局限性

（1）手续烦琐，费用高。在国际贸易的三种基本结算方式中，信用证的手续最麻烦，费用最高。因此，一些相互比较熟悉的进出口商一般都不愿意采用信用证结算。

（2）不能完全防范结算风险。首先，银行不管合同、货物和单证的真伪，给某些不法商人带来了可乘之机；其次，即使交付的货物与合同完全相符，如果单证有瑕疵，也会遭到银行拒付；再次，开证行本身的资信有高低，一些实力较弱的银行也有破产倒闭、丧失偿付能力的可能；最后，受政治经济形势的影响，开证行也有付不出款的时候。

（3）专业性强，容易出错。信用证的专业性强，对单据的要求非常高，经验不足的人容易出错。如果出错，进口商可以拒绝付款赎单；即使进口商愿意接受不符点，开证行也要对每个不符点收取 50 美元左右的罚款，由出口商负担。另外，一些不法商人利用其专业性强、容易出错的特点，故意在信用证中设置"软条款"，以达到拒付或迫使出口商降价贱卖的目的。

九、信用证涉及的当事人

信用证支付方式所涉及的当事人较多，通常有以下几个：

（1）开证申请人（Applicant）。开证申请人是指向银行申请开立信用证的人，即进口人或实际买主，在信用证中又称开证人（Opener）。如由银行自己主动开立信用证，则此种信用证所涉及的当事人中没有开证申请人。

（2）开证银行（Opening Bank/Issuing Bank）。开证银行是指接受开证申请人的委托，开立信用证的银行，它承担保证付款的责任。开证行一般是进口人所在地的银行。

（3）通知银行（Advising Bank/Notifying Bank）。通知银行是指受开证行的委托，将信用证转交出口人的银行。它只鉴别信用证的表面真实性，不承担其他义务。通知银行是出口人所在地的银行。

（4）受益人（Beneficiary）。受益人是指信用证上所指定的有权使用该证的人，即出口人或实际供货人。

（5）议付银行（Negotiating Bank）。议付银行是指根据开证行的授权买入或贴现受益人开立和提交的符合信用证规定的汇票或单据的银行。议付银行可以是指定的银行，也可以是非指定的银行，具体由信用证条款来规定。

（6）付款银行（Paying Bank，Drawee Bank）。付款银行是指开证银行指定代行信用证项下付款或充当汇票付款人的银行，一般是开证行，也可以是它指定的另一家银行，这要根据信用证条款的规定来决定。

（7）保兑银行（Confirming Bank）。保兑银行是指根据开证银行的请求在信用证中加具保兑的银行。保兑银行在信用证上加具保兑后，即对信用证独立负责，承担必须付款或议付的责任。保兑银行具有与开证银行相同的责任和地位。保兑银行可以由通知银行兼任，也可由其他银行加具保兑。

（8）偿付银行（Reimbursement Bank）。偿付银行又称清算银行（Clearing Bank），是指接受开证银行的指示或授权，代开证银行偿还垫款的第三国银行，即开证银行指定的对议付行或代付行进行偿付的代理人（Reimbursing Agent）。偿付银行的出现，往往是由于开证银行的资金调度或集中在该第三国银行，要求该银行代为偿付信用证规定的款项。

（9）受让人（Transferee）。受让人又称第二受益人（Second Beneficiary），是指接受第一受益人的转让并有权使用信用证的人。在可转让信用证条件下，受益人有权要求将该证的全部或一部分转让给第三者，该第三者即为信用证的受让人。

十、与信用证有关的国际惯例

（1）《跟单信用证统一惯例》（UCP）。该惯例是有关信用证的最重要的国际惯例，最初由国际商会于 1929 年制定，名为《商业跟单信用证统一规则》，1993 年修订后更名为《商业跟单信用证统一惯例》，1962 年修订后又更名为《跟单信用证统一惯例》。之后，于 1974 年、1978 年、1983 年、1993 年、2007 年又做过多次修订，目前使用的是 2007 年修订的版本，为国际商会第 600 号出版物，简称 UCP 600。

（2）《跟单信用证单据审核国际标准银行实务》（ISBP）。由于各国银行对 UCP 的理解不一致，在审单过程中时常发生争议，为了统一各国银行的审单标准，2000 年 5 月，国际商会银行委员会成立了一个专门工作组对世界主要国家银行的审单标准加以编纂，于 2003 年 1 月产生了《跟单信用证单据审核国际标准银行实务》（International Standard Banking Practice for the Examination of Documents under Documentary Credits，ISBP 645），后又进行了修订，形成了 ISBP 681，与 UCP 600 一起于 2007 年 7 月 1 日实施。

（3）《〈跟单信用证统一惯例〉电子交单补充规则》（eUCP）。UCP 500 实施以来，电子信用证开始在国际贸易中出现。为了适应这一形势，2000 年，国际商会在 UCP 500 的基础上制定了《〈跟单信用证统一惯例〉电子交单补充规则》1.0 版（eUCP 1.0），于 2002 年 4 月生效。后来在修订 UCP 500 的过程中，国际商会对 eUCP 1.0 也做了修订，产生了 eUCP 1.1，2007 年 7 月起实施。eUCP 1.1 共 12 条，是对 UCP 的补充，不是替代。凡受 eUCP 约束的信用证也同时受 UCP 的约束；但在适用 eUCP 和 UCP 产生矛盾时，应优先适用 eUCP。

第二节　催证、审证和改证概述

一、催证

如果进出口双方在洽谈交易时明确以信用证作为付款方式，则在买卖合同签订之后，进口商理应按合同的规定及时开证。但在实际业务中，有时会遇到国外进口商拖延开证，或者在行市发生变化或资金发生短缺时故意不开证的情况。为避免耽误出口合同的履行，出口商就要及时催促进口商尽快申请开立信用证。

催证是指卖方在买方未按合同规定及时开出信用证的情况下，或者卖方根据货源和运输情况认为可提前装运时，催促买方尽快开出信用证。催证并不是必然会发生的业务环节，只有当进口商没有按约定及时开来信用证时才会发生。

如果买方晚开信用证，卖方应尽快查明迟开信用证的原因，区别不同情况采取相应对策。如果买方未及时开来信用证的原因是资金不足导致不能支付货款，或企业不景气面临倒闭，则卖方应采取合理方式终止合同，停止供货，以免造成更大的经济损失；如果买方无理拒开信用证，则属于违约行为，卖方有权提出索赔或采取其他救济手段。

二、审证

受益人接到信用证后，应立即根据买卖双方已签订的合同及有关国际惯例，特别是《跟单信用证统一惯例》（UCP 600）的规定，对信用证内容逐项认真检查。信用证是依据合同开立的，其内容理应与合同的条款一致。但在实际业务中，由于种种原因，如国外客户或开证银行工作的疏忽和差错，或者某些国家对开立信用证有特别规定，或者国外客户对我国政策不了解，或者开证申请人或开证行的故意行为等，往往会出现开立的信用证条款与合同条款不符或与我国外贸政策不符等情况。因此，出口商务必做好审证工作，以便安全收汇。

审核信用证，是银行和外贸企业的共同责任，但审核内容各有侧重。银行着重审核开证银行的政治背景、资信能力、付款责任及索汇路线等方面的问题；进出口公司则着重审核信用证与买卖合同是否一致，以及信用证的一些要求我方能否接受照办等。

审核信用证的要点如下：

1. 审查开证银行

（1）开证行的政治背景和对我国的态度。凡是政策规定我国不与之进行经济贸易往来的国家银行开来的信用证，均应拒绝接受。

（2）开证行的资信情况，它与我方安全收汇有密切的关系。对于资信较差的银行，可分别采取适当的安全措施，如要求另一家银行保兑，加列电报索偿条款，分批装运、分批结汇等。通过这些措施，可以减少收汇的风险。

（3）核查电开信用证的密押是否相符，电开信用证的签字或印鉴是否真实，以确定信用证的真伪。

（4）偿付路线是否合理，偿付条款是否恰当。

（5）信用证中的保证条款，如责任文句是否明确等。

2. 信用证是否已生效

收到的信用证必须已经生效。一些有限制性或保留性的条件，如"待获得有关当局签发的进口许可证后才能生效"或"待收到货样或函/电确认后生效"的信用证，则只有等这些条件满足后，方可办理出运。

3. 信用证的金额

（1）信用证的金额，除冠有"大约"字样外，不能超额支用，其币别与金额必须与合同相符。如果合同中订有商品数量的"溢短装"条款，信用证金额也应规定相应的机动幅度。

（2）如信用证列有商品数量或单价，应复核总值是否正确。如信用证金额不足，应要求开证人增加金额，以确保收汇。

（3）有无佣金，如何规定，是否符合合同规定。如所开的金额已扣除佣金，就不能在信用证上再出现"议付行内扣佣金"之类的词句。

4. 对货物描述的审核

审核信用证中货物的名称、货号、规格、包装、合同号码、订单号码等内容是否与买卖合同完全一致。

5. 开证人和受益人的名称是否正确

这两个名称是出口单证中必不可少的，如来证开错应及时修改，以免制单和寄单发生困难，影响收汇。

6. 有效期、交单期和交货期

（1）有效期。按《跟单信用证统一惯例》的规定，一切信用证均须规定一个到期日和一个交单付款、承兑的地点，或除了自由议付信用证外的一个交单议付的地点。规定的付款、承兑或议付的到期日，将被解释为交单到期日。据此，未注明到期日（即有效期）的信用证是无效的。信用证的有效期还涉及到期地点的问题。一般有三种情况：①在出口地到期；②在进口地到期；③在第三国到期。这三种情况中，第一种规定方法对出口商最有利，而第二、三两种情况，到期地点均在国外，对出口商来说，由于寄单费时，且有延误可能，因而风险较大。为此，出口商应争取在出口地到期，若争取不到，则必须提前交单，以防逾期。

（2）交单期。信用证还应规定一个运输单据出单日期后必须提交符合信用证条款的单据的特定期限，即"交单期"。若信用证无此期限的规定，按惯例，银行有权拒受迟于运输单据日期21天后提交的单据。但无论如何，单据必须不迟于信用证的到期日提交。

（3）装运期。装运期是指卖方将货物装上运往目的地（港）的运输工具或交付给承运人的日期。若信用证未规定装运期，卖方最迟应在信用证到期日前几天装运。信用证中可以没有装运期，只有有效期，在实际业务中叫作"双到期"。如办不到，要修改有效期。有效期和装运期应有一定的合理间隔（一般在10天左右），以便在装运后有足够的时间做好制单、审单、交单等工作。

7. 运输条款是否可以接受

（1）装运港（地）和目的港（地）。信用证运输条款中的装运港（地）和目的港（地）应与合同相符，交货地点也必须与价格条款相一致，如不符则应修改。

（2）若来证指定运输方式、运输工具或运输路线以及要求承运人出具船龄或船籍证明，应及时与承运人联系。

（3）分批装运和转运问题。多数来证是允许转运及/或分批的（其中包括信用证中未注明可否转运及/或分批），这对出口商比较有利。但也有信用证列明不许转运及/或不准分批，在这种情况下，应及时了解在装运期内是否有直达船到目的地，能否提供直运提单及了解货源情况，是否可以在装运期内一次出运。如上述有办不到的，应修改信用证。若信用证列有必须分批，且规定每批出运的日期和出运数量，或类似特殊的分运条款，应根据货源情况决定是否可以接受。对于分期装运，《跟单信用证统一惯例》规定：除非信用证另有规定，若一期未能按期完成，本期及以后各期均告失效；若要续运，必须修改信用证。

（4）信用证中指定唛头。如货已备妥，唛头已刷好而信用证后到，且信用证指定的唛头与原唛头不一致，应要求修改唛头；否则，需按信用证重新刷制。

8. 保险条款是否可以接受

若来证要求的投保险别或投保金额超出了合同的规定，出口商应及时和保险公司联系，若保险公司同意，且信用证上也表明由此而产生的超保费用由进口商承担并允许在信用证项下支取，则可接受。如成交价为 CFR，而来证要求由出口商办理保险，在这种情况下，只要来证金额中已包括保险费，或允许加收保险费，则可不必修改。凡成交价为 FOB 或 CFR 者，来证往往要求出口商在装运前以航邮或电传通知开证人投保并凭邮局收据或电传副本办理结汇，应及时处理。

9. 非单据化的条件

UCP 600 第 14 条 h 款规定，如果信用证中包含着某项条件而未规定与之相符的提示单据，银行将认为信用证中未列明此条件，并对此不予以理会。

例如，信用证规定："Invoice must bear beneficiary's certification that sizes, colours, fabric specifications, designs and goods shipped are in accordance with approved samples and Beneficiary's Proforma Invoice No. ×× dated Sept. 30, 20××."

发票上必须含有受益人的证明，证明货物的尺寸、颜色、布料的规格、款式以及装运的商品等均与确认的样品和受益人 20××年9月30日开具的第×× 号形式发票相符。

[分析] 针对信用证的这一规定，受益人只需在商业发票上加注"兹证明上述商品的尺寸、颜色、布料的规格、款式以及装运的商品等均与确认的样品和受益人 20××年9月30日开具的第××号形式发票相符"就可以了，不需要将信用证条款中提到的原形式发票作为提交的结汇单据之一，也不需要将上述文字单独用专门的文件另行证明。

[案例 5-1]

H 行开立不可撤销的议付信用证，通过 A 行（议付行）通知受益人。信用证规定，在船只抵达之前，单据必须到达 H 行营业处。随后，开证行修改了信用证，延展了有效期和装运期。

受益人发货后向 A 行提交了单据。A 行及时审核单据，发现与信用证相符，对受益人议付，并把单据寄给 H 行索汇。H 行审核 A 行寄来的单据后拒绝接受单据，理由如下：延迟交单。H 行收到单据的日期是在船到以后，因此 H 行将代为保管单据，并听候 A 行的进一步提示。问：H 行的拒付有效吗？

[分析] 关于"延迟交单给开证行"的这一不符点是无效的。UCP 600 第 14 条 h 款说明，如果信用证包含有某些条件而未列明需要提交与之相符的单据，银行将认为未列明此条件，且对此不予理会。本案例中"信用证规定在船只抵达之前，单据必须到达 H 行营业处"，关于这一要求，信用证并未列示满足该条件的单据，属于"非单据化的条件"，解决方法是不理会非单据化的条件。

《关于审核跟单信用证项下的国际标准银行实务》（ISBP 745）的第 A26 条规定，如果信用证含有一条件而未规定与之相符的单据，任何规定的单据无须显示与该条件相符。然而，规定单据中的内容不得与该非单据化条款冲突。

例如，信用证规定"货物装木箱"而未要求此内容显示在任何规定的单据上，则在规定单据上显示不同的包装形式视为内容冲突。

[案例 5-2]

信用证要求货物原产地是德国，并未要求提交原产地证，但是受益人所提交的单据中，装箱单上显示的原产地是美国。开证行对交单拒付，理由是单证不符。交单人反驳，称本款属于非单据化的条款，开证行应不予以理会，不能因此拒付。问：开证行拒付是否合理？

[分析] 根据《关于审核跟单信用证项下的国际标准银行实务》（ISBP 745）的第 A26 条规定可知，开证行的拒付合理。

10. 其他条款

（1）银行费用条款。按惯例，银行费用（一般包括议付费、通知费、保兑费、承兑费、修改费、邮费等）由发指示的一方负担。如信用证项下是由开证申请人申请开立的信用证，同时又由开证行委托通知行通知议付，因此来证由受益人承担全部费用（All banking charges are for account of beneficiary），显然是不合理的。关于银行费用，可由出口商在与进口商谈判时加以明确。

（2）信用证中的单据条款，尤其是信用证中的"软条款"。对来证中规定的单据种类和份数及填制方法等，要进行仔细审核，如发现不正常，尤其是 1/3 的正本提单直接寄给买方，商业发票需由买方签字等条款内容，应慎重对待。

三、改证

修改信用证是对已开立的信用证中的某些条款进行修改的行为。信用证的修改可以由开证申请人提出，也可以由受益人提出。由于修改信用证的条款涉及各当事人的权利和义务，因而不可撤销的信用证在其有效期内的任何修改，都必须征得各有关当事人的同意。

信用证的修改应掌握的原则和注意的问题如下：

（1）并不是所有与合同规定不符的问题都要修改，只有那些影响合同履行和安全收汇的地方才需要修改，对不影响安全收汇、不增加费用的地方可以变通处理。如合同中规定可以"分批装运"，而信用证中规定"不许分批装运"，若实际业务中可以不分批装运，则不需要修改该条款。

（2）应注意修改内容的相互关联性。信用证中有很多内容是相互关联的，修改某一个地方可能其他地方也需要修改。例如，修改信用证的装船期，则信用证的有效期和最后交单期也应做相应的修改，不然交单期太紧或者根本来不及交单；修改货物的单价或数量，总金额也应做相应的修改。

（3）UCP 600 第 10 条 b 项规定，通知修改给受益人时，保兑行可以选择对修改不保兑，但它必须不延误地将该情况通知开证行及受益人。

[案例 5-3]

一信用证于 2017 年 3 月 1 日开立，金额为 3 万美元，有效期至 2017 年 5 月 31 日，通知行应开证行的要求保兑了信用证。2017 年 4 月 15 日，信用证金额增加了 20 万美元，有效期延展至 2017 年 8 月 31 日。问：①保兑行是否必须对增加额及展期进行保兑？②如果保兑行不愿再加保兑，该保兑行应如何行事？

[分析] ① 银行是否同意加保兑的请求是国际商会无法规定的。保兑通常是两家银行之间的协议。虽然一家银行可能愿意保兑 3 个月期 3 万美元的信用证，但它可能不愿保兑 6 个月期 23 万美元的信用证。这种拒绝保兑的权利由 UCP 的相关条款予以规定，即信用证的修改未经保兑行同意，不发生效力。

② 如果保兑行不愿意再加保兑，上述修改应适用于 UCP 的相关规定，即保兑行必须立即通知开证行和受益人其不愿按修改书的条款保兑，并将修改书转交受益人而不加保兑。唯一的例外是，如果开证行事先已经提出要求，保兑行在不加保兑时需要待开证行进一步指示，此时保兑行无须先将修改书递交受益人。

（4）受益人应对开证申请人提出的修改发出接受或拒绝的通知。根据 UCP 600 的规定，受益人对不可撤销的信用证的修改表示拒绝的方法有两种：一是向通知行提交一份拒绝修改的声明书；二是在交单时表示拒绝修改，同时提交仅符合未经修改的原证条款的单据。

（5）在同一信用证上，如有多处需要修改的，原则上应一次性全部提出。一份修改通知书包括两项或多项内容，要么全部接受，要么全部拒绝，不能只接受一部分而拒绝另一部分。

（6）信用证的修改申请经开证银行同意后，由开证银行发出修改通知书并通过原通知行转告受益人，经各方接受修改书后，修改方为有效；如由受益人提出修改要求，则应首先征得开证申请人同意，再由开证申请人按上述程序办理修改，改正不能由受益人直接向开证行提出，即受益人——开证申请人——开证银行——通知银行——受益人。具体的改证流程如图 5-3 所示。

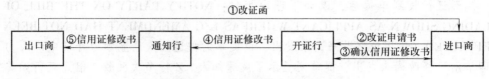

图 5-3　信用证修改流程

（7）受益人必须在收到开证行发来的修改通知书以后才能对外发货。

（8）可以采用"锁证"的做法，即将修改通知书与原信用证订在一起，以防止修改通知书丢失，还要注明修改的次数，以免弄错。

（9）不可撤销信用证的修改必须经各有关当事人全部同意后，方能有效。

[案例 5-4]

中方某公司与加拿大商人在 2016 年 10 月按 CIF 条件签订了一份出口 10 万码法兰绒的合同，支付方式为不可撤销即期信用证。加拿大商人于次年 3 月通过银行开来信用证，经审核与合同相符，其中保险金额为发票金额的 110%。在我方备货期间，加拿大商人通过银行传递给我方一份信用证修改书，内容为将保险金额改为发票金额的 120%。我方没有理睬，按原证规定投保、发货，并于货物装运后，在信用证有效期内，向议付行议付货款。议付行议付货款后将全套单据寄开证行，开证行以保险单与信用证修改书不符为由拒付。问：开证行拒付是否有道理？为什么？

[分析] 开证行拒付理由不成立。根据《跟单信用证统一惯例》规定，不可撤销信用证一经开出，在有效期内未经信用证各有关当事人的一致同意，开证行不得单方面修改或撤销信用证。同时，在受益人对信用证修改表示同意之前，原信用证的条款仍然有效。受益人对信用证修改拒绝和接受的表态，可以推迟至交单时。本案例中，我方收到信用证修改书后并未表示同意，故原证条款仍然有效。交单时我方按原证规定投保，即表示我方拒绝修改，因此开证行不得拒付货款。

[案例 5-5]

东南亚某国银行给我国 Z 行开立过一份不可撤销自由议付信用证，在DOCUMENTS REQUIRED 中关于提单的 NOTIFY PARTY 有如下条款：NOTIFY PARTY WILL BE ADVISED LATER BY MEANS OF L/C AMENDMENT THROUGH OPENING BANK UPON INSTRUCTIONS FROM THE APPLICANT（关于提单的被

通知人将由开证行在接到申请人的指示后通过信用证修改书的方式予以通知)。但是，无论通知行如何催促，开证行迟迟不发信用证修改书指定提单的被通知人。为避免信用证过期，受益人只好在信用证修改之前交单，并将提单的 NOTIFY PARTY 打成 APPLICANT 的全称。

开证行收到单据后，以如下理由拒付：NOTIFY PARTY ON THE BILL OF LADING SHOWN AS APPLICANT WHEREAS L/C AMENDMENT HAD NOT BEEN EFFECTED（信用证修改书尚未发出，但提单的被通知人已显示为开证申请人。）即信用证修改尚未发出，提单便显示了被通知人。Z 行多次反驳，但开证行始终坚持不符点成立。

最后，开证行来电称，申请人要求降价 10% 才肯赎单。出口商迫于各方压力，不得不接受要求，以损失 4 万美元为代价了结此案。

[分析] 本案例的焦点是信用证上关于通知人的"软条款"。

信用证中的"软条款"是指主动权掌握在开证申请人手中、受益人无法控制的条款；或意思含糊不清、模棱两可的条款。这种条款难以满足，因此，往往会给受益人安全收汇带来相当大的困难和风险。Z 行作为通知行，曾就此证中的"软条款"征询过受益人的意见，但因急于发货，受益人称其客户接受不符点而坚持交单议付。没想到出单后进口商变卦，以退货相威胁来压价。

对于这一"软条款"拒付，开证行虽然有些无理，但也有其辩词，却不一定能反驳成功。由此案例可见：①对于信用证中的"软条款"，能做到的应尽快办理，不能做到的应坚持修改，否则不要急于出货；②客户之间口头的商业信用是靠不住的，只有严格按照信用证的要求交单，才是按时收汇的最佳保证。

[案例 5-6]

我国某出口公司于某年秋与往来多年的非洲某客户签订大宗纺织品出口商务合同，交货日期为当年 12 月起至第二年 6 月，每月等量装运××万 m，凭不可撤销信用证延期付款，即提单日后 60 天付款。进口方按期通过开证行开来信用证，来证品名、规格、单价、总数量、总金额均与原商务合同相符，但装运条款是："最迟装运期为 6 月 30 日，分数批出运。"

出口公司除于当年 12 月按规定的等量装出第一批货物××万 m 外，因见来证并未按原商务合同写明"每月等量装运××万 m"，又由于货源充裕，为了早出口、早收汇，便以信用证的条款为依据，于次年 1 月 30 日将第一季度应交数量一批装船，2 月月底又将第二季度应交数量一批装船。发货后均立即办理议付。议付行按来证条款向开证行索汇。开证行审单无误也按期付汇。

进口方接到装船通知后，发现第二、三批来货数量与原订商务合同不符，同时也发现开出的信用证有误。进口方以出口方未按商务合同交货为由，向我国驻当地商务机构提出异议。后经反复协商，我出口公司同意第二、三批货款推迟4个月支付了结。按当时国际市场利率计算，我国出口公司损失了货价的10%。

[分析] **本案例明显涉及信用证与商务合同出现差异问题**。根据国际惯例，信用证一经开立即为独立的契约，不受原商务合同的约束。来证中并未说明必须按等量逐月装运，因此，出口方于1～2月份分两批装运并进行交单索汇是无可非议的。就信用证结算观察，出口方做到了在单证相符条件下按期索汇，属于合理的业务运作。

不过，若从进出口方的商务合同关系观察，当出口方接到来证并已经发现装运条款与原订商务合同有不符之处时，按常规应主动向进口方提出修改信用证，而不应利用这一机会提前装运货物。

从本案例出现争议的直接原因观察，非洲某进口方未能按原商务合同约定申请开证，要承担主要责任，特别是信用证开出后，直到接获装运通知才发现信用证有误。因此，进口方要求出口方推迟货款结算期的做法也不能认为是合理的。

本案争议协商结果，第二、三批均推迟4个月付款是不妥当的。即使信用证条款与原商务合同一致，按月等量发运，其结算收汇期也不会如此之长，何况进口方错开信用证的责任是不能推卸的。所以，我国出口方为此承担货价10%的损失应属退让过头。

[案例 5-7]

我某公司以CIF价格向美国出口一批货物，合同的签订日期为6月2日。到6月28日，由日本东京银行开来了不可撤销即期信用证，金额为××万日元，证中规定装船期为7月份，偿付行为美国花旗银行。我国中国银行收证后于7月2日通知出口公司。7月10日，我方获悉国外进口商因资金问题濒临破产倒闭。在此情况下，我方应如何处理？

[分析] 由于两个业务行——开证行（东京银行）和偿付行（花旗银行）都是资信很高的银行，我方可以办理出口手续，将货物出口。

理由：在信用证业务中，开证行承担第一性付款责任。

因此，我方应在7月份按时发货并认真制作单据，交单议付，由议付银行向东京银行寄单，向花旗银行索偿。

[案例 5-8]

日本某银行应当地客户的要求，开立了一份不可撤销的自由议付信用证，出口地为上海，证中规定单证相符后，议付行可向日本银行的纽约分行索偿。上海一家银行议付了该笔单据，并在信用证有效期内将单据交开证行，同时向其纽约分行索汇，顺利收回款项。第二天开证行提出单据有不符点，要求退款。议付行经落实，确定不符点成立，但此时从受益人处得知，开证申请人已通过其他途径（未用提单）将货提走。问：议付行可否以此为理由拒绝退款？

[分析] 不能拒绝退款。理由为：①信用证业务是纯单据业务，单证不符不能付款，银行仅处理单据，不问货物真实情况；②尽管开证申请人将货物提走，但开证行并未将单据交给开证人；③偿付行的付款不是终局性的（注：开证行、保兑行和付款行的付款都是终局性的），偿付行并不审核单据，不负单证不符之责，开证行在见单后发现单证不符，可直接向寄单的议付行追回已经付讫的款项。所以，议付行应向受益人追索所垫付的货款，退款给开证行。

[案例 5-9]

国内 A 公司与外商签订了一笔进口钢材的合同，货物价值为 504 万美元，合同规定以信用证方式结算。

A 公司依约对外开出信用证后，在信用证装运期内，外商发来传真称货物已如期装运。不久，开证行即收到议付行转来的全套单据。提单表明货物于某东欧港口装运，在西欧某港口转运至国内港口。单据经审核无不符点，开证行对外承兑。

A 公司坐等一个多月，货物依然未到，深感蹊跷，遂向伦敦海事局进行查询。反馈的消息是：在所述的装船日未有属名船只在装运港装运钢材。此时信用证项下单据已经开证行承兑，且据议付行反馈的信息，该行已买断票据，将融资款支付给了受益人。开证行被迫在承兑到期日对外付款，A 公司损失惨重。

[分析] 这是一起典型的以伪造单据进行的信用证诈骗案。

（1）核实提单的真实性，尤其是进口一些大宗商品。

首先，无论是在签订合同还是开立信用证时，均要求客户在装船之后一定时间（如 24 小时）内发送装船通知，列明提单号码、装卸港、装船日期、货名、装运数量等内容，以便通过相应机构查询船踪，确定提单内容的真实性。一旦查得提单有诈，即可认真审单以合理拒付。即使单据不存在不符点，也可寻求司法救济。

（2）规范好商品检验条款。

开证申请人在信用证项下付款赎单的特点要求，在合同签订和申请出具信用证时要规范好进口货物的检验条款，如在信用证中要求客户提交独立机构出具的检验证书。如此可避免货物未装船或装船货物的质量问题。

[案例 5-10]

某市中国银行分行收到新加坡某银行电开信用证一份，金额为 100 万美元，购花岗岩石块，目的港为巴基斯坦卡拉奇。证中有下述条款：

（1）检验证书于货物装运前开立并由开证申请人授权的签字人签字，该签字必须由开证行检验。

（2）货物只能待开证申请人指定船只并由开证行给通知行加押电通知后装

运，而该加押电必须随同正本单据提交议付。

问：该信用证可不可以接受？

[分析] 此为"软条款"欺诈信用证，不可以接受。

"软条款"是指可能导致开证行解除不可撤销信用证项下付款责任的条款。最典型和最多的形式是该信用证所规定的某些单据被开证申请人所控制。

从上述信用证条款中可以看出，由开证申请人验货并出具检验证书及开证申请人指定装船条款，实际上是开证申请人控制了整笔交易，受益人（中国出口公司）处于受制于人的位置，信用证项下开证行的付款承诺是毫不确定和极不可靠的。

[案例 5-11]

××经济集团及其法定代表人牟某中等，伙同他人共谋，共同策划以虚构进口贸易的方式，通过对外循环开立 180 天远期信用证，非法获取银行资金。从 1995 年 8 月 15 日至 1996 年 8 月 21 日，××经济集团凭虚构的进口货物合同、交通银行贵阳分行对合同的"见证意见书"，通过湖北省轻工业品进出口公司在中国银行湖北分行共计骗开信用证 33 份，议付 31 份，获取总金额 7507.4 万美元，造成中行湖北分行实际损失 3549.95 万美元。

[分析]（1）通过对外循环开立 180 天远期信用证，有一个较长的时间差，隐蔽性强，不易察觉，能配合其他条件实施诈骗。

（2）中外勾结。本案中，国内不法诈骗犯，就是××经济集团及其总裁牟某中，境外不法外商就是何君和提供假单据并进行贴现的香港 DZ 科技贸易公司。

（3）为掩护实施诈骗，虚构炮制假进口合同。

[案例 5-12]

卖方向买方销售某种商品 10000t，在合同中规定了 6~10 月分 5 批装运，每月各装运 2000t，不可撤销即期信用证付款。买方按约于 5 月 15 日按合同开来信用证。卖方在前三个月每月装运 2000t，银行已分批凭单付款。但是 9 月份卖方因故未能按时装运，并延迟至 10 月月初才装运。当卖方持有相关单据向银行议付本批货款时，却遭到银行拒付。银行同时声称，最后一批货物的装运也已经失效。分析银行拒受单据、拒付货款以及宣布最后一批失效有无道理？

[分析] 卖方确实违反了合同。因买方是按合同开立的信用证，信用证与合同一致，因此，卖方也违反了信用证的要求。银行的做法符合有关的国际惯例：有关信用证规定在分批装运时，如果任何一批未按规定装运，则信用证对该批和该批以后的货物均告失效。

[案例 5-13]

我国某外贸公司与外商于 2017 年 7 月 10 日以 CIF 价格签订了一份向对方出

口价值 150 000 美元商品的销售合同，不可撤销信用证付款。合同中规定，我方应在 8 月份运出货物。7 月 28 日，中国银行通知我国外贸公司，收到外商通过国外银行开来的信用证。经审核，信用证条款与合同条款相符。但在我方装船前，又收到外商通过银行转递的信用证修改通知，要求我方在 8 月 15 日之前装运货物。由于我国外贸公司已预订了 8 月 25 日开航的班轮，若临时变更手续较为烦琐，因此对该修改通知未予理睬，之后按原信用证的规定发货并交单议付，议付行随后又将全套单据递交开证行。但是，开证行却以装运与信用证修改通知书不符为由拒付货款。请分析开证行是否有理由拒付货款。

[分析] 开证行没有理由拒付货款。本案例为不可撤销信用证，对于不可撤销信用证，未经有关当事人同意，开证行不得单方面修改或者撤销。由于修改通知是在我方预订了班轮以后到达，到达不及时，我方也未同意对信用证的修改，因此，开证行没有理由拒付货款。

复习思考题

1. 信用证"不可撤销"的含义是什么？
2. 信用证的基本特点有哪些？
3. 信用证中若有非单据化的条件，银行如何处理？
4. 信用证的修改应注意哪些问题？
5. 信用证结算方式对出口商的好处有哪些？

第六章
>>>>>> 出口货物的准备

国际贸易合同签订之后，合同双方当事人必须严格履行合同中所规定的各项义务。如果是信用证结算方式，则出口商在审核信用证没有问题之后，应按合同和信用证的要求及时备货和发货、提交符合要求的单据。备货是出口商在签约和落实信用证之后面临的第一要务，出口企业性质不同，备货的形式也不同。对于自营出口的生产型企业，通常由外贸部门向本企业的生产加工及仓储部门下达联系单；对于流通性质的外贸企业，则向国内的工厂签订国内购销合同。

第一节 外购货物

1. 外购货物的含义

外购货物是指出口商自己不生产货物，而是在国内寻找合适的生产厂家，与之签订采购合同从生产厂家购进产品。为保证出口合同能够顺利得到履行，出口商需要与生产厂家协商好采购合同的各项条款，并密切跟单，以确保出口商品能保质保量按时交货。

2. 外购货物的一般流程

（1）寻找合适的生产厂家。根据产品要求，通过多种渠道，了解国内同类产品的生产厂家有哪些，对它们的生产规模、工艺技术、市场口碑等都需要准确了解并进行比较，然后优选出几家做进一步了解。

（2）询价和还价。向备选的几个厂家分别询价，在保证产品质量和如期交货的前提下，与报价最有竞争力的厂家进行还价，以争取更有利的价格和更优惠的交易条件。

（3）验厂。在交易磋商结束后，为安全起见，外贸公司还要实地考察工厂，以确保厂家在磋商时提供的信息真实可靠。

（4）签订国内采购合同。采购合同的品质、包装条款必须与出口合同的货物品质、包装条款一致；数量可以比出口合同的数量略多一点，以确保出口合同的数量不会短少；交货时间应该比出口合同的装运时间要早一些，为出口商留出合理的时间办理商品的检验、运输等业务；采购合同的价格应低于出口合同中的对外报价，以确保出口合同履行后出口商有一定的利润；采购合同的支付条款一般也应考虑到出口合同的支付条款，这样可以少占用出口商的资金。当然，出口商的资金充裕、工厂的价格优惠或采购的商品十分紧俏等情况可另当别论。

（5）下生产任务通知单。生产厂家在国内购销合同签订后，需要及时给车间下达生产任务通知单。在生产任务通知单上，产品的材质、规格、型号、数量、包装、出货时间等具体要求应该明确，不能模糊，并且要落实分解，逐一与生产部门衔接好。

（6）跟单。工厂生产货物期间，出口商要经常向工厂的业务部门了解生产进度，生产中有没有问题，最好能定期或不定期地上门实地察看几次，以确保产品符合质量和时间进度要求。

（7）验货。工厂最终交货前，需要出口商派人前往工厂验货，验货合格后才能安排交货。

（8）工厂交货。交货地点如果在生产的工厂，就需要出口商自己负责把货物运输到装运港或安排集装箱在工厂装柜。此时，出口商需要承担内陆运输的运费和保险费。交货地点如果在装货港的仓库，出口商就不承担从生产厂到装运港的费用。具体在哪里交接货物，需要生产厂家和出口商自行协商确定。

第二节　自　产　货　物

我国存在大量工贸一体化的公司，这类公司既有自己的生产车间，可以自己生产商品，也有对外贸易经营资格，可以自己的名义与外商签订进出口贸易合同。在外贸公司自产货物出口的情况下，备货的流程大致如下：

（1）外贸部门与进口商签订出口合同。

（2）外贸部门向生产部门下达生产通知单，注明品名、规格或型号、数量、材质、工艺要求、交货期等必要信息。

（3）生产部门根据外贸部门下达的生产任务单合理安排生产计划，然后及时开工生产。

（4）外贸跟单。它是指在生产期间，外贸部门的跟单员或业务员对生产过程要进行跟踪，发现问题要及时进行内部协调，必要时还要及时与客户进行沟通。

（5）生产完毕，生产部门对货物进行包装、刷唛。

（6）外贸部门对货物进行检验，有时可能还需要会同客户或客户指定的第三方验货机构一起验货。

（7）验货完毕，跟单员根据订单和仓库提供的装箱资料制作商业发票等基本文件。

（8）租船订舱，公司配合集装箱装货或将货物送往外贸公司指定的地点。

第三节　备货的基本要求

备货的基本要求可分为品质、数量、包装和时间四个方面。

1. 品质方面的要求

商品的品质不仅要符合合同或信用证的要求，还要符合《联合国货物销售合同公约》（简称《公约》）和其他法律、惯例规定的要求。主要有以下几点：

（1）货物必须"适用于同一规格货物通常的使用目的"。

（2）货物必须"适用于订立合同时曾明示或默示地通知卖方的任何特定目的"。但如果这种特定的目的"不依赖卖方的技能和判断"，或者"这种依赖对他是不合理的"，卖方可以不承担责任；如果卖方不能保证所交货物符合买方告知的特定目的，应在订立合同时说明，如买方仍然坚持订购该货物，卖方也可以不承担责任。

2. 数量方面的要求

货物的数量必须与合同或信用证的规定一致，不能少交也不能多交。对于少交，《公约》相关条款规定，买方有权要求卖方在一段合理的时间内补交，同时还可以请求损害赔偿；但只有卖方完全不交付货物或不按照合同规定交付货物，构成根本性违约时，买方才可以宣告整个合同无效。

3. 包装方面的要求

包装方面的要求包括包装的种类和方式、包装标识、标签等。这些要求一般在合同或信用证里都有明确的规定。如果没有规定，就按《公约》规定，"货物按照同类货物通用的方式装箱或包装"，如果没有此种通用方式，则按照足以保全和保护货物的方式装箱或包装。

4. 时间方面的要求

外贸部门要在生产通知单上注明最迟交货时间，且交货时间应充分考虑合同约定的对商品进行检验的时间和最迟装运时间，要留有足够的余地，避免匆匆忙忙发货或根本来不及在约定的时间节点前交货。

总之，不论是国内采购还是外贸公司自产货物出口，都需要外贸部门与实际的生产部门加强沟通和协调。只有二者密切配合，才能确保货物的品质和按期交货。

复习思考题

1. 出口货物的准备有几条途径？
2. 备货的基本要求有哪些？
3. 外购货物的一般流程是怎样的？

第七章
>>>>>> 国际货物运输

国际货物运输是国际贸易的重要环节之一。在进出口交易达成后，必须将货物按合同规定的运输方式在规定的时间送达约定的地点。国际货物运输方式主要包括海洋运输、铁路运输、航空运输、集装箱运输、国际多式联运、大陆桥运输、公路运输、内河运输、邮政运输、管道运输等。

第一节 国际货物运输方式

一、海洋运输

海洋约占地球总面积的 71%，国际贸易 2/3 以上的货物要通过海上运输。因此，海洋运输（Ocean Transport）是国际贸易中主要的运输方式。

（一）海洋运输的特点

1. 海洋运输的优点

与其他运输方式相比，海洋运输的优点如下：

（1）通过能力强。海运利用天然航道四通八达，不受道路限制。

（2）运量大。一艘万吨级货轮载重量相当于 250～300 节 50t 火车车厢的运量或 1250 辆 8t 货车的总运量。现代海运规模日益宏大，已出现数十万吨的超级货轮，及 50 万 t 级以上的超级油轮。

（3）运费低。海洋运输利用天然航道，船舶运量大，港口设备一般均为政府修建，船舶经久耐用且节省燃料，分摊到每货运吨的运输成本少，所以货物的单位运输成本相对低廉。据统计，海运运费一般约为铁路运费的 1/5，公路汽车运费的 1/10，航空运费的 1/30。这就为低值大宗货物的运输提供了有利的竞争条件。

（4）对货物适应性强。海运船舶货舱容量大，可运载体积大的货物，对超重、超长货物和特殊性货物具有较强的适应性。

2. 海洋运输的不足

海运运输具有以上优点的同时，也有不足之处，主要表现在：

（1）运输速度慢。

（2）受气候和自然的影响较大，航期不易确定，且风险较大。

此外，随着船舶吨位大型化，深水泊位不足的矛盾日益突出，许多大型载重船往往因等待泊位装卸而延误船期。

（二）海洋运输的方式

船舶是海洋运输的基本工具。依据船公司对船舶经营方式的不同，海洋运输可分为班轮运输和租船运输两大类。

1. 班轮运输

班轮运输（Liner Transport）又称定期船运输，是指船舶在特定航线上和固定的港口之间，按事先公布的船期表和运费率往返航行，从事客货运输业务的一种运输方式。

班轮运输具有以下特点：

1）"四固定"的特点，即固定航线、固定港口、固定船期和相对固定的运费率。

2）船方管装管卸。班轮运价内包括装卸费用，即货物由承运人负责配载装卸，承托双方不计滞期和速遣费。

3）承托双方的权利义务和责任豁免以签发的提单条款为依据。

4）班轮承运货物的品种、数量比较灵活，货运品质较有保证，且一般采取在码头仓库交接货物，故为货主提供了较便利的条件。

2. 租船运输

租船运输（Charter Transport）又称不定期船（Tramp）运输。它与班轮运输的营运方式不同，是船舶所有人把船舶按照事先商定的条件租给租船人，租船人支付租金，以完成特定的海上货运任务。对于大宗货物的运输，通常采用包租整船的方式进行。它具有运价不固定、按租船合同安排航行等特点。租船运输主要有定程租船和定期租船两种方式。

（1）定程租船（Voyage Charter）。定程租船也称航次租船，是指船舶所有人负责提供船舶，在指定港口之间进行一个航次或数个航次，承运指定货物的租船运输。定程租船根据其租赁方式的不同，可分为单程租船、来回航次租船、连续航次租船等。

（2）定期租船（Time Charter）。定期租船是指由船舶所有人将船舶出租给承租人，供其使用一定时期的租船运输。承租人也可将此期租船充作班轮或程租船使用。

定程租船与定期租船主要区别在于：

1）定程租船是按航程租用船舶；而定期租船则是按期限租用船舶。

2）定程租船的船方直接负责船舶的经营管理，除负责船舶航行、驾驶和管理外，还应对货物运输负责；但定期租船的船方仅对船舶的维护、修理、机器正常运转和船员工资与给养负责，而船舶的调度、货物的运输、船舶在租期内的营运管理的日常开支，如船用燃料、港口费、税捐以及货物装卸、搬运、理舱、平舱等费用，均由租船方负责。

3）定程租船的租金或运费一般按装运货物的数量计算；而定期租船的租金一般按租期每月每吨若干金额计算。

4）采用定程租船时，要规定装卸期限和装卸率，凭以计算滞期费和速遣费；而采用定期租船时，则船、租双方不规定装卸和滞期速遣费。

此外，还有光船租船（Bareboat Charter）、航次期租（Time Charter on Trip Basis，TCT）等租船方式。

（三）海上货物运输费用

1. 班轮运费

（1）班轮运费的构成。在班轮运输条件下，其运费由基本运费和附加费两部分组成。所谓基本运费，是指按船公司公布的运价表所收取的货物自装运港运至卸货港的费用，是根据货物的不同积载系数、不同性质、不同价值结合不同的航线加以确定。在运价表中，包括在不同航线上运输不同货种的单位费率以及计算运费的规则和规定。如运价的适用范围、货物的分类、计费标准、计费的币别，以及各种附加费的计算办法和费率等。

按照制定单位的不同，班轮运价表可分为以下几种类型：

1）班轮公会运价表：由班轮公会进行调整供公会成员使用，托运方按此支付运费。

2）班轮公司运价表：没有加入公会的班轮公司自己制定并使用，运价由公司来调整。

3）双边运价表：由船公司及托运方共同制定，双方共同遵守执行，有关运价的调整与改变，需要经过双方协商决定。

4）货方运价表：由托运人（货方）制定，船公司接受使用，对运价的任何调整与改变，在与船方协商的基础上，由托运方（货方）决定。

运价表根据结构不同，可分为等级运价表和单项费率运价表。在实际业务中，等级运价表被运用得最多。该表前部列有常用商品等级表，不同商品有不同等级，一般分为20个等级，从第一级到第二十级运费率越来越高。在商品等级表后列有各航线的杂货与集装箱的费率（包括等级费率和包箱费率），同时附有计收标准和各种附加费的收取。

在班轮运费中，另一部分是附加费。有关附加费，其名目比较繁多，它是根据不同的条件或在不同的事件下对货物进行特殊处理所需要收取的费用。常见的附加税有以下几种：

1）超重附加费：由于单件货物的重量超过一定限度而收取的附加费。

2）超长附加费：由于单件货物的长度超过一定限度而收取的附加费。

3）直航附加费：托运人要求将一批货物直接运达非基本港口而需另外缴纳的附加费。

4）转船附加费：船公司为满足托运人的转船要求，需在转船港口办理换装和转船手续，由此另外向托运人收取的费用。

5）港口附加费：有些港口的情况比较复杂，装卸效率较低或收取费用较高，船公司为了弥补费用损失而另外收取的附加费。

6）燃油附加费：航运公司和班轮公会收取的反映燃料价格变化的附加费。

7）货币贬值附加费：在货币贬值时，船方为了实际收入不减少，按基本运价的一定百分比加收的附加费。

8）绕航附加费：由于正常航道受阻不能通行，船舶必须绕道才能将货物运至目的港时，船方所加收的附加费。

（2）班轮基本运费的计收标准。根据不同商品，基本运费计收标准通常采用以下几种：

1）按货物毛重计收，故称重量吨，运价表中用"W"表示。

2）按货物体积/容积计收，故称尺码吨，运价表中用"M"表示。

3）按重量或体积计收，由船公司选择其中收费较多的作为计费吨，运价表中用"W/M"表示。

4）按商品价格计收，故称从价运费，运价表中用"A.V"或"AD. VAL"表示。从价运费一般按货物 FOB 价格的百分之几收取。

5）在班轮运价表中，还有下列标志："W/M OR AD. VAL"与"W/M PLUS A. V."。前者表示运费按照货物重量、体积或价值三者中较高的一种计收；后者表示先按货物重量或体积计收，然后另加一定百分比的从价运费。

6）按货物件数计收，一般只对包装固定，包装内的数量、重量、体积也是固定不变的货物，才按每箱、每捆或每件等特定的运费额计收。

7）由货主和船公司临时议定。这种方法通常是在承运粮食、豆类、矿石、煤炭等运量大、货价较低、装卸容易、装卸速度快的农副产品和矿产品时采用。在班轮运价表中用"OPEN"表示。

上述计算运费的重量吨和尺码吨统称为运费吨（Freight Ton），又称计费吨。现在国际上一般都采用公制（米制），其重量单位为公吨（Metric Ton，MT）。尺码单位为立方米（Cubic Metre，m^3）。计算运费时，$1m^3$ 作为 1 尺码吨。

（3）班轮运费的计算。

1）从货物等级表中查出有关货物的计费等级和计算标准。先根据货物的英文名称在货物分级表中查出该货物属于什么等级和按什么标准计费。例如，通过查找货物等级表，发现品名为 Beans 的货物计费标准是 W，等级为 5 级。

2）从航线费率表中查出有关货物的基本费率。根据货物等级和计费标准，在航线费率表中查出货物的基本运费费率。例如，通过查找航线费率表，品名为 Beans，等级 5 级，其基本费率为 100 美元/每运费吨。

3）查找各项须支付的附加费率。

4）汇总求出货物的单位运费。

$$单位运费 = 基本运费率 \times (1 + \sum 附加费率) + \sum 附加费额$$

注：对附加费的计算，有的是在基本运费的基础上，加收一定的百分比，有的是每运费吨加收一个绝对数计算。

5）将单位运费乘以计算重量吨或尺码吨等运费计收单位，算出总运价。如果是按从价计算运费，则按规定的百分比乘以 FOB 货值就可以了，不需再算附加运费。计算公式为

$$总运费 = 单位运费 \times 总运费吨$$

总公式为

$$运费 = 基本运费 + 附加费 = 运费吨 \times 基本运费 \times (1 + \sum 附加费率)$$

以上运费计算主要针对件杂货而言，集装箱货若是拼箱货，其计算方法与件杂货一样，集装箱整箱货的运费直接按箱数×包箱费率计算。

[**案例 7-1**]

设由天津新港运往莫桑比克首都马普托门锁 500 箱，每箱体积为 0.025m³，毛重为 30kg，计收标准为 W/M，去东非航线马普托每运费吨为 450 港元，另收燃油附加费 20%，港口附加费 10%。问：该批门锁的运费为多少？

[**分析**]

$$W = (30 \times 500/1000) 运费吨 = 15 运费吨$$

$$M = (0.025 \times 500) 运费吨 = 12.5 运费吨$$

因为 $W > M$，所以采用 W 计费。

$$运费 = 基本运费 \times (1 + \sum 附加费率) \times 运费吨 = [450 \times (1 + 20\% + 10\%) \times 15] 港元 = 8775 港元$$

2. 定程租船运费

（1）定程租船运费的计算方式。定程租船运费由承租人和出租人在租船合同中约定。通常有下列两种计算方式：一种是按运费率（Freight Rate），即规定每单位重量或每单位体积的运费额，同时规定按装船时的货物重量或按卸船时的货物重量来计算运费；另一种是整船包价（Lumpsum Freight），即规定一定的整船运费，船东保证船舶能提供的载货重量和容积，不管租方实际装货多少，一律按整船包价付费。

（2）影响定程租船运费的主要因素。租船市场运费水平、承运的货物价格和装卸货物所需设备和劳动力、运费的支付时间、装卸费的负担方法、港口费用高低及船舶经纪人的佣金高低等。在定程租船方式下，除了在租船合同中约定运费外，还必须对港口装卸费的费用承担问题做出规定。常用的规定方法有：

1）船方负担装货费和卸货费（Gross Terms/Liner Terms）。

2）船方管装不管卸（F. O.）。

3）船方管卸不管装（F. I.）。

4）船方装和卸均不管（F. I. O.）。

5）船方不管装卸费、理舱费和平舱费（F. I. O. S. T，Free In & Out，Stowed & Trimmed）。

3. 运费的支付方式

运费预付（Freight Prepaid），是指托运人在装运港就将运费支付给承运人或其代理人；运费到付（Freight Collect），是指运费在货物运抵目的港后由收货人在提货时支付给承运人或其代理人；运费部分预付、部分到付，是指上述两种方式的综合运用。

二、铁路运输

铁路运输（Rail Transport）是仅次于海洋运输的一种主要运输方式。其突出特点是运行速度较快，载运量较大，运输途中风险较小，且不易受气候条件变化的影响，能保持较好的连续性。

从业务运作的角度看，采用铁路运输的业务手续相比海洋运输更为简捷，发货人和收货人都可以在就近的始发站和目的站办理托运和提货手续。

铁路运输可分为国际铁路货物联运和国内铁路货物运输两种。

（一）国际铁路货物联运

在国际贸易中，利用不同国家之间的铁路网运输货物时，必须采用国际铁路联运方式。国际铁路货物联运是指使用一份统一的国际联运单据，由铁路负责经过两国或两国以上铁路的全程运送，并由一国铁路向另一国铁路移交货物时，不需要发货人和收货人参加的铁路运输方式。由于国际铁路联运涉及两国或者多国铁路运输，因此它必须建立在一定的国际协定的基础上。相关国际协定明确了国际铁路联运的运作流程及各国当事人的责任和义务。1890 年，欧洲各国在瑞士首都伯尔尼举行的铁路代表大会上制定了最早的《国际铁路货物运送规则》，国际铁路联运开始发展。1938 年，《国际铁路货物运送规则》被修改为《国际铁路货物运送公约》，简称《国际货约》，成为最主要的约束国际铁路联运业务的国际协定。

我国于 20 世纪 50 年代开始参与国际铁路货物联运。1980 年后，开始利用西伯利亚大陆桥开展集装箱的国际铁路联运业务。1992 年，随着东起我国连云港、西到荷兰鹿特丹的新欧亚大陆桥的启用，我国的铁路货物联运业务更为迅速地发展起来。

（二）国内铁路货物运输

国内铁路货物运输是指仅在本国范围内按《国内铁路货物运输规程》的规定办理的货物运输。我国出口货物经铁路运至港口装船及进口货物卸船后经铁路运往各地，均属国内铁路运输的范畴。供应港澳地区的物资经铁路运往香港九龙，也属于国内铁路运输的范围。

我国内地通过铁路运输方式向港澳地区运送货物时，通常采取的做法是：

（1）运往香港的货物，经由内地铁路运至深圳北站，然后转港段铁路运往香港。

（2）运往澳门的货物，经由内地铁路运往广州南站，然后转船运往澳门。

在采用上述两种运输方式时，由于国内铁路签发的运单不能作为对外结汇的凭证，故一般由各地外贸运输公司以承运人的身份签发承运货物收据，作为向银行办理结汇的凭证。

三、航空运输

航空运输（Air Transport）是一种现代化的国际贸易运输方式，具有速度快、时间短、安全性能高、货物破损率小及不受地面条件限制等优点；但运费较高、运量有限。因此，航空运输特别有利于鲜活商品、易腐烂商品和季节性较强的商品和小件物品的运输。

（一）国际空运货物的运输方式

（1）班机运输（Scheduled Airline）。班机是指在固定时间、固定航线、固定始发站和目的站运输的飞机。通常班机使用客货混合型飞机，一些大的航空公司也开辟有定期全货机航班，主要适用于运送急需物品、鲜活商品以及节令性商品。

（2）包机运输（Chartered Carrier）。包机是指包租整架飞机或由几个发货人（或航空货运代理公司）联合包租一架飞机来运送货物。前者适用于运送数量较大的商品；后者适用于多个发货人，但货物到达站又是同一地点的货物运输。

（3）集中托运（Consolidation）。集中托运是指航空货运公司把若干单独发运的货物（每一货主货物要出具一份航空运单）组成一整批货物，用一份总运单（附分运单）整批发送到预定目的地，由航空公司在那里的代理人收货、报关、分拨后交给实际收货人，是货物航空运输中最普遍采用的方式。

（4）航空急件传送方式（Air Express Service）。航空急件传送是目前国际航空运输中最快捷的运输方式，被称为"桌到桌运输"（Desk to Desk Service）。它是由一个专门经营此项业务的机构与航空公司密切合作，设专人用最快的速度在货主、机场、收件人之间传送急件，特别适用于急需的药品、医疗器械、贵重物品、图样资料、货样及单证等的传送。

（二）航空运输的承运人

（1）航空运输公司。航空运输公司是航空货物运输业务中的实际承运人，负责办理从始发机场至到达机场的运输，并对全程运输负责。

（2）航空货运代理公司。航空货运代理公司可以是货主的代理，负责办理航空货物运输的订舱，以及在始发机场和到达机场的交、接货与进出口报关等事宜；也可以是航空公司的代理，办理接货并以航空承运人的身份签发航空运单，对运输全程负责；还可二者兼有之。

（三）航空运输的运价

航空运输的运价是指从启运机场至目的机场的运价，不包括提货、报关、仓储等其他费用。一般是按重量（kg）或体积重量（6000cm³折合1kg）计算的，而以二者中高者为准。

四、集装箱运输

集装箱运输（Container Transport）是以集装箱作为运输单位进行货物运输的一种现代化运输方式。它适用于海洋运输、铁路运输及国际多式联运等各种运输方式。它可以从发货人仓库运到收货人仓库，实现门到门的运输。

（一）集装箱的规格

国际标准化组织制定的集装箱标准规格共有 13 种，最常见的有 20ft 和 40ft 两种。20ft 集装箱也称 20ft 货柜，是国际上计算集装箱的标准单位，英文称为 Twenty-foot Equivalent Unit，简称"TEU"，规格为 8ft × 8ft × 20ft，内径尺寸为 5.9m × 2.35m × 2.38m，最大毛重为 20MT，最大容积为 31m³，一般可装 17.5MT 或 25m³。40ft 集装箱规格为 8ft × 8ft × 40ft，内径尺寸为 12.03m × 2.35m × 2.38m，最大毛重为 30MT，最大容积为 67m³，一般可装 25MT 或 55m³。一个 40ft 集装箱相当于 2 个 TEU。

（二）集装箱运输的优点

（1）有利于提高装卸效率和加速船舶的周转。

（2）有利于提高运输品质和减少货损货差。

（3）有利于节省各项费用和降低货运成本。

（4）有利于简化货运手续和便利货物运输。

（5）把传统单一运输串联为连贯的成组运输，从而促进了国际多式联运的发展。

（三）集装箱的托运方式

集装箱的托运方式分为整箱托运（Full Container Load，FCL）和拼箱托运

（Less Than Container Load，LCL）两种。

凡装货量达到每个集装箱容积的75％或达到每个集装箱负荷量的95％，即为整箱货。由货主或货代在工厂或仓库自行装箱后直接运交集装箱堆场（Container Yard，CY），以箱为单位向承运人进行托运。货到目的地（港）后，收货人可直接从目的港（地）集装箱堆场提货。

凡货量达不到上述整箱标准的，须按拼箱托运，即由货主或货代将货物送交集装箱货运站（Container Freight Station，CFS）。货运站收货后，按货物的性质、目的地分类整理，然后将去同一目的地的货物拼装成整箱后再行发运。货到目的地（港）后，由承运人拆箱分拨给各收货人。

五、国际多式联运

国际多式联运（International Multimodal Transport）是在集装箱运输的基础上产生和发展起来的一种综合性的连贯运输方式，一般以集装箱为媒介，把海、陆、空各种传统的单一运输方式有机地结合起来，组成一种国际的连贯运输。《联合国国际货物多式联运公约》对国际多式联运所下的定义是："国际多式联运是指按照多式联运合同，以至少两种不同的运输方式，由多式联运经营人把货物从一国境内接运货物的地点运至另一国境内指定交付货物的地点。"

1. 构成国际多式联运应具备的条件

（1）必须有一个多式联运合同，合同中明确规定多式联运经营人和托运人之间的权利、义务、责任和豁免。

（2）必须使用一份包括全程的多式联运单据。

（3）必须是国际的货物运输。

（4）必须至少是两种不同运输方式的连贯运输。

（5）必须由一个多式联运经营人对全程运输负总责。

（6）必须是全程单一运费率。

2. 多式联运经营人的性质

多式联运经营人（Multi-model Transport Operator）是指本人或者委托他人以本人名义与托运人订立多式联运合同的人。他是事主，而不是发货人的代理人或参加多式联运的承运人的代理人，并负有履行合同的责任。他可以是实际承运人，也可以是无船承运人（NVOCC）。目前，我国有外运、中远等航运公司可以经营多式联运。

3. 国际多式联运的优点

开展国际多式联运是实现"门到门"运输的有效途径。它简化了手续，减少了中间环节，加快了货运速度，降低了运输成本，并提高了货运品质。货物的交接地点也可以做到门到门、门到港站、港站到港站、港站到门等。

4. 国际多式联运应注意的问题

国际多式联运要求所运货物能适应集装箱运输，装运港和目的港应有集装箱航线和装卸设备，装箱点和启运点应可以办理海关手续。

六、大陆桥运输

大陆桥运输（Land Bridge Transport）是指使用横贯大陆的铁路（公路）运输系统，作为中间桥梁，把大陆两端的海洋连接起来的集装箱连贯运输方式。大陆桥运输实质上属于国际多式联运范围。目前世界主要有两条大陆桥，即北美大陆桥和欧亚大陆桥。

（一）北美大陆桥

北美大陆桥包括美国大陆桥和加拿大大陆桥。这两条大陆桥是平行的，都是连接大西洋和太平洋的大陆通道，主要运送从远东国家经北美销往欧洲的货物。北美大陆桥是世界上第一条大陆桥，现在已经萎缩。

（二）欧亚大陆桥

欧亚大陆桥包括西伯利亚大陆桥和中荷大陆桥。西伯利亚大陆桥是以俄罗斯西伯利亚铁路作为桥梁，把远东地区与波罗的海、黑海沿岸、大西洋口岸连接起来，主要运送远东国家经西伯利亚到欧洲各国或亚洲的伊朗、阿富汗等国的货物。经过这条路线运往欧洲的货物要比经苏伊士运河缩短里程约 8000km，时间可节省 20 天左右。

中荷大陆桥也称第二条亚欧大陆桥。它东起我国连云港，途经陇海、兰新、北疆铁路进入独联体直达荷兰鹿特丹，于 1992 年正式开通。

七、其他运输方式

（1）公路运输（Road Transportation）。公路运输是车站、港口和机场集散进出口货物的重要手段。它具有机动灵活、速度快、方便等特点，但其载货量有限、运输成本较高、易造成货损事故。公路运输适用于同周边国家的货物运输，以及我国内地同港澳地区的部分货物运输。

（2）内河运输（Inland Water Transportation）。内河运输是水上运输的重要组成部分，它是连接内地与沿海地区的纽带，在运输和集散进出口货物中起着重要的作用。它具有投资少、运量大、成本低等特点。

（3）邮政运输（Parcel Post Transport）。邮政运输是一种简便的运输方式，手续简便、费用不高。它包括普通邮包和航空邮包两种，适用于量轻体小的货物。

（4）管道运输（Pipeline Transportation）。管道运输是一种特殊的运输方式，主要适用于运送液体、气体货物，如石油、天然气等。它具有固定投资大、建成后成本低等特点。

八、运输方式的选择

各种运输方式都有其特定的运输路线、运输工具、运输技术、经济特性及合理的使用范围。所以，只有熟知各种运输方式的效能和特点，结合商品特性、运输条件、市场需求，才能合理地选择和使用各种运输方式，获取较好的运输绩效。

选择运输方式时必须综合考虑，要权衡运输系统所要求的运输服务和运输成本。可以使用单一运输方式，也可以将两种以上不同的运输方式组合起来使用。

在选择运输方式时，应以不同运输方式的服务特性作为判断的基准。一般要考虑以下因素：

(1) 运费的高低。

(2) 运输时间的长短。

(3) 可以运（配）送的次数。

(4) 运输能力的大小。

(5) 货物的安全性，即运输途中破损及污染的可能性大小。

(6) 到货时间的准确性。

(7) 货物所在位置的信息。

在这些因素中，一般认为运费和运输时间是最为重要的考虑因素。具体进行选择时，则应从运输需要的不同角度综合加以权衡。若要保证运输的安全、可靠、迅速，成本就会增加；若要降低仓储费用而频繁地使用飞机，成本也会增加。所以，在选择运输方式时，应当以总体成本作为依据，而不仅只考虑运输成本。

第二节　租船订舱和装货

在出口贸易中，如以 CFR 或 CIF 价格条件成交，出口商必须按合同规定做好租船订舱工作，办理报关及/或投保等手续。数量较大需要整船运输的货物要办理租船，数量较小的则办理订舱手续。对于国内大多数外贸公司而言，租船或订舱业务一般都委托专业的货运代理公司（实务中常简称为"货代"，是发货人的代理）办理。

订舱，即预订货物舱位（Booking Cargo Space）的行为，是指托运人或其代理人向承运人或其代理人申请货物运输，承运人或其代理人对该请求予以承诺的行为。在集装箱班轮运输出现后，订舱又增加了预订箱位的含义。

实务中，出口商一般是委托货运代理公司向承运人代为办理租船订舱手续的。为此，出口商需要向货运代理出具一份"出口货物订舱委托书"（Shipping Note，S/N 或者 Shipper's Letter of Instruction），如表 7-1 所示。出口货物订舱委托书是出口企业和货代之间委托代理关系的证明文件，简称托运单，俗称"托书"或"下货纸"。订舱委托书一旦签订，就意味着出口商与货代之间的委托代理合同成立，货运代理就要缮制"出口货物托运委托书"（Booking Note，B/N），即"订舱单"，俗称"十联单"，在船期表上的"截单期"前向承运人或其代理订舱。

表7-1　订舱委托书样例

Shipper（发货人）		公司名称： 联系方式： **Shipper's Letter of Instruction 订舱委托书**			
Consignee（收货人）					
Notify Party（通知人）		S/O NO.（订舱编号）			
		Attn（单证联系人） Email（邮箱）			
Port of Loading （启运港）	Port of Destination （目的港）	S/C No.（合同号）			
		B/L No.（提单号）			
Ocean Vessel （船名航次）	Place of Delivery （目的地）	L/C No.（信用证号）			
		L/C Expiry Date（信用证有效期）		Country（贸易国别）	
Freight Prepaid （运费预付）	Freight Collect （运费到付）				
Container （集装箱）	Batches/Not （可否分批）	Transshipment/Not（可否转船）		Loading Expiry Date （装运限期）	
Finished Time of Goods（货物完成时间）		Original B/L（提单正本）		Telex Release B/L （提单电放）	
Mark & Number （标记和唛码）	Discription of Goods（品名）	Quantity（件数）	N. W. （净重）	G. W. （毛重）	Measurement （体积）
Attn（装货地联系人）		Tel/Mob （电话/手机）			
Place of Loading （装货地址）					
Ocean Freight （海运费）		Payment（付款方式）			
All in Charge （包干费）		Payment（付款方式）			
Remark （备注）					

Shipper Signature（托运人签章）_____
Order Date（制单日期）_____

一、租船订舱的一般程序

租船订舱的一般程序如图 7-1 所示。

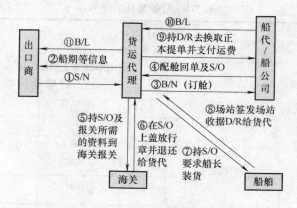

图 7-1   租船订舱的一般程序

① 外贸企业在审核信用证符合要求和备妥货物后，即可办理托运。一般是委托外运公司代为办理。出口方填制订舱委托书（S/N），随附发票、装箱单，必要时提交国际贸易合同。

② 外运公司收到订舱委托后，审核订舱委托书和相关单据，确认无误后查询相关的船期表，选择承运人、船舶和航次，并将信息反馈给出口商。

③ 出口商如果确认船期，货代就缮制出口货物托运委托书（B/N），随同商业发票、装箱单及其他必要单证向船公司或其代理办理租船或订舱手续。

④ 船公司或其代理接受订舱后，在托运单上编号（该号码即为日后的提单号码），填上船名、航次并签署。同时，把配舱回单、装货单（Shipping Order，S/O，又称"关单"，因其需要海关盖放行章后才能凭以装货而得名）等单据交给货代。此时运输合同成立。

⑤ 货代或出口商持装货单及报关所需文件办理报关手续。

⑥ 海关查验放行，在装货单上盖放行章，并将装货单退还给货代/出口商。

⑦ 货代持装货单要求集装箱堆场装货。

⑧ 货物装船完毕后，场站签发场站收据（Dock Receipt，D/R），然后交给货代。

⑨ 货代持场站收据到船公司或其代理处换取正本已装船提单，并支付运费。

⑩ 船公司向货代出具海运提单（B/L）。

⑪ 出口商向货代支付运费和代理费用，取得全套已装船提单。

二、托运订舱时相关的主要单据

货物备妥以后，出口商应先缮制托运订舱所需要的单证，如商业发票、装箱单、出口货物明细单或出口货物运输委托书等，必要时还需提供合同等资料。

（一）商业发票

1. 商业发票的含义

商业发票（Commercial Invoice），简称发票（Invoice），是出口企业开立的凭以向买方收款的发货价目清单，也是出口企业对一笔交易的概要说明。

商业发票是出口贸易结算单据中最主要的单据之一，所有其他单据都应以它为中心来缮制。在制单顺序中，一般先缮制商业发票，之后再缮制其他单据，以便向商业发票看齐。在外贸业务中，商业发票具有以下几个方面的作用：

（1）是出口企业向买方发送货物的凭证。

（2）是进出口双方收付货款和记账的凭证。

（3）是进出口双方办理报关、清关、纳税的凭证。

（4）是出口企业缮制其他出口单据的依据。

（5）是申请办理出口许可证件时必须提交的单证。

（6）是办理出口托运时必须提交的单证。

（7）是出口商办理保险等出口手续时提供的单据之一。

2. 信用证中商业发票条款示例

（1）SIGNED ORIGINAL COMMERCIAL INVOICE IN TRIPLICATE SHOWING A DEDUCTION OF USD 500.00 BEING COMMISSION.

该条款要求卖方出具经签署的正本商业发票一式三份，且反映出 500 美元的佣金扣减。

（2）MANUALLY SIGNED COMMERCIAL INVOICE IN 4 FOLDS INDICATING ISSUING BANK NAME, L/C NO. AND CONTRACT NO. 5188.

该条款要求出口商出具手签商业发票一式四份，且反映出开证行的名称、信用证号码和编号为 5188 的合同号码。

3. 商业发票的内容及缮制说明

商业发票没有固定的格式，每个出具商业发票的企业都可有自己的格式；格式虽不尽相同，但其所填制的项目却相差无几。

（1）出口公司的名称和地址（Exporter's Name and Address）。在托收项下一般填合同中卖方的名称及地址；若为信用证方式支付，出票人的名称和地址应与信用证的受益人的名称和地址相一致（特殊情况除外）。

（2）进口人的名称和地址（Importer's Name and Address）。进口人即商业发票的抬头人。在信用证业务中，按照 UCP 600 的规定，除可转让信用证外，商业发票的抬头人必须与信用证的开证申请人相一致；在托收业务中，填写合同中买方的名称和地址。填写时名称和地址应分行合理放置。信用证对买方名称的表示方法通常有"Applicant""Accountee""For account of""By order of""Accreditor""At the request of"等。

（3）单据的名称（Document's Name）。"INVOICE"或"COMMERCIAL INVOICE"字样，应用粗体字在醒目位置印出，以便让人一眼就能看出它是商业发票。

（4）发票号码（Invoice No.）。商业发票应该有它的编号。因为商业发票是所有单据中的中心单据，所以商业发票编号可以代表整套单据的编号。开证行拒付货款并指出单据中的问题，也是指×××号（即商业发票号）单据项下存在单证不符。该号码由单证员按照公司确定的编码规则编写。

（5）发票日期和地点（Date and Place）。填写制作发票的具体日期。根据《跟单信用证统一惯例》的规定，除非信用证另有规定，银行将接受出单日期早于信用证开立日期的单据，但该单据需在信用证规定的时限内提交。据此，发票日期可早于开证日期，但不得迟于信用证的议付有效期或最迟交单期。地点一般写公司所在城市名称即可，不用写得太具体。

（6）参考号码（Ref. No.）。参考号码包括合同号码和信用证号码，主要起参考作用，让人知道这是哪一笔业务项下的发票。合同号码应按信用证要求以原句说法在商业发票上表示出来，一笔交易牵涉几个合同的，都应在发票上表示出来。信用证号码则应按照信用证上编写的 L/C No. 如实填写。

（7）运输路线及方式（Route and Means of Transportation）。主要规定启运地、目的地及使用的运输方式，通常以"From ××× To ××× By ×××"的形式表示。

（8）付款条件（Conditions of Payment）。按信用证规定填写。

（9）唛头及件号（Marks and No.）。商业发票上的唛头及件号既要按照刷唛的实际情况填制，也要与提单上的唛头相符，还要符合信用证上的规定。若信用证无唛头规定，可按照合同要求填制，也可由出口商自行选用。若没有运输标志，此栏可填"N/M"。

（10）货物的描述（Description of Goods）。这是商业发票的主要部分，所有商品在商业发票上的名称描述都应严格按照信用证规定填写。信用证未规定的内容，尽量不表明。但是，若信用证对品名只规定统称，有时在商业发票上可用具体名称表示。如信用证规定品名为"药物"，实际出口货物是"×××"，发票可表示"×××"。但最好的表示方法是按照信用证规定表示"药物"，然后再表示具体的名称"×××"。

商品的品质、规格的描述也必须按信用证规定的原词表示，不得随便增减或更改。信用证中引导货物内容的词或词组常用的有：①Description of goods；②Description of merchandise；③Covering shipment of；④Covering the following goods by；⑤Shipment of goods 等。

（11）商品的数量（Quantity）。商业发票上的数量是指用来与单价相乘得以算出总价的数量，其他数量信息一般不在发票上反映，而是在专门的包装单据上说明。

（12）单价和总值（Unit Price and Amount）。单价和总值也是商业发票的主要项目，必须正确计算、缮制并认真复核。特别要注意小数点的位数是否正确，金额是否符合信用证的规定。

在信用证的单价或总值处需表示价格条件，如 FOB、CFR、CIF 等。因为它关系到买卖双方承担风险和所负责任的界限划分问题，牵涉运费由谁支付、保险由谁投保等问题，也是进口地海关核定关税的依据，因而不可遗漏。在价格条件后有 "Liner Terms" "Stowed" "Trimmed" 等都应该填写。

如果信用证中有佣金或折扣的规定，应按信用证规定填制。"Commission" 和 "Discount" 两个词不能互用，因进口国海关对 "Commission" 要征税，而对 "Discount" 则可免税。

如信用证的总金额是按照含佣价计算的，则商业发票上的总金额也应按含佣价计算，不要减佣；如来证单价为含佣价，但总金额已扣除佣金，则在商业发票的总金额中要减去佣金。

例：

QTY.	Unit Price	Amount
	CIFC 5% SINGAPORE	
500 PCS	USD 100/PC	USD 50000100
	Less 5%　Commission：	USD 2500100
	CIF NET VALUE：	USD 47500100

有些国家的来证要求在商业发票上分别表示运费、保险费和 FOB 值，应该照办，并且运费、保险费和 FOB 值三者相加总和应等于商业发票上的 CIF 值。

（13）总计（Total）。总计是对相应列的各行能够加总的数据进行加总，凡是能够加总的数据都要加总，以方便发票的使用者了解总量信息。

（14）金额的大写（Write in Words）。发票主要是反映价格信息的单证，因此发票的金额除了小写外，还应用大写再加以印证。

（15）出口商的签字或盖章（Stamp and Signature）。出口商的名称一般打印在商业发票的右下角。根据《跟单信用证统一惯例》的规定，除非信用证明确规定商业发票要有"stamp or signature"，否则商业发票无须签字。如果信用证没有规定要签字盖章，但是单证员却签字盖章了，也是没有问题的。

（16）加注某些特殊内容或证明。某些国家的信用证经常要求在商业发票上注明"进口许可证号"（Import License No.）、"关税号"（Customs Tariff No.）、"外汇核准号"（Foreign Exchange Permit No.）等，均应照办。还有些地区、国家开来的信用证，经常要求在商业发展上加注某些声明，如证明货物系中国原产、价格是真实正确的等。只要加注的内容不损害出口商的利益、不违反国家政策，出口商均应照办。例如：

1）证明原产地。

例："兹证明所列货物系中国原产。"

This is to certify that the goods named herein are of Chinese origin.

We hereby certify that the above mentioned goods are of Chinese origin.

2）证明货物符合合同。

例："兹证明本批货物符合第×××号合同。"

We hereby certify that the goods are in accordance with Contract No. ×××.

3）证实发票的真实可靠。

例："兹证明本发票真实无误，是本批货物唯一的发票，货值中并未扣除任何折扣，货物的原产地在中国。"

We hereby certify that this invoice is authentic, that it is only invoice issued by us for the goods described herein, and that it shows their exact value without deduction of any discount and that their origin is of China.

4）证明已寄有关单据。

例："兹证明发票、装箱单各一份，已于装运后立即直接航邮给开证申请人。"

This is to certify that one copy of invoice and packing list have been airmailed directly to applicant immediately after shipment.

5）证明不装载于限制性的船只或停靠限制性的港口。

例："兹证明本发票所列货物不装载于悬挂以色列国旗或驶靠任何以色列港口的船只。"

We certify that the goods mentioned in this invoice have not been shipped on board of any vessel flying Israeli flag or due to call at any Israeli port.

（17）商业发票主要反映与价格有关的信息，一般不用纳入包装信息。包装信息有专门的包装单据加以反映（联合单据除外，一般不建议做联合单据）。下面是两则发票样例：

发票样例一：

浙江万豪股份有限公司
ZHEJIANG WANHAO CORPORATION LTD.
WANHAO BUILDING, 58 MEIHUA ROAD, JINHUA CITY, ZHEJIANG, CHINA
TEL：× × × × × × × ×　　FAX：× × × × × × × ×　　E-mail：× × × × × × × ×

COMMERCIAL INVOICE

To:

Invoice No. : _____

Place & Date: _____

From: _____ To: _____ By: _____

S/C No. : _____

L/C No. : _____

唛头及号码 Marks & Numbers	品名及数量 Descriptions & Quantity	单价及总金额 Unit Price　　Amount

Total:

(Signature)

[操作演示]

请根据下列资料缮制一份商业发票。

出口商：ZHEJIANG WANHAO CO. , LTD

出口公司法人代表：许志存

出口商公司地址：ROOM 12, WUYANG ROAD, WUYI CITY, ZHEJIANG, CHINA

进口商：AMERICA ABC CO. , LTD

S/C NO. : ZJWH20170612

发票制作的时间：2017. 07. 02

唛头：ABC/N. Y. /SS20170612/1-UP

品名：A-BIKE

数量：10000 PCS

包装：50 PCS/CARTON

单价：USD 50. 00/PC, CIF NEWYORK

装货港：NINGBO

卸货港：NEW YORK

运输方式：海运

发票样例二：

浙江万豪股份有限公司

ZHEJIANG WANHAO CORPORATION LTD.

WANHAO BUILDING，58 MEIHUA ROAD，JINHUA CITY，ZHEJIANG，CHINA

COMMERCIAL INVOICE

To：AMERICA ABC CO．，LTD　　　　Invoice No.：<u>ZJ08</u>

Place & Date：<u>WUYI CITY，July 2，2017</u>

S/C No.：<u>ZJWH20170612</u>

From：<u>NINGBO</u>　To：<u>NEW YORK</u>　By：<u>SEA</u>　　L/C No.：_____

唛头及号码 Marks & Numbers	品名及数量 Descriptions & Quantity	单价及总金额 Unit Price　　Amount
ABC N. Y. SS20170612 1-200	A-BIKE 50 PCS/CARTON　10000 PCS	CIF NEWYORK USD 50.00/PC，　USD 500000

Total：　　　　　　200 CARTONS　10000 PCS　　　　　　　　USD 500000

SAY U. S. DOLLARS FIVE HUNDRED THOUSAND ONLY

浙江万豪股份有限公司

ZHEJIANG WANHAO CORPORATION LTD.

许志存

[案例 7-2]

2008 年金融危机的时候，A 公司做了一笔亏本的买卖。它与某一老客户 B 签订合同，客户欲购 A 公司的天津红小豆（Tianjin Small Red Bean），报价 FOB TIANJIN，天津出运到悉尼，海运费到付，支付条件为信用证，客户回国后开信用证到 A 公司，要求 6 月份出运货物。

A 公司按照合同与信用证的规定，在 6 月份按期出了货，并向银行交单议付。但在审核过程中，发现商业发票上有一个不符点："Tianjin Small Red Bean"被错写成 "Small Red Bean"，即漏写了 "Tianjin"。A 公司认为这是极小的一个不符点，对方又是老客户，根本不影响提货，就担保出单了。但很快就接到由议付行转来的拒付通知，开证行以商品名称不符作为拒付理由拒绝付款。A 公司立即与客户取得联系，但客户认为到付的运费太贵，拒绝到付运费，因此货物滞留在码头，A 公司也无法收到货款。

后来 A 公司进行多方面的协调，并将货物降价 20%，客户才勉强到银行付款赎单。

[分析]（1）开证行拒付理由成立。单证相符、单单一致是开证行履行付款责任的前提，开证行拒付行为正当。少了"Tianjin"的"Small Red Bean"，货物就可能不是天津红小豆。

（2）不符点没有轻重之分。A公司在事先知道单据存在"不符点"的情况下还是出单了，存在潜在的风险。A公司认为十分微小的"不符点"却恰恰成了银行拒付的正当理由。因此，在已知"不符点"的情况下，一定要将其修改。

（3）FOB运费太贵只是借口，金融危机导致的经济不景气才是深层次的原因。客户主要是借"不符点"讨价还价。

（二）包装单据

由于国家间货物买卖数量较大、花色品种繁多，有时无法在发票上一一列明，此时必须使用专门的包装单据加以说明。因此，包装单据是发票的重要补充。

1. 包装单据的含义

包装单据（Packing Documents）是指一切记载或描述商品包装情况的单据，是商业发票的补充单据，除散装货物外，多为不可缺少的文件。包装单据不必反映商品的价格信息。

2. 包装单据的作用

（1）包装单据是出口商缮制商业发票及其他单据时计量、计价的基础单据。

（2）包装单据是进口商查点商品数量或重量以及销售货物的依据。

（3）包装单据是海关查验货物的凭证。

（4）包装单据是公证机构查验货物的参考资料。

（5）包装单据有时还是办理租船订舱所需递交的单据。

3. 包装单据的种类

根据商品、信用证要求的不同，出口商要提供适当的包装单据。根据客户的要求，出口商可以使用不同形式和不同种类的包装单据。

（1）装箱单（Packing List/Packing Slip）。

（2）重量单（Weight List/Weight Note）。

（3）尺码单（Measurement List）。

（4）磅码单（Weight Memo）。

（5）包装明细单（Packing Specification）。

（6）包装提要（Packing Summary）。

（7）详细装箱单（Detailed Packing List）。

（8）重量证书（Weight Certificate/Certificate of Weight）。

（9）花色搭配单（Assortment List）。

4. 装箱单的缮制

包装单据并没有固定的模式和内容，一般应按合同或信用证的要求及出口商的制单习惯来缮制。装箱单是最重要的包装单据，应用最为广泛。本书仅以装箱单为例，讲解包装单据的填写内容。

装箱单的主要内容有单据名称、单据编号、制单时间与地点、收货人名称、运输方式及路线、运输标志、货物名称及规格（或型号）、数量（或重量）、包装情况、单件包装的体积、整批货物的总体积、包装件数的大写和出单人的签字盖章等。

（1）编号（No.）：与发票号码一致。

（2）合同号或销售确认书号（Sales Contract No. /Sales Confirmation No.）：注明此批货的合同号或者销售合同书号，通常简写为"S/C No."。

（3）唛头（Shipping Mark）：与发票一致，有的注明实际唛头，有的也可以只注明"as per invoice No. ×××"。

（4）箱号（Case/Carton No.）：又称包装件号码。在单位包装货量或品种不固定的情况下，需注明每个包装件内的包装情况，因此包装件应编号。例如，Carton No. 1-5……Carton No. 6-10……有的来证要求此处注明"Carton NO. 1-UP"，UP是指总箱数，在制单时应将"UP"改成具体的箱数。

（5）货物描述（Description of Goods）：不必与发票里的该栏一模一样，可使用货物统称，但前提是不得与合同或信用证关于货物的描述相矛盾。

（6）数量（Quantity）：应注明各件内每种货物的包装件数，如"bag 10""drum 20""bale 50"。合同栏同时注明合计件数。

（7）毛重（Gr. Weight）：注明每个包装件的毛重和此包装件内不同规格、品种、花色货物各自的总毛重，最后在合计栏处注明总重量。如为"Detailed Packing List"，则此处应逐项列明。

（8）净重（Net Weight）：注明每个包装件的净重和此包装件内不同规格、品种、花色货物各自的总净重，最后在合计栏处注明总重量。如为"Detailed Packing List"，则此处应逐项列明。

（9）箱外尺寸（Measurement）：注明每个包装件的尺寸，并算出其总体积。

（10）合计（Total）：对能够合计的栏进行合计。

（11）出票人签章（Signature）：装箱单一般不用签署，除非信用证有要求。

在制作装箱单、重量单时要注意：

（1）使单据的名称与信用证和合同要求相符。

（2）货物的名称与其他单据一致。

（3）包装情况、重量等与发票、提单一致。

（4）日期应不早于发票日期或与发票日期相同。

（5）号码为发票号码。

装箱单填制示例：

江苏和泰股份有限公司

JIANGSU HETAI CORPORATION LTD.

HETAI BUILDING, 50 ZHONGSHAN ROAD, NANJING CITY, JIANGSU PROVINCE, CHINA

TEL：× × × × × × ×　　　FAX：× × × × × × × ×　　　E－mail：× × × × × × ×

PACKING LIST

To：JYSK CHANALEF SILK A/S　　　　　Invoice No.：HT2017040601

BRIGHT BUILDING 14，SKOVSGERD　　　Place & Date：NANJIN，Apr. 6，2017

　　　　　　　　　　　　　　　　　　S/C No.：HT20170612

From：SHANGHAI　To：NEWYORK　　By：SEA

唛头及号码 Marks & Numbers	品名 Descriptions	数量 Quantity	包装 Packages	毛重/净重（公斤） G. W. /N. W.（KGS）	体积（立方米） MEAS.（CBM）
JYSK COPENHAGEN A2400A/98 1-7	X'MASDECORATIONS 2-A15261 2-A15261-1 2-A15261-2	250 BOXES 40 BOXES 23 BOXES	50 BOXS/CTN 40 BOXS/CTN 23 BOXS/CTN	@ 12/10 @ 12/10 @ 7/5	@ 65 × 36 × 45 @ 67 × 39 × 58 @ 67 × 39 × 36
Total：		313 BOXES	7 CTNS	79/65 KGS	0. 772 CBM

ALL THE GOODS ARE PACKED IN SEVEN CARTONS ONLY.

江苏和泰股份有限公司

JIANGSU HETAI CORPOARATION

许广志

5. 信用证中包装单据条款举例

（1）PACKING LIST IN DUPLICATE ISSUED BY BENEFICIARY INDICATING QUANTITY，GROSS WEIGHT，NET WEIGHT AND MEASUREMENT OF EACH PACKAGE.

装箱单一式两份，由受益人签发，注明每一包装件的数量、毛重、净重和尺码（或体积）。

（2）PACKING LIST IN FOUR COPIES SHOWING THE TOTAL GROSS WEIGHT，TOTAL NET WEIGHT，NUMBERS OF PACKAGES.

装箱单一式四份，显示总毛重、总净重和包装件数。

（三）出口货物运输委托书

出口货物运输委托书（Booking Note）是指托运人根据外销合同条款和信用证条款内容填写的，向承运人或其代理人办理货物托运的单证。出口货物运输委托书有时也称货物出运委托书，行业内普遍把它简称为"托运单"或"托单"。

1. 出口货物运输委托书的作用

（1）它是托运人向承运人发出的书面托运文件，也是运输合同不可或缺的组成部分。在国际贸易实务中，一般托运人与承运人之间并不专门草拟、签署一份运输合同，而是直接凭运输委托书处理相关的托运事宜——承运人凭运输委托书运送托运货物、缮制运输单据、收取运杂费等。如果运输业务发生法律纠纷，也以运输委托书作为重要的法律依据。

（2）它是承运人凭以填制运输单据相关内容的重要依据。运输单据是由承运人缮制、签发的，而单据上的很多填写内容，承运人都要依据运输委托书上列明的细节——填写，如果据此出了差错，也由托运人自己负责。

（3）它是承运人凭以向托运人收取运杂费的凭证之一。

（4）它是日后万一发生运输纠纷，承运人和托运人双方必须出具的法律依据。

（5）它是便于承运人与托运人和收货人联系相关运输事宜的"通讯录"，如托运人、收货人的名称、地址及联系方式，如联系电话、传真、电子邮箱、联系人等，在运输委托书上一般都有记载。

2. 出口货物运输委托书的主要填写内容

（1）日期：委托出运日期。

（2）托运人：填写出口公司中文名称及地址（信用证受益人）。

（3）抬头人：即提单上的抬头人，将来船公司签发的提单上相应栏目的填写会参照委托书的写法。

（4）通知人：填写信用证规定的提单通知人名称及地址，通常为进口商。

（5）发票号、信用证号、合同号等：如有需要，可根据合同或信用证填写。

（6）运费：根据信用证条款的规定，填写"FREIGHT PREPAID"（运费已付）或"FREIGHT COLLECT"（运费到付）。

（7）收汇方式：按实际情况填写汇付、托收或信用证。

（8）贸易国别、贸易性质、销售国别等：按实际情况填写。

（9）出口口岸：填写信用证规定的启运地。如信用证未规定具体的启运港口，则填写实际装货港名称。

（10）目的港：填写信用证规定的目的地。如信用证未规定具体的目的港，则填写实际卸货港的名称。

（11）可否分批：根据信用证条款，如允许分批，则填"YES"，否则填"NO"。

（12）可否转运：根据信用证条款，如允许转运，则填"YES"，否则填"NO"。

（13）装运期、有效期：按合同或信用证的规定填写。

（14）提单的份数：按合同或信用证的要求填写。

（15）需要在提单上注明的内容：严格按信用证要求填，不可遗漏。

（16）标记唛码：填写货物的装运标志，即通常所说的"唛头"。

（17）货名规格及货号：按信用证规定填写。

（18）件数及包装式样、毛重、净重、单价、总值、总体积等：按实际情况填写。

（19）船名、提单号、提单日期等：由船公司提供，托运人不用填写。

（20）注意事项：信用证中规定的与装运或船公司有关的事项。

三、装货

订舱妥当以后，接下来的工作就是将货物装入集装箱送至指定的集装箱堆场（Container Yard，CY）。这个过程叫作装货，它包括以下几步：

（1）**落实装货时间和地点**。在托运时，货主与货代可能已经预约过装货的时间和地点，但当时还没有订舱，船名、航次、开船日期等都还不确定，因此只是初步的约定。舱位订妥后还须进一步落实，以便货代按时派拖车提取空箱，货主及时准备货物、装卸机械和工人。整箱货的装货地点主要有下面几种：

1）发货人的工厂和仓库。这是最常见的，因为货物一般都放在这里。

2）货代的仓库。现在许多货代在口岸附近有仓库，有的是自己投资建立的，有的是租来的。装货时，货主将货物送到货代的仓库装箱。

3）上述两个地点外的其他地点。装货时，货主将货物送到这个地点，货代提空箱到这个地点装箱。

4）危险、冷冻、液态货物一般在储存这些货物的仓库装货，因为这样最安全。

（2）**安排拖车**。拖车可以由货主自己安排，也可以委托货代安排。货代可以安排自己的拖车（一些大中型货代有自己的车队），也可以委托专门的拖车公司安排。

（3）**提取空箱**。拖车驾驶人先到船公司有关部门办理领取空箱的手续，然后到指定的集装箱堆场（CY）提取空箱，拉到约定的装货地点装箱。

（4）**装箱、重箱返回堆场**。整箱货一般由货主自己装箱、铅封。装箱时，货主应仔细检查货物，有的还要拍照，以便发生纠纷时明确责任方。装好货物的"重箱"由拖车驾驶人送往船公司指定的集装箱码头堆场，该堆场与提取空箱的堆场可能是同一个堆场，也可能是不同的堆场。重箱返回堆场后还不能马上装船出运，因为还没有办理报关手续。

第三节 运输单据

运输单据 是承运人收到承运货物后签发给托运人的证明文件。它是交接货物、处理索赔与理赔以及向银行结算货款或进行议付的重要单据。根据运输方式的不同，国际贸易中的运输单据主要分为海运提单、铁路运单、航空运单以及邮包收据等。

一、海运提单

（一）海运提单的定义

海运提单（Ocean Bill of Lading，B/L）简称提单，是指证明海上运输合同和货物由承运人接管或装船，以及承运人据以保证交付货物的凭证。

（二）海运提单的性质和作用

（1）海运提单是货物收据。提单是承运人应托运人的要求所签发的货物收据，表明货物经由承运人接收或装船。

（2）海运提单是物权凭证。提单代表着货物，货物到达目的港后，提单的合法持有者凭提单向承运人提取货物，而承运人也有义务向提单的持有者交货。提单可以通过背书转让给第三者，第三者可以凭提单向承运人提货。

（3）海运提单是承运人和托运人之间运输契约的证明。提单条款明确规定了承、托运人之间的权利与义务、责任与豁免，是处理承运人、托运人或提单的持有者等各方之间争议的依据。

（4）海运提单是托运人凭以向银行办理议付、结汇的主要单据之一，同时在运费结算和对外索赔中都具有重要的作用。

（三）海运提单的种类

提单可以从不同的角度加以分类。主要可以分为以下几种：

1. 按货物是否已装船，提单可分为已装船提单和收妥备运提单

（1）已装船提单（On Board B/L 或 Shipped B/L）是指承运人已将货物全部装上指定船舶后签发的提单，提单上必须注明装运货物船舶的名称，明确表明货物已装船（即在提单上注明"ON BOARD"字样），并写明装运日期。买方和银行一般只接受已装船提单。

（2）收妥备运提单（Received for Shipment B/L）是指承运人收到托运货物，在等待装运期间应托运人的要求而签发的提单。由于备运提单表示货物尚未装船，能否按时装运及到货时间都难以保证，因此，买方和银行一般不愿接受备运提单。

2. 按提单上有无不良批注，提单可分为清洁提单和不清洁提单

（1）清洁清单（Clean B/L）是指货物装船时表面状况良好，在船公司签发的提单上未有任何关于货物或包装的不良等批注。

（2）不清洁提单（Unclean B/L, Foul B/L）是指承运人在提单上加注了关于货物表面及包装状况有不良或存在缺陷等批注的提单。例如，"Insufficiently Packed"（包装不牢固）"Packaging in Damaged Condition"（包装有破损）等。由于被签发了不清洁提单的货物包装存在缺陷，所托运的货物很有可能因包装不良遭受损失，影响交货品质或数量。在国际贸易中，进口商和银行一般只接受已装船清洁提单。

根据《跟单信用证统一惯例》的规定，除非信用证明确规定可以接受不清洁提单，否则银行不接受不清洁提单。

3. 按运输方式不同，提单可分为直运提单、转船提单和联运提单

（1）直运提单（Direct B/L）是指装货船只自装货港直接到达最终目的港，中途不转船所签发的提单。

（2）转船提单（Transhipment B/L）是指从装运港装货的轮船，不直接驶往目的港，而需在中途港换装另外船舶所签发的提单。转船提单有的注明"With transhipment at ×××"（在×××转船）字样，也有的仅注明"With transhipment"（须经转船）即可。

（3）联运提单（Through B/L）是指由承运人或其代理人在货物启运地签发的运往最终目的地，收取全程费用并能在目的地凭以提货的提单。

4. 按抬头不同，提单可分为记名提单、不记名提单和指示提单

（1）记名提单（Named Consignee B/L, Straight B/L）是指在提单上的"收货人"一栏内具体填写特定的收货人或公司。这种提单承运人只能将货物交给指定的收货人，否则，承运人应负责任。除非特别规定，银行一般不接受记名提单。

（2）不记名提单（Blank B/L, Open B/L, Bearer's B/L）是指在提单的"收货人"一栏内不填写任何收货人，或仅填写"持有人"（To Bearer）字样的提单。这种提单的转让无须任何背书手续，提单的持有人仅凭提单即可要求承运人交货。因其不安全，不记名提单在国际贸易中现在很少被使用。

（3）指示提单（Order B/L）是指在提单的"收货人"一栏内写上"凭指示"（To order）或"凭×××的指示"（To the order of ×××）等字样的提单。这种提单经背书后转让，在国际贸易中使用最广。

5. 按船舶经营性质不同，提单可分为班轮提单和租船提单

（1） 班轮提单 （Liner B/L）是指经营班轮运输的轮船公司或其代理人出具的提单。这种提单背面列有详细的运输条款。

（2） 租船提单 （Charter Party B/L）是指船方根据租船合同签发的提单。提单上注有"一切条件、条款和免责事项按照某年某月某日的租船合同"，或批注"根据××租船合同成立"等字样。为了解提单和租船合同的情况，银行或买方在接受这种提单时，通常要求卖方提供租船合同的副本。

6. 按格式提单可分为全式提单和略式提单

（1） 全式提单 （Long Form B/L）是指在提单的背面列有承运人和托运人的权利、义务等详细条款的提单。这种提单在国际贸易中经常使用。

（2） 略式提单 （Short Form B/L）是指仅载明全式提单正面的必要项目，而略去背面条款的提单。银行一般不接受租船项下的略式提单。

7. 按提单使用效力，提单可分为正本提单和副本提单

（1） 正本提单 （Original B/L）是指提单上有承运人、船长或其代理人签字盖章并注明签发日期的提单。这种提单在法律上和商业上都是公认有效的单证，可以凭其向承运人提货，提单上必须标明"正本"字样。UCP 600 规定，银行接受仅有一份的正本提单，如签发一份以上正本提单时，应包括全套正本提单。

（2） 副本提单 （Copy B/L）是指提单上没有承运人、船长或其代理人签字盖章，而仅供工作参考之用，不能据以提货的提单。在副本提单上一般都标有"Copy"字样。

8. 其他提单种类

（1） 集装箱提单 （Container B/L）是指由负责集装箱运输的经营人或其代理人在收到货物后签发给托运人的提单。

（2） 舱面提单 （On Deck B/L）是指承运货物装在船舶甲板上所签发的提单，故又称为甲板货提单。根据《跟单信用证统一惯例》，除非信用证另有约定，银行不接受舱面提单。

（3） 过期提单 （Stale B/L）。过期提单是指超过规定的交单日期或者晚于货物到达目的港的提单。前者是指卖方超过信用证规定的交单日或在提单签发日期后 21 天才到银行议付的提单。按《跟单信用证统一惯例》规定，如信用证无特殊规定，银行将拒绝接受迟于提单装运日期 21 天才到银行议付的提单。按《跟单信用证统一惯例》规定：如信用证无特殊规定，银行将拒绝接受迟于提单装运日期 21 天后提交的单据。后者是在近洋运输时容易出现的情况。故在近洋国家间的贸易合同中，一般都订有"过期提单可以接受"（Stale B/L is acceptable) 的条款。

（4）倒签提单（Anti-dated B/L）。承运人应托运人的要求，签发提单的日期早于实际装船日期的提单，以符合信用证对装船日期的规定，便于在信用证下结汇。

（5）预借提单（Advanced B/L）。由于信用证规定的结汇日期已到，而货主因故未能及时备妥货物装船，或因为船期延误，影响了货物装船，托运人要求承运人先行签发已装船提单，以便结汇。

不论是倒签提单还是预借提单，都是将提单的签发日期提前，使得实际日期与提单所记载的日期不符，构成虚假和欺诈。这种行为侵犯了收货人的合法权益，属于违法行为。一旦被发现，承运人可能被诉诸法律。

[案例 7-3]

我国出口公司于 2017 年 10 月与德国 P 公司成交某商品 2000MT，每公吨单价为 DEM 345 CIF 鹿特丹，交货日期为 11～12 月。货物临装船时，发现包装有问题，必须整理，不得已商请船公司改配 B 轮，但 B 轮实际上于 1 月 18 日将货物装船，为了符合信用证的规定，该出口公司凭保证函向轮船公司取得了装船日期为 12 月 31 日的海运提单，并向银行交单议付，收妥货款。B 轮于 3 月 21 日到达鹿特丹港，从提单日期推算，该轮在途达 80 余天，德国 P 公司认定提单日期存在问题，因此拒绝提货，并提出索赔。

[分析] 本案例的关键在于此提单为倒签提单，即签发提单的日期（12 月 31 日）早于实际装船日期（1 月 18 日）。而倒签提单是一种欺骗行为，是违法的。所以，对方拒绝提货，并提出索赔是合理的。

[案例 7-4]

我国某出口公司先后与伦敦 B 公司和瑞士 S 公司签订两个出售农产品合同，共计 3500LT，价值 8.275 万英镑。装运期为当年 12 月至次年 1 月。但由于原定的装货船舶出故障，只能改装另一艘外轮，致使货物到 2 月 11 日才装船完毕。在我方的请求下，外轮代理公司将提单的日期改为 1 月 31 日。货物到达鹿特丹后，买方对装货日期提出异议，要求我方提供 1 月份装船证明。我方坚持提单是正常的，无须提供证明。结果买方聘请律师上货船查阅船长的航行日志，证明提单日期是伪造的，立即凭律师拍摄的证据，向当地法院控告并由法院发出通知扣留该船，经过 4 个月的协商，最后，我方赔款 2.09 万英镑；买方方肯撤回上诉而结案。

[分析] 倒签提单是一种违法行为，一旦被识破，造成的后果是严重的。但是，在国际贸易中，倒签提单的情况还是相当普遍的。尤其是当延期时间不多的情况下，还是有许多出口商会铤而走险。当倒签的时间较长的情况出现，就容易引起买方怀疑，最终可以通过查阅船长的航行日志或者班轮时刻表等途径

加以识破。

[案例 7-5]

我国内地 A 公司从香港 B 公司进口 A 套德国设备，合同价格条件为 CFR 广西梧州，装运港是德国汉堡，装运期为开出信用证后 90 天内，提单通知人是卸货港的外运公司。合同签订后，A 公司于 7 月 25 日开出信用证，10 月 18 日 B 公司发来装船通知，11 月上旬 B 公司将全套议付单据寄交开证行，A 公司业务员经审核未发现不符并议付了货款。船运从汉堡到广西梧州包括在香港转船正常时间应在 45～50 天内。12 月上旬，A 公司屡次查询梧州外运公司都无货物消息，公司怀疑 B 公司倒签提单，随即电询 B 公司，B 公司却答复已如期装船。

12 月下旬，A 公司仍未见货物，再次电告 B 公司要求联系其德国发货方协助查询货物下落。B 公司回电说德国正处圣诞节假期，德方无人上班，没法联络。A 公司无奈只好等待。

1 月上旬，圣诞假期结束，B 公司来电，称货物早已在去年 12 月初运抵广州黄埔港，请速派人前往黄埔办理报关提货手续。此时货物海关滞报已 40 多天，待 A 公司办好所有报关提货手续已是次年 1 月底，发生的滞箱费、仓储费、海关滞报金、差旅费及其他相关费用达十几万元。

[分析] 造成上述结果的原因主要有以下几个：

（1）合同未列明转运港。A 公司按经验想当然认为转运港一定是香港，卸货港 A 一定是梧州。可德国发货方并不知道香港—梧州有船来往，他们安排了汉堡—香港—广州—梧州的运输路线，而上述路线是合理的。

（2）原合同规定提单通知人为卸货港的外运公司较笼统。货抵黄埔后，黄埔外运不知货主是谁。按原外贸公司进口合同标准，提单"收货人"通常为"凭指定"，"通知人"为"目的港外运公司"。A 公司认为合同目的港是梧州，因此他们只和梧州外运联系，根本没想到黄埔外运。

解决办法：

今后对采用《2010 通则》"C"组（如 CFR、CIF、CPT、CIP），即由卖方安排运输支付运费条款的进口合同，如目的港是内河或内陆口岸，或装运港与目的港间无直达航线需要周转的，应做到：

（1）可允许转船，但要明确规定转船的地点。转船地点的选择要考虑经济和便捷的原则，最好在中国关区以外（如中国香港、新加坡等），已避免在异地办理报关或转关手续。

（2）合同和信用证最好要求在提单"通知人"栏填上收货人或外贸代理公司的名字、联系人姓名、电话号码等，以便联系。

（3）如有可能，进口合同尽可能采用 FOB 贸易术语，由买方自行寻找船公司安排运输。

（四）海运提单的内容及缮制

海运提单的格式因不同的国家、不同的船运公司而有所不同，但其内容和项目基本一致，在此仅以中远海运提单为例进行说明。

1. 托运人（Shipper）

托运人即委托承运人装货的货主。一般应按信用证规定，以受益人名称及地址填写托运人。如果信用证未规定受益人的地址，提单也可以不填地址，保持单证一致。根据《跟单信用证统一惯例》规定，除非信用证特别规定不得以第三者为发货人，否则提单可以以第三者为发货人。信用证要求以某外商为发货人，一般不能接受，尤其当信用证规定提单为空白抬头时。托收支付方式项下的提单发货人，应按合同规定，填写合同中的卖方。

2. 收货人（Consignee）

该栏称为提单的抬头，在信用证支付方式下，应严格按信用证规定制作。如为托收支付方式下的提单，则一般只制作成空白指示或托运人指示提单，即在该栏打上"To Order"或"To the Order of Shipper"等字样，切不可制作成以买方为抬头人的提单，也不可制作成以买方为指示人的提单，以免货款尚未收到时，物权业已转移。

3. 被通知人（Notify Party）

被通知人是货物到达目的港时发送到货通知的对象。如果来证规定了被通知人，应严格按信用证的要求填写被通知人的名称和地址。如果是记名提单或凭收货人指示的提单，而收货人又有详细地址的，则此栏一般可不填，信用证往往也不做规定；如果是空白指示提单或非收货人指示的提单，则必须填写被通知人名称及详细地址。但无论如何提单的副本要填写被通知人的名称及详细地址，且"ONLY"字样照填。

4. 提单号码（B/L No.）

提单上必须注明提单号码。此号码十分重要，不可漏打。该号码主要是便于工作联系，便于通知和核查。没有号码的提单无效。

5. 联运提单

若为联运提单，其上有以下内容：

（1）前段运输（Pre-carriage by）。本栏应填写第一段运输方式的运输工具的名称。

例如，货物从合肥经火车运往上海，由上海装船运往国外。则此处填"by Train"或"by Wagon No.×××"。

（2）收货地点（Place of Receipt）。本栏填前段运输承运人接收货物的地点，如合肥。

（3）交货地点（Place of Delivery）。这是指最终目的地，如货物从合肥通过火车运至上海，由上海海运至美国旧金山，然后再由旧金山陆运至芝加哥，则交货地点应填芝加哥。

收货地：合肥（Place of Receipt）→装运港：上海（Port of Loading）→卸货港：旧金山（Port of Discharge）→交货地：芝加哥（Place of Delivery）

6. 船名及航次（Name of Vessel，Voy. No.）

本栏应按装船的实际情况缮制。若无航次号可不填。如果是联运方式而其中包括有海运者，则本栏填其中海运的船名及航次号。

7. 装运港（Port of Loading）

本栏填写实际装船港口的具体名称。如信用证规定为"Chinese Port"，提单上的装运港栏则填中国范围内实际的具体港口名称，如"XINGANG"（新港）或"GUANGZHOU"（广州），而不能按信用证规定照填"Chinese Port"。如果信用证规定的装货港与实际装货港不符，应及时修改信用证，以免影响出口结汇。

8. 卸货港（Port of Discharge）

在直达船运输的情况下，此栏即为最终的目的港。若在转运的情况下，该栏所填写的应是第一程海运船只上的货物卸下的地点。例如，货物从上海（Shanghai）运往洛杉矶（Los Angeles），须在香港（Hongkong）转船，则该栏目应填"Hongkong"，而"Los Angeles"应填在下一栏，即"Final Destination"栏内。如信用证规定两个以上的港口者，或笼统规定"×××主要港口""European Main Ports"（欧洲主要港口）时，只能选择其中之一或填明具体卸货港名称。

9. 唛号（Marks & Nos.）

如信用证有规定，应严格按信用证规定缮制，上、下、左、右顺序都不可颠倒，并应与商业发票上的唛号保持一致；如信用证没有规定或不用信用证方式支付，可按商业发票上的唛号缮制，并注意做到单单一致。提单上的唛号是重要的项目，因此本栏不能留空不填，若散装货物没有唛号，可以表示"No Mark"或"N/M"。

10. 包装的件数和种类（No. and Kind of Packages）

填实际货物的件数和包装的单位，应与唛头中件号的累计数相一致。如散装货无包装件数者，可以表示"In Bulk"。

如果在同一张提单上有两种以上包装单位，如100件中有40件是木箱装，60件是纸箱装，应分别填写不同包装单位的数量，然后再表示件数。例如：

40 Wooden Cases

60 Cartons

100 Packages

11. 货名（Description of Goods）

提单上有关货物的名称，可以用概括性的商品统称，不必列出详细规格。但应注意，不能与来证所规定的货物特征相抵触。例如，出口货物有餐刀、水果刀、餐叉、餐匙等，信用证上分别列明了各种商品的名称、规格和数量，提单上可用"餐具"这一统称来表示。又如，来证规定货物的名称为"复写纸"（Carbon Paper）。它是一种独特的商品，我们不能用"纸"（Paper）来代替复写纸，否则银行可以拒付。

12. 毛重（Gross Weight）

此栏填货物的总毛重。除非信用证另有规定，一般以公斤（kg）作为计量单位。

13. 尺码（Measurement）

此栏填货物的体积。除非信用证另有规定，一般以立方米（m^3）作为计算单位，保留小数点后三位小数并注意与其他单据保持一致。

14. 运费支付情况的说明

除非信用证另有规定，此栏一般不填写运费的具体数额，只填写运费的支付情况。此栏应参照商业发票中的价格条件填写，十分重要，不可遗漏。如成交价格为CFR、CIF，则应注明"运费已付"（Freight Prepaid）；如成交价格为FOB，则应注明"运费到付"（Freight Collect），以明确运费由谁支付。当有些来证要求注明所支付的运费的金额时，只需按实际支付数额填写即可。

15. 大写件数（Total Packages in Words）

用大写英文字母打出，须与小写件数一致。

16. 正本提单的份数（No. of Original B（s）/L）

托收支付方式下的正本提单的份数一般1～3份都可以。信用证支付方式项下的提单正本份数必须依据信用证规定。例如，信用证规定"3/3 original on board ocean Bills of Lading……"则须出具三份正本。如果信用证规定为全套，则制作成1份、2份或3份都可以，并用大写"ONE""TWO"或"THREE"表示。为了简化提单工作与减少重复提单在社会上造成的麻烦，《跟单信用证统一惯例》规定，提单可以是一套单独一份的正本单据。正本提单不论有多少份，其法律效力都是一样的，其中任何一份正本提单提货后，其他各份正本提单即告失效。正本提单须有"Original"字样。

17. 提单的签发地点和日期（Place and Date of Issue）

提单的签发地点应是装货港的地点，如中途转船，应是第一程船装货港的地点。提单的签发日期通常是装船完毕的那一天，该日期不得迟于信用证或合约所规定的最迟装运日期。

提单样例：

Shipper：	Booking Ref： No.
	PIL, PACIFIC INTERNATIONAL LINES (PTE) LTD.
	(Incorporated in Singapore)
	COMBINED TRANSPORT BILL OF LADING

Received in apparent good order and condition except as otherwise noted the total number of containers or other packages or units enumerated below for transportation from the place of receipt to the place of delivery subject to the terms hereof. One of the signed Bills of Lading must be surrendered dully endorsed in exchange for the Goods or delivery order. On presentation of this document (dully endorsed) to the Carrier by or on behalf of the Holder, the rights and liabilities arising in accordance with the terms hereof shall (without prejudice to any rule of common law or statute rendering them binding on the Merchant) become binding in all respects between the Carrier and the Holder as though the contract evidenced hereby had been made between them.

SEE TERMS ON ORIGINAL B/L

Consignee：

Notify Party：

| Vessel and Voyage Number： | Port of Loading： | Port of Discharge： |
| Place of Receipt： | Place of Delivery： | Number of Original Bs/L： |

PARTICULARS AS DECLARED BY SHIPPER-CARRIER NOT RESPONSIBLE

Container Nos/Seal Nos Marks and Numbers	No. of Containers /Packages	Description of Goods	Gross Weight (Kilos)	Measurement (Cu-metres)

Freight & Charges

ORIGINAL

Number of Containers/Packages (in words)

Shipped on Board Date：

Place and Date of Issue：

In Witness Whereof this number of Original Bills of Lading stated above all of the tenor and date one of which being accomplished the others to stand void

(SIGNATURE)

18. 装船批注的日期和签署（Laden on Board the Vessel Date...by...）

根据《跟单信用证统一惯例》的解释，如果提单上没有预先印就的"已装船"（Shipped on board...）字样，则必须在提单上加注装船批注（On Board Notation），装船批注中所显示的日期即视为货物的装船日期。

19. 承运人签署（Signed for the Carrier）

每份正本提单都必须有船方或其代理人的签章才能生效。根据《跟单信用证统一惯例》的规定，提单必须注明承运人的名称，然后由承运人或作为承运人的具名代理人或其代表，或船长或作为船长的具名代理人或代表签署。以上任何人的签字或证实均须表明其身份，例如：

（1）由承运人签发的提单。

ABC SHIPPING CO.——公司印章

×××——法人代表签字

AS CARRIER——表明承运人身份

（2）由承运人的具名代理人签发的提单。

XYZ SHIPPING CO.——代理人公司印章

×××——代理人公司法人代表签字

AS AGENT, FOR AND ON BEHALF OF THE CARRIER ZZZ CO.——作为承运人 ZZZ CO. 的代理人

（3）由船长签发的提单。

Smith（船长名）

As master of ABC Shipping Co.（承运人公司名）

外贸公司在收到提单后应逐份检查签章有无遗漏，同时注意信用证是否有提单必须手签的条款，如有此规定，必须手签。

在提单的缮制过程中还应注意，不属于上述范围内，但信用证上要求在提单上加注的内容，如要求在提单上列明信用证的号码等，必须按信用证要求办理。

二、海运单

海运单（Seaway Bill）是证明海上运输合同和货物由承运人接管或装船，以及承运人保证据以将货物交付给单证所载明的收货人的一种不可流通的单证，因此又称"不可转让海运单"（Non-Negotiable Seaway Bill）。

海运单不是物权凭证，故不可转让。收货人不凭海运单提货，而是凭到货通知提货。因此，海运单收货人一栏应填写实际收货人的名称和地址，以利货物到达目的港后通知收货人提货。

海运单与提单相比，主要有以下三个区别：

（1）海运单不是物权凭证，不能背书或转让；提单是物权凭证，可以背书

或转让。

（2）海运单上必须详尽标明收货人，一般情况下，除收货人以外，他人不得提货；提单上不必标明确切的收货人名称。

（3）海运单背面一般没有印上运输合同的条款；提单背面印有运输合同条款。

三、国际铁路联运运单

国际铁路联运运单（Railway Bill）是国际铁路联运的主要运输单据。它是参加联运发送国铁路部门与发货人之间订立的运输契约，其中规定了参加联运的各国铁路和收、发货人的权利和义务，对收、发货人和铁路都具有法律约束力。

运单正本随同货物到达终点站，并交给收货人。它既是铁路承运货物出具的凭证，也是铁路与货主交接货物、核收运杂费和处理索赔与理赔的依据。运单副本于运输合同缔结后交给发货人，是卖方凭以向收货人结算货款的主要证件。

四、航空运单

航空运单（Airway Bill）是航空运输中承运人与托运人之间签订的运输契约，也是承运人或其代理人签发的货物收据。航空运单还可作为承运人核收运费的依据和海关查验放行的基本单据。但航空运单不是代表货物所有权的凭证，也不能通过背书转让。收货人提货不是凭航空运单，而是凭航空公司的提货通知单。在航空运单的收货人栏内，必须详细填写收货人的全称和地址，而不可做成指示性抬头。

五、多式联运单据

多式联运单据（Multi-modal Transport Document，MTD）是指证明多式联运合同以及证明多式联运经营人接管货物并负责按照合同条款交付货物的单据。多式联运公约规定，多式联运单据是多式联运合同的证明，也是多式联运经营人收到货物的收据和凭以交付货物的凭证。根据发货人的要求，它可以做成可转让的，也可以做成不可转让的。

多式联运单据与联运提单的区别如下：

（1）范围不同。联运提单限于由海运与其他运输方式所组成的联合运输时使用；多式联运单据的使用范围比联运提单广，它既可用于海运与其他运输方式的联运，也可用于不包括海运的其他运输方式的联运，但必须是至少两种不同运输方式的联运。

（2）签发人不同。联运提单由承运人、船长或承运人的代理人签发；多式联运单据则由多式联运经营人或经他授权的人签发。它可以做成可转让的，也可做成不可转让的。多式联运经营人也可以是完全不掌握运输工具的，如无船承运人，全程运输均安排各分承运人负担。

（3）责任区间不同。联运提单的签发人仅对第一程运输负责；多式联运单据的签发人（多式联运经营人）则要对全程运输负责，无论货物在任何地方发生属于承运人责任范围的灭失和损害，都要对托运人负责。

（4）签发时间不同。在多式联运方式下，多式联运经营人或其代理人在内陆货运站、码头堆场、发货人的工厂或仓库接收货物后，即可签发多式联运单据；而联运提单习惯上在装货港货物装上船后签发，属于已装船提单。

六、邮政收据

邮政收据（Parcel Post Receipt）是邮政运输的主要单据。它是邮局收到寄件人的邮包后所签发的凭证，也是收件人凭以提取邮件的凭证；当邮包发生损坏或丢失时，它还可以作为索赔和理赔的依据，但邮政收据不是物权凭证。

第四节　装运通知

装运通知（Shipping Advice/Advice of Shipment）或装船通知，主要是指出口商在货物装船拿到提单后发给进口方的包括货物详细装运情况的通知。其目的在于让进口商做好筹措资金、付款和做好接货等准备。在需要进口商办理保险的情况下，装运通知又是出口商向进口商发送的"保险通知书"，目的是提醒进口商按装运通知提供的装货信息及时向保险公司办理投保手续。

在进口方派船接货的交易条件下，进口商为了使船、货衔接得当，也会向出口方发出有关装运通知。装运通知无统一格式，内容一定要符合信用证的规定，一般只提供一份。

装运通知可以采用传真（Fax）、电子邮件（E-mail）、电报（Cable）或电传（Telex）等方式发送。但无论如何应按合同或信用证规定的时间和方式发出，该通知副本（Copy of Telex/Fax）常作为向银行交单议付的单据之一。

一、装运通知的主要内容

（1）单据名称。装运通知常见的英文表示有"Shipping Advice""Advice of Shipment""Notice of Shipment""Declaration of Shipment"等，也有人将其称为"Shipping Statement"或"Shipping Declaration"。此单证如属信用证所要求的，

则名称应该遵从信用证的规定。

（2）通知对象。一般来讲，装运通知是出口商发送给进口商的单证，主要是及时告诉对方有关装运的细节信息。在信用证结算方式里，装运通知的发送对象是开证申请人或申请人的指定人、保险公司等。

（3）通知内容。内容主要包括所发运货物详细的装运信息，包括货物的合同号或信用证号、品名、数量、金额、包装情况、运输工具名称、启运地和目的地、提运单号码、运输标志等，并且与其他相关单据保持一致。如信用证提出了具体项目要求，应严格按信用证规定出单。此外，通知中还可能出现 ETD（Estimated Time of Departure，预估的船舶离港时间）、ETA（Estimated Time of Arrival，预估的船舶抵港时间）、ETC（Estimated Time of Completion，预计完货时间）等内容。理论上，装运通知的内容越详细越好，方便通知的对象准确了解货物及装运的信息，以做好后续安排。对这些内容的排列并无特别要求，只要编排整齐、简洁、清晰就可以了。

（4）制作和发出日期。日期不能超过信用证约定的时间，越快越好。常见的有以小时为准（Within 24/48 hours）和以天为准（Within 2 days after shipment date）两种情形。信用证没有规定时，应在装船后立即发出，如信用证规定"immediately after shipment"（装船后立即通知），则应掌握在提单后三天之内。

（5）证明文句。有时制作装运通知时会加上证明文句，以证明所述装运信息准确无误。例如，"WE HEREBY CERTIFY THAT THE ABOVE DETAILS ARE TRUE AND CORRECT."

（6）签署。装运通知一般可以不签署，如信用证要求"certified copy of shipping advice"，通常加盖受益人的印章。

二、信用证有关装运通知的条款举例

（1）ORIGINAL FAX FROM BENEFICIARY TO OUR APPLICANT EVIDENCING B/L NO., NAME OF SHIP, SHIPMENT DATE, QUANTITY AND VALUE OF GOODS.

其要求应向申请人提交正本通知一份，通知上列明提单号、船名、装运日期、货物的数量和金额。制作单据时，只要按所列项目操作即可。

（2）SHIPMENT ADVICE WITH FULL DETAILS INCLUDING SHIPPING MARKS, CTN NUMBERS, VESSEL'S NAME, B/L NUMBER, VALUE AND QUANTITY OF GOODS MUST BE SENT ON THE DATE OF SHIPMENT TO US.

该项规定要求装运通知应列明包括运输标志、箱号、船名、提单号、货物金额和数量在内的详细情况，并在货物发运当天寄开证行。

三、装运通知样例

浙江龙强有限公司

ZHEJIANG LONGQIANG CO., LTD.

NO. 8, MEIHUA ROAD, JINHUA CITY, ZHEJIANG, CHINA

SHIPPING ADVICE

NO.: ZJLQ2017062001

DEAR SIRS,

RE: 1×20'FCL OF MEN'S WORKING BOOTS UNDER S/C NO. LQ20170802, L/C NO. HBS20170806,

PLEASE BE INFORMED THAT THE GOODS WERE SHIPPED IN NINGBO THROUGH APL (AMERICA PRESIDENT LINE) ON JUNE 28, 2017. PLEASE MAKE INSURANCE OF THE GOODS AT YOUR END. THE SHIPPING DETAILS ARE AS FOLLOWS:

S/C NO.: LQ20170802	L/C NO.: HBS20170806
INVOICE NO.: ZJLQ2017081601	COMMODITY: MEN'S WORKING BOOTS
QUANTITY: 1000 PAIRS	PACKAGES: 100 CTNS
TOTAL VALUE: 10000 USD	B/L NO.: SHNB002236
CONTAINER NO.: HDMU2127976	SEAL NO.: C88622
PORT OF LOADING: NINGBO	PORT OF DISCHARGE: NEW YORK
VESSEL: LISMOA V. 011W.	CARRIER: APL(AMERICA PRESIDENT LINE)
ETD: JUNE 28, 2017	ETA: JULY 12, 2017

MARKS&NOS.:

ABC

NEW YORK

LQ20170802

1-100

WE HEREBY CERTIFY THAT THE ABOVE DETAILS ARE TRUE AND CORRECT.

ZHEJIANG LONGQIANG CO., LTD.

ZIQIANG XU

装运通知

尊敬的先生：

　　关于 LQ20170802 号合同 HBS20170806 信用证项下的 1×20 集装箱男式工作靴，我们已按规定于 2017 年 6 月 28 日通过美国总统号轮船公司在宁波港装运，请速办理货运保险。详细资料如下：

合同号码：LQ20170802　　　　　信用证号码：HBS20170806

商业发票号码：ZJLQ2017081601　品名：男式工作靴

数量：1000 双　　　　　　　　　包装：100 个纸箱

总价：10000 美元　　　　　　　　提单编号：SHNB002236

集装箱编号：HDMU2127976　　　铅封号：C88622

装货港：宁波　　　　　　　　　　卸货港：纽约

船名和航次：LISMOA V. 011W.　承运人：美国总统轮船公司

预计开船时间：2017 年 6 月 28 日　预计到达时间：2017 年 7 月 12 日

唛头：　　　　　　　ABC

　　　　　　　　　NEW YORK

　　　　　　　　　LQ20170802

　　　　　　　　　1-100

我们在此证明，以上信息是真实、正确的。

浙江龙强有限公司

许自强

复习思考题

1. 什么是海运托运单？

2. 简述出口货物托运单的作用。

3. 什么是装运通知？它有什么作用？

4. 提单的作用有哪些？

5. 多式联运单据与联运提单有什么区别？

6. 提单的种类有哪些？

第八章
>>>>>> 出境货物的报检与报关

第一节 报 检

一、出境货物报检的含义

出境货物报检 又称出境货物报验，是指出境货物的发货人或其代理人根据有关法律、法规的规定、对外贸易合同的约定或证明履约的需要，向检验检疫机构申请检验检疫、鉴定以获准出境或取得销售使用的合法凭证及某种公证证明所必须履行的法定程序和手续。

根据《中华人民共和国进出口商品检验法》（简称《商检法》）及其实施条例、《中华人民共和国进出境动植物检疫法》及其实施条例、《中华人民共和国国境卫生检疫法》及其实施细则、《中华人民共和国食品卫生法》等有关法律、行政法规的规定，法定检验检疫的出口货物的发货人或其代理人应当在检验检疫机构规定的地点和期限内向出入境检验检疫机构报检，未经检验合格的，不准出口。输出动植物、动植物产品和其他检疫物，经检疫合格或者经除害处理合格的，准予出境。检疫不合格又无有效方法除害处理的，不准出境。

二、出口商检的分类

出口商检可分为法定检验（简称法检）和非法定检验两类。

（1）**法定检验**。法定检验是国家对出口商品的管理措施，是强制性的，是出口通关的必要前提。法定检验必须在出入境检验检疫局办理，海关凭出入境检验检疫局签发的"出境货物通关单"放行货物；未经检验或检验不合格的，不准出口。需要办理法检手续的商品是列入《出入境检验检疫机构实施检验检疫的进出境商品目录》（简称《法检目录》）的出口商品，或其他法律、行政法规规定要进行检验的出口商品。《法检目录》由国家质量监督检验检疫总局（简称质检总局）制定、调整和公布。

（2）**非法定检验**。非法定检验又称公证鉴定。需要办理非法定检验的情况主要有：进口商在合同中要求凭商检证书进行交接和结算；进口国或地区规定必须凭商检证书才能入境；有关国际条约、协议/协定规定的出口商检；为了明确违约责任、解决争议进行的检验鉴定等。非法定检验可以在出入境检验检疫机构办理，也可以在经国家商检部门许可的进出口商品检验鉴定机构办理。对法定检验商品以外的出口商品，出入境检验检疫机构实行抽检；抽检不合格的，按法定检验不合格的处理方法处理。

三、报检单位

报检单位 是指依据《商检法》的规定，依法取得报检资格的单位。报检单位可以分为自理报检单位和代理报检单位两类。

（1）自理报检单位。自理报检单位 是指只能为本单位的进出口货物办理报检的单位，主要是各类进出口企业。自理报检单位的设立实行备案登记制。要成为自理报检单位，必须向当地的出入境检验检疫局备案登记，取得"自理报检单位备案登记证明书"，该证明书的有效期为 5 年。取得自理报检资格的单位可以在全国任何地区的商检机构报检，无须办理异地备案登记手续。

（2）代理报检单位。代理报检单位 是指有资格为其他出口企业代办报检业务的单位，主要是国际货运代理和专业的报关行等。代理报检单位的设立实行注册登记制。要成为代理报检单位，应符合国家质检总局规定的条件，并向工商注册所在地直属检验检疫局注册登记，取得"代理报检单位注册登记证书"，该证书的有效期为 4 年。代理报检单位只能在注册登记的直属检验检疫局辖区内从事指定范围的代理报检业务，如要在异地报检，必须在当地成立分支机构并在当地办理商检登记。

四、出境货物的报检范围

（1）国家法律法规规定必须由检验检疫局检验检疫的。
（2）入境国家或地区规定必须凭检验检疫局出具的证书方准入境的。
（3）有关国际条约规定必须检验检疫的。
（4）申请签发普惠制产地证或一般原产地证的。
（5）对外贸易关系人申请的鉴定业务和委托检验。
（6）对外贸易合同、信用证规定由检验检疫机构或官方机构出具证书的。
（7）报检单位对检验检疫局出具的检验检疫结果有异议的，可申请复验。

五、报检时限和地点

（1）出境货物最迟应于报关或装运前 7 天报检，对于个别检验检疫周期较长的货物，应留有相应的检验检疫时间；如在产地检验后，需要异地在报关地检验检疫局出具通关单 的，还应考虑查验换单的时间。

（2）需隔离检疫的出境动物在出境前 60 天预报，隔离前 7 天报检。

（3）出境的法定检验检疫货物，除活动物需由口岸检验检疫机构检验检疫外，原则上应先坚持产地检验检疫。

六、检验机构

检验机构是指接受委托进行商品检验和公证鉴定工作的专门机构。检验机构的选定关系到买卖双方之中由谁来申请检验和出具有关证书，关系重大，也是检验条款中的一项重要内容。在国际贸易中，从事商品检验的机构主要有：

1. 国际上的检验机构

（1）官方检验机构。官方检验机构是指国家或地方政府投资，按照国家有关法律法令对出入境商品实施强制性检验、检疫和监督管理的机构。例如，美国食品药品监督管理局（FDA）。

（2）半官方检验机构。半官方检验机构是指一些有一定权威的、由国家政府授权、代表政府行使某项商品检验或管理工作的民间机构。例如，美国担保人实验室（Underwriter's Laboratory），一些相关的电器产品必须加贴"UL"标志才能进入美国市场。

（3）非官方检验机构。非官方检验机构主要是指由私人创办的、具有专业检验、鉴定技术能力的公证行或检验公司。例如，瑞士通用公证行（Societe Generale de Surveillance S. A. ，SGS）等。

2. 我国的检验机构

1998 年成立的国家出入境检验检疫局（CIQ），主管卫生检疫、动植物检疫和商品检验（三检合一），该局的职能已并入 2001 年 4 月成立的国家质量监督检验检疫总局。

七、检验检疫部门的工作职责

1. 法定检验

法定检验（Making Legal Inspection）的目的是保证进出口商品、动植物及其运输设备的安全、卫生符合国家有关法律法规规定和国际上的有关规定，防止次劣商品、有害商品、有害动植物以及危害人类和环境的病虫害和传染病源输入或输出，保障生产建设安全和人类健康，维护国家的权益。需经法定检验的出口商品，未经过检验和检验不合格的一律不准出口；凡属于法定检验的进口商品，未经检验，一律不准安装投产、销售和使用。

我国实施法定检验的范围包括：

1）对列入《商检机构实施检验的进出口商品种类表》（简称《种类表》）的

进出口商品的检验。这类商品或是进出口的大宗商品，或是对国计民生有重大影响的进出口商品，或是品质不稳定、国际市场竞争激烈的出口商品。《种类表》于1995 年由国家进出口商品检验局制定并实施，如有调整，在实施前 60 天发布。

2）对出口食品和食品原料的卫生检验。

3）对出口危险货物包装容器的性能鉴定和使用鉴定。

4）对装运出口易腐烂变质食品、冷冻品的船舱、集装箱等运载工具的适载检验。

5）对有关国际条约规定必须经商检机构检验的进出口商品的检验。

6）对其他法律、行政法规规定必须经商检机构检验的进出口商品的检验。

2. 监督管理

监督管理（Supervision and Administration）是指国家商检部门、商检机构对进出口商品的收货人、发货人及生产、经营、储运单位以及国家商检部门、商检机构指定或认可的检验机构和认可的检验人员的检验工作实施监督管理。

3. 公证鉴定业务

公证鉴定业务（Authentic Attesting Business）是指商检机构和国家商检部门、商检机构指定的检验机构以及国家商检部门批准的其他检验机构接受对外贸易关系人（通常指出口商、进口商、承运人、保险人以及出口商品的生产、供货部门和进口商品的收货、用货部门、代理接运部门等）以及国外有关单位的委托，办理规定范围内的进出口商品鉴定业务。

鉴定业务不同于法定检验，它不具有强制性。进出口商品鉴定业务的范围主要包括：进出口商品的品质、数量、重量、包装、海损鉴定业务，集装箱及集装箱货物鉴定，进出口商品的残损鉴定，出口商品的装运技术条件鉴定、货载衡量、产地证明、价值证明以及其他业务。

4. 签发各种产地证书。例如，一般原产地证、GSP 原产地证等。

八、出境货物报检时应提供的单据

（1）报检人在报检时必须填写规定格式的报检单（见表 8-1）。

（2）出境报检时，应提供对外贸易合同（售货确认书或函电）、信用证、发票、装箱单等必要的单证；生产经营部门出具的厂检结果单原件；检验检疫机构签发的"出境货物运输包装性能检验结果单"正本。

（3）凭样成交的货物，应提供经买卖双方确认的样品。

（4）经预检的货物，在向检验检疫机构办理换证放行手续时，应提供该检验检疫机构签发的"出境货物换证凭单"（见表 8-2）正本。

（5）产地与报关地不一致的出境货物，在向报关地检验检疫机构申请"出境货物通关单"（见表 8-3）时，应提交产地检验检疫机构签发的"出境货物换证凭单"正本。也可以在产地检验检疫机构申请"出境货物换证凭条"（见

表8-4），报关人可以直接将这张换证凭条交给出口地受理海关办理出口申报，而不需要再到通关地的检验检疫机构去申请复验出口商品了。

（6）出境特殊物品的，根据法律法规规定，应提供有关的审批文件。

（7）按照国家法律、行政法规的规定实行卫生注册和质量许可的出境货物，必须提供经检验检疫机构批准的注册编号或许可证编号。

表8-1　报检单

中华人民共和国出入境检验检疫
出境货物报检单

报检单位（加盖公章）：　　　　　　　　　＊编号

报检单位登记号：　　联系人：　　电话：　　报检日期：　年　月　日

发货人	（中文）				
	（外文）				
收货人	（中文）				
	（外文）				
货物名称（中/外文）	H. S. 编码	产地	数/重量	货物总值	包装种类及数量

运输工具名称号码		贸易方式		货物存放地点	
合同号		信用证号		用途	
发货日期		输往国家（地区）		许可证/审批号	
启运地		到达口岸		生产单位注册号	
集装箱规格、数量及号码					

合同、信用证订立的检验检疫条款或特殊要求	标记及号码	随附单据（画"√"或补填）	
		□合同	□包装性能结果单
		□信用证	□许可/审批文件
		□发票	□出口货物报关单
		□换证凭单	
		□装箱单	
		□厂检单	

需要证单名称（画"√"或补填）		＊检验检疫费	
□品质证书 　　正　副	□植物检疫证书 　　正　副	总金额（人民币元）	
□重量证书 　　正　副	□熏蒸/消毒证书 　　正　副		
□数量证书 　　正　副	□出境货物换证凭单	计费人	
□兽医卫生证书 　　正　副	□出境货物通关单		
□健康证书 　　正　副		收费人	
□卫生证书 　　正　副			

报检人郑重声明： 1. 本人被授权报检。 2. 上列填写内容正确属实，货物无伪造或冒用他人的厂名、标志、认证标志，并承担货物质量责任。 　　　　　　　　　　　　　　签名：	领取证单	
	日期	
	签名	

注：有"＊"号栏由出入境检验检疫机关填写。

◆国家出入境检验检疫局制

表8-2　出境货物换证凭单

中华人民共和国出入境检验检疫
出境货物换证凭单

类别：口岸申报换证　　　　　　　　　　　　　　　　编号：420070205005××

发货人	湖南省××进出口公司		标记及号码 ABC N. Y ××ABC20170408 1-280
收货人	ABC COMPANY		
品名	工作皮鞋		
H. S. 编码	6403. 9100		
报检数/重量	－7000－双		
包装种类及数量	纸箱－280－个		
申报总值	－39400. 00－美元		
产地	湖南省长沙市	生产单位注册号	长沙市××制鞋厂
生产日期	2017 年08 月	生产批号	×2017080622
包装性能检验结果单号	4200000301000856	合同/信用证号	××ABC20170408
		运输工具名称及号码	＊＊＊＊＊＊＊＊＊＊＊＊＊＊
输往国家(地区)	美国	集装箱规格及数量	＊＊＊＊＊＊＊＊＊＊＊＊＊＊
发货日期	＊＊＊＊＊＊＊	检验依据	SN0049-92 标准及合同

检验检疫结果	检验结果： 　　根据 GB 2828—1987 抽取 190 只样品进行检验，结果如下： 　　数量：7000 双 　　规格：39 ~ 45 码 　　评定：该批货物经过检验，数量、规格及外观品质符合××ABC20170408 合同及 SN0049 － 92 标准要求。 　　　　　　　　　　　　　　　　　　　　　　　　　　　(盖章) 　　签字：×××　　　　　　　　　　　　　日期：2017 年8 月26 日
本单有效期	截止于　2017 年10 月26 日
备注	＊＊＊＊＊＊＊＊＊＊＊

分批出境核销栏	日期	出境数/重量	结存数/重量	核销人	日期	出境数/重量	结存数/重量	核销人

说明：1. 货物出境时，经口岸检验检疫机关查验货证相符，且符合检验检疫要求的予以签发通关单
　　　　或换发检验检疫证书；

　　　2. 本单不作为国内贸易的品质或其他证明；

　　　3. 涂改无效。

表8-3　出境货物通关单

中华人民共和国出入境检验检疫

出境货物通关单

编号：4200702050052876

1. 发货人 湖南省××进出口公司		5. 标记及号码 ABC N. Y ××ABC20170408 1-140		
2. 收货人 TRISTAN CO.				
3. 合同、信用证号 ××HAPJ 1223	4. 输往国家（地区） 美国			
6. 运输工具名称及号码 船舶＊＊＊＊＊	7. 发货日期 2017. 04. 25	8. 集装箱规格及数量 ＊＊＊＊＊＊＊＊＊		
9. 货物名称及规格 工作皮鞋 ＊＊＊＊＊＊＊＊ ＊＊	10. H. S. 编码 6403. 9100 ＊＊＊＊＊＊＊＊ ＊＊	11. 申报总值 USD 14700. 00 ＊＊＊＊＊＊＊＊＊＊＊ ＊＊	12. 数/重量、包装及种类 3500 双/140 箱 ＊＊＊＊＊＊＊＊＊＊＊＊＊	
13. 证明 　　　　上述货物业经检验检疫，请海关予以放行。 　　　　本通关单有效期至　二〇一七年六月十七日 　　　　　　　　　　　　　　　　（盖章） 　　　签字：　　　　　　　　　日期：2017 年 04 月 17 日				
14. 备注				

表8-4　出境货物换证凭条

中华人民共和国出入境检验检疫

出境货物换证凭条

转单号	33060040502605T3581			报检号	4406004052347
报检单位	湖北省××进出口公司				
品名	工作皮鞋				
合同号	××HAPJ 1253			H. S. 编码	6403. 9100
数（重）量	3500 双	包装件数	140 箱	金额	14700. 00 美元
评定意见： 　　贵单位报检的该批货物，经我局检验检疫，已合格。请执此单到上海局本部办理出境验证业务。 本单有效期截至20××年12 月15 日。 　　　　　　　　　　　　　　　　　　　　　　　武汉局本部　20××年10 月16 日					

九、报检的工作流程

为了提高检验检疫工作效率，国家质检总局推行了"三电工程"，即企业与检验检疫机构间的电子申报、检验检疫机构内地与口岸的电子转单和检验检疫机构与海关间的电子通关。实施电子报检后，报检人可以用电子报检软件通过检验检疫电子业务服务平台将报检数据以电子方式传输给检验检疫机构，经检验检疫业务管理系统和检务人员处理后，将受理报检信息反馈报检人，实现远程办理出入境检验检疫报检。

1. 报检环节

对报检数据的审核采取"先机审，后人审"的程序进行。企业发送电子报检数据，电子审单中心按计算机系统数据规范和有关要求对数据进行自动审核，对不符合要求的，反馈错误信息；符合要求的，将报检信息传输给受理报检人员，受理报检人员进行再次审核，符合规定的将成功受理报检信息同时反馈报检企业和施检部门，并提示报检企业与相应的施检部门联系检验检疫事宜。出境货物受理电子报检后，报检人应按受理报检信息的要求，在检验检疫机构施检时，提交报检单和随附单据。

2. 施检环节

报检企业接到报检成功信息后，按信息中的提示与施检部门联系检验检疫。在现场检验检疫时，持报检软件打印的报检单和全套随附单据交施检人员审核，不符合要求的，施检人员通知报检企业立即更改，并将不符合情况反馈受理报检部门。

3. 计收费

计费由电子审单系统自动完成，接到施检部门转来的全套单据后，对照单据进行计费复核。报检单位逐票或按月缴纳检验检疫等有关费用。

4. 签证放行

施检部门根据检验检疫记录进行拟稿，检务部门在收到施检部门的证稿后，进行审核、签署和盖章后签发检验检疫证书。另外，对报检地和报关地一致的出境货物，经检验检疫合格后，检验检疫部门签发"出境货物通关单"，报检人凭以通关。对报检地（产地报检）与报关地不一致的货物，产地检验检疫部门签发"出境货物换证凭单"，报检人凭以到报关地检验检疫机构换发"出境货物通关单"，口岸海关凭此查验放行。

十、出境货物报检单的填制

（1）**报检单位**：此处填写向检验检疫机构申报检验、检疫、鉴定业务的单位名称。2003 年以后，我国进出境报检逐步实行电子报检，传统的纸质报检已经被取消。各外贸企业都凭其购得的应用计算机专用软件和密钥登录各省、自治区或直辖市的出入境检验检疫局的网站进行报检申请。因此，此处只需注明申报单位的名称，不再需要报检单位加盖公章。

（2）**报检单位登记号**：在检验检疫机构的报检注册登记号。

（3）**联系人**：报检人员姓名。

（4）**电话**：报检人员的联系电话，便于检验检疫部门有事时及时与其取得联系。

（5）**报检日期**：报检网上登录报检时的具体日期。

（6）**发货人**：本批货物的贸易合同中卖方名称或信用证中的受益人的名称，如需要出具英文证书的，填写中英文全称。

（7）**收货人**：本批货物的贸易合同中买方名称或信用证中的申请人名称，如需要出具英文证书的，填写中英文全称。

（8）**货物名称**：按贸易合同、信用证上所列货物名称填写，仅用概括性用语描述即可。但是，按照检验检疫局的规定和要求，货名一定要是中英文。这样既便于检验人员准确地核查出入境货物，又可以避免在出证时将货物的名称翻译得不够准确。

（9）**H. S. 编码**：按《协调商品名称及编码制度》中所列编码填写，填写8位数或10位数。

（10）**产地**：货物的生产/加工的省（自治区、直辖市）以及地区（市）名称，一般填写较大一点的。因为如果所填地名太小，一是工作人员可能不知道在哪里而继续询问，影响工作；二是地址太具体也不利于保守商业秘密。

（11）**数/重量**：报检货物的数/重量，填写用于计算总价对应的数/重量。

（12）**货物总值**：按本批货物合同或发票上所列的总值填写，需注明币种。

（13）**包装种类及数量**：本批货物运输包装的种类及数量。"包装"是指商品的外包装；"数量"是指商品运输包装的件数。

（14）**运输工具名称号码**：此栏不填写，因为报检时还未能确定。

（15）**贸易方式**：该批货物出口的贸易方式，如一般贸易、来料加工、进料加工等。

（16）**合同号**：贸易双方就本批货物出境而签订的贸易合同编号。

（17）**信用证号**：本批货物所对应的信用证编号。

（18）**用途**：本批货物的出境用途，如种用、食用、奶用、观赏或演艺、实验、药用、饲用、加工等。此处可不填，理由很简单：进口商把货物买回去到底做什么用，出口商不得而知，也不方便就此事专门向客户打听。

（19）**货物存放地点**：本批货物存放的位置，注明具体地点、厂库。

（20）**发货日期**：填写信用证或合同规定的装运月份即可，不能填写最后期限的日期，注意留有一定的余地，以预防因检验部门拖延检验检疫或拖延出具检验证书而影响货物的及时装运出口。

（21）**启运地**：装运本批货物离境的交通工具的启运口岸/地区城市名称。

（22）**输往国家**（地区）：此栏填写目的港（或目的地）。

（23）**到达口岸**：本批货物的交通工具最终抵达目的地或目的港的名称。

（24）**许可证/审批号**：必须办理出境许可证或审批的货物应填写有关许可证号或审批号。

（25）**生产单位注册号**：生产/加工本批货物的单位在检验检疫机构的注册登记编号。

（26）**集装箱规格、数量及号码**：此栏不填，因为此时货物一般还没有装集装箱，无法知道具体的集装箱号码。

（27）**合同、信用证订立的检验检疫条款或特殊要求**：贸易合同或信用证中贸易双方对本批货物特别约定而订立的质量、卫生等条款，和报检单位对本批出境货物的检验检疫的其他特别要求。

（28）**标记及号码**：按出境货物实际运输包装标志填写，如没有标记，填写N/M。

（29）**随附单据**：按实际提供的单据，在对应的窗口打"√"。

（30）**需要证单名称**：按需要检验检疫机构出具的证单，在对应的窗口打"√"，并注明所需证单的正副本数量。

（31）**检验检疫费**：由检验检疫机构计费人员核定费用后填写。

（32）**报检人郑重声明**：必须有报检人的亲笔签名。

（33）**领取证单**：报检人在领取证单时填写领证日期及领证人姓名。

[案例 8-1]

我国 A 公司向新加坡 B 公司以 CIF 新加坡条件出口一批土特产品，B 公司又将该批货物转卖给马来西亚 C 公司。货到新加坡后，B 公司发现货物的质量有问题，但仍将原货转销至马来西亚。其后，B 公司在合同规定的索赔期限内凭马来西亚商检机构签发的检验证书，向 A 公司提出退货要求。问：A 公司应如何处理？为什么？

[分析] A 公司应拒绝退货要求。

马来西亚商检机构出具的检验证书无效。新加坡 B 公司已经转卖给马来西亚 C 公司，意味着对货物的接受，所以 B 公司已经丧失了对货物的检验权和索赔权。

[案例 8-2]

我国 A 公司向新加坡 B 公司以 CIF 新加坡条件出口一批土特产品，订约时 A 公司已经获悉该批货物将要转销给马来西亚 C 公司。货到新加坡后，B 公司立即将原货转销至马来西亚。其后，B公司在合同规定的索赔期限内凭马来西亚商检机构签发的检验证书，向A公司提出退货要求。问：A公司能否根据马来西亚商检机构签发的检验证书处理？为什么？

[分析]　A公司应同意理赔。原因在于：

（1）本案案情符合《公约》第38条（3）款规定，即如果货物在运输途中改运或买方在发运货物过程中没有合理机会加以检验，而卖方在订立合同时已经知道或理应知道这种改运或再运的可能性，则检验可推迟到货物到达新目的地后进行。

（2）新加坡B公司在合同规定的索赔期限内提出索赔，并且提交了相关检验证书。

[案例8-3]

进口方委托银行开出的信用证上规定，卖方须提交"商品净重检验证书"。进口商在收到货物后，发现除质量不符外，卖方仅提供重量单。买方立即委托开证行向议付行提出拒付，但货款已经押出。事后，议付行向开证行催付货款，并解释卖方所附的重量单即为净重检验证书。问：

（1）重量单与净重检验证书一样吗？

（2）开证行能否拒付货款给议付行？

[分析]　（1）商品净重检验证书是由商检机构签发的关于货物净重（Net Weight）的公证文件，而重量单为发货人自己所出具的货物重量说明文件，二者是不同的。

（2）信用证中要求卖方提供商品净重检验证书，而议付行误以为重量单即商品净重检验证书，则议付行必须为此过失承担责任。按《跟单信用证统一惯例》的规定，开证行有权对议付行拒付，而议付行可向出口商追索押汇款项。

[案例8-4]

2016年11月，我国内地某公司与我国香港一公司签订了一个进口香烟生产线合同。设备是二手货，共18条生产线，由A国某公司出售，价值100多万美元。合同规定，出售商保证设备在拆卸之前均在正常运转，否则更换或退货。

设备运抵目的地后发现，这些设备在拆运前早已停止使用，在目的地装配后也因设备损坏、缺件而根本无法马上投产使用。但是，由于合同规定，如要索赔，需商检部门在"货到现场后14天内"出证，而实际上货物运抵工厂并进行装配就已经超过14天，无法在这个期限内向外索赔。这样，工厂只能依靠自己的力量进行加工维修。经过半年多时间，花了大量人力、物力，也只开出了4条生产线。

请对该案例进行分析。

[分析]　该案例的要害问题是合同签订者把引进设备仅仅看作是订合同、交

货、收货几个简单环节，完全忽略了检验和索赔这两个重要环节，特别是索赔有效期问题。合同质量条款制定得再好，索赔有效期制定得不合理，质量条款就成为一句空话。大量事实表明，如果外商在索赔有效期上提出不合理意见，往往是因为其质量上存在问题，需要设法掩盖。如果只满足于合同中形容质量的漂亮辞藻，不注意索赔条款，就很可能发生此类事故。

[案例8-5]

日本 A 公司出售一批电视机给我国香港 B 公司，B 公司又把这批电视机转口给泰国 C 公司。在货物到达香港时，B 公司已发现货物质量有问题，但仍将这批货物转船直接运往泰国。泰国 C 公司收到货物后，经检验，发现货物有严重缺陷，要求退货。于是，B 公司转向 A 公司提出索赔，但遭到日本 A 公司的拒绝。问：日方有无权利拒绝？为什么？

[分析] 日方有权利拒绝。

理由如下：（1）A 公司与 B 公司，B 公司与 C 公司分别签订的两份合同是相互独立的合同。

（2）英国《货物买卖法》第35节，在推定买方接受货物方面，有以下几点规定：

1）买方对卖方表示他已经接受了货物。

2）除34节另有规定外，当货物已经交给买方，买方对货物做了任何与卖方的所有权相抵触的行为。

3）或者经过一段合理的时间之后，买方留下了货物，没有向卖方表示他已拒收货物。

本案例中，本来日本 A 公司对本批货物负有质量责任，但由于 B 公司缺乏法律知识，出现了严重失误，对货物做出了与 A 公司的所有权相抵触的行为（转卖货物），因而丧失了向日本 A 公司索赔的权利。

第二节　一般贸易出口货物报关

一、报关及其程序

报关是指进出境运输工具的负责人、货物的收发货人及其代理人、物品的所有人向海关申请办理货物的进出口手续，海关对其呈交的单证和申请进出口的货物依法进行审核、查验、征缴税费、批准进口或者出口的全过程。

报关可分为自理报关和代理报关两大类。自理报关是指进出口货物的收发货人自行办理报关业务。根据规定，进出口货物的收发货人必须依法向海关注册登记后，方能自行办理报关业务。代理报关是指报关企业接受进出口货物收发货人的委托，代其办理报关业务的行为。

一般来说，进出口货物的报关可分为四个基本环节，即申报、查验、征税及放行。加工贸易进出口货物，经海关批准的减免税或缓期缴纳进出口税费的进口货物，以及其他在放行后一定期限内仍须接受海关监管的货物的报关，可以分为五个基本环节，即申报、查验、征税、放行及结关。

（一）申报

根据《海关法》规定，进口货物的收货人、出口货物的发货人应当如实向海关申报，交验进出口许可证和有关单证。海关在接受申报时，要对进出口报关单位申报的内容及递交的随附申报单证，依据国家对进出口货物的有关政策、法令、规章进行认真审核。通过审核有关单证，确定进出口货物的合法性，申报的内容是否正确，申报的单证是否齐全、有效等。

申报是进出境货物报关的第一个环节。目前，海关接受申报的方式一般有三种，即口头申报、书面申报及电子数据交换申报等。其中后两种是常用的申报方式。

进出口货物的报关必须在规定的时间内申请。出口货物一般应在货物运抵海关监管区后、装货的24小时以前向运输工具所在地的海关申报；进口货物一般应在运输工具申报进境之日起14日内由收货人或其代理人向海关申报，超过期限的海关将征收滞报金。

准备好报关单证是保证进出口货物顺利报关的基础。一般情况下，报关应备单证除进出口货物报关单外，可分为基本单证、特殊单证和预备单证三大类。基本单证主要包括与进出口货物直接相关的商业和货运单证，如发票、装箱单、提货单或装货单（海运进出口）、运单（空运）、包裹单（邮运）、领货凭证（陆运）、出口收汇核销单及海关签发的进出口货物减税、免税证明等。特殊单证是指国家有关法律法规规定实行特殊管制的证件，主要包括配额许可证及其他各类特殊管理证件等。预备单证主要是指海关认为必要时需查阅的单证，主要有贸易合同、货物原产地证明、委托单位的工商执照证书、委托单位的账册资料及其他有关单证等。

为使报关工作顺利进行，各进出口企业在制作和提交上述单据时要做到：①单证齐全、有效；②单证相符、单货相符；③符合有关法令法规的规定；④符合海关的要求。

（二）查验

查验是指海关在接受报关单位的申报后，以已经审核的申报单证为依据，通过对进出口货物进行实际的核查，以确定其报关单证申报的内容是否与实际进出口货物相符的一种监管方式。通过对货物的查验，可以防止不法分子以次充好、以假冒真而牟取暴利，非法获取出口退税等，从而维护对外贸易的正常开展。

海关查验货物一般在海关监管区的进出口口岸码头、车站、机场、邮局或海关的其他监管场所进行。对进出口大宗散货、危险品、鲜活品，经申请可在作业现场予以查验。在特殊情况下，经申请，海关审核同意，也可派人员按规定的时间到规定场所以外的工厂、仓库或施工工地查验货物。

（三）征税

征税是指海关根据国家的有关政策、法规，对进出口货物征收关税及进口环节税费。海关征税首先要对进出口货物申报进行审核。核实申报的主要内容包括品名、规格、数量、单价、总值、成交金额、产地、贸易性质等。对申报进行审核后，对相关的货物计征税费。

（四）放行

放行是口岸海关监管现场作业的最后一个环节。海关在接受进出口货物的申报后，经审核报关单据，查验实际货物，依法办理进出口税费计征手续并缴纳税款后，在有关单据上签盖放行章，海关的监管行为结束。在此情况下，放行即为结关。

（五）结关

结关是指对经口岸放行后仍需继续实施后续管理的货物，海关在规定的期限内进行核查，对需要补证、补税货物做出处理直至完全结束海关监管的行为。

二、出口货物报关单

（一）出口货物报关单的含义及各联的用途

1. 出口货物报关单的含义

出口货物报关单是指出口货物的发货人或其代理人，按照海关规定的格式对出口货物的实际情况做出书面申明，以此要求海关对其货物按适用的海关制度办理通关手续的法律文书。

2. 各联的用途

纸质出口货物报关单一式五联，分别是海关作业联、海关留存联、企业留存联、海关核销联和出口退税证明联。

（1）海关作业联和海关留存联。出口货物报关单海关作业联和海关留存联是报关员配合海关查验、缴纳税费、装运货物的重要单据，也是海关查验货物、征收税费、编制海关统计以及处理其他海关事务的重要凭证。

（2）企业留存联。出口货物报关单企业留存联可作为经营企业备案、申领车牌等之用。

（3）海关核销联。出口货物报关单海关核销联是专门针对加工贸易的。加工贸易的货物出口后，申报人应向海关领取出口货物报关单海关核销联，并凭以向主管海关办理加工贸易合同核销手续。

（4）出口退税证明联。出口货物报关单出口退税证明联是海关对已实际申报出口并已装运离境的货物所签发的证明文件，是国家税务部门办理出口退税手续的重要凭证之一。

（二）出口货物报关单的填制

1. 出口货物报关单缮制的基本要求

（1）报关单（见表8-5）的填报必须真实，不得出现差错，不能伪报、瞒报及虚报，要做到单证相符及单货相符。单证相符是指报关单与合同、发票、装箱单等相符；单货相符是指报关单中所报的内容与实际进出口货物情况相符。

表8-5　中华人民共和国海关出口货物报关单

预录入编号：　　　　　　　　　　　　海关编号：

出口口岸		备案号		出口日期		申报日期
经营单位		运输方式		运输工具名称		提运单号
发货单位		贸易方式		征免性质		结汇方式
许可证号		运抵国（地区）		指运港		境内货源地
批准文号		成交方式	运费	保费		杂费
合同协议号		件数	包装种类	毛重（公斤）		净重（公斤）
集装箱号		随附单据				生产厂家
标记唛码及备注						

项号	商品编号	商品名称、规格型号	数量及单位	最终目的国（地区）	单价	总价	币制	征免

税费征收情况

录入员	录入单位	兹声明以上申报无讹并承担法律责任	海关审单批注及放行日期（签章）	
报关员			审单	审价
单位地址	申报单位（签章）填制日期		征税	统计
邮编　电话			查验	放行

（2）不同合同、不同运输工具名称、不同征免性质、不同许可证号的货物，不能填报在同一份报关单上。

（3）同一报关单上最多只能填报五项海关统计商品编号的货物。

（4）不同贸易方式的货物，必须用不同颜色的报关单填报。

（5）进料加工、来料加工的料、件及加工的成品经批准转内销或作为以产顶进的，按相关的进口料件，填写进口货物报关单。

（6）报关单填报要准确、齐全、字迹工整，如有改动，必须加盖校对章。

（7）为实现报关自动化的需要，申报单位除填写报关单上的有关项目外，还应填上有关项目的代码。

（8）计算机预录入的报关单，其内容必须与原始报关单完全一致。

（9）向海关申报的进出口货物报关单，事后由于种种原因，出现所报内容与实际进出口货物不符的，需立即向海关办理更正手续。

（10）对海关放行后的出口货物，由于运输工具配载等原因，全部或部分未能装载上原申报的运输工具的，出口货物发货人应向海关递交"出口货物报关单更改申请单"。

2. 出口货物报关单的填制

（1）预录入编号：预录入单位录入报关单的编号，用于申报单位与海关之间引用其申报后尚未接受申报的报关单。

（2）海关编号：海关接受申报时给予报关单的顺序编号。H2000 通关系统的海关编号长度为 18 位数字。海关编号由各直属海关在接受申报时确定，并标志在报关单的每一联上。一般来说，海关编号就是预录入编号，由计算机自动打印，不需填写。

（3）出口口岸：货物实际运出我国关境的口岸海关的名称。此栏根据《关区代码表》填写海关的中文名称及代码。例如，从宁波海关出口货物，填"宁波海关 3101"。

（4）备案号：企业在办理加工贸易合同备案或征、减、免税审批备案等手续时，由海关给予加工贸易登记手册、电子账册、征免税证明或其他有关备案审批文件的编号。无 备案审批文件的报关单，本栏目免予填报。

（5）出口日期：运载所申报货物的运输工具办结出境手续的日期。

（6）申报日期：海关接受货物的发货人或其委托的报关企业申请的日期。以纸质报关单方式申报的，申报日期为海关接受纸质报关单并对报关单进行登记处理的日期；以电子数据报关单方式申报的，申报日期为海关计算机系统接受申报数据时记录的日期。日期填报方式同出口日期。除特殊情况外，出口货物申报日期不得晚于出口日期。

例如，一批进口货物于 2017 年 2 月 19 日运抵，次日向海关申报，进口日期填"2017.02.19"，申报日期填"2017.02.20"。

（7）经营单位：已在海关注册登记，对外签订并执行出口贸易合同的中国境内企业、单位或个体工商户。本栏应填报经营单位的中文名称及编码。编码为 10

位数字，是经营单位向所在地主管海关办理注册登记手续时，海关为之设置的注册登记编码。例如，湖州塑料制品有限公司，其经营单位的编码为"3305940035"。

（8）运输方式：载运货物出境所使用的运输方式。应根据实际运输方式按海关规定的《运输方式代码表》填报相应的运输方式名称或代码。例如，填写"江海运输"或"2"。

（9）运输工具名称：载运货物出境所使用的运输工具的名称或运输工具编号。一份报关单只允许填报一个运输工具名称。江海运输填报船舶编号（来往港澳小型船舶为监管簿编号）或者船舶英文名称。同时，后面加上运输工具的航次编号，用"/"分隔。例如，"HONGYUN"号轮EW033航次，在"运输工具名称"栏填报为"HONGYUN/EW033"。

（10）提运单号：出口货物提单或运单的编号。一份报关单只允许填报一个提运单号，一票货物对应多个提运单时，应分单填报。

（11）发货单位：自行出口货物的单位和委托有外贸进出口经营权的企业出口货物的单位，即加工供货企业的名称及其海关企业代码。但是，在实际工作中，此栏通常直接填写出口企业自己的名称和代码；或者在"经营单位"里填写出口企业的名称，在"发货单位"里填写出口企业的海关企业代码。

（12）贸易方式：以国际贸易中出口货物的交易方式为基础，结合海关对出口货物监管需要设定的对出口货物的管理方式。常用贸易方式如"一般贸易""来料加工""补偿贸易""进料加工"等。本栏应根据实际情况，并按海关规定的《监管方式代码表》选择相应的贸易方式简称或代码，如填写"一般贸易"或"0110"。一份报关单只允许填报一种贸易方式。

（13）征免性质：海关根据《海关法》《关税条例》及国家有关政策对出境货物实施征、减、免税管理的性质类别。本栏应按照海关核发的《征免税证明》中批注的征免性质填报，或根据实际情况按海关规定的《征免性质代码表》选择填报相应的征免性质简称或代码，如一般贸易对应的征免性质为"一般征税"或其代码"101"。一份报关单只允许填报一种征免性质。

（14）结汇方式：出口货物的发货人或其代理人收结外汇的方式。本栏应按海关规定的《结汇方式代码表》（见表8-6）选择相应的结汇方式名称或缩写或代码，如填写"信用证"或"L/C"或"6"。

表8-6　结汇方式代码表

代　码	结汇方式	代　码	结汇方式	代　码	结汇方式
1	信汇	4	付款交单	7	先出后结
2	电汇	5	承兑交单	8	先结后出
3	票汇	6	信用证	9	其他

（15）许可证号：如需申领出口许可证的货物，必须填报国务院商务主管部门及其授权发证机关签发的出口货物许可证的编号，不得为空。

（16）运抵国（地区）：在未发生任何商业性交易或其他改变货物法律地位活动的情况下，货物被出口国（地区）所发往的或最后运抵的国家或地区。如果货物在运抵进口国（地区）之前在第三国（地区）发生中转，并且发生某种商业性交易或活动，则应把第三国（地区）作为运抵国（地区）填报。本栏应按海关规定的《国别（地区）代码表》（见表8-7）填报相应国别（地区）的中文名称或代码，如填写"美国"或"502"。

表8-7　国别（地区）代码表

国别（地区）代码	中文名称	国别（地区）代码	中文名称
110	中国香港	142	中国
116	日本	304	德国
133	韩国	502	美国

（17）指运港：出口货物运往境外的最终目的港。本栏目应根据按海关规定的《港口 航线代码表》填报相应的港口中文名称或代码，如填写"旧金山"或"3193"。

（18）境内货源地：出口货物在境内的生产地或原始发货地（包括供货地点）。如出口货物在境内多次周转，不能确定生产地的，应以最早的起运地为准。本栏目应根据出口货物生产厂家或发货单位所属国内地区，并按海关规定的《国内地区代码表》填报相应的国内地区名称或代码，如"湖州"或"33059"。

（19）批准文号：本栏应填报"出口收汇核销单"编号。

（20）成交方式：在出口贸易中出口商品的价格构成和买卖双方各自应承担的责任、费用和风险，以及货物所有权转移的界限。成交方式在国际贸易中称贸易术语。本栏应根据实际成交价格条款，按海关规定的《成交方式代码表》（见表8-8）选择填报相应的成交方式名称或代码，如填写"CIF"或"1"。

表8-8　成交方式代码表

代　码	成交方式	代　码	成交方式
1	CIF	4	C&I
2	CFR	5	市场价
3	FOB	6	垫仓

（21）运费：进出口货物从始发地至目的地的国际运输所需要的各种费用。本栏用于成交价格中含有运费的出口货物，即出口成交方式为CIF、CFR

的，应填报该份报关单所含全部货物的国际运输费用。可按运费单价、总价或运费率三种方式之一填报，同时注明运费标记（百分号不用填，运费率标记 1 也不用填写），并按海关规定的《货币代码表》选择填报相应的币种代码。其中，"1"表示运费率；"2"表示每吨货物的运费单价；"3"表示运费总价。例如：

1）3%的运费率填报为"3"。

2）15 美元的运费单价填报为"502/15/2"。（注：502 为美元代码）

3）5000 美元的运费总价填报为"502/5000/3"。

（22）保费：被保险人允诺予以承保某种损失、风险而支付给保险人的对价或报酬。本栏用于成交价格中含有保险费的出口货物，即出口成交方式为 CIF 的，应填报该份报关单所含有全部货物国际运输的保险费用。可按保险费总价或保险费率两种方式之一填报，同时注明保险费标记，并按海关规定的《货币代码表》选择填报相应的币种代码。其中，"1"表示保险费率；"3"表示保险费总价。例如：

1）0.2%的保险费率填报为"0.2"。

2）5000 港元保险费总价填报为"110/5000/3"。（注：110 为港元代码）

（23）杂费：成交价格以外的、应计入货物价格或应从货物价格中扣除的费用，如手续费、佣金、回扣等。可按杂费总价或杂费率两种方式之一填报，同时注明杂费标记，并按海关规定的《货币代码表》选择相应的币种代码。应计入完税价格的杂费填报为正值或正率，应从完税价格中扣除的杂费填报为负值或负率。其中，"1"表示杂费率；"3"表示杂费总价。例如：

1）应计入完税价格的 2.5%的杂费率填报为"2.5"。

2）应从完税价格中扣除的 1%的回扣率填报为"-1"。

3）应计入完税价格的 500 英镑杂费总价填报为"303/500/3"。（注：303 为英镑代码）

（24）合同协议号：本栏应填写出口货物合同（协议）的全部字头和号码。

（25）件数：本栏应填报出口货物的实际外包装的总件数。裸装、散装货物，本栏填报为"1"。例如本批货物包装共 300 纸箱，本栏填写"300"。

（26）包装种类：包装种类是指进出口货物在运输过程中所呈现的状态，包括包装材料和包装方式两方面。例如，木箱的包装材料为木质，包装方式为箱子；纸箱的包装材料为纸质，包装方式为箱子。包装材料和包装方式应同时填报，不能只笼统地填写箱子，因为箱子只表明了包装方式，没有表明包装材料。本栏应根据进（出）口货物的实际外包装种类，按海关规定的"包装种类代码表"选择填报相应的包装种类代码（见表 8-9）。例如，木箱 1、纸箱 2。裸装、散装货物，本栏目填报为"裸装"或"散装"。

表8-9　包装种类代码表

代　　码	包装种类	代　　码	包装种类
1	木箱	5	托盘
2	纸箱	6	包
3	桶装	7	其他
4	散装		

（27）毛重：货物及包装材料的重量之和。计量单位为公斤（kg），不足1公斤的填报为1。

（28）净重：货物的毛重减去外包装材料后的重量，即商品本身的实际重量。计量单位为公斤，不足1公斤的填报为1。

（29）集装箱号：在每个集装箱箱体两侧标示的全球唯一的编号。常用的集装箱规格为20ft（20′）集装箱和40ft（40′）集装箱，其中一个20ft的集装箱为一个标准箱。本栏以"集装箱号"＋"／"＋"规格"＋"／"＋"自重"的方式填报。多个集装箱的，第一个集装箱号填报在"集装箱号"栏中，其余的按此格式依次填报在"标记唛码及备注"栏中。例如，一批货物装在一个20ft的集装箱里，集装箱号为HGU20087，自重2275kg，则本栏目填写"HGU20087/20/2275"。

（30）随附单据：随出口货物报关单一并向海关递交的单证或文件。本栏仅填报除进出口许可证以外的监管证件代码及编号。填写规范为："监管证件的代码"＋"："＋"监管证件编号"。所申报货物涉及多个监管证件的，第一个监管证件代码和编号填报在本栏，其余监管证件代码和编号填报在"标记唛码及备注"栏中。多个监管证件中若有"入（出）境货物通关单"，优先填在本栏。

（31）生产厂家：出口货物的境内生产企业。

（32）标记唛码及备注：标志唛码是指货物的运输标志。本栏上部填写标记唛码中除图形以外的文字、数字等。本栏下部填报备注。备注是指填制报关单时需要备注的事项，是对其他栏的补充。

（33）项号：本栏填写报关单中的商品排列序号和在登记手册上的商品序号。本栏分两行填报：第一行填报货物在报关单中的商品排列序号；第二行专用于加工贸易和实行原产地证书联网管理等已备案的货物，填报该项货物在登记手册中的项号或对应的原产地证书上的商品项号。

（34）商品编号：按海关规定的商品分类编码规则确定的出口货物商品编号。

（35）商品名称、规格型号：商品名称是指出口货物规范的中文名称。商品的规格型号是指反映商品性能、品质和规格的一系列指标，如品牌、等级、成分、含量、大小等。本栏分两行填报及打印：第一行打印进出口货物规范的中文商品名称；第二行打印规格型号。在填第一行时，如果发票中的商品为非中文名称，则需翻译成规范的中文名填报，仅在必要时加注原文，如表8-10所示。

表 8-10　商品名称、规格型号示例

商品名称、规格型号	
氨纶弹力丝 ELASTANE	（第一行：规范的中文名称＋原文）
LYCRA 40 DENIER TYPE 149B MERGE 17124 5KG TUBE	（第二行：规格型号）

（36）数量及单位：出口货物的实际数量及计量单位。计量单位分成交计量单位和海关法定计量单位。成交计量单位是指买卖双方在交易过程中所确定的计量单位，海关法定计量单位是指海关按照《中华人民共和国计量法》的规定所采用的计量单位，又分为第一法定计量单位和第二法定计量单位。本栏分三行填报：第一行填报法定第一计量单位及数量；第二行填报该商品的法定第二计量单位及数量，无第二计量单位则本栏为空；第三行成交计量单位与海关法定计量单位不一致时，填报成交计量单位及数量，成交计量单位与海关法定计量单位一致时，本栏为空，如表 8-11 所示。

表 8-11　数量及单位的填制要求

计量单位状态	填制要求		
	第 一 行	第 二 行	第 三 行
成交与法定一致	法定计量单位及数量	空	空
成交与法定一致，并有第二计量单位	法定第一计量单位及数量	法定第二计量单位及数量	空
成交与法定不一致	法定计量单位及数量	空	成交计量单位及数量
成交与法定不一致且有第二计量单位	法定第一计量单位及数量	法定第二计量单位及数量	成交计量单位及数量

（37）最终目的国（地区）：已知的出口货物的最终实际消费、使用或进一步加工制造国家（地区）。应按海关规定的《国别（地区）代码表》选择相应的国家（地区）中文名称或代码。

（38）单价：本栏应填报同一项号下出口货物实际成交的商品单位价格的金额，单价填报到小数点后 4 位，第 5 位及以后直接略去，不四舍五入。例如，杭州某出口公司出口女式睡衣 2000 件，每件 20 美元，"单价"栏应填报为"20"。

（39）总价：本栏应填报同一项号下出口货物实际成交的商品总价，总价填报到小数点后 4 位。例如，杭州某出口公司出口女式睡衣 2000 件，每件 20 美元，"总价"栏应该填报为"40000"。

（40）币制：出口货物实际成交价格的币种。本栏应按海关规定的《货币代码表》选择填报相应的币制名称或代码。

（41）征免：海关对出口货物进行征税、减免、免税或特案处理的实际操作方式。本栏应按照海关核发的《征免税证明》或有关政策规定，对报关单所列每项商品选择填报海关规定的《征减免税方式代码表》中相应的征减免税方式。

（42）税费征收情况：本栏供海关批注出口货物税费征收及减免情况。

（43）录入员：本栏用于记录预录入操作人员的姓名并打印。

（44）录入单位：本栏用于记录并打印电子数据报关单的录入单位名称。

（45）申报单位：经海关注册登记，有权向海关办理报关手续，并对申报内容的真实性、有效性、合法性直接向海关负责的中国境内企业或单位。自理报关的，应填报出口货物的经营单位名称及代码；委托代理报关的，应填报经海关批准的专业或代理报关企业名称及代码。本栏还包括报关单位地址、邮编和电话等分项目。

（46）填制日期：报关员填制报关单的日期。电子数据报关单的填制日期由计算机自动打印。

（47）海关审单批注栏：本栏是供海关内部作业时签注的总栏目，由海关关员手工填写在预录入报关单上。其中，"放行"栏填写海关对接受申报的出口货物做出放行决定的日期。

复习思考题

1. 简述报检业务的基本流程。
2. 简述报关业务的基本流程。
3. 进出口货物的海关申报时限是怎样规定的？
4. "三检合一"是什么意思？

第九章
>>>>>> 国际货物运输保险

第一节　海运货物保险承保的范围

海运货物保险承保的范围，包括海上风险、海上损失与费用以及外来原因所引起的风险和损失。国际保险市场对上述各种风险与损失都有特定的解释。正确理解海运货物承保的范围和各种风险与损失的含义，对合理选择投保险别和正确处理保险索赔，具有十分重要的现实意义。

一、海上风险与损失

海运保险是各类保险中发展最早的一种，这是由于商船在海洋航行中风险大、海运事故频繁。在国际海运保险业务中，各国保险界对海上风险与海上损失都有其特定的解释。因此，首先应对各种海上风险和损失的确切含义有所了解。

（一）海上风险

海上风险一般包括自然灾害和意外事故两种。按照国际保险市场的一般解释，这些风险所指的内容大致如下：

1. 自然灾害

所谓自然灾害，仅指恶劣气候、雷电、洪水、流冰、地震、海啸以及其他人力不可抗拒的灾害，而非指一般自然力所造成的灾害。

2. 海上意外事故

海上意外事故不同于一般的意外事故，所指的主要是船舶搁浅、触礁、碰撞、爆炸、火灾、沉没、船舶失踪或其他类似事故。

（二）海上损失

海上损失（简称海损）是指被保险货物在海运过程中，由于海上风险所造成的损坏或灭失。根据国际保险市场的一般解释，凡与海陆连接的陆运过程中所发生的损坏或灭失，也属海损范围。就货物损失的程度而言，海损可分为全部损失和部分损失。

1. 全部损失

全部损失（Total Loss）是指运输中的整批货物或不可分割的一批货物的全部损失，分为实际全损和推定全损两种。

（1）实际全损（Actual Total Loss）是指货物全部灭失或完全变质；或货物毁损后不能复原；或完全丧失原有用途，已不具有任何使用价值；或不可能归还被保险人等。

（2）推定全损（Constructive Total Loss）是指货物发生事故后，认为被保险货物受损后完全灭失已不可避免，或者为避免实际全损所需支付的维修费用与继续将货物运抵目的地的费用之和超过保险价值。

发生推定全损的情况下，被保险人既可以要求按部分损失赔偿，也可以要求按全部损失赔偿。如要求按全部损失赔偿，被保险人必须向保险人发出委付通知，经保险人同意，才能按推定全损赔偿。所谓委付（Abandonment），是指被保险货物发生推定全损时，被保险人自愿将货物的一切权利转移给保险人，要求保险人按全损给予赔偿。

[案例 9-1]

货轮在海上航行时，某舱发生火灾，船长命令灌水施救，扑灭大火后，发现纸张已经烧毁一部分，未烧毁的部分，因灌水后无法使用，只能作为纸浆处理，损失原价值的 80%。问：纸张损失的 80%，是部分损失吗？

[分析] 损失原价值的 80% 并非部分损失。纸张原来应该作为印刷书报或加工成其他成品，现在只能作为纸浆造纸，因此完全丧失原有用途，为实际全损。

[案例 9-2]

我方与美国某公司以 CIF 旧金山成交一批布料。货轮在海上运输途中，因触礁某舱舱底出现裂口，舱内存放的 A 公司的布料全部严重受浸。因舱内进水，船长不得不将船就近驶入避风港修补裂口。如果将受水浸的布料漂洗后，再运至原定的目的港旧金山，所花费的费用超过该批布料的本身价值。问：该批布料的损失属于什么性质？

[分析] 该批布料的损失应属于推定全损。当损失发生时，为挽回损失对被保险货物采取措施的支出超过全部损失的情况下，可要求保险公司按全部损失给予赔偿。同时，A 公司可委付，将布料的权利转移给保险公司。

2. 部分损失

部分损失（Partial Loss）是指被保险货物的损失没有达到全部损失的程度。凡不属于实际全损和推定全损的损失为部分损失。按照损失的原因，又可分为共同海损和单独海损两种。

（1）**共同海损**（General Average，GA）是指在海洋运输途中，因船舶、货物或其他财产遭遇共同危险，为了解除共同危险，有意采取合理的救难措施所直接造成的特殊牺牲和支付的特殊费用。在船舶发生共同海损后，凡属共同海损范围内的牺牲和费用，均可通过共同海损理算，由有关获救受益方（即船方、货方和运费收入方）根据获救价值按比例分摊。这种分摊称为共同海损分摊。以上表明，共同海损涉及各方的利害关系。因此，构成共同海损是有条件的。共同海损必须具有下列特点：

1）共同海损的危险必须是共同的，采取的措施是合理的，这是共同海损成立的前提条件。如果危险还没有危及船货各方的共同安全，即使船长有意做出合理的牺牲和支付了额外的费用，也不能算作共同海损。

2）共同海损的危险必须是真实存在的而不是臆测的，或者不可避免地发生的。

3）共同海损的牺牲必须是自动的和有意采取的行为，其费用必须是额外的。

4）共同海损必须是属于非常情况下的损失。

（2）**单独海损**（Particular Average，PA）是指仅涉及船舶或货物所有人单方面的利益的损失，它是除共同海损以外的部分损失。单独海损与共同海损的主要区别是：

1）造成海损的原因不同。单独海损是承保风险所直接导致的船货损失；共同海损则不是承保风险所直接导致的损失，而是为了消除或减轻共同危险，人为造成的一种损失。

2）承担损失的责任不同。单独海损的损失一般由受损方自行承担；共同海损的损失则应由受益的各方按照受益大小的比例共同分摊。

[**案例9-3**]

某货物从天津新港驶往新加坡，在航行途中船舶货舱起火，大火蔓延到机舱。船长为了船、货的共同安全，决定采取紧急措施，往舱中灌水灭火，火虽然扑灭，但由于主机受损，无法继续航行。于是船长决定雇佣拖轮将船拖回天津新港修理。检修后重新驶往新加坡。事后调查，这次事件造成的损失有：

A. 1000 箱货被烧毁 B. 600 箱货由于灌水灭火受到损失

C. 主机和部分甲板被浇毁 D. 拖船费用

E. 额外增加的燃料和船长、船员的工资

问：上述各项损失属于共同海损还是单独海损？

[**分析**] 根据共同海损和单独海损的概念，判断的依据主要在于发生损失的

原因是主观还是客观的，如果是人为的那就是共同海损，反之则是单独海损。
B、D、E 属于共同海损，A、C 是单独海损。

（三）费用

海上风险还会造成费用上的损失。由海上风险所造成的海上费用，主要有施救费用和救助费用。

（1）**施救费用** 是指被保险的货物在遭受承保责任范围内的灾害事故时，被保险人或其代理人与受让人，为了避免或减少损失，采取了各种抢救或防护措施所支付的合理费用。

（2）**救助费用** 则有所不同，它是指被保险货物在遭受了承保责任范围内的灾害事故时，由保险人和被保险人以外的第三者采取了有效的救助措施，在救助成功后，由被救方付给救助人的一种报酬。

海上风险造成的可承保损失类别如表 9-1 所示。

表 9-1　保险人承保的损失

损失	海损	全部损失	实际全损
			推定全损
		部分损失	共同海损
			单独海损
	施救费用和救助费用		

二、外来风险和损失

外来风险和损失，是指海上风险以外的由于其他各种外来原因所造成的风险和损失。外来风险必须是意外的、事先难以预料的，而不是必然发生的。货物的自然损耗和本质缺陷等均属于"必然发生的损失"，不属于"外来风险"。外来风险和损失包括下列两种类型：

（1）一般外来原因所造成的风险和损失。这类风险损失通常是指偷窃、提货不着、渗漏、短量、破损、破碎、钩损、淡水雨淋、生锈、沾污、受潮受热、串味等 12 种。

（2）特殊外来原因造成的风险和损失。这类风险损失主要是指由于军事、政治、国家政策法令和行政措施等原因所致的风险损失，常见的有战争、罢工、关税、拒收、交货不到等。

除上述各种风险和损失外，保险货物在运输途中还可能发生其他损失，如运输途中的自然损耗以及由于货物本身特点和内在缺陷所造成的货损等。这些损失不属于保险公司承保的范围。

海上货物运输风险如表 9-2 所示。

表9-2　海上货物运输风险

风险	海上风险	自然灾害	恶劣气候、雷电、洪水、流水、地震、海啸等
		意外事故	船舶搁浅、触礁、碰撞、爆炸、火灾、沉没、船舶失踪等
	外来风险	一般外来风险	偷窃、提货不着、渗漏、短量、破损、破碎、钩损、淡水雨淋、生锈、沾污、受潮受热、串味等
		特殊外来风险	战争、罢工、关税、交货不到、货物被当局拒绝进口或没收等

第二节　我国海运货物保险条款

保险险别是指保险人对风险和损失的承保责任范围。在保险业务中，各种险别的承保责任是通过各种不同的保险条款规定的。

为了适应国际货物海运保险的需要，中国人民财产保险股份有限公司根据我国保险实际情况并参照国际保险市场的习惯做法，分别制定了各种条款，总称为"中国保险条款"（China Insurance Clauses，CIC）。其中包括"海洋运输货物保险条款""海洋运输货物战争险条款"以及其他专门条款。投保人可根据货物特点和航线与港口实际情况，自行选择投保适当的险别。按中国保险条款规定，我国海运货物保险的险别包括下列几种类型：

一、基本险别

中国人民财产保险股份有限公司所规定的基本险别包括平安险（Free from Particular Average，FPA）、水渍险（With Average or With Particular Average，WA or WPA）和一切险（All Risks）。

（一）平安险

投保了平安险，保险公司对下列损失负赔偿责任：

（1）被保险的货物在运输途中由于恶劣气候、雷电、海啸、地震、洪水等自然灾害造成整批货物的全部损失或推定全损。若被保险的货物用驳船运往或运离海轮时，则每一驳船所装的货物可视作一个整批。

（2）由于运输工具遭到搁浅、触礁、沉没、互撞、与流冰或其他物体碰撞，以及失火、爆炸等意外事故所造成的货物全部或部分损失。

（3）在运输工具已经发生搁浅、触礁、沉没、焚毁等意外事故的情况下，货物在此前后又在海上遭受恶劣气候、雷电、海啸等自然灾害所造成的部分损失。

（4）在装卸或转船时，由于一件或数件甚至整批货物落海所造成的全部或部分损失。

（5）被保险人对遭受承保责任内的危险货物采取抢救、防止或减少货损的措施所支付的合理费用，但以不超过该批被毁货物的保险金额为限。

（6）运输工具遭遇海难后，在避难港由于卸货引起的损失，以及在中途港或避难港由于卸货、存仓和运送货物所产生的特殊费用。

（7）共同海损的牺牲、分摊和救助费用。

（8）运输契约中如订有"船舶互撞责任"条款，则根据该条款规定，应由货方偿还船方的损失。

上述责任范围表明，在投保平安险的情况下，保险公司对由于自然灾害所造成的单独海损不负赔偿责任，而对因意外事故所造成的单独海损则要负赔偿责任。此外，如在运输过程中运输工具发生搁浅、触礁、沉没、焚毁等意外事故，则不论在事故发生之前或之后由于自然灾害所造成的单独海损，保险公司也要负赔偿责任。

[案例9-4]

一批货物已经投保了平安险，分装两艘货轮驶往目的港。一艘货轮在航行中遇暴风雨袭击，船身颠簸，货物相互碰撞而发生部分损失；另一艘货轮在航行中则与流冰碰撞，货物也发生了部分损失。问：保险公司对这两次损失是否都应给予赔偿？

[分析] 自然灾害导致货物发生的部分损失不属于平安险的承保责任范围。因此，对案例中一艘货轮在航行中遇暴风雨袭击，船身颠簸，货物相互碰撞而发生的部分损失，保险公司不予赔偿；意外事故导致货物发生的部分损失属于平安险的承保责任范围。因此，对案例中另一艘货轮在航行中与流冰碰撞，货物发生的部分损失，保险公司应予赔偿。

（二）水渍险

投保水渍险后，保险公司除担负上述平安险的各项责任外，还对被保险货物由于恶劣气候、雷电、海啸、地震、洪水等自然灾害所造成的部分损失负赔偿责任。

[案例9-5]

我方向澳大利亚出口某货物200包，我方按合同规定投保水渍险。货物在途中因舱内食用水水管漏水，致使该批货物中的60包浸有水渍。问：对此损失应向保险公司索赔还是向船公司索赔？

[分析] 水渍险仅对海水浸渍负责，而对淡水所造成的损失不负任何责任。因此，不能向保险公司索赔，只能凭借船公司出示的清洁提单向船公司索赔。

（三）一切险

投保一切险后，保险公司除担负平安险和水渍险的各项责任外，还对被保险货物在运输途中由于一般外来原因而遭受的全部或部分损失也负赔偿责任。

从上述三种基本险别的责任范围来看，平安险的责任范围最小，它对自然灾害造成的全部损失和意外事故造成的全部和部分损失负赔偿责任，而对自然灾害造成的部分损失一般不负赔偿责任。水渍险的责任范围比平安险的责任范围大，凡因自然灾害和意外事故所造成的全部和部分损失，保险公司均负责赔偿。一切险的责任范围是三种基本险别中最大的一种，它除包括平安险和水渍险的责任范围外，还包括被保险货物在运输过程中由于一般外来原因所造成的全部或部分损失，如偷窃、提货不着、渗漏、短量、破损、钩损、淡水雨淋、生锈、沾污、受潮受热、串味等。由此可见，一切险是平安险、水渍险加一般附加险的总和。

在这里还需特别指出的是，一切险并非保险公司对一切风险损失均负赔偿责任，它只对水渍险和一般外来原因引起的可能发生的风险损失负责，而对货物的内在缺陷、自然损耗以及由于特殊外来原因（如战争、罢工等）所引起的风险损失，概不负赔偿责任。

我国的《海洋运输货物保险条款》除规定了上述各种基本险别的责任外，还对保险责任的起讫也做了具体规定。在海运保险中，保险责任的起讫主要采用仓至仓条款（Warehouse to Warehouse Clause），即保险责任自被保险货物运离保险单所载明的起运地仓库或储存处所开始，包括正常运输中的海上、陆上、内河和驳船运输在内，直至该货物运抵保险单所载明的目的地收货人的最后仓库或储存处所，或被保险人用作分配、分派或非正常运输的其他储存处所为止。如未抵达上述仓库或储存处所，则以被保险货物在最后卸货港全部卸离海轮满60天为止。如在上述60天内被保险货物需转运至非保险单所载明的目的地时，则以该货物开始转运时终止。

[案例 9-6]

青岛某出口企业出售一批产品至美国，双方约定 CIF 方式履行，保险为一切险且约定仓至仓条款。货物到达美国目的港后，买方寻找物流公司将货物从港口运往买方仓库时发生货损。问：保险公司是否应当赔偿？

[分析] 本案例中货物发生货损的时间是从目的港运往买方仓库的过程中，仍然属于仓至仓条款约定的保险责任范围。从本案例的情况来看，还应当考虑货损的发生是否属于被保险人的故意行为或过失所造成的损失。如果不属于，那么保险人应当赔付被保险人所遭受的损失。

二、附加险别

在海运保险业务中，进出口商除了投保货物的上述基本险别外，还可以根据货物的特点和实际需要，酌情再选择若干适当的附加险别。附加险别包括一般附加险和特殊附加险。

（一）一般附加险

一般附加险不能作为一个单独的项目投保，而只能在投保平安险或水渍险的基础上，根据货物的特性和需要加保一种或若干种一般附加险。如加保所有的一般附加险，就叫投保一切险。可见，一般附加险被包括在一切险的承保范围内，故在投保一切险时，不存在再加保一般附加险的问题。

由于被保险货物的品种繁多，货物的性能和特点各异，而一般外来的风险又多种多样，所以一般附加险的种类也很多。其中主要包括偷窃、提货不着险、淡水雨淋险，渗漏险，短量险，钩损险，混杂、沾污险，碰损、破碎险，锈损险，包装破裂险，串味险，受潮受热险等。

（二）特殊附加险

1. 战争险和罢工险

凡加保战争险时，保险公司则按加保战争险条款的责任范围，对由于战争和其他各种敌对行为所造成的损失负赔偿责任。按中国人民财产保险股份有限公司的保险条款规定，战争险不能作为一个单独的项目投保，而只能在投保上述三种基本险别之一的基础上加保。战争险的保险责任起讫与货物运输险不同，它不采取仓至仓条款，而是从货物装上海轮开始至货物运抵目的港卸离海轮为止，即只负责水面风险。

根据国际保险市场的习惯做法，一般将罢工险与战争险同时承保。如投保了战争险又需加保罢工险时，仅需在保单中附上罢工险条款即可，保险公司不再另行收费。

2. 其他特殊附加险

为了适应对外贸易货运保险的需要，中国人民财产保险股份有限公司除承保上述各种附加险外，还承保交货不到险、进口关税险、舱面险、拒收险、黄曲霉素险以及我国某些出口货物运至港澳存仓期间的火险等特殊附加险。

第三节　伦敦保险协会海运货物保险条款

在国际保险市场上，英国伦敦保险协会所制定的"协会货物保险条款"（Institute Cargo Clauses，ICC）对世界各国有着广泛的影响。目前，世界上许多国家在海运保险业务中直接采用该条款，还有许多国家在制定本国保险条款时参考或采用该条款的内容。在我国，按 CIF 条件出口，虽然一般以中国人民财产保险股份有限公司所制定的保险条款为依据，但如果国外客户要求以英国伦敦保险协会所制定的货物保险条款为准，也可酌情接受。因此，对英国伦敦保险协会海运货物保险条款也必须有所了解，以利订好保险条款和正确处理有关货运保险事宜。

一、协会货物保险条款的种类

协会货物保险条款主要有以下六种：

(1) 协会货物条款（A）(Institute Cargo Clauses (A), ICC (A))。

(2) 协会货物条款（B）(Institute Cargo Clauses (B), ICC (B))。

(3) 协会货物条款（C）(Institute Cargo Clauses (C), ICC (C))。

(4) 协会战争险条款（货物）(Institute War Clauses Cargo, IWCC)。

(5) 协会罢工险条款（货物）(Institute Strikes Clauses Cargo, ISCC)。

(6) 恶意损害险条款（Malicious Damage Clauses）。

上述 ICC（A）、ICC（B）、ICC（C）三种险别都有独立完整的结构，对承保风险及除外责任均有明确规定，因而都可以单独投保。

上述战争险和罢工险也具有独立完整的结构，如征得保险公司同意，必要时也可作为独立的险别投保。唯独上述恶意损害险，属附加险别，不能单独投保。

二、协会货物保险主要险别的承保风险与除外责任

（一）ICC（A）险的承保风险与除外责任

ICC（A）险大体相当于中国人民财产保险股份有限公司所规定的一切险，其责任范围最广，故协会货物保险条款采用承保"除外责任"之外的一切风险的概括式规定办法，即除了"除外责任"项下所列风险，保险人不予负责外，其他风险均予负责。ICC（A）险的除外责任包括以下几个方面：

1. 一般除外责任

其中包括：归因于被保险人故意的不法行为造成的损失或费用；自然渗漏、重量或容量的自然损耗或自然磨损；由于包装或准备不足或不当所造成的损失或费用；由于保险标的的内在缺陷或特性所造成的损失或费用；直接由于迟延所造成的损失或费用；由于船舶所有人、经理人、租船人经营破产或不履行债务造成的损失或费用；由于使用任何原子或热核武器所造成的损失或费用。

2. 不适航和不适货除外责任

这是指保险标的在装船时，被保险人或其受雇人已经知道船舶不适航，以及船舶、装运工具、集装箱等不适货。

3. 战争除外责任

这是指由于战争、内战、敌对行为等造成的损失或费用；由于捕获、拘留、扣留等（海盗除外）所造成的损失或费用；由于漂流水雷、鱼雷等造成的损失或费用。

4. 罢工除外责任

这是指由于罢工者、被迫停工工人等造成的损失或费用；任何恐怖主义者或出于政治动机而行动的人所造成的损失或费用。

（二）ICC（B）险的承保风险与除外责任

ICC（B）险大体相当于中国人民财产保险股份有限公司所规定的水渍险，它比 ICC（A）险的责任范围小，故采用承保"除外责任"之外列明风险的办法，即将其承保的风险一一列举出来。这种规定办法，既便于投保人选择投保适当的险别，又便于保险人处理损害赔偿。ICC（B）险具体承保的风险包括以下几种：

（1）灭失或损害合理归因于下列原因者：火灾、爆炸；船舶或驳船触礁、搁浅、沉没或倾覆；陆上运输工具倾覆或出轨；船舶、驳船或运输工具同水以外的外界物体碰撞；在避难港卸货；地震、火山爆发、雷电。

（2）灭失或损害由于下列原因造成者：共同海损牺牲；抛货；浪击落海；海水、湖水或河水进入船舶、驳船、运输工具、集装箱、大型海运箱或储存处所；货物在装卸时落海或摔落造成整件的全损。

ICC（B）险的除外责任与 ICC（A）险的规定不同之处有以下两点：

（1）在 ICC（A）险中，仅规定保险人对归因于被保险人故意的不法行为所致的损失或费用不负赔偿责任；而在 ICC（B）险中，则规定保险人对被保险人以外的其他人的故意非法行为所致的风险不负责任。可见，在 ICC（A）险中，恶意损害的风险被列为承保风险；而在 ICC（B）险中，保险人对此项风险却不负赔偿责任。被保险人如想获得此种风险的保险保障，就需要加保"恶意损害险"。

（2）在 ICC（A）险中，标明"海盗行为"不属除外责任；而在 ICC（B）险中，保险人对此项风险不负赔偿责任。

（三）ICC（C）险的承保风险与除外责任

ICC（C）险的承保风险较 ICC（A）和 ICC（B）都小得多，它仅承保"重大意外事故"的风险，而不承保自然灾害及非重大意外事故的风险。ICC（C）险具体承保风险如下：

（1）灭失或损害合理归因于下列原因者：火灾、爆炸；船舶或驳船触礁、搁浅、沉没或倾覆；陆上运输工具倾覆或出轨；船舶、驳船或运输工具同水以外的外界物体碰撞；在避难港卸货。

（2）灭失或损害由于下列原因造成者：共同海损牺牲；抛货。

ICC（C）险的除外责任与 ICC（B）险完全相同，在此不赘述。

（四）战争险的承保风险与除外责任

战争险主要承保由于以下原因造成标的物损失：

（1）战争、内战、革命、叛乱、造反或由此引起的内乱，或交战国或针对交战国的任何敌对行为。

（2）捕获、拘留、扣留、管制或扣押，以及这些行动的后果或这方面的企图。

（3）遗弃的水雷、鱼雷、炸弹或其他遗弃的战争武器。

战争险的除外责任与ICC（A）险的"一般除外责任"及"不适航和不适货除外责任"大致相同。但在"一般除外责任"上增加了航程挫折条款，即由于战争使得货物未能到达保险单所载明的目的地，不得不终止航程，所引起的间接损失，保险公司不负责赔偿。

（五）罢工险的承保风险与除外责任

罢工险主要承保保险标的物的以下损失：

（1）罢工者、被迫停工工人或参与工潮、暴动或民变人员造成的损失和费用。

（2）任何恐怖主义者或任何人出于政治目的采取的行动所造成的损失和费用。

罢工险除外责任也与ICC（A）险中的"一般除外责任"及"不适航和不适货除外责任"及战争险条款的除外责任大致相同。协会罢工险只承保由于罢工风险造成的直接损失，而对间接损失不负责赔偿，如罢工期间由于劳动力短缺、航程挫折、敌对行为等造成的损失。

除上述五种主要险别外，还有一种附加险别，即恶意损害险。它所承保的是被保险人以外的其他人（如船长、船员等）的故意破坏行动所致被保险货物的灭失或损害，但排除故意破坏行为是出于政治动机。这种风险仅在ICC（A）险中被列为承保风险的范畴，而在ICC（B）险和ICC（C）险中均被列为"除外责任"。因此，如被保险人需要对此风险取得保险保障，在其投保ICC（B）险或ICC（C）险时，就需要另行加保"恶意损害险"。

三、协会海运货物保险的保险期限

保险期限是指保险人承担保险责任的起讫期限，也就是保险的有效期。英国伦敦保险协会海运货物保险条款和海运货物战争险条款对保险期限的规定，同上述我国海运货物保险与海运货物战争险条款对保险期限的规定大体相同，但其规定比我国有关条款的规定更为详细，在此不赘述。

第四节　投保实务

货物在运输过程中往往会发生风险并导致损失，为了在货物发生损失后能得到补偿，需要对货物进行保险。因此，在以CIF或CIP条件成交时，卖方应及时办理出口货物的保险手续。保险涉及保险险别的选择、保险金额的确定和保险费的计算等相关内容。

一、保险单的种类

（1）保险单（Insurance Policy），也称大保单，是保险人应被保险人的要求，表示已接受投保条件而出具的一种正式的承保文件。它既有正面的保险约定，又有背面条款，是一种正规的保险单据，是目前我国保险业务中使用最广的一种保险单据。这种保险单可以通过背书后随物权的转移而转让。

（2）保险凭证（Insurance Certificate），也称小保单或简式保单。它的正面与保险单的正面一样，只是背面没有保险条款。小保单与大保单具有同等法律效力。

（3）联合保险凭证（Combined Insurance Certificate）。保险公司在商业发票上面加注保险单编号、保险金额、承保险别等内容，并加盖印戳，作为已经承保的凭证，不再另外出具保险单据，此时该商业发票就成为联合保险凭证。

（4）预约保险单（Open Cover），又称开口保险单，是保险人对被保险人将要装运的属于约定范围内的一切货物自动承保的，而又没有"总保险金额限制"的预约保险总合同。一旦卖方装运货物，卖方或买方立即将相关货物装运的详细资料如货物名称、总值、船名、航次、装运时间、发票和提单号码等连同预约保险单的编号一起书面通知该保险公司，保险公司便自动承保。预约保险单对于经常有进出口货物的公司而言十分方便，既可以防止漏保，又可省去逐笔、逐批投保的程序化手续。

（5）保险批单（Endorsement）。保险单出具后，投保人如需对原保险事项进行补充或更改，可根据规定向保险公司提出申请，经同意后，由保险公司另出具一种凭证，注明更改或补充的内容，这种凭证即为保险批单。批单原则上需要粘贴在保险单上，并加盖骑缝章，作为原保险单不可分割的一部分。保险单一经批改，保险公司即按批改后的内容承担责任。

二、保险单的作用

保险单是保险人与被保险人之间订立的保险合同的凭证。其主要作用有以下几方面：

（1）保险单是保险人对保险单所列的货物在其承保范围内承担灭失和损害赔偿责任的凭证。

（2）在运输过程中，当被保险货物遭受保险合同责任范围内的损失时，保险单是被保险人索赔、保险人理赔的依据。

（3）在 CIF 或 CIP 合同中，保险单是出口商向银行或进口商收款时必须提交的单证之一。

三、出口货物的投保手续

按照规定，凡买卖合同规定由我方办理保险时，各公司应按规定向保险公司办理保险手续。具体程序如下：

（1）投保人根据合同或信用证的规定，在备妥货物并确定装运日期后，出口公司应在货物装船前向保险公司填制一份"海运出口货物投保单"，送保险公司投保。这是保险公司接受投保、出具保险单的依据。

（2）保险公司接到投保单后，以此为依据，出具保险单。

（3）投保人在保险公司出具保险单后，如需更改相关内容，如险别、保险金额、投保期限、航程或运输工具等，需要向保险公司提出申请，由保险公司出具批单，附在保险单上作为保险单的组成部分。批单的法律效力优于保险单。

（4）投保人缴纳保险费。

四、投保单和保险单的缮制说明

因为投保单和保险单两份单据的内容大同小异，所以就将这两份保险单据的相关填写内容合起来说明：

（1）保险人（Underwriter）：填写承保此批货物的保险公司的名称，一般印在投保单的上方。

（2）被保险人（The Insured）：保险单的受益人。除非信用证另有规定，CIF交易中被保险人一般为信用证的受益人，即出口公司。

（3）标记（Marks & Nos.）：即"唛头"。根据信用证或 S/C 或订舱回单填写，如内容较多，也可以简单填写"AS PER INVOICE NO. ×××"；没有唛头时，填写"N/M"。

（4）包装及数量（Packing & Quantity）：有包装的填写商品最大外包装的数量及种类；裸装货物要注明本身件数；煤炭、石油等散装货物注明净重；有包装但以重量计价的，应将包装数量与计价重量都注上。

（5）保险货物的项目（Description）：填写商品的名称，可以填写与货物性质不相矛盾的商品统称。

（6）保险金额（Amount Insured）：按信用证规定的金额加一定的加成率投保。如信用证对此未做具体规定，则按 CIF 或 CIP 或发票金额的 110% 投保。注意保险金额没有辅币，因此，如果算出来的保险金额为小数，应进位，不能四舍五入，否则会造成保险金额不足，而导致银行拒付。例如，经计算，保险费为 USD 65879.02，则在投保单上保险金额应填 USD 65880。

一般情况下，当商业发票金额为 CIF 或 CIP 的价值时

保险金额 = 发票金额 + 投保加成 = 发票金额 ×（1 + 投保加成率）

保险费＝保险金额×保险费率＝发票金额×（1＋投保加成率）×保险费率

（7）总保险金额（Total Amount Insured）：本栏填写保险金额的大写数字，注意与小写一致。在保险单上，"保险金额"一般使用小写（in Figures），而"总保险金额"则一般需要写大写（in Words）。

（8）保险费（Premium）和费率（Rate）：保险费和费率栏通常不注明具体数字，而分别印就"AS ARRANGED（按协商）"。有时保险费栏也可按信用证要求缮打"PAID"或"PREPAID"，或具体金额数目。

（9）启运日期（Date of Commencement）、装载运输工具（Per Conveyance S. S）和提单号码（B/L No.）：这些内容一般是在保险单出具以后才会确定下来的，为避免填错，投保单上可空着不填。而正式的保险单上可笼统地按如下格式填写：海运填"As Per B/L"；陆运填"As Per Cargo Receipt"；空运填"As Per Airway Bill"；邮运填"As Per Post Receipt"等。

（10）装运港（Port of Loading）：根据信用证或合同规定填写。

（11）目的港（Port of Discharge）：根据信用证或合同规定填写。

（12）投保险别（Conditions）：填写信用证规定的投保险别，包括险种和相应的保险条款等。

（13）赔款地点（Claim Payable at）：根据信用证的规定填写，一般在进口国目的港。

（14）勘察理赔代理（Surveying and Claim Agent）：本栏填写货物出险时负责检验、勘察和理赔的保险人的代理人，由保险公司填写。该代理人一般在目的港所在国（地区），便于到货后检验和理赔，所以应准确填写该代理人的名称及联系方式，方便出险时能迅速与之取得联系。

（15）保单号次（Policy No.）：由保险公司提供。

（16）保险单正本份数（Number of Originals）：份数既要有小写，又要有大写，大小写要一致。

（17）投保人盖章（Applicant's Signature）及投保日期（Applicant's Date）：由出口公司盖章并由具体经办人员签字，日期为投保的日期。

（18）保险单的出单日期（Issuing Date）：按照国际惯例，保险单据必须具有出单日期。需要注意的是，保险单的出单日期最迟也只能与运输单据的装运日期显示为同一天，最好是早于运输单据的装运日期，千万不能晚于运输单据的装运日期。否则，买方、银行和保险公司都不会接受这种出单日期的保险单。

（19）保险单的签署（Stamp and Signature）：由承担保险责任的保险公司盖章并由其负责人签字。

下面是一则保险单的填制样例：

中国平安保险股份有限公司

PING AN INSURANCE COMPANY OF CHINA, LTD.

货物运输保险单

CARGO TRANPORTATION INSURANCE POLICY

被保险人：ZHEJIANG LONGQIANG CORP.

中国平安保险股份有限公司根据被保险人的要求及其所交付约定的保险费，按照本保险单背面所载条款与下列条款，承保下述货物运输保险，特立本保险单。

This policy of insurance witnesses that Ping An Insurance Company of China, Ltd. , at the request of the insured and in consideration of the agreed premium paid by the insured, undertakes to insure the under mentioned goods in transportation subject to the conditions of policy as per the causes printed overleaf and other special clauses attached hereon.

保单号：NO. 1000005859　　　　赔款地点：TORONTO, CANADA IN USD

发票或提单号：INV. NO.：LQ201707　　查勘代理人：PING AN INSURANCE COMPANY OF CHINA, LTD. TORONTO BRANCH

　　　　　　　　　　　　　　　　TEL：××××　　FAX：××××

运输工具：CHANGJIANG 7

启运日期：AS PER B/L　　　　　　自：NINGBO　至：TORONTO

保险金额：USD 62，182.00（SAY US DOLLARS SIXTY TWO THOUSAND ONE HUNDRED AND EIGHTY TWO ONLY）

承保条件：COVERING ICC（A）, INSTITUTE WAR CLAUSES（CARGO）, INSTITUTE TRIKES CLAUSES（CARGO）, WAREHOUSE TO WAREHOUSE CLAUSES.

保险货物项目、标记、数量及包装：

　　ABC

COFFEE POT　TORONTO　2400PCS　12PCS/CTN

　　SS6288

　　　C/No. 1-200

签单日期：Apr. 16，2017　　　　　　　签发：

中国平安保险股
份有限公司
保险专用章

××

五、信用证中有关保险单的条款举例

（1）INSURANCE POLICY OR CERTIFICATE SHOULD BE APPENDED BY A DECLARATION SIGNED BY THE INSURANCE COMPANY SHOWING（A）NAME OF ITS INSURANCE COMPANY（B）ADDRESS OF ITS PRINCIPAL OFFICE（C）COUNTRY OF ITS INCORP. CERTIFYING THAT THE SAID COMPANY HAS A DULY QUALIFIED AND APPOINTED AGENT OR REPRESENTATIVE IN SAUDI ARABIA STATING HIS FULL NAME AND ADDRESS.

保险单或保险凭证应随附一份由保险公司签署的声明，列明：①保险公司的名称；②保险公司总部的地址；③保险公司注册的国家名称。并证实该保险公司在沙特阿拉伯拥有一家合格的指定代理，同时注明这家代理详细的名称和地址。

（2）2/2 SET OF ORIGINAL INSURANCE POLICY OR CERTIFICATE,

BLANK ENDORSED, COVERING ALL RISKS AND WAR RISK FOR 110% INVOICE VALUE AS PER ICC, SHOWING CLAIMS PAYABLE IN INDIA.

（需提交）全套两份正本的保险单或保险凭证，空白背书，按发票金额的110%投保英国伦敦保险协会海运货物保险条款的一切险和战争险，注明在印度支付（索赔）。

[案例9-7]

我国某外贸公司向日本和英国两国商人分别以 CIF 和 CFR 价格出售蘑菇罐头，有关被保险人均办理了保险手续。这两批货物自启运地仓库运往装运港的途中均遭受损失。问：这两笔交易中各由谁办理货运保险手续？该货物损失的风险与责任各由谁承担？保险公司是否给予赔偿？并简述理由。

[分析] 与日本商人的交易，由卖方办理货运保险手续；与英国商人的交易，由买方办理货运保险手续。

在这两笔交易中，风险与责任均由卖方承担。

保险公司对"与日本商人的交易"应对该货损给予赔偿。因为我国的《海洋运输货物保险条款》对保险责任的起讫，主要采用仓至仓条款（Warehouse to Warehouse Clause），即保险责任自被保险货物运离保险单所载明的启运地仓库或储存处所开始。本例 CIF 条件下由卖方投保，保险合同在货物启运地启运后生效。

保险公司对"与英国商人的交易"不会对该货损给予赔偿。FOB、CFR 条件下由买方投保，保险合同在货物越过船舷后生效。

[案例9-8]

2017 年 2 月，中国某纺织进出口公司与大连某海运公司签订了运输 1000 件丝绸衬衫到法国马赛的协议。合同签订后，进出口公司又向保险公司就该批货物的运输投保了平安险保险单。2 月 20 日，该批货物装船完毕后启航。2 月 25 日，装载该批货物的轮船在海上突遇罕见大风暴，船体严重受损，于 2 月 26 日沉没。3 月 20 日，纺织品进出口公司向保险公司就该批货物索赔，保险公司以该批货物由自然灾害造成损失为由拒绝赔偿。于是，进出口公司向法院起诉，要求保险公司偿付保险金。问：保险公司是否应负赔偿责任？

[分析] 保险公司应负赔偿责任。根据中国人民财产保险股份有限公司海洋运输货物保险条款的规定，海运货物保险的险别分为基本险和附加险两大类，基本险是可以单独投保的险种，主要承保海上风险造成的货物损失，包括平安险、水渍险与一切险。平安险对由于自然灾害造成的部分损失一般不予负责，除非运输途中曾发生搁浅、触礁、沉没及焚毁等意外事故。平安险虽然对自然灾害造成的部分损失不负赔偿责任，但对自然灾害造成的全部损失应负赔偿责任。本案例中，进出口公司投保的是平安险，而所保的货物在船因风暴沉没时

全部灭失，发生了实际全损，故保险公司应负赔偿责任，其提出的理由是不成立的。

[案例9-9]

中国某外贸公司以 FOB 价格条件出口棉纱 2000 包，每包净重 200kg。装船时已经过双方认可的检验机构检验，货物符合合同规定的品质条件。该外贸公司装船后因疏忽未及时通知买方，直至 3 天后才给予装船通知。但在启航 18 小时后，船只遇风浪致使棉纱全部浸湿，买方因接到装船通知晚，未能及时办理保险手续，无法向保险公司索赔。买方要求卖方赔偿损失，卖方拒绝，双方发生争议。问：该合同中，货物风险是否已转移给买方？应该如何处理？

[分析] 根据国际商会的解释，FOB 合同中风险转移的原则是，一般情况下，货物在装运港装上船后，风险即由买方承担。但如果卖方未及时履行发出装船通知这一义务，则货物越过船舷后的风险仍由卖方承担。本案例的 FOB 合同中，卖方虽已完成货物装船义务，使货物越过了船舷，但由于疏忽没有及时将装船情况通知买方，耽误了买方投保。根据《2010 年国际贸易术语解释通则》的规定和国际商会的解释，风险未发生转移，仍由卖方承担。因此，本案例中应由卖方承担赔偿货物损失的全部责任。

[案例9-10]

有一份 CIF 合同，卖方投保了一切险，自法国内陆仓库起，直到美国纽约的买方仓库为止。合同中规定，投保金额是"按发票金额总值另加 10%"。卖方在货物装船后，已凭提单、保险单、发票、品质检验证书等单证向买方银行收取了货款。后来，货物在运到纽约港前遇险而全部损失。当买方凭保险单要求保值的 10% 部分，卖方声称这 10% 部分应该属于自己，但遭到卖方保险公司的拒绝。问：卖方有无权利要求保险公司赔偿发票总值 10% 的这部分金额？为什么？

[分析] 根据本案例的情况，卖方无权要求这部分赔款，保险公司只能将全部损失赔偿支付给买方。

（1）在国际货物运输保险中，投保加成是一种习惯做法。保险公司允许投保人按发票总值加成投保，习惯上是加成 10%，当然，具体加成多少应由投保人与保险公司协商约定，不限于 10%。在国际商会的《国际贸易术语解释通则》中，关于 CIF 卖方的责任有如下规定："自费向信誉卓著的保险人或保险公司投保有关货物送中的海洋险，并取得保险单，这项保险应投保平安险，保险金额包括 CIF 价另加 10%……"

（2）在 CIF 合同中，虽然由卖方向保险公司投保，负责支付保险费并领取保险单，但在卖方提供符合合同规定的单据（包括提单、保险单、发单等）换取买方支付货款时，这些单据包括保险单已合法、有效地转让给买方。买方作为保险单的合法受让人和持有人，也就享有根据保险单所产生的全部利益，包括超出发票总值的保险价值的各项权益都应属买方享有。

因此，在本案例中，保险公司有权拒绝向卖方赔付任何金额，也有义务向买方赔付包括加成在内的全部保险金额。

[案例 9-11]

在 20 世纪 80 年代，有一出口商同国外买方达成一项交易，合同规定的价格条件为 CIF，当时正值海湾战争期间，装有出口货物的轮船在公海上航行时，误中一导弹而沉没。由于在投保时没有加保战争险，保险公司不赔偿。问：应由买卖双方中的哪方负责？为什么？

[分析]（1）应由买方负责。

（2）因价格条件为 CIF，风险自货物装上装货港船舶转移给买方；按照 UCP 600 的解释，在买方没有提出特别要求的情况下，卖方投保责任范围最小的险别是合理的。

[案例 9-12]

"明西奥"轮船装载着散装亚麻子，驶向美国的纽约港，不幸，在南美飓风的冷风区内搁浅被迫抛锚。当时，船长发现船板有断裂危险，一旦船体裂缝漏水，亚麻子受膨胀有可能把船板胀裂，所以船长决定迅速脱浅。于是，该船先后 4 次动用主机，超负荷全速开车后退，终于脱浅成功。抵达纽约港后，对船体进行全面检修，发现主机和舵机受损严重，经过理算，要求货方承担 6451 英镑的费用。货主对该项费用发生异议，拒绝付款。试分析本案。

[分析]根据共同海损的含义，货主无权拒付。从案例陈述的过程中可知，共同海损成立：为了船、货共同安全而采取的合理措施而引起的损失，应由获救的各方和船方共同承担。

[案例 9-13]

保险条款不明确导致纠纷案

G 公司以 CIF 价格条件引进一套英国产检测仪器，因合同金额不大，合同采用简式标准格式，保险条款一项只简单规定"保险由卖方负责"。仪器到货后，G 公司发现一部件变形，影响其正常使用。G 公司向外商反映要求索赔，外商答复仪器出厂经严格检验，有质量合格证书，非他们的责任。后经商检局检验，认为是运输途中部件受到振动、挤压造成的。于是 G 公司向保险代理索赔，保险公司认为此情况属"碰损、破碎险"承保范围，但 G 公司提供的保单上只保了 ICC（C），没保"碰损、破碎险"，所以无法赔付。

G 公司无奈，只好重新购买此部件，既浪费了金钱，又耽误了时间。

[分析] G 公司业务人员想当然地以为合同规定卖方投保，卖方一定会保"一切险"或 ICC（A）。按照《INCOTERMS》的解释，在 CIF 条件下，如果合

同没有具体规定，卖方只需要投保最低责任范围险别，即平安险和 ICC（C）就算履行其义务。

解决办法：

（1）当进口合同使用 CIF、CIP 条件等由卖方投保的贸易术语时，一定要在合同上注明按发票金额的 110% 投保的具体险别以及附加险。

（2）进口合同尽量采用 CFR、CPT 等贸易术语，由买方在国内办理保险。

（3）根据货物的特点选择相应险别和附加险。

[案例 9-14]

上海某造纸厂以 CIF 条件向非洲出口一批纸张，因上海与非洲的湿度不同，货到目的地后因水分过分蒸发而使纸张无法使用。问：买方能否向卖方索赔？为什么？

[分析] 买方不能向卖方索赔。因为，虽然 CIF 表明由卖方承担保险费，但是风险划分以货物装上船为界，因此风险由买方承担。再者，卖方承担保险费一般只投保最低险别，除非买方要求加保附加险（受潮受热险）。

[案例 9-15]

国内某公司向银行申请开立信用证，以 CIF 条件向法国采购奶酪 3MT，价值 3 万美元，提单已经收到，但货轮到达目的港后却无货可提。经查，该货轮在航行中因遇暴风雨袭击，奶酪被水浸泡，船方将其弃于海中。于是，我方凭保险单向保险公司索赔，保险公司拒赔。问：保险公司能否拒赔？

[分析] 不一定。如果法国方面保的是一切险或者加保了淡水雨淋险，那可以向保险公司索赔；如果保的只是最低险别，则保险公司可以拒赔。

复习思考题

1. 基本险分哪几种？
2. 什么是共同海损？
3. 保险单的种类有哪些？
4. 保险单有什么作用？
5. 附加险能单独投保吗？

第十章
>>>>>> 国际货款的其他结算方式

第一节　汇款结算方式

一、汇付的含义及当事人

（一）汇付的含义

汇付（Remittance）又称汇款，是指付款人委托所在国银行，将款项以某种方式付给收款人的结算方式。在汇付方式下，结算工具（委托通知或汇票）的传送方向与资金的流动方向相同，因此为顺汇。

（二）汇付的当事人

（1）汇款人（Remitter），即付款人。在国际贸易中，汇款人通常是买方或经贸往来中的债务人。

（2）汇出行（Remitting Bank），即接受汇款人的委托汇出款项的银行。在国际贸易中，汇出行通常是买方所在地银行。

（3）汇入行（Paying Bank）又称解付行，即接受汇出行委托解付汇款给收款人的银行。在国际贸易中，汇入行通常是汇出行的代理行，一般在卖方所在地。

（4）收款人（Payee/Beneficiary），即接受汇付款项的人。在国际贸易中，收款人通常是卖方或经贸往来中的债权人。

二、汇付的种类

1. 电汇

电汇（Telegraphic Transfer，T/T）是汇出行以电报、电传或 SWIFT（全球银行金融电信协会）等电信手段向汇入行发出付款委托的一种汇款方式。

采用电汇方式交付款项的速度快，并且银行可以通过核对密押证实汇款的真实性，因此，它是各种汇款方式中使用最多的一种方式，但费用也相对较高。

2. 信汇

信汇 (Mail Transfer，M/T) 是以航空信函向汇入行发出付款委托指示的一种汇款方式。信汇的费用相对较低，但耗时长，因此，业务中较少使用。

3. 票汇

票汇 (Remittance by Banker's Demand Draft，D/D) 是以银行即期汇票作为支付工具的汇款方式，即汇出行应汇款人的要求，开立以其分行或代理行为汇入行的银行即期汇票，并将该汇票交给汇款人，由其自行寄给收款人或亲自交给收款人，最后由收款人凭票向付款行收款。采用票汇方式的费用最低，但耗时也较长。

[特别提示] 票汇与信汇、电汇的不同之处在于：电汇需要由汇入行通知收款人前来取款，而票汇的汇入行无须通知收款人取款，由收款人自行向汇入行取款；汇票背书后可以转让，而信汇委托书则不能转让流通。

三、汇付业务结算流程

（一）电汇和信汇业务流程

买卖双方通过签订购货合同，确认使用电汇/信汇方式支付货款。接下来的汇款业务流程如下（见图10-1）：

① 汇款人（进口商）填写电汇/信汇申请书，缴款付费。

② 汇出行受理业务，将电汇/信汇业务回单交于汇款人（进口商）。

③ 汇出行通过电报、电传或 SWIFT 向汇入行发出汇款委托书，委托汇入行解付款项给收款人（出口商）。

④ 汇入行收到委托后，通知收款人前来收取款项。

⑤ 收款人收到取款通知后，在收款联上签字（或盖章）交汇入行。

⑥ 汇入行付款给收款人（出口商）。

⑦ 汇入行向汇出行发付讫通知后，二者之间进行结算。

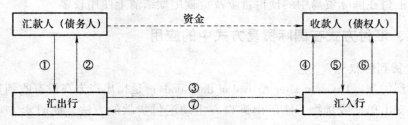

图 10-1 电汇和信汇业务流程

（二）票汇业务流程

买卖双方通过签订购货合同，确认使用票汇方式支付货款。接下来的汇款业务流程如下（见图10-2）：

① 汇款人（进口商或债务人）向汇出行提交票汇申请书并交纳款项。

② 汇出行受理业务，签发即期银行汇票给进口商，并寄送汇票的票根给汇入行留存。

③ 汇款人将汇票寄给（或带给）收款人（出口商或债权人）。

④ 收款人（出口商或债权人）收到即期银行汇票后，将其向汇入行提示要求付款。

⑤ 汇入行核对汇票及票根无误后，向收款人（出口商或债权人）付款。

⑥ 汇入行将付讫通知寄送汇出行，然后二者之间进行结算。

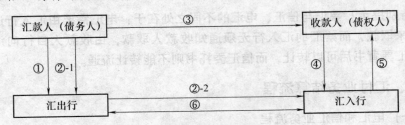

图10-2 票汇业务流程

四、汇付的特点

（1）风险大。对于货到付款的卖方或预付货款的买方来说，能否按时收汇或能否按时收货，完全取决于对方的信用，如果对方信用不好，则可能钱货两空。

（2）资金负担不平衡。对于货到付款的卖方或预付货款的买方来说，资金负担较重，整个交易过程中需要的资金，几乎全部由他们来提供。

（3）手续简便，费用少。汇付的手续比较简单，银行的手续费用也较少。所以，汇付在国际贸易中的预付货款及货款尾款结清上使用较多。

五、汇付方式在国际贸易方式中的应用

1. 货到付款

货到付款（Payment after Arrival of the Goods）是指出口方在没有收到货款以前，先交出单据或货物，然后由进口方主动汇付货款的方法。此时卖方承担的风险较大，资金占用周期较长。

2. 预付货款

预付货款（Payment in Advance）是指在订货时汇付（Cash With Order）或交货前汇付货款的办法。此时买方承担的风险较大，资金占用周期较长。

3. 凭单付汇

凭单付汇（Remittance against Documents）是指在预付货款的情况下，进口商为避免货款两空，要求汇入行解付货款时，收款人必须提供某些指定单据。但在此种方式下，汇款在未被收款人支取前可以撤销，进口人有权在出口商向汇出行交单取款前通知银行将汇款退回。

4. 凭单付现

凭单付现（Cash against Documents，CAD）具体有以下两种形式：

（1）"前 T/T"（T/T in Advance），是指出口商在发货后将货运单据传真给进口商，待进口商收到传真件后电汇货款给出口商后，出口商再快递运输单据的正本和其他商业单据给进口商。对出口商来说，这种做法有利于安全收汇，但进口商要冒汇款后收不到正本单据的风险。

（2）"后 T/T"（T/T after Delivery），是指出口商发货后将正本货运单据快递给进口商，进口商收到正本运输单据后电汇货款给出口商。对出口商来说，这种做法较货到付款，一定程度上缩短了资金占用的时间，但有寄单后进口商不付款的风险。

5. 部分预付，部分凭正本单据（传真）付款

在合同订立后、卖方装运前，买方先电汇 20% ~ 30% 的货款给卖方（货款的部分预付），卖方装运完货物后，将正本提单传真给买方，待收到余款后再将全部单据寄交买方。这是国际贸易中的一种通常做法，它实际上是预付货款与"前 T/T"的结合。

说明：不少人认为，在出口商发货前进口商电汇货款的都是"**前 T/T**"，笔者认为此观点混淆了"**预付货款**"与"**前 T/T**"的概念。"**预付货款**"应是在合同签订之后、发货之前由进口商提前支付的货款，此时还没有运输单据；而"**前 T/T**"是凭单付现（CAD）的一种操作方式，它是在出口商发货取得了运输单据之后、寄单之前，出口商先发运输单据的传真件给进口商，进口商见到运输单据的传真件后再电汇货款给出口商。

第二节　托收结算方式

一、托收的含义和当事人

（一）托收的含义及做法

托收（Collection）是债权人（出口人）出具债权凭证（汇票）和商业单据或仅凭汇票委托银行向债务人（进口人）收取货款的一种支付方式。

从汇兑的角度看，托收属于逆汇；从信用角度看，托收属于商业信用，能

否收回货款与银行无关，而与进口人的信用度有关。

在托收方式下，卖方发货后将装运单证和汇票通过银行寄交进口商，进口商付款或承兑后，银行才交付单证。

（二）当事人

（1）委托人（Principal），通常是出口商。作为贸易合同的卖方，出口商首先要按合同规定交付货物，而后才能通过提交有关单证委托银行收取货款。作为向银行办理托收的委托人，他应缴纳相关的费用。

（2）托收行（Remitting Bank），就是接受委托人的委托代为收款的银行，通常是出口地银行。

（3）代收行（Collecting Bank），就是接受托收行的委托代为收款的银行，通常是托收行的国外分行或代理行。代收行必须在进口商赎单以前保管好单据，并在遭到进口商拒付时及时通知托收行。

（4）付款人（Drawee/Payer），通常是进口商，其最主要的任务就是依据合同的规定付款赎单。

（5）"需要时的代理"（Customer's Representative in Case of Need）。在托收业务中，如发生拒付，委托人可指定需要时的代理人代为料理货物存仓、转售、运回等事宜。

二、托收的种类

托收可分为光票托收和跟单托收两种（见表10-1）。

表 10-1　托收的种类

托收	光票托收	只有金融票据
	跟单托收	金融票据＋商业单据
		只有商业单据

（一）光票托收

光票托收（Clean Collection）是指不附有商业单据（或货运单据）的金融单据的托收，即只提交金融单据委托银行代为收款。

（二）跟单托收

跟单托收（Documentary Collection）是指出口商将货运单据（或商业单据）连同汇票（或没有汇票）一起交给银行，委托银行代收货款的方式。它属于商业信用。

根据交单条件的不同，跟单托收又分为付款交单和承兑交单。

1. 付款交单

付款交单（Documents against Payment，D/P）是指出口人的交单是以进口人的付款为条件，即出口人发货后，取得装运单据，委托银行办理托收，并指示银行只有在进口人付货款后，才能把商业单据（包括货运单据）交给进口人。如果进口商拒付，就不能从代收行取得货运单据，也就无法取得单证项下的货物。依据提示汇票后进口商付款时间的不同，付款交单又可分为即期付款交单和远期付款交单。

（1）**即期付款交单**（D/P at sight）是指代收行向进口商提示汇票及单据后，进口商审核单据无误需立即付款赎单的托收方式。

即期付款交单支付程序如图 10-3 所示。

程序说明：

① 进出口人签订合同，并在合同中规定采用即期付款交单方式结算货款。

② 出口人按照合同的规定装货后，填写托收委托书（参见第十一章第四节），开出即期汇票，连同全套货运单据送交托收行代收货款。

③ 托收行将汇票连同货运单据并附托收委托书上的各项指示，寄交进口地代理银行，即提示行（代收行）。

④ 提示行收到汇票及货运单据，即向进口人做出付款提示。

⑤ 进口人付清货款。

⑥ 代收行放单。

⑦ 代收行电告（或邮告）托收行，款已收妥并转账。

⑧ 托收行将货款交给出口人。

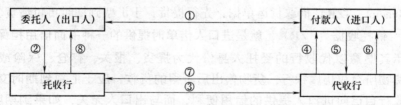

图 10-3　即期付款交单支付程序

（2）**远期付款交单**（D/P after sight）是指代收行向进口商提示汇票，进口商先行承兑汇票，再于汇票到期日付款赎单的托收方式。

远期付款交单支付程序如图 10-4 所示。

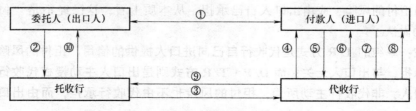

图 10-4　远期付款交单支付程序

程序说明：

① 进出口人签订合同，并在合同中规定用远期付款交单方式结算货款。

② 出口人按照合同规定装货后，填写托收委托书，声明"付款交单"，开出远期汇票，连同全套货运单据送交托收行代收货款。

③ 托收行将汇票连同货运单据并附托收委托书上的各项指示，寄交进口地代理银行，即提示行（代收行）。

④ 提示行收到汇票及货运单据，即向进口人做出承兑提示。

⑤ 进口人承兑汇票后，提示行保留汇票及全套单据。

⑥ 在汇票到期日，提示行再向进口人做出付款提示。

⑦ 进口人付清货款。

⑧ 代收行放单。

⑨ 代收行电告（或邮告）托收行，款已收妥并转账。

⑩ 托收行将货款交给出口人。

在远期付款交单条件下，如果付款日期和实际到货日期基本一致，则不失为对进口人的一种资金融通。如果付款日期晚于到货日期，进口人为了抓住有利时机转售货物，可以采取以下两种做法：

（1）在付款到期日之前付款赎单，扣除提前付款日至原付款到期日之间的利息，作为进口人享受的一种提前付款的现金折扣。

（2）向代收行借单。代收行对资信较好的进口人，允许其凭信托收据（Trust Receipt，T/R）借取货运单据，先行提货，于汇票到期时再付清货款。

注： 信托收据（T/R），就是进口人借单时提供的一种书面信用担保文件，用来表示其愿意以代收行的受托人身份代为提货、报关、存仓、保险或出售，并承认货物所有权仍属银行，货物售出后所得的货款，应于汇票到期时交银行。这是代收行自己向进口人提供的信用便利，而与出口人无关，如果到期收不回货款，则代收行应承担责任。

此外，对付款日期晚于到货日期的情况，出口人可能会采取 远期付款交单凭信托收据借单（D/P·T/R）方式 。也就是出口人主动授权银行凭信托收据借单给进口人，进口人承兑汇票后凭信托收据先行借单提货，日后如发生进口人到期拒付的风险，应由出口人自己承担。从本质上看，这已经不是"付款交单"的做法了。

注： 单纯的 T/R 方式是代收行自己向进口人提供的信用，拒付的风险由代收行承担，与出口人无关；而 D/P·T/R 方式则是出口人主动授权代收行借单给进口人，非代收行主动所为，拒付的风险也不由代收行承担，而由出口人自己承担。

2. 承兑交单

承兑交单（Documents against Acceptance，D/A）是指出口人的交单是指以进口人在汇票上承兑为条件，即出口人在装运货物后开具远期汇票，连同商业单据，通过银行向进口人提示，进口人承兑汇票并将承兑过的汇票退还代收行后，代收行即将商业单据和货运单据交给进口人去提货，进口人只需要在汇票到期时履行付款义务。承兑交单方式只适用于远期汇票的托收，出口商收款的保障只取决于进口人的信用，相较付款交单方式而言，承兑交单是风险最大的。承兑交单支付程序如图 10-5 所示。

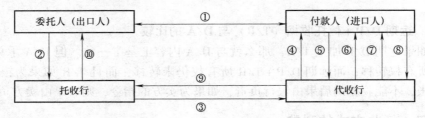

图 10-5　承兑交单支付程序

程序说明：

① 进出口人签订合同，并在合同中规定采用承兑交单方式结算货款。

② 出口人按照合同规定装货后，填写托收委托书，声明"承兑交单"，开出远期汇票，连同全套货运单据送交托收行代收货款。

③ 托收行将汇票连同货运单据并附委托书上各项指示，寄交进口地代理银行，即提示行（代收行）。

④ 提示行收到汇票及货运单据，即向进口人做出承兑提示。

⑤ 进口人承兑汇票，并把承兑过的汇票退还代收行保存。

⑥ 代收行将全套货运单据交给进口人。

⑦ 在汇票到期日，代收行再向进口人做出付款提示。

⑧ 进口人付清货款。

⑨ 代收行电告（或邮告）托收行，款已收妥转账。

⑩ 托收行将货款交给出口人。

托收的具体分类如表 10-2 所示。

表 10-2　托收的具体分类

托收	光票托收		
	跟单托收	付款交单（D/P）	即期付款交单（D/P at sight）
			远期付款交单（D/P after sight）
		承兑交单（D/A）	

3. 远期付款交单（D/P）与承兑交单（D/A）的比较

（1）共同点：①都为托收方式；②都属商业信用，且都是逆汇；③都需要开立远期汇票并在远期支付；④最后都有遭进口人拒付的风险。

（2）不同点：①交单条款不同：远期 D/P 是进口人见票后先承兑，等到期时付清货款后才能取得货权单据；而 D/A 是进口人见票承兑后立即可取得货权单据，货款则留到汇票到期日再支付。②二者风险程度不同：远期 D/P 如遭拒付，货权单据尚在出口方控制之下；而 D/A 因货权单据已被进口人取走，如遭拒付，则使出口人钱货两空。由此可见，后者较前者风险更大。

4. 远期 D/P + 信托收据（T/R）与 D/A 的比较

如果远期 D/P 加上 T/R，那么就与 D/A 内容上基本一致。但 D/A 承兑后，提单所有权转移；而远期 D/P + T/R 所有权仍未转移，而且 T/R 如果为银行自作主张，不能收款的后果由银行负责，如果为卖方的指令，则后果由卖方负责。

三、托收方式的利弊

托收总体上是一种对进口商非常有利，而对出口商不利的结算方式。因为在托收方式下，进口商无须预垫资金，如果采用 D/A 方式，进口商还有进一步利用出口商资金的机会，甚至可能仅凭本身的信用进行交易而无须购货资金的投入。因此，出口商如果期望调动进口商的经营积极性，扩大出口销售，对信用极为可靠的进口商可以酌情采用托收方式进行结算。

但是出口商必须清醒地认识到，在托收业务中，银行仅仅根据出口商的委托提供服务，以委托人的代理人行事，既无保证付款人（进口商）必然付款的责任，也无检查审核货运单据是否齐全、是否符合买卖合同的义务。当发生进口商拒绝付款赎单的情况后，除非事先取得托收行指令并同意，代收行也无代为提货、办理进口手续和存仓保管的义务。所以，托收方式属于商业信用，对出口商而言风险较大。即使是采用付款交单的方式，进口商也必须在付清货款之后获得有关货物的单据，进而取得货物所有权。但如果当货物运抵目的港时，市场出现了对进口商不利的情形，进口商不去付款赎单，或进口商因破产倒闭无力支付货款，那么，虽然出口商仍保有货物的所有权，但很可能因为需要将货物另行处理而支付额外的费用，承担降价的损失或其他风险。如果使用承兑交单，则对出口商而言风险更大。因为进口商只要在远期汇票上承兑即可获得代表物权凭证的单据，从而先行提货，如果汇票到期时进口商不履行付款承诺，则出口商会落得财货两空，即使有望通过法律途径解决，也要耗费大量的人力、物力，因而在实际操作中还是尽量少用。

四、使用托收方式应注意的问题

（1）必须严格审查进口商的资信情况和经营作风，掌握有关商品的市场信息，控制成交金额与交货进度。

（2）国外代收行一般不能由进口商指定，如确有必要，应事先征得托收行同意。

（3）在出口业务中使用托收方式成交时，原则上由我方办理保险，即最好以CIF贸易术语成交。如果使用其他贸易术语成交，我方可另行加保"卖方利益险"。

（4）对贸易管制和外汇管制较严格的国家，一般不宜做托收。

（5）严格按照出口合同规定装运货物、制作单据，以防止被买方找到借口拒付货款。

（6）填写运输单据时，一般应做成空白抬头并加背书。如需做成代收行抬头时，应先与银行联系并经认可后办理。银行对托收项下的货物没有义务采取任何行动，此项货物的风险和责任由发货人承担。

特别提示：出口方慎重选择远期D/P，最好不使用D/A。

出口合同应争取按CIF或CIP条件成交，或也可投保出口信用保险；不采用CIF或CIP时，应投保卖方利益险。卖方利益险是指当货物在运输途中受损而买方又不支付货款时，保险公司承担赔偿责任。

［案例10-1］

某年6月6日，某托收行受理了一笔付款条件为D/P at sight的出口托收业务，金额为USD 100000。托收行按出口商的要求，将全套单据整理后撰打了托收函，一同寄给英国一家代收行。单据寄出5天后，委托人声称进口商要求将D/P at sight的托收条件改为D/A at 60 days after sight。最后，托收行按委托人的要求发出了修改指令，此后一直未见代收行发出承兑指令。当年8月19日，托收行收到代收行寄回的单据，发现三份正本提单只有两份。委托人立即通过英国有关机构了解到，货物已经被进口商提走。此时，托收行据理力争，要求代收行要么退回全部单据，要么承兑付款，但是代收行始终不予理睬，货款始终没有着落。试对本案例加以评析。

［分析］（1）对托收的商业信用性质的把握。根据《托收统一规则》（URC 522）的有关规定，只要委托人向托收行做出了清楚明确的指示，银行对由此产生的任何后果不负责任，后果由委托人自行承担。

（2）对D/A与D/P之间的法律风险的区分。承兑交单比付款交单的风险大。在承兑交单条件下，进口人只要在汇票上承兑后，即可取得货运单据。

（3）本案例明显还存在代收行与外商相互串通，造成出口人货款与财务的双重损失的问题。

第三节　银行保函与备用信用证

在国际贸易的具体业务中，有时一方当事人履行了义务，担心另一方违约，通常要求对方的往来银行出具保证文件，担保该方履行义务。所以，银行保函与备用信用证常常被作为一种银行信用凭证在业务中加以使用。

一、银行保函

（一）银行保函的含义

保函（Letter of Guarantee，L/G）又称保证书，是指银行、保险公司、担保公司等应申请人的请求，向受益人开立的一种书面信用担保凭证，保证在申请人未能按双方协议履行其责任或义务时，由担保人代其履行一定金额、一定时限范围内的某种支付或经济赔偿责任。

银行保函是由银行开立的承担付款责任的一种担保凭证。银行根据保函的规定，承担绝对付款责任。银行保函大多属于"见索即付"（无条件保函），是不可撤销的文件。

（二）银行保函的种类

1. 按索偿条件划分

（1）见索即付保函（Demand Guarantee）。只要以书面方式交付符合保函条款的索赔书或其他文件，保证人即支付货款。在见索即付保函中，保证人履行第一性的直接付款责任。

（2）有条件保函（Conditional L/G）。保证人向受益人付款是有条件的，只有在符合保函规定的条件下，保证人才予付款。此时保证人履行的是第二性附属的付款责任。

2. 按用途的不同划分

（1）投标保函。投标保函是指银行、保险公司或其他保证人向招标人承诺，当申请人（投标人）不履行其投标所产生的义务时，保证人应在规定的金额限度内向受益人付款。

（2）履约保函。履约保函是指保证人承诺，如果保函申请人（承包人）不履行他与受益人（业主）之间订立的合同时，保证人将在约定的金额限度内向受益人付款。此保证书除应用于国际工程承包业务外，同样适用于货物的进出口交易。

（3）还款保函。还款保函是指银行、保险公司或其他保证人承诺，如果申请人不履行他与受益人订立的合同中应履行的义务，不将受益人预付、支付的款项退还或还款给受益人，则银行向受益人退还或支付款项。还款保函除在工程承包项目中使用外，也适用于货物进出口、劳务合作和技术贸易等业务。

特别提示：银行保函一般是见索即付保函，它是一种与基础合同相脱离的独立性担保文件，而且是不可撤销的文件。

3. 按保函与基础交易合同的关系划分

（1）从属保函。从属性保函是指其效力依附于基础交易合同的保函。这种保函是其基础交易合同的附属性契约，担保行只能以基础交易合同的条款及交易的实际执行情况来确定保函项下付款责任成立与否。所以，这类保函本身的法律效力是依附于基础合同关系的存在而存在的，合同与保函的关系是一种主从关系。传统的保函大都属于这一类。

（2）独立保函。独立保函与基础交易合同的执行情况相脱离。虽然保函是根据基础交易合同的需要开立的，但一旦开立后，其本身的效力并不依附于基础交易合同，其付款责任仅以自身的条款为准。在这种保函项下，保函与基础交易合同之间不再具有类似从属保函那样的主从关系，而是呈现出一种相互独立、各自具有法律效力的平行法律关系。目前，国际银行界的保函大多数属于独立保函，而不是传统的从属保函。

4. 按担保行付款责任的属性划分

（1）第一性责任保函。第一性责任保函是指那些已由担保人在保函中明白无误地做出了其将承担首先付款责任的承诺，只要索赔本身能满足保函中规定的条件，则既无须受益人先行向申请人索要，也无须理会申请人是否愿意支付，担保行将在受益人首次索要后立即予以支付的保函。

（2）第二性责任保函。第二性责任保函是指那些在保函项下明文规定了担保行只有在受益人提出索赔而申请人拒绝支付时方予以付款的保函。在这类保函项下，受益人应首先向申请人要求赔付或支付，只有在申请人未付或拒付时，才能向担保行提出索赔。

（三）银行保函的当事人

（1）申请人，一般是合同的债务人。

（2）受益人，即在合同债务人未承担约定义务时，可通过保函取得赔偿的人。

（3）担保人，即开立保函的人，在银行保函下是银行。

（四）保函（L/G）与信用证（L/C）的区别

（1）就银行的责任而言，L/C 业务中，开证行承担第一性的付款责任；L/G 的担保银行的偿付责任既可以是第一性的，也可以是第二性的，要视保证书的具体规定。

（2）L/C 业务中，开证行处理的只是货运单据，与买卖合同无关；L/G 业务中，担保银行因有时要证实申请人不履行合同的情况，所以有时要牵涉合同纠纷。

(3) L/C 只适用于货物买卖；而 L/G 可适用于各种经济交易。

(4) L/C 受 UCP 600 的约束；而 L/G 不受 UCP 600 的约束。

二、备用信用证

(一) 备用信用证的含义与用途

备用信用证（Stand-by Letter of Credit，SL/C），又称商业票据信用证（Commercial Paper L/C）、担保信用证（Guarantee L/C），是指开证行根据开证申请人的请求对受益人开立的承诺某项义务的凭证。即开证行保证申请人未能履行其应履行的义务时，受益人只要凭备用信用证的规定向开证行开具汇票（或不开汇票），并提交开证申请人未履行义务的声明或证明文件，即可获得开证行的偿付。

备用信用证对受益人来说，是备用于开证申请人发生毁约时，获得补偿的一种方式。如果开证申请人按期履行合同的义务，受益人就无须要求开证行在备用信用证项下支付货款或赔款。这是该类信用证被称作"备用"信用证的由来。因此，备用信用证作为一种付款承诺，虽然形式上是第一性的，但意图上却只是在委托人违反基础交易合同的情况下使用的，具有备用之意。备用信用证实质上是一种银行保函，它与银行保函的用途几乎一样，既可以用于成套设备、大型机械、运输工具的分期付款和租金支付，又可以用于一般进出口贸易、国际投标、国际融资、加工装配、补偿贸易及技术贸易的履约保证等。

(二) 备用信用证的性质与特点

根据《国际备用信用证惯例》（International Stand-by Practices，ISP 98），备用信用证在开立后是一个不可撤销的、独立的、跟单的以及具有约束力的承诺。因此，备用信用证具有以下特点：

(1) 不可撤销性。除非在备用信用证中另有规定或经双方当事人同意，开证人不得修改或撤销其在该备用信用证项下的义务。

(2) 独立性。备用信用证项下开证行义务的履行并不取决于开证行从申请人那里获得偿付的权利和能力，不取决于受益人从申请人那里获得的付款权利，也不取决于在备用信用证中对任何偿付协议或基础交易合同的援引，或开证行本身对任何偿付协议或基础交易合同的履约或违约了解与否。

(3) 强制性。备用信用证和修改在开立后即具有约束力，无论申请人是否授权开立，开证行是否收取费用，或受益人是否收到或因信赖备用信用证或修改而采取了行动，它对开证行都是具有强制力的。

(4) 跟单性。开证人的义务取决于单据的提示，以及对所要求单据的表面审核。

（三）备用信用证的内容

备用信用证的内容与跟单信用证大体相似，只是对单据的要求远比跟单信用证简单。其内容一般包括以下 10 个要素：

（1）开证行名称。

（2）开证日期。

（3）开证申请人名称和地址。

（4）受益人名称和地址。

（5）声明不可撤销的性质。

（6）备用信用证的金额，使用的货币种类。

（7）对单据的要求。

（8）备用信用证的到期日（有效期）。

（9）保证文句。

（10）表明适用的惯例。

（四）备用信用证结算方式在国际贸易中的应用

备用信用证的运作一般按以下程序进行：

（1）开证申请人根据基础交易合同的规定，向其所在地的开证人（银行或其他机构）申请开立备用信用证，经开证人审核同意后，该申请书构成申请人与开证人之间的合同；申请人通常要提供担保，并有义务支付开证费；开证人有义务根据申请书的指示开证，并承诺首先向受益人付款。

（2）开证人开证后，通常通过受益人所在地的通知人向受益人通知或转交备用信用证。通知人有义务核验备用信用证的表面真实性，有权利从开证人处到得报酬。当然，备用信用证也可由开证人或申请人直接寄交受益人。但在较大金额的交易中，受益人通常会要求通过通知人的专业核验来防止信用证欺诈。

（3）在大宗交易中，受益人可以要求对信用证加具保兑，开证人通常请求通知人提供保兑。通知人无义务必须进行保兑，若该通知人不提供保兑，则需及时通知开证人；若该通知人对备用信用证进行保兑，则成为保兑人，他对受益人承担与开证人同样的义务和责任。

（4）受益人获得信用证后，即可发货或进行其他履约行为。如果开证申请人也按承诺或交易合同的规定履行了义务，那么备用信用证就自动失效，受益人应将备用信用证退还给开证人。至此，备用信用证的全部交易程序即告结束，这也是大多数正常情况下备用信用证的运作程序。

（5）如果开证申请人未能按照承诺或基础交易合同的规定履行其义务，受益人即可向开证人或保兑人提交符合备用信用证规定的索偿要求以及与备用信用证相符的单据，向开证人或保兑人索偿。

（6）开证人或保兑人如果没有任何过错，那么在做了最后的偿付后，可以向开证申请人要求赔偿。若申请人不付款或无法付款，则开证人可以从担保中获得偿付；若开证人或保兑人因没有履行谨慎审单义务而错误地向受益人付了款，则丧失对申请人的求偿权；若单证相符而受益人交货与基础交易合同不符，申请人不能对开证人拒付，而只能依据基础交易合同向受益人索赔。

三、银行保函与备用信用证的异同

（一）银行保函与备用信用证的相同点

（1）二者都是银行应申请人的要求向受益人开立的书面保证。

（2）二者都是用银行信用代替商业信用或补充商业信用的不足。

（3）二者都适用于诸多经济活动中的履约担保。

（二）银行保函与备用信用证的不同点

（1）要求的单据不同。银行保函不要求受益人提交汇票，但要求受益人除了提交证明申请人违约的文件外，还需要提交证明自己履约的文件；而备用信用证要求受益人在索赔时提交即期汇票和证明申请人违约的书面文件。

（2）付款的依据不同。在无条件的保函项下，担保行在受益人的简单书面索赔面前承担无条件的支付义务，而在有条件的保函项下，只有保函所规定的条件得到满足或所规定的能反映客观事实的单据提交给担保行后，担保行才会履行其支付义务；在备用信用证项下，只要受益人能够提供符合信用证规定的文件或单据，开证行即验单付款。

（3）遵循的规则不同。银行保函至今没有被世界各国所认可的通行惯例，只能参照《合约保函统一规则解释》（URCG）；在备用信用证项下，有一个被世界各国所承认的国际惯例，即《跟单信用证统一惯例》。

第四节　出口贸易融资

一、国际保理

（一）国际保理的概念

国际保理（International Factoring）又称承购应收账款，简称保理。它是在托收、赊账等情况下，保理商向出口商提供的一项包括对买方资信调查、风险担保、催收应收账款、财务管理以及融通资金等综合性财务服务。简而言之，它是一种出口商以商业信用方式出口商品，装运后将发票等应收账款凭据转让给保理商，取得保理商资金融通的业务。

(二) 国际保理业务的服务项目

1. 销售分户账管理

保理商一般都是大型商业银行的附属机构，它们拥有完善的账户管理制度、先进的管理技术和丰富的管理经验。同时，各大保理商与国外各种机构建立了计算机联网，能够提供高效的社会化服务。其具体做法是：保理商收到其客户（出口商）交来的销售发票后，在计算机中设立分户账，输入必要的信息及参考数据，如债务人、金额、支付方式、付款期限等，然后由计算机进行自动处理，完成诸如记账、催收、清算、计息、收费、统计报表的打印等工作。保理商还可以根据客户的要求，随时或定期提供各种数据和资料。

2. 债款回收

债款回收是一种技术性、法律性较强的工作。一般出口商不具备回收债权的专业技术，因而债款的催收将是十分棘手的事情。若应收账款不能及时收回，导致营运资金周转不灵，可能给企业的发展带来一系列的问题。而保理商拥有专门的收债技术和知识，能够正确、适时地对不同的债务人收回债务。如果产生争议和纠纷，保理商又有专门的法律部门，可以提供有效的律师服务。债款回收的具体做法是：客户先与保理商商议收债方式、程序和最后手续；然后，双方签订保付代理协议，各自按协议规定履行权利与义务。

3. 信用销售控制

国际贸易渠道和网络错综复杂，国际市场行情千变万化，要避免和减少潜在的风险，出口企业就必须了解和掌握客户资信变化情况，制定切实可行的信用销售限额和采取必要的防范措施。然而，一般中小企业很难做到这一点。保理商以其独特的优势，利用保理商联合会广泛的代理网络和官方或民间的咨询机构，利用其母行在国外广泛的分支机构和代理网络，通过现代化手段获取最新动态资料，依据所掌握的客户资信情况变化，为出口商提供其客户的信用销售额度，从而将应收账款的风险降到最低。

4. 坏账担保

保理商对坏账担保的服务项目是有限制条件的。通常，保理商对其客户并非提供100%的坏账担保，而只对已经核准的应收账款提供100%的坏账担保。这就是说，只要供应商对其每个客户的销售控制在保理商核定的信用销售额度之内，就能有效地消除因买方信用造成的坏账风险。但对因产品的质量、服务水平、交货期等引起的贸易纠纷而造成的坏账和呆账，保理商不负赔偿责任。

5. 贸易融资

保理商可以向供应商提供无追索权的贸易融资，而且手续方便、简单易行。它不像信用放款那样需要办理复杂的审批手续，也不像抵押放款那样需要办理抵押品的移交和过户手续。供应商在发货或提供技术服务后，将发票通知保理商，即可立即获得不超过发票金额 80% 和无追索权的预付款融资，基本解决了在途和信用销售的资金占用问题。

（三）国际保理业务的基本程序

出口保理有"单保理"和"双保理"两种模式，前者只有一个进口国的保理商，后者除了有进口国的保理商以外，还有一个出口国的保理商。我国多用"双保理"的做法，具体程序如图 10-6 所示。

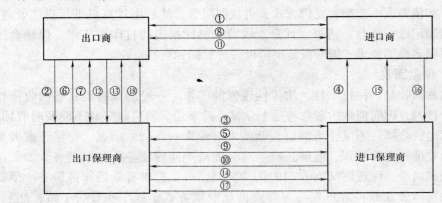

图 10-6　"双保理"业务程序

① 进口商和出口商进行交易磋商。

② 在磋商过程中，出口商选择国内某保理商（出口保理商）并向其提交保理业务申请，填写《出口保理业务申请书》（又可称为《信用额度申请书》），用于为进口商申请信用额度。申请书一般包括如下内容：出口商业务情况、交易背景资料和申请的额度情况，包括币种、金额及类型等。

③ 出口保理商在进口商所在地选择一家合适的保理商（称为进口保理商），通过国际保理商联合会（FCL）开发的保理电子数据交换系统将有关情况通知进口保理商，请其对进口商进行信用评估。通常，出口保理商选择已与其签订过代理保理协议、参加 FCL 组织且在进口商所在地的保理商作为进口保理商。

④ 进口保理商根据所提供的情况，运用各种信息来源对进口商的资信及该类产品的市场行情进行调查，并为进口商初步核定一定的信用额度。

⑤ 进口保理商把为进口商核定的信用额度通知出口保理商。

⑥ 出口保理商将进口保理商核定的进口商信用额度及自己的报价通知出口商。

⑦ 出口商若接受出口保理商的报价，便与其签订出口保理协议。

⑧ 出口商与进口商正式达成交易合同。

⑨ 出口保理商与进口保理商正式申请信用额度。

⑩ 进口保理商回复出口保理商，通知其信用额度批准额、有效期等。

⑪ 出口商在信用额度内发货，将有关发票和货运单据直接寄交进口商。

⑫ 出口商将商业发票副本、债权转让通知书和出口保理融资申请书提交给出口保理商。

⑬ 出口保理商向出口商提供相当于发票金额80%的融资。

⑭ 出口保理商通过保理电子数据交换系统，将发票及单据（若有）的详细内容或应收账款清单通知进口保理商。

⑮ 进口保理商于发票到期日前若干天，根据应收账款清单向进口商催收账款。

⑯ 进口商到期向进口保理商付款。

⑰ 进口保理商把催回的款项转交给出口保理商。

⑱ 出口保理商在扣除融资额度、融资利息和有关费用后，把余款转入出口商的银行账户。

保理对出口商的最大好处是收款无后顾之忧，但对因货物品质、数量、交货期等问题导致的进口商不付款，保理商则不承责任。对超过进口商核定信用额度的风险，保理商同样不负责。

二、福费廷

福费廷（Forfaiting）或称无追索权的融资，又称买断、包买票据，英文名称为"Forfaiting"，源于法语的"à forfait"和德语的"forfaiterung"，含有"放弃某种权利"的意思。"福费廷"是其中文音译。福费廷业务是一种无追索权形式的、为出口商贴现远期票据的金融服务，是指包买商从出口商那里无追索权地购买已经承兑的并通常由进口商所在地银行担保的远期汇票或本票。

该业务是出口贸易的一种新型融资工具，融资比例通常为100%，还款来源为出口项下的收汇款。

（一）福费廷业务的主要特点

（1）福费廷业务中的远期票据产生于销售货物或提供技术服务的正当贸易，包括一般贸易和技术贸易。

（2）福费廷业务中的出口商必须放弃对所出售债权凭证的一切权利。做包买票据后，出口商必须将收取债款的权利、风险和责任转嫁给包买商；而银行作为包买商，也必须放弃对出口商的追索权。

（3）福费廷业务融资期限一般在1～5年，属中期贸易融资业务。但随着福费廷业务的发展，其融资期限扩充到1个月至10年不等，时间跨度很大。

（4）传统的福费廷业务属批发性融资工具，是100%合同金额的融资，融资金额适合100万美元以上的大中型出口合同，对金额小的项目而言，其优越性不明显。近年来也发展了一些小额交易，但要收取较高的费用。

（5）出口商必须对资本货物的数量、质量、装运、交货期担负全部责任。

（6）较多地使用美元、欧元及瑞士法郎为结算和融资货币，其他可自由兑换的货币使用较少。

（二）福费廷业务的益处

1. 对出口商的益处

（1）不影响出口企业的债务状况，不受银行信贷规模和国家外债规模的影响。

（2）是无追索权方式的贴现，出口企业一旦将手中的远期票据卖断给银行，同时也卖断了一切风险，包括政治、金融和商业风险，免除了后顾之忧。

（3）出口企业通过采用包买票据方式，在商务谈判中为国外买方提供了延期付款的信贷条件，从而提高了自身出口产品的竞争力。

（4）出口企业可将全部或部分远期票据按票面金额融资，无须受到预付定金比例的限制。

（5）出口企业在支付一定的贴现费用后，可将延期付款变成现金交易，变远期票据为即期收汇，从而提高资金使用效率，扩大业务量，增强企业活力。

（6）由于包买票据采用固定利率，出口企业可尽早核算出口成本，卖断以后的一切费用均由贴现银行承担。

（7）福费廷融资操作简便、融资迅速，不需要办理复杂的手续和提供过多的文件，可以节省时间，提高融资效率。

（8）出口商从银行获得无追索权贴现款后，即可提前办理核销及退税手续。

2. 对进口商的益处

（1）可获得贸易项下延期付款的便利。

（2）不占用进口商的融资额度。

（3）所需文件及担保简便易行。

3. 对贴现银行的益处

（1）扩大了服务项目，加强了与国际金融界的交往，有利于培养金融专业人才。

（2）利用外资为国内出口商广开融资渠道，促进了贸易出口，带动了业务发展。

（3）融资效率高，不占用银行信贷规模，却扩大了融资金额和范围。

（4）可随时在二级市场上出售所贴现的票据，能转移风险。

（三）福费廷业务中信用证操作流程

福费廷业务中信用证操作流程如图10-7所示。

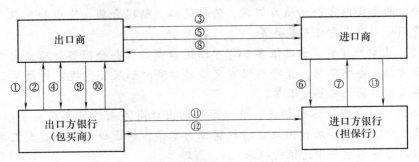

图10-7 福费廷业务中信用证操作流程

主要操作步骤说明：

（1）出口商询价与申请。出口商向银行询价（最好在与出口商正式签约前进行）。出口商在与进口商进行贸易洽谈的早期阶段，应主动向包买商联系询价，了解包买商是否愿意就该笔交易进行洽谈以及他对银行担保等方面的要求。在得到包买商的肯定答复后，出口商即可正式提出申请。申请书的基本内容包括以下几项：

1）需要融资的金额、货币和期限。

2）进出口双方的详细情况，包括名称、注册地址、经营状况和资信状况等。

3）将要提交的票据种类，即是汇票还是本票。

4）担保行的名称及其所在国家。

5）担保方式，即是保付签字还是担保函。

6）分期付款的面额、间隔和到期日。

7）出口商品的名称及类别。

8）预计提交票据的时间。

9）有关的进出口许可证或特许、授权书是否已经办妥。

10）票据的付款地。

（2）包买商审查与报价。接到出口商的询价或申请后，包买商应根据国际福费廷市场情况做出报价。报价内容包括：

1）贴现率（Discount Rate），进口商可以选择固定利率，也可以采用LIBOR（伦敦银行同业拆借利率）加上利差的计算方式。

2）承担费（Commitment Fee），视个别交易而定。

3）多收期（Grace Days），即预估延期天数。

（3）进出口商签订贸易合同。出口商将已经确定的融资费用计入成本，向进口商报价，如进口商接受报价，双方即可正式签订贸易合同。

（4）出口商与包买商签订福费廷协议。出口商与包买商签订福费廷融资协议。协议的主要内容包括项目概况、债权凭证、贴现金额、货币和期限、贴现率与费用、当事人责任与义务等。

(5) 出口商发货、出具汇票和寄单给进口商。贸易合同签订后，出口商即可发运货物，备齐单据，并将单据寄交给进口商。如果合同规定债权凭证为汇票，那么出口商还应签发汇票。

(6) 进口商申请银行担保。进口商收到出口商寄来的汇票后应予以承兑，并申请银行担保。如果合同规定债权凭证为本票，则出口商不必签发汇票，而由进口商签发本票并申请银行担保。

(7) 进口方银行同意担保后，将担保函可保付签字票据交给进口商。

(8) 进口商向出口商提示经承兑和担保的票据。

(9) 出口商向包买商提示票据。

(10) 包买商无追索权地贴现票据并付款给出口商。

(11) 到期索偿。包买商对出口商付款后，应在到期日之前将票据寄担保行索偿（或在二级市场上售出），收回全部票款。

(12) 担保行按照贴现行的指示将款项汇到包买商指定账户。

(13) 进口商偿还担保行垫付的款项。至此，整个福费廷融资业务终结。若付款行未能在到期日正常付款，贴现行可以委托专业律师对付款行提起诉讼，同时向出口商通报拒付事实，以便取得出口商的协助——但出口商并不为此承担任何责任。

(四) 福费廷业务适合哪些出口商

由于福费廷业务主要提供中长期贸易融资，所以从期限上来讲，资本性物资的交易更适合福费廷业务。利用这一融资方式的出口商应满足以下条件：

(1) 同意向进口商提供期限为 1 个月至 5 年甚至更长期限的贸易融资。

(2) 同意进口商以分期付款的方式支付货款，以便汇票、本票或其他债权凭证按固定时间间隔依次出具，以满足福费廷业务的需要。

(3) 除非包买商同意，否则债权凭证必须由包买商接受的银行或其他机构无条件、不可撤销地进行保付或提供独立的担保。

三、打包贷款

1. 打包贷款的含义

打包贷款 （Packing Loan） 又称打包放款，是指出口地银行为支持出口商按期履行合同、出运交货，向收到合格信用证的出口商提供的用于采购、生产和装运信用证项下货物的专项贷款。打包贷款是一种装船前的短期融资，最初仅限于出口商购买包装材料，故而得名。现在的打包贷款用途已经扩大，凡是货物装运前缺乏流动资金，均可以凭合格的信用证正本向银行申请该贷款，使出口商在自有资金不足的情况下仍然可以办理采购、备料、加工，以便顺利开展贸易。

2. 打包贷款的特点

（1）专款专用。打包贷款只能用于信用证项下购买出口货物的包装材料、原材料，或用于支付出口货物的生产、采购、装运等费用。

（2）打包贷款的发放时间是出口商接受信用证并审核无误以后，发货和交单之前。

（3）打包贷款的金额不是信用证的全部金额。打包贷款的金额只是信用证金额的一部分，融资的具体金额由放款银行根据出口商的资信、存款数目、抵押品以及在本行的业务来确定，一般不超过信用证金额的80%。

（4）打包贷款的期限短。打包贷款期限以信用证有效期为基础，一般为自放款之日起至信用证有效期后一个月，多数不超过半年，最长不超过一年。原因是银行提供打包贷款是以抵押正本信用证为前提的，信用证项下的货款是其原款来源，当放款银行在收到开证行支付的货款后即可扣除贷款本息，然后将余额付给出口商，贷款期限就结束了。因此，打包贷款的期限较短。

（5）银行只对本行议付的信用证做打包贷款，以便将来能以出口商提交的单据对外索汇，扣还贷款。

（6）利率一般与同期、同档次的本外币流动资金贷款利率相同。

3. 打包贷款的业务流程

打包贷款的业务流程如图10-8所示。

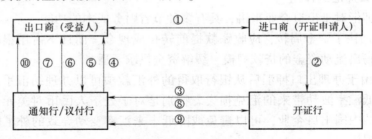

图10-8 打包贷款的业务流程

步骤说明：

① 进出口双方签订贸易合同，并约定采用信用证方式进行结算。

② 进口商向开证行申请开立信用证。

③ 开证行开出信用证并传递给通知行。

④ 通知行鉴别信用证的真伪后，通知信用证给出口商（受益人）。

⑤ 出口商确认信用证无误后，如需融资，可向议付行提出打包贷款申请。

⑥ 议付行审核出口商的融资申请后，与出口商签订贷款协议，办理打包

贷款。

⑦ 出口商发货后向议付行交单。

⑧ 议付行向开证行寄单索偿。

⑨ 开证行偿付议付行。

⑩ 议付行在扣除贷款的本息和手续费后，把余款付给出口商。

4. 出口打包贷款的风险及防范

如果打包贷款是根据预支信用证进行的，那么打包贷款的风险应由开证行承担。如果受益人不能按期提交与信用证规定相符的单据，以便融资银行从开证行处收款，那么融资银行可要求开证行偿还贷款本息，因为融资银行是根据开证行的指示发放贷款的。

如果是以其他信用证发放的贷款，那么风险就应由融资银行自行承担，与开证行无关。在这种融资方式中，出口银行不能仅凭国外信用证就给受益人贷款，因为信用证只是开证行有条件付款的承诺，如果受益人不满足信用证规定的条件，开证行是不会付款的。因此，银行应加强对打包贷款的审查。

四、出口押汇

1. 出口押汇的含义

出口押汇 是指在出口商发运货物之后到收妥结汇这段时间内，出口商将单据和凭单据收款的权利质押给本国银行，从该银行融入短期资金的行为。

2. 出口押汇的作用

出口押汇对于出口企业来讲，具有多种节省财务成本的功能。

（1）加快了资金周转，应收账款提前转化成现金，而且不占用银行授信额度，可以腾出流动资金的贷款规模，缓解资金供求矛盾。

（2）由于办理出口押汇后从银行取得的外汇款项可以办理结汇手续，可以避免或降低汇率波动带来的汇兑损失。特别是对于处于人民币对美元升值的长期预期下的中国出口企业，可以避免或降低未来汇率变动导致的外汇贬值给企业带来的损失。

（3）在外汇贷款利率较低的时期，押汇取得的资金所支付的利息，还有可能低于同期人民币贷款利率下同等数额借款所应支付的利息，这就降低了财务费用支出。

（4）出口押汇所需要的银行利息也较低，手续较简单，因此出口押汇也成为许多出口企业加速周转、规避汇率风险的财务工具。

3. 出口押汇的特点

（1）押汇是短期融资，期限一般不超过180天。

（2）押汇以货运单据为质押。

（3）押汇比例由银行根据情况核定，最高为单据金额的100%。

4. 出口押汇与议付

出口押汇是指在出口企业中，出口商将全套出口单据交给银行，双方签订押汇合同，由银行按照票面金额的一定比例给予出口商提供短期融资的一种借贷行为。"出口押汇"和UCP 600所定义的"议付"是两个不同的概念。人们往往把"押汇"与"议付"混为一谈，其实二者尽管有相似之处，但并不是一回事。

（1）二者的相似点。

1）业务背景。办理出口议付和出口押汇的贸易背景均可以是信用证业务。

2）操作流程。议付行在办理议付和押汇行在办理押汇时，均有相似的融资操作流程，一般都要通过审查、审批、融资、融资后的管理等环节。

3）融资行为。均是对出口商基于交单后的一种短期融资行为。

4）对受益人的追索权均需通过合同的约定。

（2）二者的主要区别。

1）适用范围不同。议付只适用于信用证方式；而押汇不仅适用于信用证方式，还适用于托收、保理等非信用证方式。议付必须满足：议付行地位确立、相符交单、汇票/单据买入，适用于指定银行在相符交单情况下的单据买入。而押汇（信用证项下）主要适用于出口信用证下的贷款，单据是否相符、单据是否抵押并不是制约押汇行办理押汇的主要因素。由此可见，押汇比议付的适用范围要广。

2）单据要求不同。议付要求必须构成"相符交单"，否则不能构成议付行为；押汇则不要求相符交单，在不构成相符交单或对相符交单难以把握时，按出口押汇办理。

3）占用额度不同。议付一般占用国外开证行、保兑行、承兑行在议付行的金融机构额度，此情况下无须出口商提供额外担保，开证行、保兑行、承兑行在议付行无金融机构额度时，占用出口商的综合授信；押汇根据出口商在押汇行的综合授信办理。

4）本质和法律关系不同。议付本质上是议付行对汇票及/或单据权利的买入行为，议付双方当事人是一种汇票/单据的买卖关系；押汇的本质则是建立在信用证项下的汇票/单据质押或其他担保基础上的一种借贷行为，双方当事人的关系为借贷关系。

5）适用的法律或惯例不同。议付是国际惯例中的一个基本概念，在UCP 600中有明确的定义。议付作为一项融资行为，纳入了国际惯例的调整范畴，当然，在国际惯例调整之外也受国内法律的约束。押汇则属于国内法调整范围。

6）银行的法律地位不同。在议付中，当开证行无理拒付时，银行可以"议付行"身份向开证行或保兑行追索，也可以正当持票人身份或依据约定向受益人追索；在押汇业务中，银行不能获得"议付行"地位，不能据以向开证行或保兑行追索，只能依据与受益人之间的押汇合同的约定向受益人追索。

7）银行的法律责任不同。议付行在 UCP 600 规则下有审单义务；而押汇行在 UCP 600 规则下并无明确的审单义务。一般来说，银行在议付中承担的审单责任要大于押汇业务。

第五节　各种支付方式的选用

一笔交易的顺利完成，在某种程度上也归功于结算方式的合理选用。在选择具体的结算方式时，要考虑买卖双方各自承担的风险、收汇的安全及资金的融通等。通常情况下只选择一种结算方式，但各种结算方式都各有利弊，为了促进贸易的发展，也可以将多种结算方式结合在一起使用。

一、信用证与汇付相结合

信用证与汇付相结合是指部分货款用信用证支付，余数用汇付方式结算。例如，对于矿砂等初级产品的交易，双方约定：信用证规定凭装运单据先付发票金额若干成，余数待货到目的地后，根据检验的结果，按实际品质或重量计算出确切的金额，另用汇付方式支付。

二、信用证与托收相结合

信用证与托收相结合是指部分货款用信用证支付，部分用托收方式结算。一般情况下，出口人需开立两张汇票，全套单据附在托收部分的汇票项下，按即期或远期付款交单方式托收；信用证必须注明"在全部付清发票金额后方可交单的条款"。

[案例10-2]

我国某公司出售一批货物给外国进口商，合同规定的支付方式是50%货款凭不可撤销 L/C 见票后30天付款，其余50%凭即期 D/P 付款。我方委托当地银行（托收行）转托 A 银行凭单据向进口商收取货款，同时凭进口商通过 A 银行开立的以我方为受益人的 L/C 开出了50%价款的汇票。其后，A 银行根据进口商按 D/P 支付的50%货款将全部单据交给了进口商，并将代收的50%货款拨付给了托收行。不久，A 银行宣布破产，已承兑的汇票在到期向其提示时也遭到退票。我方遂以货物已被进口商全部收取为由，向进口商追偿50%的货款，进口商借口开证押金收不回来而拒不偿还。为此，我方诉诸法院。问：我方应从中吸取什么教训？

[分析] 本案例中，由于出口商将全套单据附在托收部分的汇票项下，进口商在支付了 D/P 项下 50% 的货款后即取得了相应单据，并提取了货物；而因付款行破产，我方另一半已承兑汇票不能兑付，导致 50% 的货款不能收回。可见，货物单据的获得对买卖双方义务的履行具有决定性意义，若卖方指定进口方在开证时注明"在全部付清发票金额后方可交单的条款"，进口商必须支付完两笔货款后方可赎单，出口商便可避免损失。

三、托收与备用信用证或银行保函相结合

这是指买卖合同约定采用托收方式收款，同时规定进口商申请开立以卖方为受益人的备用信用证或银行保函，担保进口商履行付款义务。一旦进口商拒付货款，出口商可凭进口商的违约证明向开证行或担保行要求偿付。备用信用证或银行保函的到期日应晚于托收付款期限后一段时间，以便卖方有时间办理追偿手续。

四、汇付、保函和信用证相结合

对于生产周期长、成交金额大的成套设备、运输工具等交易，往往要按工程进度和交货进度分若干期付清货款，即分期付款和延期付款。

（一）分期付款

分期付款（Pay by Installments）是指买方预付部分定金，其余货款根据商品制造或交货进度分若干期支付，在货物交付完毕时付清货款。买方付清最后一期货款时，才能取得货物所有权。在分期付款中，产品投产前，买方可采用汇付的方式，先交部分货款作为定金，付出定金之前，买方往往要求卖方提供银行保函以保证其按期交货，否则双倍返还定金；其余货款分期支付，买方开立不可撤销的信用证，即期支付。

（二）延期付款

延期付款（Deferred Payment）是指买方预付部分定金后，大部分货款在交货后相当长的一段时间内分期支付。延期付款是卖方给买方的信贷。具体做法是，合同签订后，买方汇付一小部分货款作为定金，大部分货款在交货后若干年内分期采用远期信用证支付。远期信用证、信用证项下的分期付款、D/P 远期、D/A 和寄售均是延期付款。

（三）分期付款与延期付款的区别

（1）货款清偿程度不同。采用分期付款时，其货款是在交货时付清或基本付清；而采用延期付款时，大部分货款是在交货后一个相当长的时间内分期摊付。

（2）所有权转移时间不同。采用分期付款时，只要付清最后一笔货款，货

物所有权即行转移；而采用延期付款时，货物所有权一般在交货时转移。

（3）支付利息费用不同。采用分期付款时，买方没有利用卖方的资金，因而不存在利息问题；而采用延期付款时，由于买方利用卖方的资金，所以买方需向卖方支付利息。

复习思考题

1. 汇款业务有哪几种方式？各有什么特点？
2. 一般来说，D/P at sight、D/P after sight 和 D/A 的风险排序是怎样的？
3. 简述福费廷业务的内容和主要特点。
4. 比较出口押汇与议付的异同点。
5. 简述打包贷款的特点。
6. 简述国际双保理业务的基本流程。
7. 简述备用信用证的性质与特点。

第十一章
>>>>>> 国际货款结算单据

第一节　国际结算票据

国际结算票据可以分为汇票、本票和支票。在国际贸易结算中，以使用汇票为主。国际结算单证则主要包括发票、包装单据、运输单据、保险单据、各类证明等，发票等在前面的章节里已经讲过的单据，在此不再赘述。

一、票据的基本概念

所谓 票据 （Instrument），是指由出票人签发的，具有一定格式，约定债务人按期无条件支付一定金额，并经过背书可转让的书面支付凭证。现代国际结算的基本方法是非现金结算，票据在非现金结算中担任着支付工具和信用工具的角色。国际结算票据包括汇票、本票和支票，其中汇票是最主要的结算票据。

二、票据的当事人

票据当事人是指票据法律关系中享有票据权利、承担票据义务的当事人，也称票据法律关系主体。票据当事人可分为基本当事人和非基本当事人。基本当事人 是指在票据做成和交付时就已存在的当事人，是构成票据法律关系的必要主体，包括出票人、付款人和收款人。非基本当事人 是指在票据做成并交付后，通过一定的票据行为加入票据关系而享有一定权利、义务的当事人，包括承兑人、背书人、被背书人、保证人等。

1. 出票人

出票人（Drawer）是指做成汇票、在票据上签名并发出票据的人，或者说是签发票据的人。出票人对收款人及正当持票人承担责任，即保证票据在有效期内提示付款人一定付款或承兑，否则，出票人应自行履行付款责任。在票据未获得承兑以前，出票人为票据的主债务人；而票据一旦获得承兑，承兑人成为主债务人，出票人将降为次债务人。汇票的出票人是进行委托支付或发出支付命令的人；本票的出票人是承担或承诺付款的人；支票的出票人是向银行发出支付命令的人。

2. 付款人

付款人（Payer/drawee）是指受出票人委托付款的人。在有的情况下，出票人也是付款人，如本票。如果付款人不接受出票人的命令，收款人和出票人不能强迫付款人付款或承担到期付款的责任。但是，一旦付款人对远期汇票做了承兑，就成为票据的主债务人，必须承担到期付款责任。远期汇票的付款人在对汇票进行承兑后，即为承兑人；本票的付款人为出票人本人；支票的付款人为出票人指定的存款银行。

3. 收款人

收款人（Payee）是指有权向付款人请求付款的人，是票据的主债务人。收款人有权提示付款人，要求获得承兑或付款，但若遭到拒绝，可向出票人追索票款。票款到期前，收款人也可以背书将票据转让，转让后收款人就成为背书人。背书人向票据的受让人承担与出票人相同的保证责任，即受让人可向背书人追索票款。

4. 背书人

收款人或持票人在票据背面签字转让票据权利的行为叫作"背书"，这种转让票据之人称作"背书人"（Endorser），受让票据之人则称作"被背书人"（Endorsee）。票据可经过多次连续背书转让而流通。对于某个背书人而言，他之前的背书人都是他的"前手"（Prior Parties），他之后的背书人和持票人（Holder）则是他的"后手"（Subsequent Parties）。

三、票据行为

一张票据从开立到正当付款而注销，需要经历一系列步骤，一般将这些步骤称为票据行为。票据行为有狭义和广义之分。

狭义的票据行为可简称为票据行为，它是基于当事人的意志表示而发生的相应法律效力的行为，被称为票据的法律行为。具体包括出票、背书、承兑、参加承兑、保证、保付六种行为。

广义的票据行为，统指一切能够引起票据法律关系发生、变更、消灭的各种行为。它除了包括狭义票据行为外，还包括提示、付款、拒付、追索等行为。广义的票据行为被称为准法律行为或其他票据行为。狭义票据行为是票据行为的基础。

1. 出票

出票（Issue）是指出票人在空白的票据格式上按具体交易情况填全必要项目后再签名并交付给收款人的行为。出票是把票据投入流通的第一个票据行为，也称作**主票据行为**，其他行为都是以出票为基础而衍生的附属票据行为。

本票和支票都只开单张，而汇票既可以开单张，也可以一式两份。

2. 背书

背书（Endorsement）是持票人转让票据权利给他人的一种法定手续，是指在票据背面或者粘单上记载有关票据转让事项经签章后交付给受让人（Transferee）的票据行为。背书后，票据权利由背书人转让给受让人。通过背书转让，受让人取得了该张票据，而背书人对票据所负责任同出票人是一样的。我国《票据法》规定，背书不得附有条件。背书时附有条件的，则背书行为有效，但条件无效。

汇票、本票、支票都可以背书转让，但并不是所有票据都可以背书。对限制性抬头或记载有"不得转让"字样的票据，不能背书转让；而对"来人抬头"的票据，无须背书就可转让。因此，背书转让的只是指示性抬头的票据。一张指示性抬头的票据往往可以多次背书、多次转让。背书的主要方式有以下三种：

（1） 限制性背书 （Restrictive Endorsement），是指背书人在票据背面签字，指定某人为被背书人或记载有"不得转让"字样的背书。这就是说，票据只能转让给某某人，到此为止，不能再转让了。

关于限制性背书的受让人能否将票据转让，各国有不同的规定。英国《票据法》规定，限制性背书的受让人无权再转让票据；而《日内瓦统一票据法》和我国《票据法》规定，限制性背书的受让人仍可将票据再次转让，但原背书人，即制作限制性背书的背书人只对其直接后手负责，对其他后手不承担责任。

（2） 记名背书 （Special Endorsement），又称特定背书、正式背书、完全背书。它的特点是背书完整全面，包括背书人（出让人）的签名、被背书人或指定人。收款人除了要在票据背面签上自己的姓名外，还要写明"此票据现转让给×××"。背书日期可以不记载，未记载的视为到期日前背书。

（3） 不记名背书 （Blank Endorsement），又称空白背书、略式背书，即背书人在票据背面签上自己的姓名，而不注明被背书人及其他信息。空白背书的票据凭交付而转让，即空白背书的第一出让人背书签字后，可多次在市场上流通，直到最后一个受益人，而无须在汇票背面注明流通过程中的其他出让人和受让人。

3. 提示

提示（Presentation）是指持票人向付款人出示票据，要求其履行票据义务（承兑或付款）的行为，是持票人要求实现票据权利的必要程序。付款人见到票据称作见票（Sight）。提示可以分为付款提示和承兑提示两种。

（1） 付款提示，是指向付款人提示要求付款的行为。

（2） 承兑提示，是指向付款人提交远期汇票，付款人见票后在汇票上进行承兑，承诺到期付款的行为。

远期汇票的提示承兑和即期汇票的提示付款均应在法定期限内进行。

4. 承兑

承兑（Acceptance）是指远期汇票的付款人承诺到期对汇票进行付款的行为。承兑的手续是由付款人在汇票正面写上"承兑"（国际汇票用英文写上"Acceptance"）字样，同时注明承兑的日期，还要由承兑人签名，然后交还给持票人。按《票据法》的规定，仅有付款人的签名而未写"承兑"字样，也构成承兑。汇票一经承兑，承兑人就成为汇票的主债务人，负担在远期汇票到期时付款的责任；出票人则成为汇票的从债务人（或称次债务人）。

5. 参加承兑

还有一个与承兑相关的票据行为称参加承兑（Acceptance for Sb's Honour），也是仅限于汇票的票据行为。"参加"的意思是，某个与汇票毫无关联的人，他既非汇票上的三方当事人之一，也非汇票流通过程的参与者，既不属于背书人，也不属于被背书人，但却由于某种原因参与进来。此人与汇票上所述债权债务本来毫无关系，既非债务人，也非债权人，但他为了维护汇票上的某一当事人或关系人的信誉，防止追索权的行使涉及该人，在征得持票人的同意后参与进来，由他来承兑那张遭到受票人拒绝承兑的汇票。此时，他的身份即为参加承兑人，而他为之维护信誉的那个人成为"被参加承兑人"。

参加承兑人既然参加了承兑，那么，在汇票到期付款日，持票人将持汇票向其提示要求付款，他应照付不误。此时他的身份也由"参加承兑人"转化为"参加付款人"。

参加承兑人付款后，有权要求被参加承兑人偿还所付款项，即取得向被参加承兑人追索的权利。

参加承兑行为一般是在汇票得不到承兑，付款人或承兑人死亡、逃亡或其他原因无法承兑，付款人或承兑人被宣告破产等情况下发生的。

6. 保证

保证（Guarantee）是指非票据义务人为票据义务承担保证的一种票据行为。担保人同样也属非债务人之列，其目的是增加票据的可接受性，使之便于流通和融资。担保人为出票人、背书人、承兑人等被担保人进行担保。票据保证的目的是担保票据债务的履行，适用于汇票和本票，不适用于支票。

保证的具体做法是：由保证人在票据上记载"保证"字样、保证人名称和住所、被保证人名称、保证日期，并由保证人签名。如未记载被保证人，对已承兑的汇票，应以承兑人为被保证人；对其他杜撰，则以出票人为被保证人。如未记载保证日期，出票日期即为保证日期。保证不得附带条件，附带条件的，不影响对票据的保证责任，但条件无效。

7. 保付

保付（Certified to Pay）是指支票的付款人向持票人承诺负绝对付款责任的一种附属票据行为。保付是支票付款人的一种票据行为。支票一旦经付款人保付，在支票上注明"照付"或"保付"字样，并经签名后，付款人便负绝对付款责任。不论发票人在付款人处是否有资金，也不论持票人在法定提示期间是否有提示，或者即使发票人撤回付款委托，付款人均须按规定付款。

8. 付款

付款（Payment）是付款人在金融票据到期日，向提示票据的合法持票人支付票据款项的行为。付款是票据流通过程的终结，是票据债权债务的最终清偿。对即期汇票，在持票人提示汇票时，付款人即应付款；对远期汇票，付款人经过承兑后，在汇票到期日付款。

按付款时的情形，可分为正当付款、部分付款和终结性付款三种。

一般来说，付款人在付款时应审核票据背书的连续性和真实有效性，对持票人履行付款责任，此为 正当付款 。

如出于重大过失或恶意，对有明显和重大权利缺陷的持票人给付了票款，就是 不正当付款 。付款人因此必须承担责任。

如果付款人只向持票人支付了一部分票款，便称为 部分付款 。接受部分付款的持票人仍可对未清偿部分进行追索。

在正当付款的情况下，由于付款人支付了十足票款，就可以了结票据责任，完成票据的流通过程，这称为 终结付款 。

如果付款不是主债务人所为，就意味着票据责任和权利仍需通过追索来完结，还不能退出流通，付款就 不是终结性的 。

9. 拒付

拒付（Dishonour）又称退票，是指当持票人提示票据要求获得付款或承兑时遭到拒绝。汇票、本票和支票都可能遭到拒付。拒付有以下几种情形：一是持票人到期不获承兑或付款。如付款人明确表示拒付，或虽未明确表示，但到期未承兑或付款，或只做部分承兑或付款。二是承兑人死亡、破产或被终止业务活动。

10. 追索

追索（Recourse）是指持票人向出票人或向前手追回票款的行为和权利。持票人在追索时要具备一定的条件：持有合格票据；在法定时效内进行了提示；发生了拒付，并在规定时效内做成了拒绝证书。追索权可向出票人、背书人、承兑人及其他债务人行使，因为他们都是票据上所载金额的主债务人或从债务人，持票人是汇票所载金额的唯一债权人，理应向他们追索。追索既可以按汇票的背书顺序依次向前手追索，也可以越过直接前手向任一前手追索。若被追索者中间有人履行了付款义务，付清了票款，此时该人就获得持票人的地位，又可对自己的前手行使追索权利。

追索的款项包括三部分：①汇票上的金额；②因延期偿还票款而应付的利息；③做成退票通知、拒绝证书的费用和其他有关开销。

第二节 汇 票

一、汇票的定义

汇票（Bill of Exchange；Draft）是指一个人向另一个人签发的，要求见票时或在将来的固定时间或可以确定的时间，对某人或其指定的人或持票人支付一定金额的无条件的书面支付命令。

二、汇票的主要当事人

汇票的主要当事人有出票人、付款人和收款人。

（1）出票人，即签发汇票的人，一般是出口方或其指定的银行。

（2）付款人，即接受支付命令付款的人，一般是进口方或指定的银行。

（3）收款人，即受领汇票所规定的金额的人。

三、汇票的主要种类

1. 根据出票人的不同，汇票可以分为商业汇票和银行汇票

（1）商业汇票（Commercial Draft）。凡是由商号、个人开立的汇票称商业汇票。在国际贸易中，商业汇票的付款人可以是买方，也可以是买方指定的银行。

（2）银行汇票（Banker's Draft）。凡是由银行开立的汇票称银行汇票。银行汇票的付款人也是银行。

2. 根据在使用过程中是否附商业单据，汇票可以分为光票和跟单汇票

（1）光票（Clean Bill）。它是指在流通过程中，不附带任何商业单据的汇票。银行汇票在使用中多数采用光票。

（2）跟单汇票（Documentary Bill）。它是指在流通过程中，随附商业单据的汇票。商业汇票一般为跟单汇票。在国际贸易中，大多使用的是跟单汇票。

3. 根据付款时间的不同，汇票可以分为即期汇票和远期汇票

（1）即期汇票（Sight Draft）。汇票上规定在提示或见票时立即付款的称为即期汇票。即期汇票无须承兑。汇票上没有明确表示付款日期，也没有注明到期日者，即可视为见票即付的汇票。

（2）**远期汇票**（Time Bill；Usance Bill）。汇票上规定付款人于一个指定的日期或在将来一个可以确定的日期付款的称为远期汇票。远期汇票的付款时间有以下几种表示方法：

1）定日付款，如30th，June 2017。

2）见票后若干天付款，如 At 30 days after sight。

3）出票后若干天付款，如 At 45 days after date of draft。

4）提单签发日后若干天付款，如 At 30 days after date of bill of lading。

4. 根据承兑人的不同，汇票可以分为商业承兑汇票和银行承兑汇票

（1）**商业承兑汇票**（Commercial Acceptance Bill）。由一家工商企业开立的以另一家工商企业为付款人的远期汇票，在另一家工商企业承兑后，该汇票即为商业承兑汇票。

（2）**银行承兑汇票**（Banker's Acceptance Bill）。由一家工商企业开立的以一家银行为付款人的远期汇票，在银行承兑后，该汇票即为银行承兑汇票。

四、汇票的要式

（一）绝对必要记载事项

根据我国《票据法》的规定，汇票的绝对必要记载事项有以下七个方面：

（1）表明"汇票"的字样。

（2）无条件支付的委托。

（3）确定的金额。

（4）付款人名称。

（5）收款人名称。

（6）出票日期。

（7）出票人签章。

以上事项缺一不可，否则汇票无效。

（二）相对必要记载事项

除了上述绝对必要记载事项以外，还有三个相对必要记载事项。这些事项也十分重要，但如果不记载，也不会影响汇票的法律效力，因为这些内容可以间接确定。

（1）出票地点。

（2）付款地点。

（3）付款日期。

（三）任意记载事项

任意记载事项是除以上两类事项以外的事项，它是出票人等根据需要记载的限制或免除责任的内容。这些内容一旦被接受，即产生约束力。

1. 出票依据

汇票上的出票依据（Gist of Issuance）是表明起源交易的文句。

（1）信用证项下的汇票的出票依据通常交代开证行的名称、开证日期和信用证的编号，表明"本汇票是依据××银行于××年××月××日开立的编号为××××的信用证而出具的"。例如，"Drawn under L/C No. 2508HKC240066 Dated Sept. 16，2016 Issued by Bank of New York"。

（2）在托收汇票里面，出票依据通常不写，如果要写，一般可以填写"买卖合同号码""订单号码"或"商业发票号码"等，也可以简单地写"托收"的英文字样。例如，"Drawn under S/C No. XRH250866，PAYMENT BY D/P"或"Drawn under D/P"均可。

2. "付一不付二"条款

汇票一般做成一式两份，在第一份上写"付一不付二"，而在第二份上写"付二不付一"。签发一式两份汇票的原因在于，在国际贸易中，汇票作为一张付款命令，通常与代表物权的货运单据一起，配套成跟单汇票，一并由出口方邮寄给进口方。为了防止在邮寄途中失落，往往分两次用连续航班把两套内容完全一样的跟单汇票寄出。若第一套跟单汇票因飞机失事未能寄达，也不会因此延误提货和结算支付，因为第二套跟单汇票会随之寄达。两张汇票都是正本，具有同等的法律效力，当其中一张被付款后，另一张即自动失效。

3. 担当付款人和预备付款人

担当付款人是出票人根据与付款人的约定，在出票时注明，或由付款人在承兑时指定的代替付款的人。其目的是方便票款的收付。担当付款人只是推定的受委托付款人，不是票据义务人，对票据不承担任何责任。

预备付款人相当于汇票的第二付款人。在付款人拒绝承兑或付款时，持票人就可以向预备付款人请求承兑或付款。预备付款人参加承兑后成为票据义务人，到期要履行付款责任。

4. 必须提示承兑和不得提示承兑

远期汇票不一定要求承兑，但如果汇票上记载有"必须提示承兑"（Presentment for Acceptance Required），持票人就一定要做承兑提示。如果汇票上还记载了提示承兑的期限，则持票人的承兑提示必须在此规定期限内做出。

如果汇票上记载有"不得提示承兑"，持票人就不能做承兑提示。如果付款人对该汇票拒绝承兑，则不会构成拒付。

5. 免做拒绝证书或拒付通知，免于追索等

6. 汇票的出票依据

出票依据是指开具该份汇票的根据。其填写方式一般分为以下两种情况：

（1）在信用证结算方式下，此栏一般填写"开证行名称、信用证编号和信用证的开立日期"。例如，"Drawn under L/C No. 209FLC50666，Dated AUG. 16，2017，Issued by CANADA BANK"。此例表明，该汇票是依据 CANADA BANK 在2017 年 8 月 16 日开立的编号为 209FLC50666 的信用证而出具的。

（2）在托收结算方式下，一般可以填写"买卖合同号码""订单号码"或"商业发票号码"等，也可以只填写"托收"的英文字样。例如，"Drawn under S/C No. 209FM001，PAYMENT BY D/P"或者"Drawn under D/P"均可。

以上画线内容为填写的内容，没有画线的为票据上的格式性文字。

7. 汇票的付款人

在汇票的左下角有一英文单词"To"，汇票的付款人写在"To"的后面。在托收中，汇票的付款人一般填合同中的买方；而在信用证结算中，则填写开证行或付款行的名称。

8. 出票人

汇票的出票人写在汇票的右下角，一般填写合同中的卖方名称，加盖公司的印章并由负责人签字。根据我国《票据法》的规定，汇票没有签字盖章是无效的。

汇票票样如图 11-1 所示。

BILL OF EXCHANGE

No. : XH20170901

Place and Date：DALIAN，Sept. 2，2017

For：USD 46980. 00

At 30 DAYS AFTER sight of this FIRST of exchange（SECOND being unpaid）pay to the order of BANK OF CHINA，DALIAN BRANCH

the sum of SAY US DOLLARS FORTY – SIX THOUSAND NINE HUNDRED AND EIGHTY ONLY.

Drawn under：THE ROVAL BANK OF CANADA，L/C No. : T38951，Dated：July 26，2017

To：THE ROVAL BANK OF CANADA

　　　　OTTAWA

For：XINHUA TRADING CO. , LTD.

（Signature）

图 11-1　汇票票样

- 汇票的缮制说明：

汇票作为一种支付工具，总是与一定的支付方式相结合，共同完成国际贸易支付行为的。国际结算中的汇票主要有托收结算项下的汇票和信用证结算项下的汇票两种，除了出票依据不同外，其他内容都相同。

（1）表明"汇票"字样。汇票上要在醒目位置表明"汇票"字样，英文可以用"Draft""Bill""Bill of Exchange"等表示。有的汇票没有单独注明"汇票"字样，但有"Exchange for..."字样，同样表明这是一张汇票，而非本票或支票。

（2）汇票的号码。每一张汇票都有号码，汇票的号码写在"No."后面。需要注意的是，汇票的号码通常与商业发票的号码是一致的。

（3）出票的地点和日期。出票地点一般印就在汇票上，通常是出口方所在地；出票日期一般在交单时由银行代为填写。

（4）汇票的金额。汇票必须载明金额，"Exchange for..."的后面是汇票的小写金额，例如"Exchange for USD 1000"；"the sum of..."的后面是它的大写金额，例如"the sum of U. S. DOLLARS ONE THOUSAND ONLY"。需要注意的是，大写金额的最后要写上"ONLY"字样。

（5）汇票的收款人。如前所述，汇票的收款人有几种填法，一般都采用指示性的抬头方式，即用"pay to the order of..."来表示。在我国出口业务中，此栏通常填写由××银行指示，如"pay to the order of Bank of China, Shanghai"。

[案例11-1]

甲交给乙一张经付款银行承兑的远期汇票，作为向乙订货的预付款，乙在票据上背书后转让给丙以偿还原先欠丙的借款。丙于到期日向承兑银行提示取款，恰遇当地法院公告该行于当天起进行破产清理，因而被退票。丙随即向甲追索，甲以乙所交货物质次为由予以拒绝，并称10天前通知银行止付，止付通知及止付理由也同时通知了乙。在此情况下，丙再向乙追索，乙以汇票系甲开立为由推诿不理。丙遂向法院起诉，被告为甲、乙与银行三方。问：法院将如何依法判决？理由何在？

[分析]（1）法院应判甲向丙清偿被拒付的汇票票款，自到期日或提示日起至清偿日止的利息，以及丙进行追索所支付的相关费用。甲与乙的纠纷则另案处理。

（2）理由：①由于票据具有流通性、无因性、文义性、要式性，因此，只要丙是票据的合法持有人，就有权要求票据债务人支付票款，并且此项权利并不受其前手乙的权利缺陷（向甲交付的货物质次）的影响；②丙在遭到主债务人（承兑银行）退票后，即有权向其前手甲、乙进行追索。同样，由于票据特性，甲不能以抗辩乙的理由抗辩丙。

第三节　本票和支票

一、本票

（一）本票的定义

本票（Promissory Note）是一项书面的无条件支付承诺，是一个人向另一个人签发的，保证于见票时或定期或在可以确定的将来时间，对某人或其指定人或持票来人无条件支付一定金额的书面付款承诺。

我国《票据法》对本票的定义为：本票是指出票人签发的，承诺自己在见票时无条件支付确定金额给收款人或者持票人的票据。我国《票据法》所称本票是指银行即期本票。本票只有两个基本当事人：出票人和收款人。本票的基本样式如图 11-2 所示。

PROMISSORY NOTE

No. 123456

USD 10000
New York，March 22，2017

On demand we promise to pay to the order of Rain Co. , the sum of USD ten thousand only.

For ABC Company
New York
（Signature）

图 11-2　本票票样

（二）本票的要式

根据我国《票据法》的规定，本票绝对必要记载事项有以下六个方面：

（1）表明"本票"的字样。

（2）无条件支付的承诺。

（3）确定的金额。

（4）收款人名称。

（5）出票日期。

（6）出票人签章。

以上事项缺一不可，否则本票无效。

（三）本票的特点

（1）本票是无条件的支付承诺。本票的出票人就是付款人，因而本票是"无条件的支付承诺"，这与汇票的"无条件支付命令"不同。在任何时候，本票的出票人都是绝对的主债务人，一旦拒付，持票人即可立即要求法院裁定，只要本票合格，法院就要裁定出票人付款。

（2）在名称和性质上与汇票不一样。为强调本票是出票人或付款人的付款承诺这一特性，在英文名称上，本票称为"Note"（付款承诺），而不是"Bill"（债权凭证），后者是票据的统称。

（3）本票不必办理承兑。本票本来就是付款承诺和保证，因此不必办理承兑。除承兑和参加承兑外，其他票据行为，如出票、背书、保证等均适用于本票。

（4）本票只有一张。汇票可以有一式几张，通常是两张，而债权债务只有一笔，因此要注明"付一不付二"或"付二不付一"的字样；对于远期汇票，只承兑一张，以避免重复付款。而本票如同承兑后的汇票，所以只有一张。

（四）本票的用途

本票通常可以在以下交易和经济活动中使用：远期付款的商品贸易，或是结合买方信贷的资本货物交易；金钱借贷的凭证；对外筹集资金；银行办理汇款业务，或向大额提款客户开出本票以代替现钞。

二、支票

（一）支票的定义

支票（Cheque Check）是银行存款户根据协议向银行签发的即期无条件支付命令。我国《票据法》的定义是："支票是出票人签发的，委托办理支票存款业务的银行或者其他金融机构在见票时无条件支付确定的金额给收款人或其持票人的票据。"支票票样如图 11-3 所示，是国际结算中常见的支票式样。

```
No. ××××
Cheque for USD15000                                    New York, Dec 20, 2016
Pay to the order of RA Co., the sum of U. S. DOLLARS FIFTEEN THOUSAND ONLY.
To: Bank of ××××

                                                       For MA Co., New York
                                                       Manager（Signature）
```

图 11-3　支票票样

（二）支票的要式

我国《票据法》规定，支票必须记载以下事项：①表明"支票"的字样；②无条件支付的委托；③确定的金额；④付款人名称；⑤出票日期；⑥出票人签章。以上内容缺一不可，否则，支票无效。不过，支票上的金额可以由出票人授权补记（支票可以是空白抬头）。

除必要项目外，收款人、付款地、出票地都是支票的重要内容。支票上未记载收款人名称的，经出票人授权可以补记；未记载付款地的，付款人的营业场所为付款地；未记载出票地的，出票人的营业场所、住所或者经常居住地为出票地。

（三）支票的特点

与汇票相比，支票的特点是：

（1）支票的出票人必须具备一定的条件。首先，支票的出票人必须是银行的存款户，即在银行要有足够存款，在银行没有存款或存款不足的人绝不可能成为支票的出票人，即不允许签发"空头支票"。其次，要与存款银行签订使用支票的协定，即存款银行要同意存款人使用支票。最后，支票的出票人必须使用存款银行统一印制的支票，支票不能像汇票和本票那样由出票人自制。

（2）支票为见票即付票据。支票都是即期付款票据，所以付款行必须见票即付。由于没有远期支票，因而也不需要办理承兑手续。

（3）支票的付款人仅限于银行，而汇票的付款人可以是银行、企业或个人。

（4）在通常情况下，支票的出票人是主债务人，但保付支票的主债务人为保付银行。

（5）支票上一般不随带利息条款，即便有关于利息的记载，该记载也无效，付款时无须支付。

（6）对于超过法定或合理的流通期限，晚提示付款的支票，付款人可以不付款，但出票人并不因此解除对持票人的票据责任，除非晚提示对出票人造成损失。

（7）支票只开立一张，不能像汇票那样可以开成一式多份。

（四）支票的性质

支票是一种特殊的汇票。汇票和支票两者的本质都是一样的，即都是无条件的付款命令；略有不同的是，支票是银行的客户（出票人）对其开户银行（受票人、付款人）发出的支付命令，汇票的受票人或付款人除了银行外，还可以是企业或个人。

[案例11-2]

我国一进口企业向美国某公司采购了一批价值100万美元的健身器材，双方约定：由我国进口企业于合同签订后30日内签发一张票面金额为100万美元、出票后3个月到期的票据支付货款。问：我国进口企业可以采用哪种票据付款？

[分析] 首先，我国进口企业不能采用本票，因为我国《票据法》规定，本票仅限于银行本票，非银行企业无权开立商业本票；其次，我国进口企业也无法采用支票，因为支票都是即期的，不能满足出票后3个月到期的要求。因此，我国进口企业只能采用汇票支付款项。

第四节　托收委托书

托收委托书（Collection Order）又称托收指示书（Collection Instruction），它是委托人（Principal）向托收银行提交托收单据时，填写、签署并同时交付给银行的关于"如何处理该笔托收单据"的"约定"。托收行只要严格按照该托收指示书上的指示处理该笔托收业务，即使最终货物款项没有收回来，托收行和代收行也不因此承担任何风险和损失。

托收委托书的内容主要是对单据处理的指示，包括各当事人的信息、单据的种类和数量、交单条件、金额和期限及一些特别指示（Special Instruction）。具体填写内容及要求如下：

（1）**托收行**（Remitting Bank）：填写出口商选择的承办本次托收业务的商业银行的名称。一般商业银行在印刷空白委托书的时候，已经事先把本行的名称印上去了，所以本栏无须填写。

（2）**代收行**（Collecting Bank）：填写进出口商在合同中约定的代收行的英文名称及地址。如果进出口商没有指定代收行，则由托收行自己根据国际结算的方便程度加以选择。

（3）**委托人**（Principal）：填写委托人自己的英文名称和地址。

（4）**付款人**（Drawee）：填写进口商的英文名称和地址。

（5）**交单条件**：交单条件按进出口商在合同中约定的交单条件填写。交单条件一般有即期付款交单（D/P at sight）、远期付款交单（D/P after sight）和承兑交单（D/A）。

（6）**付款期限**：若是即期付款交单，本栏可不填，因为上面交单条件里已经写了"即期付款交单"。但如果是远期付款交单和承兑交单，就需要写上付款期限（at × × days after × ×）。

（7）**参考号**：一般填写发票号码。

（8）**托收金额**：填写委托银行收款的具体金额，大小写都要填。

（9）**国内外银行费用的承担者**：按约定进行选择。

（10）**单据的名称和份数**：填写本次提交给银行的单据的名称，并在该名称下面填写提交给银行的份数。若向银行提交了表格上没有印就的单据，则委托人需要在后面的空格里自行填上名称和份数。

（11）**特别指示**（Special Instruction）：通常银行会事先印上一些常用的特别指示，委托人只需要在这些常见的指示前面勾选合适的选项即可。如果委托人还有一些委托书上没有的指示要交代给银行，只需要在下面的空白横线上自行写清楚即可。

（12）**入账要求**：货款托收回来后该怎么处理？通常有两种做法：原币入外汇账户和把外汇结算成人民币入本币结算账户。无论选择哪一种处理办法，都要把结算账户的开户行名称和账号写清楚，以便银行进行处理。

（13）**委托人的联系方式**：填写委托人办理本次托收业务的工作人员的名字和联系电话。

（14）**委托人的签章**：委托书必须有签章，以明确责任。

下面是中国银行的托收委托书样例：

托收委托书

COLLECTION ORDER

致：中国银行上海市分行　　　　　日期：＿＿＿＿＿＿＿＿

托收行（Remitting Bank）： BANK OF CHINA，SHANGHAI BRANCH	代收行（Collecting Bank）： 名称：　　　　　地址：
委托人（Principal）：	付款人（Drawee）： 名称：　　　地址：　　　电话：

付款交单D/P（　　） 承兑交单D/A（　　）	期限/到期日：
发票号码/票据编号： 金额：	国外费用承担人：□ 付款人 □ 委托人 国内费用承担人：□ 付款人 □ 委托人

单据种类	汇票	发票	提单	空运单	保险单	装箱单	重量单	产地证	FORM A	检验证	公司证明	船证明		
数份														

特别指示：

1. 邮寄方式：　□　快邮　　　□　普邮

2. 托收如遇拒付，是否须代收行做成拒绝证书（PROTEST）：□是　　□否

3. 货物抵港时是否代办存仓保险：□是　　　□否

4. 如付款人拒付费用及/或利息，是否可以放弃：□是　　□否

5. ＿＿＿＿＿＿＿＿＿＿＿＿＿＿＿＿＿＿＿＿＿＿＿＿＿＿＿＿＿

6. ＿＿＿＿＿＿＿＿＿＿＿＿＿＿＿＿＿＿＿＿＿＿＿＿＿＿＿＿＿

付款指示：

请将收汇款原币（　　）人民币（　　）划入我司下列账上：

开户行＿＿＿＿＿＿＿＿　　账号：＿＿＿＿＿＿＿＿＿

联系人姓名：＿＿＿＿＿＿＿

电话：＿＿＿＿＿＿＿　传真：＿＿＿＿＿＿＿　　公司签章

注：本委托书一式三份，一份于交单时经银行签收后退公司，一份于结汇时做回单退公司，一份交由银行留底。

第五节　原产地证书

原产地证书（Certificate of Origin）是指出口国政府主管部门的授权机构、商会或出口商及制造商根据相关的原产地规则签发的证明货物原产地或制造地的一种具有法律效力的证明文件，是商品进入国际贸易领域的"经济国籍"与"护照"，是进口国对进口货物确定税率待遇、进口贸易统计、实行数量限制和控制从特定国家进口的主要依据。

由于原产地规则的不同，原产地证书可分为 优惠原产地证书 和 非优惠原产地证书 。其中，优惠原产地证书主要用于享受关税减免待遇；非优惠原产地证书主要用于征收关税、贸易统计、保障措施、歧视性数量限制、反倾销和反补贴、政府采购等方面。根据原产地证书的不同用途，它又可分为普遍优惠制原产地证（Generalized System of Preference Certificate of Origin，GSP 原产地证）、一般原产地证、区域性经济集团互惠原产地证和专用原产地证等。本节主要介绍常用的普惠制原产地证（Form A）和一般原产地证的缮制。

一、普惠制原产地证

普遍优惠制简称普惠制，是指发达国家对从发展中国家和地区输入的商品，特别是制成品和半制成品，普遍给予优惠关税待遇的一种制度。普惠制的三项原则是普遍的、非歧视的、非互惠的。

截至目前，给予我国普惠制待遇的共有 40 个国家，即欧盟 28 国（包括英国、法国、德国、意大利、荷兰、卢森堡、比利时、丹麦、爱尔兰、希腊、葡萄牙、西班牙、瑞典、芬兰、奥地利、匈牙利、捷克、斯洛伐克、波兰、马耳他、斯洛文尼亚、立陶宛、拉脱维亚、爱沙尼亚、塞浦路斯、保加利亚、罗马尼亚、克罗地亚）、土耳其、日本、挪威、新西兰、瑞士、列支敦士登、澳大利亚、加拿大、俄罗斯、白俄罗斯、乌克兰、哈萨克斯坦。美国未给予我国普惠制待遇。最常用的普惠制单据就是 GSP 原产地证 Form A，此种格式的产地证适用于一般商品，由出口商填制后，由各地出入境检验检疫局签发。

普惠制原产地证书（Form A）的缮制说明如下：

1. Goods consigned from（Exporter's business name，address，country）（出口商的名称、地址、国家）

此栏是带有强制性的，应填明详细地址，包括街道名、门牌号码等。中国地名的英文译音应采用汉语拼音。如 ZHEJIANG（浙江）、HANGZHOU（杭州）、NINGBO（宁波）等。

例如：ZHEJIANG ARTEX CO.

NO. 119, LIUHUA ROAD, HANGZHOU, CHINA

此栏的出口商须为我国的合约签署方，不得填中间商。

2. Goods consigned to（Consignee's name, address, country）（收货人的名称、地址、国家）

此栏一般应填给惠国最终收货人名称，即信用证上规定的提单通知人或特别声明的收货人。如最终收货人不明确，可填发票抬头人。

3. Means of transport and route（as far as known）（运输方式及路线，就所知而言）

此栏一般应填装货、到货地点（装货港、目的港等）及运输方式，如海运、陆运、空运、陆海联运等。如果转运，应加上转运港。

4. For official use（供官方使用）

此栏出口商留空。正常情况下此栏空白，特殊情况下，签证当局在此栏加注。

5. Item number（商品顺序号）

如同批出口货物有不同品种，列上1、2、3、4等。单项商品填"1"或留空均可。

6. Marks and numbers of packages（唛头及包装号）

此栏按发票上唛头填写。如货物无唛头，应填"N/M"；如唛头内容过多，此栏不够，可填打在第7、8、9、10栏结束线以下的空白处；如还不够，可另加附页，打上原证书号，并由出入境检验检疫局授权签证人手签，加盖公章。

7. Number and kind of packages; description of goods（包装数量及种类；货物描述）

填写此栏应注意：

（1）包件数量必须用英文和阿拉伯数字同时表示。例如：ONE HUNDRED AND FIFTY（150）CARTONS OF DOOR LOCKS。

（2）数量、品名要求在一页内打完，如果内容过长，则可以合并包装箱数，品名合并。例如：ONE HUNDRED AND FIFTY（150）CARTONS OF GLOVE, SCARF, TIE, CAP。

（3）包装必须填写具体的包装种类。例如：POLYWOVEN BAG, DRUM, PALLET, WOODEN CASE 等，不能只填写"PACKAGE"。如果没有包装，应填写"NUDE CARGO"（裸装货）、"IN BULK"（散装货）、"HANGING GARMENTS"（挂装）等。

（4）商品名称可以使用概括性名称，但必须不与信用证的描述相矛盾。

（5）商品名称等项列完后，应在下一行加上表示结束的符号，以防止加填伪造内容。国外信用证有时要求填写合同、信用证号码等，可加填在此栏空白处。例如：

ONE HUNDRED AND FIFTY （150） CARTONS OF DOOR LOCKS

L/C NO. AME200135T

S/C NO. SC2002124

＊＊＊＊＊＊＊＊＊＊＊＊＊＊＊＊＊＊＊＊＊＊＊＊＊＊

8. Origin criterion（原产地标准）

参照证书背面规定缮制。此栏用字最少，但却是国外海关审核的核心项目。对含有进口成分的商品，因情况复杂，国外要求严格，极易弄错而造成退证查询，因此应认真审核、慎重填写。现对填写该栏原产地标准符号的一般规定说明如下：

（1）完全原产的，填"P"。

（2）经过出口充分制作或加工的产品输往下列国家时，按如下方法填写：

1）澳大利亚和新西兰：本国原材料和劳务的成本不低于产品出厂成本的50%，则该产品的原产地标准留空。

2）加拿大：进口成分占产品出厂价的40%以下，填"F"。

3）日本、土耳其、列支敦士登、挪威、瑞士和欧洲联盟：填"W"，其后填明出口产品在《商品名称及编码协调制度》（HS）中的四位税则号，如"W"96.18。

4）出口到保加利亚、匈牙利、波兰、俄罗斯、乌克兰、白俄罗斯、哈萨克斯坦、捷克、斯洛伐克的产品，含有进口成分（不超过产品FOB价的50%），填"Y"，其后加上进口成分价值占该产品离岸价格的百分比，如"Y"38%。

9. Gross weight or other quantity（毛重或其他数量）

此栏应以商品的正常计量单位填写。以重量计算货物价值的填写重量，以货物数量计算价值的填写出口货物数量。

10. Number and date of invoice（发票号码及日期）

此栏须按真正的商业发票的号码和日期填写。

11. Certification（（签证当局的）**证明**）

此栏填写签署地点、日期及授权签证人手签、商检机构印章。其日期可填写"从信用证的开立日期以后到装运日期以前"的任何一天，也可以与商业发票的出单日期相同。

12. Declaration by the exporter（出口商的声明）

由于"声明"的文字也已经印就了，因此此栏只需出口人签字盖章，制单人仅需在栏目下面的虚线上填写签发的地名和日期即可。其地名和日期可以与第11栏相同，其日期也可以先于第11栏，但不能晚于第11栏。另外，还要在此栏的"importing country"上注明进口国家的名称。

注：普惠制原产地证的第5～10栏的内容填写完毕以后，各栏填写内容的下端都要分别"封口"。

普惠制原产地证样单如下：

ORIGINAL

1. Goods consigned from（Exporter's business name，address，country）	Reference No. GENERALIZED SYSTEM OF PREFERENCES CERTIFICATE OF ORIGIN （Combined declaration and certificate） FORM A Issued in THE PEOPLE'S REPUBLIC OF CHINA（country）		
2. Goods consigned to（Consignee's name，address，country）			
3. Means of transport and route（as far as known）	4. For official use		
5. Item number	6. Marks and numbers of packages	7. Number and kind of packages；description of goods	8. Origin criterion（see Notes overleaf）	9. Grossweight or other quantity	10. Number and date of invoice
11. Certification 　　It is hereby certified，on the basis of control carried out，that the declaration by the exporter is correct.	12. Declaration by the exporter The undersigned hereby declares that the above details and statements are correct，that all the goods were producted in **CHINA** .... （country） and that they comply with the origin requirements specified for those goods in the generalized system of preferences for goods exported to .... （importing country）		
.... Place and date，signature and stamp of certifying authority	.... Place and date，signature of authorized signatory		

二、一般原产地证

一般原产地证 是证明货物原产于某一特定国家或地区，享受进口国正常关税（最惠国）待遇的证明文件。中华人民共和国原产地证书（Certificate of Origin of）是证明出口货物的原产地为中华人民共和国的证明文件。外贸企业可向出入境检验检疫局（CIQ）或中国国际贸易促进委员会（CCPIT）申请签发一般原产地证。

（一）一般原产地证的签发程序及所需材料

（1）一般原产地证申请书一份。

（2）中华人民共和国出口货物原产地证明书一套。

（3）正式商业发票及装箱单各一份。

（4）签证机构认为必要的其他证明文件。

注：签证机构通常不接受货物出运后才递交的原产地证申请。但如属特殊情况（例如并非申请单位过失），签证机构可接受迟交的申请书，并酌情办理补证。

（二）一般原产地证的填制

一般原产地证共 12 栏。其中，第 5 栏、第 12 栏由签证机构签署，其他各栏由出口公司使用打字机以英文填制，证面要清洁、整齐，不得涂改。一般原产地证各栏的填写方法如下：

Certificate No.

证书编号，由签证机构指定的号码编制。此栏不得留空，否则，证书无效。

1. Exporter（Full name and address）

此栏填写出口方的名称、详细地址及国家（地区），一般可按有效外贸合同的卖方填写。

2. Consignee（Full name, address, country）

此栏应填写最终收货方的名称、详细地址及国家（地区），通常是外贸合同中的买方或信用证的开证申请人。如果不明确最终收货人，可填写提单通知人或发票的抬头人。但由于贸易的需要，有时信用证会规定所有单证收货人一栏写成"to order"或"to the order of ×××"，在这种情况下，此栏应同样填写。

3. Means of transport and route

运输方式和路线。此栏一般主要填写装运港（地）和目的港（地），然后再简单地说明运输方式。例如：From Shanghai to Hamburg by Sea Freight.

4. Country/region of destination

此栏仅填写目的地国家或地区的名称。

5. For certifying authority use only

此栏仅供签证机构使用，不需要出口商填写。

6. Marks and numbers

此栏填写一批货物唛头的全部内容。

7. Description of goods; number and kind of packages

此栏填写商品名称；商品运输包装数量及包装种类。

8. H. S. Code

此栏一般填写 8 位商品编码，该编码必须与报关单中的商品编码一致，少数特殊情况下也可以只填写最前面的 6 位数字。

9. Quantity or weight

此栏填写出口商品的数量或重量，该量值必须与商品的计量单位联用。例如，

100台彩电，此栏填"100 SETS"。1000MT散装生铁，此栏填"N. W. 1000 M/T"（净重1000MT）或"1000 M/T（N. W.）"。如果只有毛重时，则需注明"G. W."。

10. Number and date of invoice

此栏填写发票编号和开立日期。

11. Declaration by the exporter

出口方声明。此栏由申领单位已在签证机构注册的人员签字并加盖单位的中英文印章，填写申领地点和日期。此栏日期不得早于发票日期（第10栏），手签人签字与公章在证书上的位置不得重合。

12. Certification

签证机构证明。此栏由签证机构签字、盖章，并填写签证日期和地点。签字和盖章不得重合，签发日期不得早于发票日期（第10栏）和申请日期（第10栏）。

注：一般原产地证的第6～10栏填写完后要"封口"，即在填写的内容下面紧接着打上一排小星号把填写的内容给封起来，签证机构只对线上的内容负责。

一般原产地证样单如下：

ORIGINAL

1. Exporter（Full name and address）	Certificate No.
2. Consignee（Full name，address，country）	CERTIFICATE OF ORIGIN OF THE PEOPLE'S REPUBLIC OF CHINA
3. Means of transport and route	5. For certifying authority use only
4. Country/region of destination	

6. Marks and numbers	7. Description of goods；number and kind of package	8. H. S. Code	9. Quantity or weight	10. Number and date of invoice

11. Declaration by the exporter The undersigned hereby declares that the above details and statements are correct；that all the goods were produced in China and that they comply with the Rules of Origin of the People's Republic of China. Place and date，signature and stamp of authorized signatory	12. Certification It is hereby certified that the declaration by the exporter is correct. Place and date，signature and stamp of authorized signatory

第六节 各类发票

国际贸易涉及的发票有很多种类，除了第七章第二节介绍的商业发票以外，还有海关发票、领事发票、形式发票、证实发票和厂商发票等。

一、海关发票

（一）海关发票概述

海关发票（Customs Invoice）是出口商根据进口国海关规定的特定格式填制的，供进口商凭以报关用的一种特殊发票。

海关发票的作用主要有如下方面：

（1）供进口国海关核定货物的原产国，以便根据国别政策对进口商品采取不同的进口税率和决定是否允许进口。

（2）供进口国海关掌握进口商品在出口国国内市场的价格情况，以核定商品的成本价值，确定进口商品是否属低价倾销，以便征收反倾销税。

（3）是进口国海关对进口货物进行统计、海关估价和征税的依据。

目前，要求提供海关发票的主要国家（地区）有美国、加拿大、澳大利亚、新西兰、牙买加、加勒比共同市场国家、非洲的一些国家等。信用证中对海关发票的称呼并不统一，归纳起来，海关发票的常用名称有：

1）CUSTOMS INVOICE

2）INVOICE AND COMBINED CERTIFICATE OF VALUE AND ORIGIN

3）APPROPRIATE CERTIFIED CUSTOMS INVOICE

4）SIGNED CERTIFICATE OF VALUE AND ORIGIN IN APPROPRIATE FORM

5）CERTIFIED INVOICE IN ACCORDANCE WITH ×××（进口国）CUSTOMS REGULATIONS（根据×××国海关法令开具的证实发票）

6）SPECIAL CUSTOMS INVOICE

（二）海关发票的填制

各国的海关发票格式不尽相同，但是内容及制作方法大同小异。现以加拿大海关发票（CANADA CUSTOMS INVOICE）为例，讲解海关发票的填制要求。

加拿大海关发票是指销往加拿大的出口货物（食品除外）所使用的海关发票。其栏目用英文、法文两种文字对照，内容繁多，要求每个栏目都要填写，不得留空，若不适用或无该项内容，则必须在该栏目内填写"N/A"（即"Not Applicable"，不适用）。

加拿大海关发票的主要栏目及缮制方法如下：

1. Vendor（Name and address）（卖方的名称与地址）

填写出口商的名称及地址，包括城市和国家名称。信用证支付条件下，此栏填写受益人名址。

2. Date of direct shipment to Canada（直接运往加拿大的装运日期）

填写直接运往加拿大的装运日期，此日期应与提单日期相一致。

3. Other References（including purchaser's order No.）（其他参考号码（包括买方订单号码））

填写有关合同、订单或商业发票号码。

4. Consignee（Name and address）（收货人名称及地址）

填写收货人的名称与详细地址。信用证项下一般为信用证的开证申请人。

5. Purchaser's name and address（if other than consignee）（购买商的名称和地址）（如果不同于"收货人"）

填写购买商的名称及地址。如与第四栏的收货人相同，则此栏可打上"SAME AS THE CONSIGNEE"。按照官方（海关）的惯常逻辑，"购买商"（进口商）把货物买进来以后再出售给收货人（最终消费者，End user）。

6. Country of transhipment（转运国）

填写途中转船国家名称。如在新加坡转船，可填写"From Shanghai to Vancouver Via Singapore by vessel"；如不转船，可填写"N/A"。

7. Country of origin of goods（if shipment includes goods of different origins enter origins against items in 12）（商品的原产地名）（如果装运商品来源于不同的原产地，在第 12 栏中按商品品种分别注明其原产地）

此栏可以直接填写原产地的名称。即使产品中有某些成分的原材料来源于其他国家或地区，只要其所占比例不大，以只注明一个国家或地区为佳，以免对进口商在通关时造成麻烦。

8. Transportation：Give mode and place of direct shipment to Canada（运输方式及直接 运往加拿大的起运地点）

填写启运地和目的地名称以及运输方式。例如：From Shanghai to Montreal by sea.

9. Conditions of sale and terms of payment（i. e. sale, consignment shipment, leased goods, etc.）（销售条件及支付方式）（如销售、寄售、租赁商品等）

按商业发票的贸易术语及支付方式填写。

例如：CIF VANCOUVER D/P AT SIGHT。

10. Currency of settlement （结算货币名称）

结算货币名称必须与商业发票使用的货币名称相一致。

11. Number of packages （件数）

填写该批商品的外包装总件数。例如：600 CARTONS。

12. Specification of commodities （kind of packages, marks and numbers, general description and characteristics, i. e. grade, quality） （商品规格） （包装种类、唛头、货物描述和特性，如等级、品质）

应按商业发票的有关项目描述填写。

13. Quantity （state unit） （数量） （写明单位）

应填写商品的具体数量及单位，不是包装的件数。买卖货物是以什么单位计价的，就应当优先考虑填写与计价单位对应的数量。

14. Unit price （单价）

应按商业发票记载的每项单价填写，使用的货币应与信用证和商业发票一致。

15. Total amount （总值）

应按商业发票的总金额填写。

16. Total weight （总重量）

应分别填写总毛重和总净重，并与其他单据的总毛重和总净重相一致。

17. Invoice total （发票总金额）

应按商业发票的总金额填写。

18. If any of fields 1 to 17 are included on an attached commercial invoice, check this box：□Commercial Invoice No. ：（如果第 1～17 栏的内容均已包括在所随附的商业发票内，则在方框内填一个 "×" 号，并将有关商业发票编号填写在后面）

19. Exporter's name and address （if other than vendor） （出口商名称及地址） （如果与发货人不同）

如出口商与第 1 栏的发货人不是同一人，则填写实际出口商名称和地址；而若出口商与第 1 栏卖方为同一人，则在本栏填上 "The same as vendor"。

20. Originator （Name and address） （生产或加工商的名称及地址）

有时，出口商出于保守商业秘密的考虑，不愿意把生产加工商的名称和地址告诉国外的客户。此栏可以选择三种不同的填写方法：

（1）把 "出口商" 的名称和地址再 "复制" "粘贴" 一遍。

（2）简单地注明 "SAME AS THE EXPORTER" （与出口人相同） 或 "SAME AS THE VENDOR" （与发货人相同）。

（3）随便编写一个与实际厂商不同的"生产加工商"的名称和地址。

21. CCRA ruling（if applicable）（加拿大海关税务总署的规则）（如适用的话）这里的 CCRA 是指"Canada Customs and Revenue Agency"的缩写。为了省却麻烦，此处可干脆填写"Not Applicable"或填"N/A"。事实上也是如此，一个外国出口商的确难以得知加拿大海关税务总署的相关规则。

22. If fields 23 to 25 are not applicable, check this box□（如果第 23～25 栏均不适用，则在方框内填一个"×"号）

23. If included in field 17 indicate amount（如果以下金额已包括在第 17 栏内，则注明下列总值）

（1）Transportation charges, expenses and insurance from the place of direct shipment to Canada（自启运地直运至加拿大的运杂费和保险费）。可填运杂费和保险费的总和，允许以支付的货币填写。

（2）Costs for construction, erection and assembly incurred after importation into Canada（货物进口到加拿大后进行建造、安装及组装而发生的成本费用）。按实际情况填写。

（3）Export packing（出口包装费用）。可如实填写包装费用。

24. If not included in field 17 indicate amount（如果第 17 栏不包括以下金额，则注明下列金额）

（1）Transportation charges, expense and insurance from the place of direct shipment to Canada（自起运地直运至加拿大的运杂费和保险费）。填写运杂费和保险费的总和。

（2）Amounts for commissions other than buying commissions（除买方佣金之外的其他佣金总额）。据实填写。

（3）Export packing（出口包装费用）。如实填写包装费用。

25. Check（if applicable）：□（若适用，在方框内打"×"号）

（1）Royalty payments or subsequent proceeds are paid or payable by the purchaser.（专利权费（或使用费）或随之产生的货款由买方承担）。

（2）The purchaser has supplied goods or services for use in the production of these goods（买方已提供用于生产该批货物的物品或服务）。这里的"买方用于生产这些货物所提供的商品"应该是指在"来料加工"方式下，进口商向出口商提供的原辅材料；而"购买商提供的服务"则是指在货物加工生产期间进口商向出口商委派的技术和管理人员等劳务。

加拿大海关发票样单如下：

CANADA CUSTOMS INVOICE Canada Customs and Revenue Agency		Page ONE of ONE
1. Vendor（Name and address）	2. Date of direct shipment to Canada	
	3. Other references（include producer's order No.）	
4. Consignee（Name and address）	5. Purchaser's name and address（if other than consignee）	
	6. Country of transhipment：	
	7. Country of origin of goods（if shipment includes goods of different origins enter origins against items in 12）：	
8. Transportation：Give mode and place of direct shipment to Canada	9. Conditions of sale and term of payment（i. e. sale, consignment shipment, leased goods, etc.）	
	10. Currency of settlement：	

11. Number of packages	12. Specification of commodities（kind of packages, marks and numbers, general description and characteristics, i. e. grade, quality）	13. Quantity（state unit）	Selling price	
			14. Unit price	15. Total amount

18. If any of fields 1 to 17 are included on an attached commercial invoice, check this box： Commercial Invoice No.： ☐	16. Total weight		17. Invoice total
	Net	Gross	
19. Exporter's name and address（if other than vendor）	20. Originator（Name and address）		
21. CCRA ruling（if applicable）	22. If fields 23 to 25 are not applicable, check this box ☐		

23. If included in field 17 indicate amount： （i）Transportation charges, expenses and insurance from the place of direct shipment to Canada： -------- （ii）Costs for construction, erection and assembly incurred after importation into Canada： -------- （iii）Export packing	24. If not included in field 17 indicate amount： （i）Transportation charges, expenses and insurance from the place of direct shipment to Canada： -------- （ii）Amounts for commissions other than buying commissions： -------- （iii）Export packing	25. Check（if applicable）： （i）Royalty payments or subsequent proceeds are paid or payable by the purchaser ☐ （ii）The purchaser has supplied goods or services for use in the production of these goods ☐

（三）海关发票填制注意事项

（1）各国或地区使用的海关发票都有专门的固定格式，不能混用，其填写要求也不相同。此外，各国或地区的海关发票也时常发生变化，执行一些新的规定或启用一些新格式，应特别予以注意。

（2）海关发票上的金额、数量、毛重、净重等内容，必须与商业发票、装箱单、重量单和提单等单据上相应栏目的填制内容完全一致。

（3）海关发票的抬头人一般应填写收货人。如果收货人不在目的港，则应填写目的港被通知人的名称。

（4）海关发票中涉及价格、费用之类的栏目较多，应仔细填写正确，并尽可能不留空。因为这些栏目涉及进口海关计税、估价，甚至确定是否存在倾销。"产地"栏不能漏填，此关系到进口国海关核定货物原产地以采取不同的政策。

（5）有些海关发票，如加拿大海关发票要求各栏目都必须填写，无实际内容可以填写"N/A"，不得留空。填写时注意不同海关发票的此类要求。

（6）海关发票的签字必须采用手签。

二、领事发票

（一）领事发票概述

领事发票 （Consular Invoice）是由进口国驻出口国的领事出具的一种特别印就的发票，是出口商根据进口国驻在出口地领事所提供的特定格式填制，并经领事签证的发票。这种发票证明出口货物的详细情况，为进口国用于防止外国商品的低价倾销，同时可用作进口税计算的依据，有助于货物顺利通过进口国海关。关于领事发票，各国有不同的规定，如允许出口商在商业发票上由进口国驻出口地的领事签证（Consular Visa），即"领事签证发票"。出具领事发票时，领事馆一般要根据进口货物价值收取一定费用。这种发票主要为拉丁美洲国家所采用。

（二）领事发票的作用

（1）作为课税的依据。

（2）审核有无低价倾销情况。

（3）证明出口商所填写的货物名称与数量、价格等是否确实。

（4）增加领事馆的收入（因为签证时领事馆要收取签证费）。

如果进口国在出口地没有设立领事馆，则出口商无法提供此项单据，这样只能要求开证人取消信用证所规定的领事发票或领事签证发票的条款，或者要求开证人同意接受由出口地商会签证的发票。

（三）领事发票的内容

领事发票格式不一，内容一般包括以下几项：①出口商与进口商的名称、地址；②出口地（港）；③目的地（港）；④运输方式；⑤品名、唛头与箱号；⑥包装的数量与种类；⑦货物的毛重与净重；⑧货物的品质规格；⑨货物价值与产地。

（四）填制领事发票应注意的事项

（1）当来证规定要提供这种发票时，受益人要考虑能否做到，签证费用由何方负担，然后再决定是否接受。

（2）填制领事发票时，注意有关内容应与商业发票、提单等单据相符。

（3）发票内必须注明所装运的货物的制造地（或者出产地）。

（4）注意核发的领事馆是否与来证规定相符。

（5）领事发票的日期不应迟于汇票和提单的日期。

三、形式发票

（一）形式发票概述

形式发票 （Proforma Invoice），也称预开发票。它的开立有两种情况：一种情况是在未成交之前开立形式发票。这时它是出口商应进口商的请求出具的，根据拟出售成交的商品名称、单价、规格等条件开立的非正式参考性发票，供其向本国贸易或外汇管理当局等部门申请进口许可证或批准给予支付外汇等用途，有时也用于作为交易磋商的发盘。另一种情况是在合同签订之后出具发票。它是卖方所做的使对方再次确认合同交易细节的发票。

"Proforma" 是拉丁文词语，它的意思是"纯为形式的"。所以，单从字面来理解，"Proforma Invoice" 是指纯为形式的、无实际意义的发票。这种发票本来是卖方在推销货物时，为了供买方估计进口成本，假定交易已经成立所签发的一种发票。实际上，并没有发出货物的事实，正因为如此，这种发票也被称为"试算发票"。

形式发票不是一种正式的发票，不能用于托收和议付。签约之前所开立的形式发票上所列的单价等，也仅仅是出口商根据当时情况所做的估计，对双方都无最终的约束力，所以说形式发票只是一种估价单，正式成交发货后还要重新缮制商业发票。而签约之后出具的形式发票上的有关单价等交易细节必须与合同一致。当信用证上有"依××形式发票开立商业发票"的条款时，发票上需注明"AS PER P/I NO. ×× DATED ××"，出口商交单时，必须有形式发票。

（二）形式发票的作用

（1）作为数量化的报价单。

（2）作为销售确认。

（3）让买方凭它可以申请办理输入许可、外汇许可和申请开立信用证。

（三）形式发票与商业发票的区别

形式发票与商业发票不同的地方是：形式发票在发票上有"形式"字样；形式发票可以用作邀请买方发出确定的订单；形式发票上一般注明价格和销售条件，所以一旦买方接受此条件，就能按形式发票内容签订合约。

（四）形式发票的内容

形式发票最主要的内容要列清楚以下几项：①货物品名；②数量；③成交价格方式，即是 FOB、CFR 还是 CIF 等，因其关系到费用及风险分担的问题；④装运期；⑤运输方式；⑥付款方式；⑦公司详细的银行资料。

以上所列的几项只是一些基本内容，一般小额贸易国外客户很少签订正式出口合同，形式发票往往就起着约定合同基本内容以实现交易的作用，所以，有必要的话，应将可能产生分歧的条款——详列清楚，要买方签回以确认条款，以后真正执行合同时便可有所依据。

形式发票的样单如下：

浙江万豪股份有限公司

ZHEJIANG WANHAO CORPORATION LTD.

WANHAO BUILDING, 58 MEIHUA ROAD, JINHUA CITY, ZHEJIANG, CHINA

PROFORMA INVOICE

To：AMERICA ABC CO.，LTD.

Invoice No.：ZJ08

Place & Date：WUYI CITY, July 2, 2011

S/C No.：ZJWH20110612

From：NINGBO　To：NEW YORK　By：SEA

L/C No.：

唛头及号码 Marks & Numbers	品名及数量 Descriptions & Quantity	单价及总金额 Unit Price & Amount
ABC N. Y. SS20160828 1-200	A-BIKE 50 PCS/CARTON　10000 PCS	CIF NEWYORK USD 50.00/PC，　USD 500000

Total：　　　200 CARTONS　10000 PCS　　　　USD 500000

SAY U. S. DOLLARS FIVE HUNDRED THOUSAND ONLY

PAYMENT：L/C

浙江万豪股份有限公司

ZHEJIANG WANHAO CORPORATION LTD.

许志存

四、证实发票

证实发票 （Certified Invoice）也称为确证发票，与形式发票的区别仅在于名称不同，其内容与作用完全一致。此类发票除了同商业发票一样列明当事人名称、地址，商品名称、规格、货号、单价、总金额、运输标志等常见项目外，还特别加注有关证明文句。

五、厂商发票

厂商发票（Manufacturer's Invoice）是由出口商品的制造厂商提供的，以其本国货币计算价格的，用以证明出口货物在本国国内市场出厂价格的发票。国外进口商要求提供厂商发票，主要是为了供进口国海关进行估价，以确定该出口商品是否有低价倾销行为，并据此核定税率。

第七节　各类证明

一、受益人证明

受益人证明（Beneficiary's Certificate）是指进口商在信用证中要求受益人开出的某类证明，证明其办理了某项工作或证实某件事实的单据。受益人证明无固定格式，只需打在白纸上即可。

缮制受益人证明时须注意：

（1）单据上要有"受益人证明"的字样。

（2）应显示参考号码，如信用证号或发票号等。

（3）日期不能迟于信用证规定的日期。

（4）证明的内容与信用证要求相符，应清楚地表明信用证规定的要求已经满足。

（5）受益人证明应由受益人或其代表签署。

（6）受益人证明无须包含货物描述，也不注明"The goods description see Invoice No.：×××"或类似文句。

下面是由 ZHEJIANG ×× IMPORT AND EXPORT COMPANY LTD. 开出的 NY-16070201 号信用证项下的受益人证明样单，证明受益人已按信用证要求在装船后立即寄了一套副本单据给开证申请人。

浙江××进出口有限公司

ZHEJIANG ×× IMPORT AND EXPORT COMPANY LTD.

BENEFICIARY'S CERTIFICATE

L/C NO. NY-16070201　　　　　　　　　　　　DATE：JULY 16，2016

GOODS：AGRICULTURAL IMPLEMENT, INVOICE NO. HYL-A008

WE，AS BENEFICIARY，CERTIFY THAT WE HAVE FORWARDED ONE FULL SET OF NON-NEGOTIABLE SHIPPING DOCUMENTS TO THE APPLICANT IMMEDIATELY AFTER SHIPMENT.

ZHEJIANG ×× IMPORT AND EXPORT COMPANY LTD.

×××

二、商检证书

检验检疫证书，简称商检证书，是各种进出境商品检验证书、鉴定证书和其他证明书的统称，是对外贸易有关各方履行契约义务、处理索赔争议和仲裁、诉讼举证，具有法律依据的有效证件，也是海关验放、征收关税和优惠减免关税的必要证明。商检证书一般由中国国家质量监督与检验检疫总局或商检公司出具，如合同或信用证无特别规定，也可由进出口公司或生产厂家出具，但应注意商检证书的名称及所列项目或检验结果必须符合合同和信用证的规定。

（一）商检证书的种类

根据证明内容或检验方式的不同，商检证书可以分为若干种类，主要有以下类型：

1. 品质检验证书

品质检验证书（Inspection Certificate of Quality）也称质量检验证书，证明出口商品品质、规格、等级、成分、性能等。证明语言包括抽样过程、检验依据、检验结果和评定意见等四项基本内容。它是交接货物、银行结汇和进口国通关输入的主要单证之一。

2. 重量或数量检验证书

重量或数量检验证书（Inspection Certificate of Weight or Quantity）证明出口商品重量或数量的证件。证明的内容为货物经何种计重方法得出实际重量或数量，是对外贸易关系人用于交接货物、报关纳税、结算货款和运费、装卸费等的有效证件。

3. 兽医检验证书

兽医检验证书（Veterinary Inspection Certificate）是证明出口动物产品经过检疫合格的检验证书。其证明的内容一般为产品所采用的畜、食系来自安全非疫区，经过宰前、宰后检验，未发现检疫对象等。证书由主任兽医签发，是对外交货、银行结汇和进口国通关输入的重要证件。

4. 卫生检验证书

卫生检验证书（Sanitary Inspection Certificate）也称健康机构证书，是证明出口动物产品、食品及人等经过卫生检验或检疫合格的证件。证书上一般证明产品符合卫生要求，适合人类食用或使用。肉类食品的卫生证书由主任兽医签发，其他食品由主任检验员签发。它是对外交货、银行结汇和通关验放的有效证件。

5. 消毒检验证书

消毒检验证书（Inspection Certificate of Disinfections or Sterilization）是证明出口动物产品已经过消毒处理的检验证书，由主任兽医签发。它是对外交货、银行结汇、国外通关的凭证。

6. 温度检验证书

温度检验证书（Inspection Certificate of Temperature）是证明出口冷冻品温度的检验证书。如国外仅需证明货物温度，不一定要单独的温度检验证书，可将测温结果列入品质证书中。

7. 熏蒸检验证书

熏蒸检验证书（Inspection Certificate of Fumigation）是证明出口粮谷、油籽、豆类、皮张等商品以及包装用木材与植物性填充物等已经过熏蒸灭虫的证书。它主要证明使用的药物、熏蒸的时间等情况，是交货、结汇、通关的凭证。如国外不需要单独出证，可将熏蒸内容列入品质证书中。

8. 包装检验证书

包装检验证书（Inspection Certificate of Packing）是证明出口商品包装情况的证书。可按合同或信用证规定单独出证，或在品质检验证书、重（数）量检验证书中同时证明包装情况。它是交接货物、结汇等的依据。

9. 衡量证书

衡量证书（Certificate of Measurement &/or Weight）是证明出口商品体积、重量的证书。它主要证明货物的体积吨位和重量吨位，是承运人计算运输费用和制订装货计划的依据，也是国外报关计税的依据。

10. 船舱检验证书

船舱检验证书（Inspection Certificate of Hold/Tank）是证明承运出口商品的船舱情况的证书。它主要证明船舱的清洁、密固、冷藏效能及其他技术条件符合保护承载商品的质量、数量与安全的要求，是承运人履行运输契约及对外贸易关系人进行货物交接和处理货损事故的依据。

11. 集装箱检验证书

集装箱检验证书（Inspection Certificate on Container）是证明承运出口商品的集装箱状况的证书。它主要证明集装箱内清洁、无异味、无残留有毒有害物品，集装箱箱体、箱门或冷藏效能、其他技术条件适宜装运出口商品等，是承运人履行运输契约及对外贸易关系人进行货物交接和处理货损事故的依据。

12. 价值证明书

价值证明书（Certificate of Value）是证明出口商品价值的证书。它主要证明发票所列商品的单价、总值等是否正确，是买卖双方交接结算和国外通关计税的凭证。

13. 生丝品级及公量检验证书

生丝品级及公量检验证书（Inspection Certificate for Bow Silk Classification & Condition Weight）是证明出口生丝品质、等级和重量（公量）的检验证书，是

商检机构对生丝执行检验后，按照各项实际检验结果签发的一种专用证书。证明范围包括等级、纤度检验（条份）、外观检验、清洁检验和公量检验等具体内容。内容较多，格式也较特殊。这种证书是国际贸易中按等级成交的传统重要证件，是对外交接、结算货款以及买方通关进口的依据。

（二）商检证书的作用

（1）它是出口人凭以交单结汇和银行凭以议付或付款的结汇单据之一。当信用证要求提供检验证书时，出口人必须按规定交付各种证书，而不能以其他单据来顶替。证内所列的内容如果与信用证的规定不符，银行将拒绝议付或付款。

（2）它是证明卖方交货的品质、数（重）量、包装的安全以及卫生条件等是否符合合同规定的依据。如果证书所列的内容与合同不符，进口人有权据以拒付货款、拒收货物甚至提出索赔。

（3）它是明确责任的有效证件。承运人或其他贸易关系人申请检验检疫机构证明出入境货物的积载情况、验舱、舱口检视、签封样品等，是一种明确责任范围的证明文件。在发生商务纠纷或争议时，检验检疫机构签发的商检证书是证明事实状态、明确责任归属的重要凭证。

三、船公司证明

船公司证明（Shipping Company's Certificate）是船公司或其代理人出立的单据，用来证明船籍、船龄、航程等。船公司证明用在特殊情况下，如进口商由于某些政治原因，或为避免运输途中被扣，有时要求出口商仅装某些国家的船或不装某些国家的船。要求船只不经过某些地区，不通过某一运河或不在某些港口靠港。这时，出口商就要取得船公司证明。下面是一船公司证明（航程证明）的样单：

ITINERARY CERTIFICATE

TO WHOM IT MAY CONCERN　　　　　　　　　　TIANJIN, Sept. 12，2016

WE HEREBY CERTIFY THAT THE CARRYING VESSEL S. S. "××（船名）" THAT ARE ALLOWED BY ARAB AUTHORITIES TO CALL AT ARABIAN PORTS AND NOT SCHEDULED TO CALL AT ANY ISRAELI PORT DURING ITS VOYAGE TO THE U. A. E.

SIGNATURE

（船公司/代理签字）

上述船公司证明是船公司出具的船程证明。证明"××"号是被阿拉伯国家允许停靠在阿拉伯港口，在其航行到阿联酋的航程中没有打算停靠在任何以色列港口。

各类船公司证明的主要栏目内容通常包括：

（1）出证日期和地址：一般为签发提单的日期和地址。

（2）船名和提单号：表明本次运输的运载船只及其提单号。

（3）证明函标题：按照信用证要求提供不同种类的证明，标题常为"Certificate of..."（……证明）或"Statement of..."（……声明）。如果信用证未限定标题，此项可以省略。若信用证内规定了是何种证明函，则一定要加注标题。

（4）抬头人：一般都笼统打印为"TO WHOM IT MAY CONCERN"（致有关人士）。

（5）证明内容：按照信用证要求，根据实际做出相应证明。

（6）出证人签章：应与提单签单人一致，通常为承运货物的船公司或其代理人、外轮代理公司或承担联运业务的外运公司等。

1. 船籍证明与航程证明

船籍证明常与航程证明合并在一起。船籍证明（Ship's Nationality Certificate）是用以说明载货船舶国籍的证明。有时买方出于政治原因，对装货船舶的国籍予以限制，要求卖方仅装某些国家或不装某些国家的船舶，并要求卖方提供相应证明。

航程路线证明（Itinerary Certificate）是用以说明载货船舶在航程中停靠港口的证明。有时买方出于政治原因或为了避免航行途中货船被扣的风险，对装货船舶的航行路线、停靠港口予以限制，要求船只不经过某些地区或不在某些港口停靠，并要求卖方提供相应证明。

一些中东地区国家的进口商常要求提供上述两类证明。

例如，来证规定："A CERTIFICATE FROM THE SHPPING COMPANY OR THEIR AGENT STATING THAT THE GOODS ARE SHIPPED ON VESSELS THAT ARE ALLOWED BY ARAB AUTHORITIES TO CALL AT ARABIAN PORTS AND NOT SCHEDULED TO CALL AT ANY ISRAELI PORT DURING ITS VOYAGE TO THE UAE."

2. 船龄证明

船龄证明（Ship's Age Certificate）是用以说明载货船舶船龄的证明。一般15年以上的船为超龄船，许多保险公司不予承保。25年以上的船为报废船。此外，有些国家规定船龄超过15年的船不准停泊卸货。买方为保障船只及货物在运输途中的安全，要求卖方不装超过15年船龄的老船，并提供相应的证明。例如，来证规定："SHIPMENT TO BE MADE BY A VESSEL NOT MORE THAN 25 YEARS OLD, AND CERTIFICATE TO THE EFFECT SHOULD ACCOMPANY ORIGINAL DOCUMENTS."该证要求提供船龄证明，可缮制如下：

CERTIFICATE

（DATE，PLACE）

TO WHOM IT MAY CONCERN：

THIS IS TO CERTIFY THAT THE CARRYING VESSEL S. S. "×××（船名）" IS NOT MORE THAN 25 YEARS OLD AND FITS FOR LONG VOYAGE.

（SIGNATURE）（船公司或船代理签章）

如为船代理签章，应加注：AS AGENT FOR THE CARRIER

3. 班轮公会船只证明

有些来证规定必须装班轮公会船只（Conference Line）时，可由船公司或其代理出具班轮公会船只证明（Conference Line Certificate）。它可以缮制在提单上，也可以单独出具。如果无法装运在班轮公会船只上，则必须修改信用证条款。

例如，来证规定："A CERTIFICATE ISSUED BY THE VESSEL OWNERS/AGENTS /CAPTAIN STATING THAT THE CARRYING VESSEL IS CONFERENCE LINE VESSEL AND/OR SAILING ON REGULAR LINER SERVICES AND COVERED BY INSTITUTE CLASSIFICATION CLAUSE."该证要求提供班轮公会船只证明，可缮制如下：

CERTIFICATE

（DATE，PLACE）

TO WHOM IT MAY CONCERN：

THIS IS TO CERTIFY THAT THE CARRYING VESSEL S. S. "×××（船名）" IS CONFERENCE LINE VESSEL AND COVERED BY INSTITUTE CLASSIFICATION CLAUSE.

（SIGNATURE）（船公司签章）

4. 船级证明

船级证明（Ship's Classification Certificate）是用以说明载货船舶符合一定船级标准的证明。有时来证要求提供船公司或船只鉴定公司签发的船级证明，受益人应酌情办理，若无法提供，应及时提出修改信用证。信用证中常见的船只等级条款如："A certificate from an international classification society, stating that all ship cargo gears are in good working order and condition is required."有这种类似条款时，出口商必须提供船公司出具的船级证明。

5. 集装箱船只证明

有时来证规定货物必须装运在集装箱船上。如果提单上能表示出是集装箱运输，就不需要提供证明。但是，如果信用证条款有特别规定，则必须提供集装箱船只证明（Container Ship Certificate）。

例如，来证规定："SHIPMENT TO BE MADE BY CONTAINER VESSEL AND CERTIFICATE TO CERTIFY THIS EFFECT." 缮制方法可参见班轮公会船只证明。

6. 黑名单证明

黑名单证明 （Black List Certificate）是用以说明载货船舶未被阿拉伯国家列入与以色列有来往船舶名单的证明。阿拉伯国家为了抵制以色列，常在来证中要求卖方提供此类证明。它的内容有时在船籍证明中已包含，不必单独出具。

7. 运费收据

运费收据 （Freight Note）是船公司出具的用以说明运费支付情况的证明文件。通常买方请卖方代办运输时，国外进口方往往来证要求提供运费收据，以便了解已付运费的实际情况，并作为双方结算运费的依据。当国外来证要求提供 Freight Note、Freight Voucher、Invoice for Freight、Certificate from Shipping Company、Certifying Amount of Freight Paid 时，出口方应提供此项运费收据。

第八节　综合审单

在单证工作过程中，综合审单是把好单证质量关的一个非常重要的环节。进出口企业应根据信用证的条款，逐字逐句地审核各种单据。审核单据与审核信用证一样，既要全面，又要及时，两者不可偏废。

审单工作不是简单的文字核对，进出口企业必须从整笔业务出发对单据进行审核。首先，汇集信用证项下要求的所有单据，不可遗漏；其次，对每一份单据的项目、格式、内容、文字、签发日期、签字及其他事项进行认真审核，确保与信用证的要求保持一致；最后，以商业发票为中心对全套议付单据的一致性进行审核。此外，如果单据审核中发现任何错误，必须顾及单据更改过程中涉及的一系列具体问题，如同一内容出现在不同的单据上；有些内容的更改必须得到相关部门的同意等。

一、商业发票的审核

商业发票审核中常见的问题如下：

（1）商业发票不是由信用证中指定的受益人签发的。

（2）商业发票的抬头人不是信用证的开证申请人。

（3）商业发票中受益人或申请人的名称或地址有误。

（4）品名规格与信用证要求不符。

（5）商品数量和金额与信用证要求不符。

（6）商业发票上的单价与信用证规定不符。

（7）商业发票上漏打贸易术语。

（8）运输标志中的号码与货物件数不符。

（9）商业发票未按信用证的要求做声明、签证或证实等。

（10）所交的商业发票份数不足。

（11）在商业发票需要签署时，签署方式不符合信用证的要求。

（12）其他不符合信用证的规定。

二、装箱单据的审核

装箱单据是商业发票的补充单据，是对商业发票上商品包装情况的描述。装箱单据详尽地说明了货物的装箱情况，包括货物的包装种类、包装件数、装箱方式，以及货物的毛重、净重及尺码等。装箱单据中最常见的是装箱单。装箱单审核中常见的问题如下：

（1）单据的名称不符合信用证的要求。

（2）装箱单的签发人与商业发票不一致。

（3）装箱单上的买方名称与商业发票不一致。

（4）装箱单所列的发票号码和日期与商业发票不一致。

（5）有关货物的描述不符信用证的规定。

（6）包装种类不符信用证的规定。

（7）在信用证有要求时，未列明每箱的毛重、净重及尺码。

（8）运输标志和装箱方式与其他单据不一致或与信用证不符。

（9）货物的重量和体积与其他单据不符。

（10）货物的箱号和件数有矛盾。

（11）信用证中规定的其他事项未被遵守。

三、运输单据的审核

国际贸易中的运输单据随不同的贸易方式而异，常见的有海运提单、航空运单、承运货物收据、铁路运单及邮包收据等，其中最常见的是海运提单。海运提单审核中常见的问题如下：

（1）发货人、收货人和被通知人与信用证要求不符。

（2）装运港和目的港与信用证规定不符。

（3）是否可以转运与信用证规定不符。

（4）提单上有"包装破裂"等类似的不良批注。

（5）提单上的货物描述与信用证规定不一致。

（6）提单上应该注明"已装船"字样而未注明。

（7）装船日期晚于信用证规定的最后装运日期。

（8）未注明"运费已付"或"运费到付"，或虽注明但与信用证的要求不一致。

（9）所交提单的份数不符信用证的要求。

（10）提单的运输标志与其他单据或信用证中的运输标志不符。

（11）信用证规定应在提单上注明的内容没有标注。

（12）货物的重量、尺码与装箱单或其他单据不一致。

（13）未在信用证规定的交单期内交单，或信用证未规定交单期而超过了提单签发日后 21 天交单。

（14）提单应该背书而漏背书，或背书不符合信用证的要求。

（15）其他不符合信用证的规定。

四、保险单据的审核

在我国出口业务中使用的保险单据主要有保险单和保险凭证。这里主要介绍保险单的审核要点及应注意的问题。保险单审核中常见的问题如下：

（1）保险单的抬头与信用证规定不符。

（2）保险单中的货币种类与信用证不符。

（3）保险单中的运输标志、件数、货名等与信用证不符。

（4）保险金额不足。

（5）保险单上所注明的装运港或卸货港与海运提单或信用证规定不符。

（6）漏保险别；保险公司的名称有误。

（7）保险货币的名称与信用证不一致。

（8）保险单份数不足。

（9）保险单应该背书而漏背书。

（10）保险单的日期晚于运输单据的日期。

（11）保险单未加列信用证要求的特别条款。

五、金融单据的审核

金融单据主要是指在国际货物买卖中用于货款结算的单据，有汇票、本票和支票三种。在国际贸易中，汇票使用最多。汇票中容易出现的问题如下：

（1）信用证号码不符或未列出。

（2）汇票金额超出了信用证的金额。

（3）汇票上的付款时间与信用证规定不符。

（4）汇票上的大、小写金额不一致。

（5）汇票上的付款人名称、地址打错。

（6）汇票出票人的名称与信用证规定不一致。

（7）出票人漏签字。

（8）汇票未按要求背书。

（9）信用证规定的其他应记载而未在汇票上记载的事项。

复习思考题

1. 汇票的必要记载事项有哪些？

2. 在国际贸易中，商业发票的作用是什么？

3. 在我国，哪些机构可以签发一般原产地证？

第十二章
>>>>>> 进口合同的履行

第一节　申请开立信用证

一、开证申请书概述

如果进出口双方在洽谈交易时明确以信用证作为付款方式，则在买卖合同签订之后，进口商就要按合同的规定及时申请开立信用证。

进口商按贸易合同规定向当地银行申请开立信用证，需要填制 开证申请书（Application for Irrevocable Documentary Credit）。开证申请人对开证行和受益人有何要求，都应在开证申请书中准确予以规定，开证银行将忠实地根据开证申请书的内容开立信用证。因此，开证申请书是开证申请人与开证银行之间有关开立信用证的权利与义务的契约。开证申请书一式两联或三联，为避免不同申请人提交的申请书格式不一的问题，一般各银行都印有本行统一格式的开证申请书，由开证申请人去银行国际业务部门领取，在填写相关内容并盖章确认后提交给银行。

不同银行规定的开证申请书的格式可能不一致，但内容上一般大同小异。

二、信用证申请书的填制

（1）申请书的抬头（To）：填写开证申请人选择的开证行的名称。

（2）填写开证申请书的填写日期（Date）：填写申请日期。

（3）受益人（Beneficiary）：填写合同卖方，即出口企业的全称、详细地址，注明联系电话、电传等号码。

（4）开证申请人的名称（Applicant）：填写申请开立信用证的当事人的名称和详细地址。

（5）分批装运和转运：应根据合同的规定，在"allowed"或者"not allowed"前的方框或括号中打"×"表示选择这一项。

（6）货物的最迟装运日期（Latest date of shipment）：填写合同中约定的最迟装运日期。

（7）信用证的有效期和到期地点（Place and date of Expiry）：有效期通常掌握在装运期后 15 天，到期地点一般在议付地，即受益人所在地。

（8）装运条件：应根据合同规定，准确地填写装运地（港）和目的地（港）名称。

（9）贸易条件：应根据合同成交的贸易术语，在货物描述时予以注明。

（10）信用证金额：填写合同规定的总值，需要注明金额的小写和大写两种情况，并需要注明币别。

（11）货物描述：填写合同项下的货物描述，包括品名、规格、数量、包装、单价等。

（12）交单方式（available with...by...）："with"后面填写交单行或议付行的名称；"by"后面填写交单行取得该套单据的方式，如"议付"（by negotiation）等。

（13）兑现方式：一般银行印就的开证申请书上已有常见的四种选择，如"即期付款"（by sight payment）、"承兑"（by acceptance）、"议付"（by negotiation）和"延期付款"（by deferred payment）等。可以根据合同的付款方式确定选项，并在其前面的方框或括弧中打"×"表示选择该项。如果是延期付款信用证，还应在该选项"at"之后加注延期付款的具体条件，如收到单据后若干天付款等。

（14）汇票条款：包括是否需要汇票。如需要汇票，则需在"drafts at"后面注明付款期限；如不需要汇票，则申请书中"drafts at"后面空着不填。汇票金额一般为发票金额的百分之几，如"...for 100% of the invoice value..."。

（15）单据要求：信用证申请书一般印好了常见单据条款，开证申请人需要受益人提交什么样的单据，就在该种单据前的方框或括号中打上"×"，表示选中了这项单据，同时注明每份单据的份数及有关单据的内容要求等。有些单据本身又有一些选项可供选择，由申请人根据实际情况做出选择。如果申请人还需要提供某种并未列出的单据及要求，可在其他单据栏（Other documents, if any:）处填写其他单据的名称及要求。

（16）附加条款（或附加指示）：一般信用证申请书中已印有多条常见的附加条款，申请人可根据需要，在相应条款前的方框或括号内打"×"。上述没有包括而又需要列出的特殊指示，可以在本栏最后的其他条款中具体列明。

（17）申请人的申明与保证：有些开证申请书需要申请人就某些内容进行申明和保证。例如，进口商承认银行有接受"表面上合格"的单据的权利，对于伪造的单据、货物与单据不符或货物中途遗失，银行概不负责；又如，单据到达后，申请人保证如期履行付款赎单的义务等。

（18）与开证申请人有关的事项：申请书下面还应填列有关部门申请人的开户银行、账户号码、执行人、联系电话、申请人签字盖章等内容。

下面是一份开证申请书的样例：

IRREVOCABLE DOCUMENTARY CREDIT APPLICATION

TO：MAURITIUS COMMERCIAL BANK LTD.

Beneficiary（full name and address）: HUBEI PROVINCIAL ×× INT'L TRADING CORPORATION LTD. ×××, WUHAN, CHINA		**Applicant（full name and address）:** LAI SAN CO., LTD. 136 LOUIS PASTEUR STREET PORT LOUIS, MAURITIUS
Partial shipments： ［×］allowed ［ ］ not allowed	Transhipment： ［×］allowed ［ ］ not allowed	Latest date of shipment：××0628 Place and date of Expiry： DATE：××0728，PLACE：CHINA
Loading on board/dispatch/taking in charge From： CHINA To：PORT LOUIS Price term：CIF PORT LOUIS		Amount（both in figures and words）: CURRENCY USD AMOUNT 10000.00 SAY U.S. DOLLARS TEN THOUSAND ONLY.
Credit available with（ANY BANK IN CHINA） ［×］by negotiation/［ ］by acceptance with beneficiary's draft for 100 % of the invoice value at _____ sight on issuing bank/［ ］by sight payment/［ ］by deferred payment at _____days against the documents detailed herein.		
Commodity：1200 SETS CAST IRON MANHOLE COVERS AND FRAMES TO BS 497/79 BLACK BITUMEN COATED 'HB' BRAND AS PER S/C CO. MAUR ××, CIF PORT LOUIS		Shipping marks： N/M
Documents required： 1. ［×］Signed commercial invoice in TRIPLICATE including L/C No. and Contract No. MAUR××1229. 2. ［×］Full set（3/3）of clean on board ocean bills of lading made out to order and blank endorsed marked "［ ］freight prepaid/［ ］to collect" notify the applicant with full name and address. ［ ］airway bill consigned to the applicant notify th applicant marked "［ ］freight prepaid/［ ］to collect". 3. ［×］Insurance policy/certificate in 3/3 fold for 110% of the invoice value, showing claims payable in Mauritius in the currency of the draft, black endorsed covering. ［×］Ocean marine transportation（RISKS AS PER INSTITUTE CARGO CLAUSES A WAR AND STRIKES, WITH NO EXCESS）/［ ］air transportation/［ ］overland transportation. 4. ［×］Packing list in 4 fold indicating quantity/gross and net weights. 5. ［ ］Certificate of origin in _____ fold. 6. ［ ］Certificat of quantity in _____ fold. 7. ［ ］Certificat of quality in _____ fold issued by［ ］manufacturer/［ ］beneficiary.		

（续）

8. [　] Beneficiary's certified copy of telex / fax dispatched to the applicant within _____ days after shipment advising goods name, [　] name of vessel / [　] flight No. , date, quantity, weight and value of shipment.

9. [　] Beneficiary's certificate certifying that [　] one set of non – negotiable documents / [　] one set of non – negotiable documents (including 1/3 original B/L) has been dispatched to the applicant directly by courier / speed post.

10. [　] Other documents, if any：

Additional instructions：

1. [×] All banking charges outside the issuing bank are for beneficiary's account.

2. [×] Documents must be presented within __21__ days after the date of shipment but within the validity of this credit.

3. [　] Both quantity and amount _____ % more or less are allowed.

4. [　] All documents must be sent to issuing bank by courier / speed post in _____ fold/lot.

5. [　] Other terms, if any：_____

6. COMMERCIAL INVOICE IN TRIPLICATE DULY STAMPED AND SIGNED SHOWING SEPARATELY FOB VALUE OF GOODS. FREIGHT CHARGES. AND INSURANCE PREMIUM AS WELL AS AND NET WEIGHTS AND MEASUREMENT OF GOODS AND MENTIONING 'WE HEREBY CERTIFY THAT THE PARTICULARS GIVEN IN THE INVOICE ARE TRUE AND CORRECT AND THAT NO DIFFERENT INVOICE IN RESPECT OF THE GOODS HAS BEEN OR WILL BE ISSUED'.

7. DOCUMENTS TO BE ISSUED IN ENGLISH.

8. INVOICE AND BILL OF LADING TO BEAR OUR L/C REFERENCE.

9. A COMMISSION OF 5 PERCENT PAYABLE TO CHIN YAN TRADING AGENCY P. O. BOX 526 PORT LOUIS MAURITIUS WILL BE DEDUCTED FROM CIF VALUE.

Account No. ：× × × × × × × × with：MAURITIUS COMMERCIAL BANK LTD, THE × × × PORT LOUIS.

Transacted by：LAISAN CO. , LTD.

136 LOUIS PASTEUR STREET, PORT LOUIS, MAURITIUS

（stamp and signature）

Tel：× × × × × × ×

三、落实开证担保

开证申请人在提交了开证申请书的同时，往往还需要应银行的要求办理开证担保手续。具体的担保形式有多种，可以采取在开证行存入保证金、提供抵押品和银行保函等。如果申请人信用等级比较高、与开证行关系良好，有时也可免去开证担保手续。开证银行落实开证担保的目的就是降低开立信用证的风险，防止本行对受益人付款后申请人却破产、不付款赎单或不按时付款赎单等情况的发生给本行造成损失。

四、开证行对外开证

在落实了开证担保、核实了进口商的进口业务符合国家的国际贸易政策和对外支付符合国家外汇管理政策以后，开证行应立即按照开证申请书的指示开出信用证。开证行开出的信用证必须忠实于开证申请书的指示；开证行不得擅自增减指示书中的条款，损害进出口双方的利益。信用证一经开出，在法律上就与开证申请人构成了开立信用证的权利与义务关系，开证申请书也就成了两者的契约。

开证行应按照申请人的要求信开或电开信用证。信开本的信用证一般一式两份或多份，开证行采用航空信函的方式将其寄给出口商所在地的一家银行，要求该行代为通知（Advise）或转递（Transmit）给出口商。信开本的信用证有时也可以由开证行直接寄给出口商，甚至交由进口商寄给出口商，但这样的操作方式因受益人难以判断信用证的真伪而很少被使用。

为争取时间，实务中开证行多采用电开形式开立信用证，即由开证行将信用证内容以加注密押的电报、电传或通过 SWIFT 传递给出口商所在地的一家银行，要求其通知出口商。

开证行如委托第三国银行代为付款，须将信用证副本寄给付款行一份存档，以便付款行收到信用证项下的单据时进行核对。

五、信用证的通知

出口商所在地的通知行收到开证行开出的跟单信用证，经核对密押或印鉴是否无误以确定信用证的真伪，并审核信用证的相关情况，如信用证表面是否完整、开证行的资信是否良好、索偿的路径是否合理等。审核无误后才会在信用证上签章，之后将信用证的内容通知受益人；如果有异议，应特别加以标注以提请受益人注意。

通知行通知信用证时一般要缮制通知面函，即信用证通知书，其主要内容包括通知日期、通知行编号、受益人名称、账号、开证行、偿付行、信用证编号、开证日期、有效期、金额、开证方式、索汇方式、寄单方式、信用证的页数、通知行是否加具保兑等。

通知行在审核信用证、缮制信用证通知书后，以电话、快邮等方式通知受益人前来取得信用证，或以特快专递方式直接将信用证寄交受益人。

六、进口商改证

对进口商开立的信用证，出口商有时候会要求修改。如果要求合理，进口商应该改证。因此，改证也是开证工作的一部分。对进口商来说，改证的手续如下：

（1）向开证行提出改证申请。

（2）开证行按照改证申请书缮制信用证修改书传给进口商确认。

（3）进口商确认后，开证行将信用证修改书经通知行传递给出口商。

第二节　安排运输和保险

一、派船接运货物

在进口业务中，凡以 FOB 或 FCA 贸易术语成交的合同，应由进口方负责租船订舱工作或安排运输，订立运输合同，派运输工具到出口国口岸接运货物。

租船订舱的时间应按合同规定，并应在运输机构规定的时间内提交订舱单，以保证及时配船。如合同规定，出口商在交货前一定时间内，应将预计货物备妥日期及货物的毛重、体积、预计装运日期等通知进口商。进口商未能按时收到此项通知时，应及时发函或发电，要求对方按合同规定提供具体情况。进口商接到上述通知后，应及时向外运公司填写出口货物托运委托书，连同合同副本，委托外运公司代为安排船只或舱位。进口企业在办妥租船订舱手续，接到运输机构的配船通知后，买方应及时向卖方发出派船通知（Shipping Instruction）。通知的内容一般应包括即将派去船只的船名、预计到达装运港的时间及装载数量等，以便卖方备货装船，并要求卖方确认。在得到卖方的确认后，买方才派船去装运港装运货物。

对于一些机械、仪器等商品，装运次数多但每批数量不大的，为简化手续，不必事前订舱，可事先委托发货人与进口商轮船代理直接联系，安排装运。对于一些特殊商品，如单件货物超高、超长、超重，或易燃易爆等危险品的装运，出口商应及时通告，以便进口商在办理运输时，将商品的详细情况通知相关的船务公司，以确保运输安全。

在进口业务中，国外供货商往往由于原材料或劳动力成本上涨、出口许可证未及时获得、国际市场该商品价格上扬或无法按期安排生产等原因，不能或不愿按期交货。为了防止船货脱节和出现"船等货"的情况，进口企业应争取在合同中订立迟交货物的罚款等约束性条款，规定如果买方按卖方的通知及时派去合适的船只，而因卖方原因未能及时装运货物所造成的后果全部应由卖方负责。

进口方还应当随时了解和掌握出口方备货和装船前的准备工作情况，督促对方按期装运。对数量大或重要的、用户急需的物资进口，在交货前一两个月即应发函电催装，必要时也可请我方驻外机构就地了解、督促对方根据合同规定，按时、按质、按量履行交货义务，或派人员前往出口地点检验监督。

对逾期未交货物者，如责任在卖方，进口商有权撤销合同并提出索赔；如仍需该批货物，则可同意对方延迟交货，但可同时提出索赔。

对 CIF 和 CFR 条件下的进口合同，系由卖方负责租船订舱，安排装运。但进口商也应及时与卖方联系，掌握卖方备货和装运情况，以便做好接货和付款准备。

二、投保货运险

（1）按照 FOB、CFR 或 FCA、CPT 贸易术语成交的进口合同，由进口方办理保险。

（2）我国大多数外贸公司与保险公司签订有海运进口货物预约保险合同。在收到国外装运通知后，应将进口货物的名称、数量、船名、装运港、装船日期、目的港等有关情况通知保险公司，即视为已经办妥保险手续。

（3）进口货物运输保险的责任起讫。对于进口货物，买卖双方的风险责任以装运港货装轮船为界。在货物装船前，物权和风险责任都属于出口商；货物装船后，买方承担货物的风险责任。故而在货物装船前，买方不具有保险利益，即使买方在此之前已向保险公司投保，保险公司也不承担保险责任。所以，保险公司对进口方投保货物的海运货物保险的责任期限，一般是从货物在国外装运港装上海轮开始生效，到保险单据载明的国内目的地收货人仓库或储存处所为止。如未抵达上述仓库或储存处所，则以被保险货物在卸货港卸离海轮后 60 天为止。如不能在此期间转运，可向保险公司申请延期，延期最多 60 天。应当注意的是，散装货物以及木材、化肥、粮食等货物，保险责任均至卸货港的仓库或场地终止，并以货物卸离海轮 60 天为限，不实行国内转运期间保险责任的扩展。少数货物如新鲜果蔬、活牲畜于卸离海轮时，保险责任即告终止。

第三节　付款赎单

我国不少进口业务采用信用证方式结算货款，这就要求进口企业在接到银行付款赎单通知时，要与银行一起认真审核信用证项下的单证，以保证我进口方的权益。

一、进口审单

信用证项下单据的审核是银行与企业的共同责任，双方必须密切联系，加强配合。首先，银行收到国外寄来的单据后，必须合理审慎地审核信用证规定的一切单据，以确定其表面上是否符合信用证的条款。根据 UCP 600 第 14 条 a 款的规定：按指定行事的指定银行、保兑行（如有）及开证行须审核交单，并仅基于单据本身确定其是否在表面上构成相符交单。也就是说，银行审核单据的标准仅限于出口方提交的单据是否与信用证的条款表面一致，而与贸易合同无关。

如果出口商提交了信用证没有要求的单据，银行将不予审核。如银行收到此类单据，银行可将它们退回交单人或者转递而无须承担责任。

如果信用证中规定了某些条件但并未规定需提交与之相符的单据，即所谓的"非单据化的条件"，银行将视为未规定这些条件而不予理会。

银行对任何单据的格式、完整性、准确性、真实性或法律效力，以及单据上规定的或附加的一般及/或特殊条件，一概不负责任；对任何单据所代表的货物的描述、数量、重量、品质、状态、包装、交货、价值或存在，或货物的发货人、承运人、运输商、收货人或保险人或其他任何有关人的诚信或行为及/或疏漏、清偿能力、履约能力或资信情况，也不负责任。因此，进口商在审单时对这些方面可能存在的问题要特别谨慎，以便早日发现问题，及时采取补救措施，减少可能造成的损失。

另外，进口商审核信用证主要根据信用证的条款审核出口商交来的单据，必要时还要参考进口合同的条款进行审核。如果经审核发现单证不符，则应将单据退回开证银行，并以书面形式说明拒付理由，要求开证行再退回给受益人，更正不符点。

概括起来，进口商发现单证不符的处理办法主要有以下几种：

（1）拒付。如果不符点严重，可以对外拒付。拒付时进口商应在《对外付款/承兑通知书》中列明不符点，加盖印鉴后退给开证行。如果只是暂时拒付，还要与出口商洽商解决办法，可让银行留存单据听候处理。

（2）让出口商修改单证，然后对外付款或承兑。如果不符点不严重，时间上也来得及，可让出口商修改单证，然后对外付款或承兑。另外，也可以先支付部分货款，其余货款等单证修改好后再支付。

（3）接受不符点，对外付款或承兑。如果不符点是非原则性的，不会造成风险和损失，进口商可以接受不符点，指示银行对外付款或承兑。这样既方便了出口商，也方便了自己。

（4）货到检验合格后再付款。如果不符点不严重，单证无法修改，进口商可指示开证行暂不对外付款，在征得出口商同意后，先检验货物。如果货物符合要求，不符点只是制单时犯的错误，可以接受不符点并对外付款或承兑；也可以要求出口商提供第三方担保后对外付款或承兑，如果提货后发现问题，再向出口商索赔。

二、付款赎单

根据 UCP 600 第 14 条 b 款的规定，按指定行事的指定银行、保兑行（如有）及开证行各有从交单次日起至多 5 个银行工作日用以确定交单是否相符。这一期限不因交单后的信用证截止日或最迟交单日截止而受到影响。如开证行经审单后认为单证一致、单单一致，即应按信用证的规定对外偿付。开证行付款后无追索权，因此，开证行付款前必须谨慎审核单证。

开证行偿付了信用证项下的单证以后，需通知开证申请人（进口商）付款赎单。如单证相符，申请人则应根据开证行与申请人双方的约定付清款项，以便及时拿到单据提取货物、解冻开证保证金或取回开证担保物品。

三、拒付

如果开证行审单后发现单证不符或单单不符，根据 UCP 600 第 16 条 a 款的规定，对于单证不符，银行有权拒付。但同时 UCP 600 第 16 条 b 款也规定，当开证行确定单据不符时，可以自行决定联系申请人是否放弃不符点，然而这也必须在交单次日起至多 5 个银行工作日内。

在实际业务中，开证行一般先与申请人联系，征求申请人意见是否同意接受不符点。对此，申请人如表示可以接受，即可指示开证行对外付款；如不打算接受，便可指示开证行对外提出异议，然后开证行或通过寄单行通知受益人更正单据或由国外银行书面担保后付款，或改为货到检验认可后付款。

在实际业务中，如审单无误，开证行通常也要交申请人复核。在我国，如进口企业在 3 个工作日内没有提出异议，银行即按信用证的规定承担到期付款责任。由于开证行一经履行付款、承兑或承担付款责任，即不能追索或撤销，因此，进口企业对单据的审核必须认真对待，绝不能马虎。

进口企业审核单据，若发现单证不一，有权拒绝赎单。

四、货到单未赎取的处理办法

实际业务中，对于远期信用证或因航程较短出现货物先于单据到达的情况，进口方可采用以下两种方式先行提货：

（1）凭信托收据（Trust Receipt，T/R）提货。在尚未清偿信用证项下汇票时（往往指远期汇票），进口企业可向银行开出信托收据，承认以信托的方式向银行借出全套单据，并以银行受托人的身份提取货物，在一定期限内，对银行履行付款职责。

（2）担保提货。进口货物先于提单到达目的地，进口企业可请求银行出具保函，向运输公司申请不凭提单提取货物，如果承运人因此而蒙受损失，由担保银行承担赔偿责任。银行还在担保书中承诺日后将补交正本提单，换回有关担保书。有了银行的保函担保，承认人就可以让进口商提取货物了。

第四节　接　货

进口公司付款赎单以后，应立即着手准备接货。待货物运抵目的港后，进口商应尽早取得提单（B/L），然后将提单换成提货单（Delivery Order，D/O），办理进口商检、进口报关和提货手续。

所有的报关、接货工作可以委托外运公司或报关行代为办理。

一、换单

换单是指将提单（B/L）换成提货单（D/O），进口报关和提货都要凭提货单。换单过程如下：

（1）船舶抵港前约一个星期，船公司在卸货港的代理人（简称卸货港船代）向提单上的通知人（Notify Party）发到货通知，告知船舶预计到港的时间、换单的时间和地点。

（2）收到通知后，货代一方面通知进口商付款赎单（如果已经办理就无须这一步），另一方面根据货物的 H.S. 编码查阅海关税则，确定进口关税税率、监管条件等。

（3）进口商付款赎单后，将正本提单（B/L），报检、报关委托书及相关资料交货代。

（4）货代按到货通知告知的换单时间和地点持正本提单（B/L）找船代换单。换单费包括手续费和目的港码头操作费（Destination Terminal Handling Charges，DTHC）。

二、进口商检

（一）进口商检的分类

进口商检也分为法定检验和非法定检验两类。

法定检验（简称法检）是强制性的，未经检验或检验不合格的进口商品，不准销售、使用。进口法检的范围是列入《出入境检验检疫机构实施检验检疫的进出境商品目录》（简称《法检目录》）的进口商品，以及其他法律、法规规定必须经过国家商检机构或其指定机构检验的进口商品。但进口成套设备，不论其分多少项申报，也不论其中每一项的商品编码是否在目录内，都属于法定检验的范围。

非法定检验是法定检验以外的商检，又称公正鉴定业务。它主要是根据合同的约定，为明确商品的品质、数量等是否符合合同的要求，以确定是否需要对外索赔进行的检验鉴定。非法定检验是非强制性的，进口到货后，进口商可以直接办理进口清关，提货后，再根据合同的约定自行办理。非法定检验可以在出入境检验检疫机构进行，也可以在国家商检部门许可的国内外进出口商品检验检疫鉴定机构进行，具体视双方的约定而定。

对法定检验以外的进口商品，国家商检机构实行抽查检验；抽检不合格的，处理方法与法定检验不合格的处理方法相同。

（二）复验

复验是指买方对到货有重新检验的权利。它不是强制性的，也不是买方接受货物的前提条件。根据《联合国国际货物销售合同公约》规定，除非双方另有约定，买方在接受货物之前有权要求合理的机构检验货物。在此之前不能认为买方已经接受货物，也没有丧失拒收货物的权利。但当买方收到货物后未经复验便先行使用时，此时发现货物不符也不能索赔。若买方选择复验，合同中应对复验期限、地点、机构和方法加以明确规定。

复验期限实际上就是索赔期限，超过复验期限买方就失去索赔权。复验期限的长短，应视商品的性质和港口情况而定，通常为到货日起 30 ～ 180 天不等。对容易变质的商品，复验期限不宜太长；对机械设备需在安装试车投产后方能看出问题的，复验期限一般为一年或一年以上。复验地点除非双方当事人另有协议，按照国际惯例和某些国家的法律而定。在我国，进口产品的复验地点如下：对于一般商品，是在口岸或集中储存的地点进行；对于成套设备、机电仪器等，是在收货、用货地点进行；对于集装箱运输的货物，是在拆箱地点进行。复验机构一般应以卖方认可为宜。复验方法一般与检验方法相同。

（三）进口法检的通关模式

目前进口法检主要有两种通关模式：

（1）一般商检通关模式，又称"普通商检通关模式"。其特点是：进口货物一律在报关地出入境检验检疫局报检，海关凭报关地出入境检验检疫局签发的入境货物通关单放行。

（2）直通放行模式。其特点是：对符合直通放行条件的企业进口来自非疫区并用原集装箱运输至目的地的货物，口岸商检机构受理报检后签发入境货物通关单，不实施检验检疫，仅对货物施加检验检疫封识（包括电子锁等），货物可以直接运到目的地，由目的地检验检疫机构核查封识并实施检验检疫后放行。直通放行模式较大幅度地降低了口岸通关成本，提高了通关效率。

三、进口报关

（一）进口货物的申报

进口货物的申报是指进口货物的收货人、受委托的报关企业，依照《海关法》以及有关法律、行政法规和规章的要求，在规定的期限、地点，采用电子数据报关单或纸质报关单形式，向海关报告实际进口货物的情况，并接受海关审核的行为。

采用纸质报关单形式时，进口货物的收货人或其代理人在货物抵达卸货港后，应及时填具进口货物纸质报关单一式五联，即海关作业联、海关留存联、企业留存联、海关核销联和进口付汇证明联。填报的项目要正确、齐全，字迹要清楚、整洁、端正。已填报的项目，如果需要更改，应在更改处加盖单位校对章。如发现需变更填报内容的，应主动、及时向海关递交更改单。不同合同的货物，或同一批货物中采用不同贸易方式的，不能填报在同一份报关单上；一份合同中如有多种不同的商品，应分别填报；一张报关单上一般不超过五项海关统计商品编号的货物。要做到单证相符及单货相符，即报关单填报项目要与合同、批文、发票、装箱单相符；报关单中所报内容要与实际进口货物相符。

采用电子数据报关单形式时，海关审结电子数据报关单后，进口货物的收货人、受委托的报关企业应当自接到海关"现场交单"或"放行交单"通知之日起 10 日内，持纸质报关单，备齐规定的随附单证并签名盖章，到货物所在地海关递交书面单证并办理相关手续。电子数据报关单和纸质报关单均具有法律效力。

除填写进口货物报关单外，还应交验有关单证，如提货单、载货清单（舱单）、装货单或运单，发票，装箱单，货物进口许可证或配额证明，自动进口许可证明或关税配额证明，商检机构签发的货物通关证明或免验货物的证明，海关认为有必要提供的进口合同、厂家发票、产地证明及其他文件等。

进口货物的法定申报时限为自运输工具申报进境之日起 14 天内，申报期限的最后一天如果为法定节假日或休息日，则顺延至法定节假日后的第一个工作日。

经海关批准予以集中报关的进口货物，自装载货物的运输工具申报进境之日起 1 个月内办理申报手续。

进口货物的收货人超过前款规定期限向海关申报的，由海关征收滞报金。滞报金按日征收，起征日为规定申报时限的次日，截止日为申报日，起征日与申报日均记入滞报时间。滞报金的起征点为人民币 50 元。滞报金的日征收金额为进口货物完税价格的 0.5‰。

进口货物超过 3 个月未向海关申报的，由海关提取变卖，所得价款在扣除运输、装卸、储存等费用和税款后，尚有余款的，自货物变卖之日起 1 年内，经收货人申请，予以发还。其中属于国家对进口有限制性规定，应当提交许可证件而不能提供的，不予发还。逾期无人申请或者是不予发还的，上缴国库。

（二）进口货物的查验

进出口货物，除海关总署特准不予查验的以外，都应接受海关查验。查验的目的是核对报关单证所报内容与实际到货是否相符，有无错报、漏报、瞒报、伪报等情况，审查货物的进口是否合法。海关查验货物应在海关规定的时间和场所进行。如有特殊理由，事先报经海关同意，海关可以派人在规定的时间和场所以外查询，但申请人应提供往返交通工具和住宿并支付费用。

海关查验货物时，要求货物的收、发货人或其代理人必须到场，并按海关的要求负责办理货物的搬移、拆装箱和查验货物的包装等工作。海关认为必要时，可以径行开验、复验或者提取货样，货物保管人应当到场作为见证人。

查验货物时，由于海关关员责任造成被查货物损坏的，海关应按规定赔偿当事人的直接经济损失。赔偿办法：由海关关员如实填写"中华人民共和国海关查验货物、物品损坏报告书"，一式两份，查验关员和当事人双方签字，各留一份。实施查验的海关确定赔偿金额，填制"海关损坏货物、物品赔偿通知单"（以下简称通知单）送达当事人。

当事人应当自收到通知单之日起 3 个月内凭通知单向海关领取赔款，或将银行账号通知海关划拨。逾期无正当理由不向海关领取赔款、不将银行账号通知海关划拨的，不再赔偿。

当事人对赔偿有异议的，可以在收到通知单之日起 60 日内向做出赔偿决定的海关的上一级海关申请行政复议。对复议决定不服的，可以在收到复议决定之日起 15 日内向人民法院提起诉讼；也可以自收到通知单之日起 3 个月内直接向人民法院提起诉讼。

（三）征税

对准许进口的货物，除另有规定者外，由海关根据我国《海关进出口税则》和《关税条例》规定的税率，征收进口税。征收进口税费环节的海关关员对报关单、随附单证及货物查验结果审核无误后，打印、签发各类税费专用缴款书。

1. 进口货物的征税范围及纳税人

（1）进口货物征税的范围。根据《增值税暂行条例》的规定，申报进入中华人民共和国海关境内的货物，均应缴纳增值税。

确定一项货物是否属于进口货物，必须首先看其是否有报关进口手续。一般来说，境外产品要输入境内，都必须向我国海关申报进口，并办理有关报关手续。只要是报关进口的应税货物，不论是国外产制还是我国已出口而转销国内的货物，是进口者自行采购还是国外捐赠的货物，是进口者自用还是作为贸易或其他用途等，均应按照规定缴纳进口环节的增值税。

国家在规定对进口货物征税的同时，对某些进口货物制定了减免税的特殊规定。例如，属于"来料加工、进料加工"贸易方式进口国外的原材料、零部件等在国内加工后复出口的，对进口的料、件按规定给予免税或减税，但这些进口免、减税的料件若不能加工复出口，而是销往国内的，就要予以补税。对进口货物是否减免税由国务院统一规定，任何地方、部门都无权规定减免税项目。

（2）进口货物的纳税人。进口货物的收货人或办理报关手续的单位和个人，为进口货物增值税的纳税义务人。也就是说，进口货物增值税纳税人的范围较广，包括国内一切从事进口业务的企业事业单位、机关团体和个人。

对于企业、单位和个人委托代理进口应征增值税的货物，鉴于代理进口货物的海关完税凭证，有的开具给委托方，有的开具给受托方的特殊性，对代理进口货物以海关开具的完税凭证上的纳税人为增值税纳税人。在实际工作中，一般由进口代理者代缴进口环节增值税。纳税后，由代理者将已纳税款和进口货物价款费用等与委托方结算，由委托者承担已纳税款。

2. 进口货物应纳税额的计算

纳税人进口货物，按照组成计税价格和《增值税暂行条例》规定的税率计算应纳税额。组成计税价格是指在没有实际销售价格时，按照税法规定计算出作为计税依据的价格。

进口货物计算增值税组成计税价格和应纳税额的计算公式为

$$组成计税价格 ＝ 关税完税价格 ＋ 关税 ＋ 消费税$$
$$应纳税额 ＝ 组成计税价格 × 税率$$

3. 进口货物的税收管理

进口货物的增值税由海关代征。

进口货物纳税义务人应当自海关填发税款缴纳证之日起 15 日内，向指定银行缴纳税款。逾期不缴纳的，由海关按日征收欠缴税款总额的万分之五的滞纳金。对超过 3 个月仍未缴纳税款的，海关可责令担保人缴纳税款或者将货物变价抵缴，必要时，可以通知银行在纳税义务人或担保人的存款内扣款。

（四）进口货物的放行

进口货物在办完缴纳税款等手续后，由海关在货运单据上加盖"放行章"，进口货物凭以向海关监管仓库提货进境。

四、验收和拨交货物

（1）进口货物到达后，应及时进行检验，并取得有效的检验证明，以便出现问题时向有关责任方提出索赔。

（2）属于法定检验的商品，必须向卸货口岸的商检机构报检，未经检验的货物不得销售和使用。

（3）货物经报关和检验后，由进口公司委托货运代理提取货物并拨交订货或用货部门。关于进口关税和运往内地的费用，一般由货运代理向进出口公司结算后，进出口公司再向订货部门结算。

五、索赔和理赔

（1）在实际业务中，履行进口合同时，常常是由于卖方违约，因而主要是向卖方提出索赔要求。

（2）进口索赔时应注意：

1）取得有效的索赔文件，在索赔期限内提出索赔。

2）注重事实，分清责任。

3）合理确定索赔金额和赔付方式。

我国目前的进口索赔工作，属于承运人和保险公司责任的，由外运公司代办；属于卖方责任的，由外贸公司办理。

（3）索赔的时效。索赔的时效是进口索赔的重要问题，逾期提出索赔，对方有权不受理。索赔的期限是指索赔的有效期限。通常的索赔期限有两种：一种是约定期限；另一种是法定期限。

1）向卖方提出索赔的时效

① 合同中具体规定了索赔时效的，买方应在合同规定的索赔时效内向卖方提出索赔，通常是买方在此期限内正式发出索赔通知。

② 如果合同中没有明确规定索赔期限，则合同中的品质保证期被认为是买方提出索赔的有效期限。

③ 如果合同中没有规定索赔期限或品质保证期，则按《联合国国际货物销售合同公约》的规定，买方必须在发现或理应发现不符情况后一段合理时间内通知卖方，否则就丧失索赔的权利。但无论如何，最长的索赔时效为买方收到货物之日起不超过 2 年。

2）向运输公司提出索赔的时效

①《海牙规则》规定，收货人最迟应在卸货港收到货物以前或当时，将货物灭失或损害的情况书面通知承运人，向其索赔。如果货物损坏或灭失情况不明显，应在 3 日内提出索赔通知。有关货物灭失或损坏的诉讼时效为 1 年，从货物交付之日或应交付之日起计算。

②《汉堡规则》规定，如果货物灭失或损坏明显，收货人应在货物移交给收货人的下一个工作日提出书面索赔通知。如果货物损坏或灭失不明显，可延长至 15 天提交索赔通知。同时还规定，对货物迟延交付造成损失，收货人应在收货后的 60 天内提交书面通知。有关货物灭失或损坏的诉讼时效为 2 年。

注：《汉堡规则》与《海牙规则》在货损索赔书面通知和诉讼时效方面的区别如下：

《汉堡规则》相对于《海牙规则》，延长了上述时间限制。对于提高书面货损索赔通知，《海牙规则》确定了收货前或当时，《汉堡规则》为收货后的次日；货损不明显，《海牙规则》为收货后 3 日内，《汉堡规则》则为货物交付后连续 15 日；对于延迟交付，《海牙规则》未规定，《汉堡规则》规定为货物交付之日后连续 60 日，否则，承运人不负赔偿责任。

对于诉讼时效，《海牙规则》规定了货物交付或应交付之日起 1 年的时间；

而《汉堡规则》规定了 2 年的诉讼时效，并规定负有赔偿责任的人向他人提起追偿之诉的时间为 90 日，自提起诉讼一方已处理其索赔案件或已接到向其本人送交的起诉传票之日起算。

3）向保险公司提出索赔的时效。中国人民财产保险股份有限公司规定，被保险人发现保险货物受损后，应立即通知当地的理赔、检验代理人进行检验。中国人民保险公司规定的索赔时效为 2 年，即从被保险货物在最后卸载港全部卸离海轮后起算，最多不超过 2 年。

第五节 进口贸易融资

一、授信开证

（一）授信开证的概念

授信开证是指银行对一些资信较好、有较强偿债能力的进口商，根据客户提供的抵押品数量、质量和资信情况，核定其开证额度，供客户循环使用，在其授信额度内，免除部分或全部保证金为其开立信用证。

授信开证实际上是开证行给予进口商的一种资金融通便利。虽然银行在此没有向开证申请人提供资金支持，但由于减免了保证金，从而减轻了申请人的资金压力。从这个意义上说，授信开证实际上是开证行为进口商提供的一种保证，因此，它也是一种融资便利。同时，由于授信额度具有循环使用的特点，申请人在办理开证业务时还可以免去银行内部为控制风险而设定的繁杂审批流程。

（二）授信开证的作用

1. 对进口商的益处

从进口商的角度出发，资金短缺成为一个普遍现象，这严重阻碍了企业的发展。通过此项融资，进口商可以充分利用银行信誉，无须现款便可以获得所需的进口商品。在商品采购阶段，在出借银行信用的同时，大大减少了资金占压，降低了有关财务费用；进口到单后，进口商可以继续向开证行申请进口信用证项下的融资，如进口押汇、提货担保等。如果能取得这些融资便利，进口商就可以完成从商品采购、提货、销售等全部过程，而不占用任何自由资金，合理、有效地运用银行资金获取利润。通过利用融资行专业化的服务，进口商能降低贸易环节中的风险，进一步提高抗风险的水平，增强其在国际市场上的竞争能力。

2. 对开证行的益处

一方面，授信开证将带给开证行国际结算业务。一般而言，开证行所开信用证项下的贸易结算必定通过开证行来进行，货权单据往往根据协议已让渡到开证行名下，构成该笔融资的额外担保。一旦申请人不付货款，开证行可以通过处置货物得到补偿。同时，开证行的付款承诺是有条件的，如果受益人提交的单据不合格，开证行不必承担任何付款责任。因此，与流动贷款相比，授信开证的用途更明确，相对来说更安全、更便利。另一方面，授信开证是或有融资，占用的银行资本金较少，带来的收益却不少。融资行授信减免开证保证金的方式是可以吸引到优质客户；在没有资金占用的情况下，可以赚取较为可观的开证手续费，目前开证行手续费可以达到开证金额的 0.15%；在货款支付结算时，还有可能赚取因本外币的汇兑而带来的买卖差价，即汇兑收益。

二、担保提货

（一）担保提货的概念

担保提货是指当信用证项下正本货运单据未收到而货物已到达时，客户可向银行申请开立提货担保书，交给承运单位先予提货，待取得正本单据后，再以正本单据换回原提货担保书。

（二）担保提货的意义

1. 对客户的意义

担保提货可使公司客户及时提货，避免压仓，既减少客户费用，又避免因货物品质发生变化遭受损失。

2. 对银行的意义

担保提货可为银行赚取手续费收入，增加业务利润。国内港口提货，收费标准手续费一般为担保金额的 0.1%。

（三）银行的风险

银行的风险主要是客户信用风险。一旦办理了担保提货手续，无论事后收到的单据有无不符点，银行均不能提出拒付/拒绝承兑，而进口商提取货物以后，可能不能或不愿意付款赎单，银行因此而面临损失。

三、进口押汇

进口押汇是指银行收到信用证、托收或汇付项下的单据后，以其为质押先垫款代进口商对外支付，同时凭进口商提供的信托收据（Trust Receipt，T/R）借单（主要是物权单据）给进口商先行提货，进口商到期再偿还银行押汇款本息。

信托收据（T/R）是进口商将货物所有权转让给银行的确认书。其大致内容是：承认货物的所有权属于银行，表示愿意以银行受托人的身份代银行提货和处理货物，直到付清银行的垫款取回信托收据为止。

进口押汇有如下特点：押汇款必须用于履行信用证或托收项下的对外付款，押汇期限一般不超过 90 天；押汇百分比由银行按情况决定，押汇利率按银行当期流动资金贷款利率计收。

进口押汇的作用是：可以使进口商在无法立即付款赎单时先行提货加工销售，抢占市场先机；不占压企业的流动资金，加快资金周转。

叙做进口押汇，进口商应使押汇期限与进口货物转卖期限相匹配，以便能以销售回笼款作为归还押汇款的主要来源。

四、假远期信用证

假远期信用证（Usance Letter of Credit Payable at Sight）又称买方远期信用证。此类信用证中通常有下列条款："The usance drafts are payable on a sight basis, discount charges and acceptance commission are for buyer's account."

使用假远期信用证，议付行在议付后向开证行索偿时，可立即得到开证行的即期付款，并且不承担贴现利息和承兑费用。因而议付行对受益人的议付，也只需要扣除一个邮程来回的利息和手续费，等同于即期汇票的议付。

由于国际金融市场贴现率一般比银行的贷款利率低，进口商往往利用银行承兑汇票以取得优惠贴现率，所以在签订即期付款的贸易合同后，要求开证行开立的不是即期付款信用证而是远期承兑信用证，证上规定"所有贴现利息和费用由申请人负担"。这样，出口商仍能像即期付款信用证那样通过贴现取得全部货款，而贴现银行应扣除的贴息和承兑行承兑汇票的费用则向进口商算收。这是进口商通过贴现手段取得资金融通的方法，出口商在取得资金方面虽然没有什么损失，但是要承担将来汇票拒付时被追索的风险。

复习思考题

1. 进口索赔时应注意哪些问题？
2. 什么是信托收据（T/R）？
3. 担保提货的意义是什么？
4. 假远期信用证与真远期信用证有何区别？
5. 货到单未赎取的处理办法有哪些？

第十三章
>>>>>> 索赔

第一节　各国法律对违约的规定

所谓 **违约** （Breach of Contract），是指买卖双方之中任何一方违反合同的规定，未履行合同义务的行为。国际货物买卖合同是对缔约双方具有约束力的法律文件，任何一方违反了合同义务，都应承担违约的责任，受损的一方有权提出损害赔偿要求。但是，不同的法律和文件对违约方的违约行为及由此产生的法律后果、对该后果的处理有不同的规定和解释。目前，国际上主要有以下三种观点：

一、英国法律的规定

英国的《货物买卖法》将违约分为违反要件和违反担保两种。**违反要件**（Breach of Condition）是指违反合同的主要条款。在合同的一方当事人违反要件的情况下，另一方当事人即受损方有权解除合同，并有权提出损害赔偿。**违反担保**（Breach of Warranty）是指违反合同的次要条款。在违反担保的情况下，受损方只能提出损害赔偿，而不能解除合同。至于在每份具体的合同中，哪些要素属于要件，哪些属于担保，该法并无明确、具体的解释，一般认为违反与商品有直接关系的如品质、数量、交货期等属于要件；与商品无直接关系的如付款时间等属于担保。近年来，英国司法实践还承认一种新的违约类型，即违反中间性条款或无名条款。它是一种既不是要件，也不是担保的合同条款。违反这类条款应承担的责任须视违约的性质及其后果是否严重而定。损失严重的，受损方有权解除合同并要求损害赔偿；否则，就只能要求损害赔偿。

二、美国法律的规定

美国法律将违约分为重大违约（Material Breach of Contract）和轻微违约

（Minor Breach of Contract）。**重大违约** 是指一方当事人没有履行合同或履行合同有缺陷，致使另一方当事人不能得到该项交易的主要利益，受损害的一方当事人可以解除合同并请求损害赔偿。**轻微违约** 是指债务人在履约中尽管存在一些缺陷，但债权人已经从合同履行中得到该交易的主要利益。例如，履行的时间略有延迟，交付的货物数量和品质与合同略有出入等。

三、《联合国国际货物销售合同公约》的规定（第25条）

《联合国国际货物销售合同公约》将违约分为根本性违约（Fundamental Breach of Contract）和非根本性违约（Non-Fundamental Breach of Contract）。**根本性违约** 是指违约方的故意行为造成的违约，如卖方完全不交货，买方无理拒收货物、拒付货款，其结果给受损方造成实质损害（Substantial Detriment）。如果一方当事人根本违约，另一方当事人可以宣告合同无效，并可要求损害赔偿。**非根本性违约** 是指违约的状况尚未达到根本违反合同的程度，受损方只能要求损害赔偿，而不能宣告合同无效。

四、我国《合同法》的规定

我国《合同法》也有类似《联合国国际货物销售合同公约》的规定：当事人一方延迟履行合同义务或者有其他违约行为致使不能实现合同目的，对方当事人可以解除合同；当事人一方延迟履行主要债务，经催告后在合同期间内仍未履行的，对方当事人可以解除合同。

第二节 索赔对象及注意事项

一、索赔对象

索赔对象涉及出口商、进口商、承运人、保险公司及其他与国际货物买卖合同履行有关的责任人。一旦发生损失，首先要认定责任人，确定索赔对象。

（一）出口商承担货物索赔的责任

对于因出口商短装、漏装、损毁、品质内在缺陷、包装不良、交货时间不符或品质、规格不符及交单不符等原因给进口商造成的损失，出口商应承担责任。

（二）向承运人索赔

货物在运输过程中发生短失，如短卸、误卸、破损、破漏、毁坏、水渍、其他污染等，船公司就要接受货主按照运输合同的有关规定向其提出的赔偿要求。船公司所负责任自货物装船起至货物卸离船舶为止，即签发提单起至收回提货单为止。

（三）向保险公司索赔

货物发生属于保险责任范围内的损失，保险公司就要接受被保险人按保单的有关规定向保险人提出的赔偿要求。凡由于不可抗力造成货物的损失、无适当责任人可交涉、遭到有关责任人合理拒赔或赔偿不足者，都可以向保险公司索赔。保险公司的承保责任均以保险单为限，发生的损失必须在保险责任范围内。

（四）向进口商索赔

进口商要承担因自己的商业行为不当给卖方造成损失的责任。具体包括以下几种情况：

（1）在信用证结算方式下，进口商故意不开或迟开信用证，或在信用证中提出过高的条件，使卖方难以履约。

（2）在 FOB 条件成交下，买方延迟租船订舱，使卖方不能按时装运造成的损失。

（3）在托收方式下，货物发出后，买方无理拒收货物拒付货款。

（五）向其他责任人索赔

如银行在托收或信用证方式下未按规定处理单据，擅自释放单据给进口商从而对出口商造成的损失，应向银行索赔；装卸公司在港口装卸过程中发生的损害，应向装卸方索赔等。

[案例 13-1]

中国某公司与欧洲某进口商签订一份皮具合同，以 CIF 鹿特丹成交，向保险公司投保一切险，用信用证支付。货到鹿特丹后，检验结果表明，全部货物潮湿、发霉、变色，损失价值 10 万美元。据分析，货物损失的主要原因是生产厂家在生产的最后一道工序中，未将皮具湿度降到合理程度。问：进口商对受损货物是否支付价款？进口商可向谁索赔？

[分析]（1）进口商应对受损的货物支付货款，因为合同是以信用证为支付方式。信用证方式的基本特征之一即信用证是一种单据交易，银行凭单付款。银行只审核单据而不管货物、服务和实际的履约行为，只要受益人提交的单据与信用证条款一致，银行就要履行付款的责任，并要求开证申请人付款赎单。因此，进口商无法以货物受损为由拒绝支付价款。

（2）进口商可以依法向出口商即卖方进行索赔。根据公约的规定，卖方对交付的货物承担品质担保的义务，即要求货物与合同规定的相符。本案例中，经检验，货损产生是因为生产厂家在生产过程中的失误，使得交付货物品质无法符合合同规定。因此，出口商应对此货损承担责任，进口商可依法向出口商索赔。

二、索赔注意事项

（1）注重实际，查明责任，确定索赔对象。根据检验证明，确定损失的责任人，向有关责任人提出索赔要求。

（2）引据合同条文或检验证明文件的语句，起草索赔函件，并注意内容上保持前后一致。

（3）在合同规定的期限内提出索赔。

（4）按合同规定明确索赔金额或根据实际损失情况确定索赔金额。

（5）备齐索赔单证，如提单、发票、保险单、装箱单、商检证书或短缺残损证明以及索赔清单。

（6）提出的索赔要求或解决方法要明确，切忌含糊其辞。

[案例 13-2]

我国某进出口公司以 CIF 鹿特丹条件出口食品 1000 箱，并向中国人民财产保险股份有限公司投保一切险。货到目的港后，经进口人复验发现下列情况：①该批货物共 10 个批号，抽查 20 箱，发现其中 1 个批号，即 100 箱内出现沾污现象；②收货人实收 998 箱，短少 2 箱；③有 15 箱货物外表良好，但箱内货物共短少 60kg。根据以上情况，进口人应当分别向谁索赔？

[分析] ①属于一般附加险，包含在一切险范围，应向保险公司索赔；②属于短量险，应向保险公司索赔；③由于外表良好，应为出口商所装食品量不足，是交货以前发生的，应向出口商索赔。

[案例 13-3]

2017 年 4 月，我国某外贸公司与加拿大进口商签订一份茶叶出口合同，并要求采用合适的包装运输，成交贸易术语为 CIF 渥太华，向中国人民财产保险股份有限公司投保一切险。生产厂家在最后一道工序将茶叶的湿度降低到了合同规定值，并用硬纸筒盒作为容器装入双层纸箱。在装入集装箱后，货物于 2017 年 5 月到渥太华。检验结果表明，全部茶叶变质、湿霉，总共损失价值达 10 万美元。但是，当时货物出口地温度与湿度适中，进口地温度与湿度也适中，运输途中并无异常发生，完全为正常运输。问：以上货物的损失该由谁来赔偿，为什么？

[分析] 尽管属于一切险赔偿范围，但是应当找到主要责任原因。由于运输过程正常，因此船方无责任；另一方面，由于茶叶包装并不能满足其一般运输防潮要求，因此，货物问题应当是由于包装不能满足基本运输要求所引起的。这是在运输交货前发生的，所以责任应当是在生产厂家，货物损失应当由出口厂家赔偿。

[案例 13-4]

我国某公司在国外承包一项工程，由于业主修改设计造成部分工程量增加、部分工程量减少的事实，为此，该公司决定向业主索赔。在索赔内容上出现两种意见：第一种意见认为，增加工程量部分应索赔，而减少工程量部分不应索赔，索赔费用仅限于直接费用部分；第二种意见认为，增加和减少工程量都应索赔，索赔费用既应包括直接费用，也应包括间接费用。问：你认为哪种意见正确，为什么？

[分析] 第二种意见正确。理由：(1) 在工程承包合同签订以后，业主单方面修改设计属于违约行为，必须承担由此引起的一切法律后果。

(2) 本案例中，部分工程量增加、部分工程量减少都属于违约行为，都可能给我方带来损失，因此我方均应索赔。

(3) 索赔的费用包括直接费用和间接费用。

[案例 13-5]

A 商场进口一集装箱彩电，通关后由承运人 B 公司另雇 C 运输队运往北京。运送的集装箱车在中途翻车，电视机部分受损。问：在 A、B、C 三方都已投保了一切险的情况下，A 商场应向何方索赔？

[分析] 应向保险公司索赔或向承运人 B 公司索赔。

[案例 13-6]

某贸易商以 FOB 价向我国某工厂订购一批货物，在买卖合同中订明若工厂未能于 7 月底之前交运，则工厂应赔付货款 5% 的违约金。后工厂交运延迟 5 天，以致贸易商被其买方索赔货款的 3%。问：在这种情况下，贸易商是否可向工厂索赔，索赔 5% 还是 3%？

[分析] 因合同规定，若工厂未能于 7 月底之前交运则应赔付货款 5% 的违约金，并且工厂交运延迟 5 天，造成违约，故贸易商可向工厂索赔，索赔 5%。

[案例 13-7]

美国 A 公司向外国一贸易商 B 购买一批火鸡，以供应圣诞节市场。合同规定卖方应在 9 月底以前装船。但是卖方违反合同，推迟到 10 月 7 日才装船。结果圣诞节销售时机已过，火鸡难以销售。因此，买方 A 拒收货物，并主张撤销合同。问：在这种情况下，买方有无拒收货物和撤销合同的权利？

[分析] 根据《联合国国际货物销售合同公约》，贸易商的违反合同构成根本性违约，A 公司有权拒收货物和撤销合同。

[案例 13-8]

有一份 CIF 合同，出售矿砂 5000MT，合同装运条款规定："CIF Hamburg，2009 年 2 月份：由一船或数船装运。"买方于 2 月 15 日装运了 3100MT，余数又在 3 月 1 日装上另一艘轮船。当卖方凭单据向买方要求付款时，买方以第二批货物延期装运为由，拒绝接受全部单据，并拒付全部货款。卖方提出异议，认为买方无权拒收全部货物。问：买方拒付的理由充分吗？

[分析] 根据合同"由一船或数船装运"的规定，可以认定该合同是允许分批装运的。卖方在履行合同时，分两批装运，第一批货物的装货时间是符合合同规定的，只是第二批货物违反了合同规定的期限。因此，买方不应对符合合同的第一批货物拒收或行使索赔权利。至于第二批货物，虽然违反了合同，但是，装运时间仅仅超过期限一天，一般不能视为根本性违反合同，因此，买方拒收第二批货物的理由也是不充分的，最多只能要求赔偿。

[案例 13-9]

我方与越南某客商凭样品成交达成一笔出口镰刀的交易。合同中规定，复检有效期限为货物到达目的港后 60 天。货物到目的地经越南客商复检后，未提出任何异议。但时隔半年，越南客商来电称，镰刀全部生锈，只能降价出售。越南客商因此要求我方按成交价的 40% 赔偿其损失。我方接电后立即查看我方留存的复样，也发现类似的情况。问：我方是否应同意对方的要求？为什么？

[分析] 我方不应该同意对方的要求。因为，货物到达目的地后，在有效期内经越南客商复检后未提出任何异议，证明镰刀符合合同的要求。尽管我方留存的复样也存在类似的现象，我方也不应同意对方的要求。

第三节　索赔条款

合同的索赔条款有两种形式：一种是异议和索赔条款（Discrepancy and Claim Clause）；另一种是罚金或违约金条款（Penalty Clause or Liquidated Damage Clause）。

一、异议和索赔条款

异议与索赔条款除了明确规定一方如果违约，另一方有权索赔外，还包括索赔依据、索赔期限、索赔的处理办法、索赔金额等。

（一）索赔依据

索赔依据（Claim Foundation）包括法律依据和事实依据。前者是指合同和有关国家法律的规定；后者是指违约的事实证据和出证的机构。如果证据不全、不清，出证机构不符要求，都可能遭到拒赔。

（二）索赔期限

索赔期限（Period of Claim）是指受害方向违约方提出索赔的有效期限，超过期限则丧失索赔权。索赔期限有约定和法定之分。约定索赔期限是指在合同中规定的索赔期限；法定索赔期限是指根据有关法律规定的索赔期限。法定索赔期限在合同中未规定具体索赔期限时才启用，如合同中规定了索赔期限，则规定索赔期限的效力超过法定索赔期限效力。所以，处理索赔时，如发现理由不充分，所附证明不符或不全，应在有效期内函请有关方面保留索赔权。根据《联合国国际货物销售合同公约》及我国《合同法》的规定，国际贸易索赔期限自买方实际收到货物之日起最长不超过两年。索赔期限的长短，应根据不同商品的特性及检验所需的时间等因素而定。一般合同中约定索赔期的起算时间通常有以下几种：

（1）以货物到达目的港（地）后××天起算，此种方法较常见。

（2）货到目的港卸离海轮后××天起算。

（3）货到买方营业处所或用户所在地后××天起算。

（4）货物检验后××天起算。

（三）索赔的处理办法和索赔金额

关于索赔的处理办法和索赔金额，一般只做笼统规定，但确定索赔金额有三条原则：

（1）索赔金额应等于因违约造成的、包括利润在内的损失。

（2）应该以可以预料的合理损失为准。

（3）由于受害方未采取合理的措施使有可能减轻的损失未减轻的，应在赔偿金额中扣除。

（四）异议和索赔条款示例

买方对装运货物的任何索赔，必须于货物到达提单或运输单据所定目的港（地）之日起30天内提出，并提供卖方同意的公证机构出具的检验报告。属于保险公司、轮船公司或其他有关运输机构责任范围内的索赔，卖方不予受理。

Any claim supported by the buyer regarding the goods shipped should be filed within 30 days after the arrival of the goods at the port /place of destination specified in the relative bill of lading or transport document and supported by a survey report issued by a surveyor approved by the seller. Claims in respect of matters within responsibility of insurance company, shipping company /other transportation organization will not be considered or entertained by the seller.

二、罚金或违约金条款

（一）罚金条款的含义

罚金条款也称违约金条款，是指如果一方未能按约定履行合同，应向另一方支付一定的罚金，以弥补损失。如果是履行延迟造成的违约方支付违约金，通常违约一方被罚后仍须履行合同。否则，除罚金外，还要承担不能履约造成的损失。它适用于卖方延期交货，或买方延迟开立信用证和延期接运货物、拖欠货款等情况。

(二) 违约金的性质

在买卖合同中规定罚金或违约金条款，是促使合同当事人履行合同义务的重要措施，能起到避免和减少违约行为发生的预防性作用，在发生违约行为的情况下，能对违约方起到一定的惩罚作用，对守约方的损失能起到补偿性作用。罚金是不以造成损失为前提的，数额以约定为主，分为惩罚性和补偿性两种。必须指出的是，在英美法系的国家，惩罚性违约金是不受法律承认的，即使在合同中将惩罚性违约金定为补偿性违约金也是如此。

(三) 我国《合同法》对违约金的规定

在确定违约金的数额时，双方当事人应预先估计因违约可能发生的损害赔偿，确定一个合适的违约金比率。

(四) 罚金或违约金条款示例

买方因自身原因不能按合同规定的时间开立信用证，应向卖方支付罚金。罚金按迟开证每×天收取信用证金额的×%，不足×天者按×天计算，但罚金不超过买方应开信用证金额的×%。该罚金仅作为因延迟开信用证引起的损失赔偿。

Should the buyers for its own sake fail to open the letter of credit on time stipulated in the contract, the buyers shall pay a penalty to the sellers. The penalty shall be charged at the rate of ×% of the amount of letter of credit for every × days of delay in opening the letter of credit, however, the penalty shall not exceed ×% of the total value of the letter of credit which the buyers should have opened. Any fractional days less than × days shall be deemed to be × days for the calculation of penalty. The penalty shall be the sole compensation of the damage caused by such delay.

三、定金罚则

在成套设备、运输工具、精密仪器仪表等技术性产品的交易中，合同中通常规定定金罚则。

(一) 定金的含义

定金 是指合同一方当事人根据合同的约定预先付给另一方当事人一定数额的金额，以保证合同的履行。它是作为债权的担保而存在的。

[特别提示] 定金不同于预付款。预付款是合同当事人预先付给对方一定数额的价款，即对合同义务的预先履行。其本身就是预付价款或价款的一部分，而不是对合同履行的担保。

(二) 合同中定金条款的意义 (定金罚则)

如支付定金的一方违约，即丧失定金的所有权，则定金由另一方当事人所有；如收取定金的一方违约，则除返还定金外，还需要付给对方与定金数额相等的款额。这种规定和做法就称为定金罚则。

（三）运用定金条款的注意事项

（1）在合同中，如需要订立定金条款时，要注意定金条款内容与预付款条款内容的区别，二者不能混同使用。

（2）定金条款的规定应明确具体。

（3）在合同中同时约定违约金和定金的情况下，如出现一方违约，对方只能选择其中之一适用，不能同时并用。

复习思考题

1. 什么是违约？
2. 索赔应注意哪些问题？
3. 定金与预付款有什么区别？
4. 运用定金条款应注意哪些问题？

第十四章
>>>>>> 不可抗力

第一节　不可抗力的含义及范围

一、不可抗力的含义

不可抗力 （Force Majeure）是指买卖合同签订后，不是由于合同当事人的过失或疏忽，而是由于发生了当事人在订立合同时不能预见、对其发生和后果不能避免并且不能克服的事件，以致不能履行或不能如期履行合同，发生意外事件的一方可以免除履行合同的责任或推迟履行合同，对方无权要求损害赔偿。可见，不可抗力是一项免责条款，即免除了由于发生不可抗力事件而违约一方的违约责任。

（一）不可抗力的构成条件

（1）意外事故必须发生在合同签订以后。

（2）不是因为任何一方当事人自身的过失或故意而导致的。

（3）意外事故的发生是偶然的，其发生和后果是当事人无法预见、无法控制，也无法避免和不可克服的。

（二）各国不可抗力的不同名称及说明

（1）英美法中有"合同落空"（Frustration of Contract）原则的规定。其意思是指合同签订后，不是由于当事人的过失，而是由于事后发生意想不到的事件，致使订约目的受到挫折，对未能履行合同义务的一方可以免责。

（2）大陆法中有"情势变迁"原则的规定。其意思与"合同落空"原则基本一致。情势变迁原则也称情势变更原则，是指当发生缔约时完全未能预料到的情势变化，而使缔约方享有的条约上所规定的利益受到严重损害，与另一缔约方之间发生权利义务的严重失衡时，该缔约方为保证自身利益，可以终止条约或寻求某种补救措施。

（3）《联合国国际货物销售合同公约》规定，合同签订后，如发生了合同当事人订约时无法预见和事后不能控制的障碍，以致不能履行合同义务，则可免除责任。

虽然世界各国对不可抗力有不同的叫法及说明，但其精神、原则大体相同。

二、不可抗力事件的范围

（1）自然力事件。自然力事件是指人类无法控制的自然界力量所引起的灾害，如水灾、火灾、风灾、旱灾、雨灾、冰灾、雪灾、雷电、地震、火山爆发和海啸等。

（2）政府行为。政府行为（Act of Government）是指当事人签约后，有关政府当局发布了新的法律、法规、行政措施，如颁布禁令、调整政策制度等。

（3）社会异常事故。社会上出现的异常事故（如骚乱、暴动、战争等）往往构成当事人履约的障碍。

[特别提示] 汇率变化、市场风险、商品价格波动、货币贬值、能源危机、机器故障、怠工、船期改变等，均不能视为不可抗力事件。

[案例 14-1]

有一份合同，印度 A 公司向美国 B 公司出口一批黄麻。在合同履行的过程中，印度政府宣布对黄麻实行出口许可证和配额制度。A 公司因无法取得出口许可证而无法向美国 B 公司出口黄麻，遂以不可抗力为由主张解除合同。问：印度 A 公司能否主张这种权利？为什么？

[分析] 印度 A 公司可以以不可抗力为由主张解除合同。因为印度政府在买卖双方履行合同的过程中，宣布对黄麻实行出口许可证制度和配额制度，A 公司无法取得出口黄麻的许可证即无法向美国 B 公司出口黄麻，这属于由政府行为引起的不可抗力事故。所以，A 公司可以以不可抗力为由主张解除合同，而美国 B 公司无权要求赔偿。

[案例 14-2]

我国进口商向巴西木材出口商订购一批木材，合同规定"如受到政府干预，合同应当延长，以至取消"。签约后适逢巴西热带雨林破坏加速，巴西政府对木材出口进行限制，致使巴西出口商在合同规定期内难以履行合同，并以不可抗力为由要求我方延迟合同执行或者解除合同。我方不同意对方要求，并提出索赔。请分析我方的索赔要求是否合理。

[分析] 按照国际惯例，政府颁布禁令属于不可抗力，发生不可抗力事件，巴西出口商依据合同规定向我方提出延迟或者取消合同的要求，有据可依，所以我方的索赔要求不合理。

[案例 14-3]

我国某进出口公司与英国某公司以 FOB 条件签订进口合同，装货港为伦敦。

合同签订后不久，英方通知我方货已备妥，要求我方按时派船接货。然而，在我方安排的船舶前往英港途中，突然爆发中东战争，苏伊士运河被封锁，禁止一切船舶通行。我方船舶只好改变航线绕道好望角航行，增加航程近万公里，到达装运港时已过装运期。这时，国际上的汇率发生变化，合同中的计价货币英镑贬值，英方便以我方未按时派船接货为由，要求提高货物价格，并要求我方赔偿由于延期接货而产生的仓储费。对此，我方表示不能接受，双方遂发生争议。问：如你是我方派出的代表，将如何处理这个问题？

[分析] 中东战争是不可抗力，我方不负赔偿责任，因此不赔偿由于延期接货而产生的仓储费。但是，依据损益相抵原则，我方可以接受适当提高货物价格。

[案例 14-4]

广州某伞厂与意大利客户签订了雨伞出口合同。买方开来的信用证规定，8月份装运交货。不料7月初，该伞厂仓库失火，成品、半成品全部烧毁，以致无法交货。问：卖方可否援引不可抗力条款要求免交货物？

[分析] 首先应认定该伞厂的火灾是否属于不可抗力事故（无法预见、无法预防、无法避免、无法控制）。如实为不可抗力，应由中国国际贸易促进委员会出具相关证明文件，根据《联合国国际货物销售合同公约》可免除责任。

[案例 14-5]

我国某公司于1990年11月2日与伊朗签订了一份进口合同，交易条件为FOB。后因海湾战争爆发，我方接货货轮无法驶抵伊朗，到1991年4月海湾战争结束后，我方方能派船接货。而外商以我方未能按时派船接货为由，要求我方赔偿其仓储费。问：外商的这一要求是否合理？

[分析] 不合理。因为我方未能按时派船接货是由于发生不可抗力事件。但是，我方有按约定的通知期限和通知方式通知对方的义务，并与对方商定是解除合同还是延期履行。如果没有按时通知，我方对卖方因未收到通知而造成的损害应负赔偿责任。

[案例 14-6]

国内某研究所与日本客户签订一份进口合同，想要引进一台精密仪器，合同规定9月份交货。9月15日，日本政府宣布该仪器为高科技产品，禁止出口。该禁令自公布之日起15日后生效。日商来电以不可抗力为由要求解除合同。问：日商的要求是否合理？我方应如何妥善处理？

[分析] 不合理。该禁令自公布之日起15日后生效，即要到9月30日后才生效，而合同规定在9月份交货，所以日商不能以不可抗力为由要求解除合同。

国内进口商应据理力争，要求日方按期发货。若日方坚持不发货，我国进口商可向日方索赔或通过法律途径维权。

第二节　不可抗力条款

一、不可抗力条款的规定

（一）不可抗力的性质与范围

关于不可抗力的性质与范围，通常有以下三种规定方法：

（1）概括规定。在合同中不具体规定哪些事件属于不可抗力事件，而只是笼统地规定"由于公认的不可抗力的原因，致使卖方不能交货或延期交货，卖方不负责任"或"由于不可抗力事件使合同不能履行，发生事件的一方可据此免除责任"。这类规定办法过于笼统，含义模糊，解释伸缩性大，容易引起争议，不宜采用。

（2）具体规定。在合同中详列不可抗力事件。这种一一列举的办法，虽然明确具体，但文字烦琐，并且可能出现遗漏情况，因此也不是最好的办法。

（3）综合规定（综合规定的方法最常用）。列明经常可能发生的不可抗力事件（如战争、洪水、地震、火灾等）的同时，再加上"以及双方同意的其他不可抗力事件"的文句。这种规定办法，既明确具体，又有一定的灵活性，是一种可取的办法。在我国进出口合同中，一般都采取这种规定办法。

（二）不可抗力事件的处理方法

不可抗力的处理方法有三种：

（1）解除合同。例如，强台风、强降雨造成一年只能生长一季的农作物绝收了，原买卖合同不可能延期到第二年去执行，因为时间太长、变数太大，买卖双方都不好把握。在这种情况下，唯一的办法就是解除合同。

（2）部分解除合同。例如，某种农产品买卖合同签订以后，主产地发生了持续旱灾或大面积虫灾，致使该种产品大面积减产歉收，但远不是绝收，卖方就可以据此要求减少出口数量。

（3）延期履行合同。如果是工业品买卖，强台风、强降雨虽然也属于"不可抗力"事件，但这种事件只是造成工厂短时间的停工或停产，并不构成工厂因此而完全陷入瘫痪。因此，延期交货是合理的。如果以此为由解除合同，在情理上也说不过去。

究竟如何处理，应视事故的原因、性质、规模及其对履行合同所产生的实际影响程度而定。如果履行合同已经不可能，则可以解除合同；如果是暂时阻止合同的履行，则只能延期履行合同，而不能解除合同。

[案例 14-7]

我国某出口企业以 CIF 纽约条件与美国某公司订立了 200 套家具的出口合

同。合同规定 2017 年 12 月交货。11 月底，我企业出口商品仓库因雷击发生火灾，致使一半以上的出口家具被烧毁。我企业遂以不可抗力为由要求免除交货责任，美方不同意，坚持要求我方按时交货。我方经多方努力，于 2018 年 1 月初交货，而美方以我方延期交货为由提出索赔。问：我方可主张何种权利，为什么？美方的索赔要求是否合理，为什么？

[分析]（1）本案例中，我方出口商品仓库因雷击发生火灾，致使一半以上的出口家具被烧毁。此遭遇属于不可抗力事故，所以我方可以遭遇不可抗力事故为由，向对方提出延期履行合同的要求。

（2）美方的索赔要求是不合理的。因为既然发生了不可抗力事故，且已备好的货物一半以上被烧毁，这必然会影响卖方交货的时间。另外，不可抗力事故是一项免责条款，可免除遭遇不可抗力事故的一方不能如期履行合同的责任。所以，美方应考虑实际情况同意延期履行合同。

（三）不可抗力事件的通知和证明

（1）不可抗力事故的通知。当发生不可抗力事件影响合同履行时，当事人必须及时通知对方，对方也应在接到通知后及时答复。为明确责任，买卖双方对此应在合同中明确规定，如一方遭受不可抗力事件以后，应以最快捷的方式通知对方，并应在 15 天内以航空挂号信方式提供事件的详情及影响合同履行程度的证明文件。

（2）不可抗力事故证明。当一方援引不可抗力条款要求免责时，必须向对方提交合同中规定的出证机构出具的证明文件。在国外，一般由当地商会或合法的公证机构出具；在我国，由中国国际经济贸易促进委员会或其设在口岸的贸促分会出具。

注：关于不可抗力事故的范围、发生不可抗力事故后通知对方的期限和方式 是最容易引起当事人双方的争议的。因此，买卖双方在洽商交易时应达成一致意见，并且在合同中做出具体明确的规定。

二、不可抗力条款示例

如因战争、洪水、地震、火灾等以及双方都认定的其他不可抗力事故，致使卖方不能按时交货，则可推迟交货时间或撤销或部分撤销合同。但卖方须用传真或电子邮件通知买方，并向买方提交由中国国际贸易促进委员会出具的证明此类事件的书面文件。

In case any war, flood, earthquake, fire etc. or other Force Majeure accidents agreed to both parties occur, which cause the seller unable to ship the goods on time, then the seller shall postpone the shipment or totally or partially withdraw the sales contract. However, the seller shall notify the buyer by fax or e-mail and furnish the certificate issued by China Council for the Promotion of International Trade attesting such event or events.

复习思考题

1. 不可抗力的含义是什么？
2. 不可抗力事件的范围是什么？
3. 不可抗力事件发生如何处理？
4. 合同中不可抗力条款的规定方法有哪些？

第十五章
>>>>>> 仲裁

第一节 解决争议的方式

在国际货物买卖中，当发生争议时，通常采取的解决争议的方式有友好协商、调解、仲裁、诉讼等。一旦发生争议，首先应当通过友好协商的方式解决，以利于保护商业秘密和企业声誉。在协商不成的情况下，则当事人可按照合同约定或争议的情况采用调解、仲裁或诉讼等方式解决争议。

一、友好协商

争议双方通过友好协商（Amicable Negotiation）的方式解决，是指争议发生后，由双方当事人进行友好磋商，各自均做出一定的让步，在双方认为可以接受的基础上达成和解协议，消除纠纷。

采取这种方式，无须经过仲裁或司法诉讼程序，可以省去仲裁和诉讼的麻烦及费用，气氛较和善、友好，有利于双方今后业务的进一步合作，是解决争议的好办法。但这种办法也有一定的局限性，特别是在双方分歧比较明显的情况下，友好协商不一定能达成和解协议。

二、调解

调解（Conciliation）是指双方当事人以外的第三者，以国家法律、法规和政策以及社会公德为依据，对纠纷双方进行疏导、劝说，促使他们相互谅解，进行协商，自愿达成协议，解决纠纷的活动。

三、诉讼

如果争议双方经过友好协商与调解都未达成和解，而他们又不愿采取仲裁方式，则可通过诉讼（Litigation）途径解决争端。诉讼即通过法院判决，其具有下列特点：

（1）诉讼带有强制性，只要一方当事人向有管辖权的法院起诉，另一方就必须应诉，并且被告无权选择法院或法官。

（2）诉讼程序复杂，包括调查、取证、开庭、和议、调解、判决等，处理问题比仲裁慢。

（3）双方和气尽伤，今后很难再度合作。

（4）诉讼费用较高，一般要高于仲裁费用。

（5）如果当事人一方对判决不服，还可以提出上诉。

四、仲裁

仲裁（Arbitration）是指买卖双方在争议发生之前或之后，签订书面协议，当发生争议时，若通过协商不能解决，自愿将有关争议提交给双方同意的第三者进行裁决（Award），以解决争议的一种方式。裁决的结果是终局性的，对双方均具有约束力。

仲裁的优势在于其程序简便、结案较快、费用开支较少，能独立、公正和迅速地解决争议，给予当事人以充分的自治权。它还具有灵活性、保密性、终局性和裁决易于得到执行等优点。仲裁已成为普遍采用的一种方式。

第二节 仲 裁

一、仲裁协议的形式与作用

仲裁协议 是指双方当事人表示愿意将他们之间的争议交付仲裁机构解决的一种书面协议，它是受理仲裁案件的依据。没有仲裁协议，仲裁机构不会受理争议案件。

（一）仲裁协议的形式

仲裁协议有两种形式：

（1）仲裁条款（Arbitration Clause）或事前协议，即双方在争议发生前订立的，一般在交易合同的条款中表示愿意把将来可能发生的争议提交仲裁机构裁决的条款。

（2）提交仲裁的协议（Submission）或事后协议，即当事人在争议发生之后订立的，表示愿意将已经发生的争议提交仲裁机构裁决的协议。

相较而言，在合同中订立仲裁条款是一种较好的方式。这种协议在订立上较为简单、容易，并节省时间，能更好地实现仲裁的宗旨，因此已经成为一种常用的方法。

根据我国法律，有效的仲裁协议必须载有请求仲裁的意思表示、选定的仲裁委员会和约定仲裁事项（该仲裁事项依法应具有可仲裁性）；必须是书面的；当事人具有签订仲裁协议的行为能力；形式和内容合法。否则，该仲裁协议无效。

(二) 仲裁协议的作用

(1) 约束双方当事人只能以仲裁方式解决争议，不得向法院起诉。

(2) 排除了法院对争议案件的管辖权。如果一方违背仲裁协议，自行向法院起诉，另一方可根据仲裁协议要求法院不予受理，并将争议案件退交仲裁庭裁断。

(3) 使仲裁机构取得对争议案件的管辖权。

[特别提示] 上述三项作用的核心是第二条，即排除了法院对争议案件的管辖权。

二、仲裁适用的法律

(1) 受理案件的仲裁机构所在地的法律。

(2) 当事人选择的法律。

(3) 仲裁机构选择的法律。

我国关于仲裁的法律和法规主要有：①1995 年 9 月开始实施的《中华人民共和国仲裁法》；②2015 年 1 月开始施行的《中国国际经济贸易仲裁委员会仲裁规则》（简称《仲裁规则》）。

三、仲裁地点及仲裁费用的负担

(1) 仲裁地点。一般而言，交易双方都力争在自己比较了解和信任的国家进行，尤其是在本国进行仲裁。我国在对外贸易中，一般力争在我国进行仲裁，但也可选择在被告国或第三国进行。选择中立的第三国进行仲裁，将有利于增强仲裁机构的公正性，但第三国仲裁机构受理案件的费用可能会比较高。

(2) 仲裁费用的负担。在仲裁条款中订明，一般由败诉的一方承担。

(3) 另外，《中国国际经济贸易仲裁委员会仲裁规则》（简称《仲裁规则》）规定，败诉方应补偿胜诉方因办案所支出的合理费用，但不超过胜诉金额的 1%。

四、仲裁程序

(1) 提出仲裁申请。申请仲裁时应提交仲裁协议、仲裁申请书、证据和证据来源并附清单，证人姓名和住所以及申请人的身份证明文件。

(2) 组织仲裁庭。根据我国《仲裁规则》规定，申诉人和被申诉人各自在仲裁委员会仲裁员名册中指定一名仲裁员，并由仲裁委员会主席指定一名仲裁员为首仲裁员，共同组成仲裁庭审理案件；双方当事人也可以在仲裁委员名册中共同指定或委托仲裁委员会主席指定一名仲裁员为独任仲裁员，成立仲裁庭，单独审理案件。

（3）审理案件。仲裁庭审理案件的形式有两种：一是不开庭审理，这种审理一般是经当事人申请，或由仲裁庭征得双方当事人同意，只依据书面文件进行审理并做出裁决；二是开庭审理，这种审理按照仲裁规则的规定，采取不公开审理，如果双方当事人要求公开进行审理，由仲裁庭做出决定。

（4）做出裁决。仲裁裁决是仲裁庭审理案件后，根据事实和证据，对当事人提交的请求的事项做出的书面决定。仲裁裁决的效力是终局性的，即仲裁裁决对双方当事人均具有约束力，双方均需自觉执行仲裁裁决，任何一方不可向法院或其他机关提出变更仲裁裁决的要求。

[案例 15-1]

甲方与乙方签订了出口某货物的合同。合同中的仲裁条款规定："凡因执行本合同发生的一切争议，双方同意提交仲裁，仲裁在被诉方国家进行。仲裁裁决是终局的，对双方都有约束力。"在合同履行过程中，双方因品质问题发生争议，于是乙方将争议提交甲国仲裁。经仲裁庭调查审理，认为乙方的举证不实，裁决乙方败诉。事后甲方因乙方不执行裁决向本国法院提出申请，要求法院强制执行，乙方不服。问：乙方可否向本国法院提请上诉？为什么？

[分析] 乙方不可向本国法院提请上诉。因为双方在合同中规定，如发生争议提交仲裁。这一仲裁协议表明双方当事人愿意将争议提交仲裁机构裁决，而且排除了法院对该案件的管辖权。同时，仲裁裁决的效力是终局的，对争议双方均具有约束力。因此，本案中乙方败诉，应按裁决的内容执行，不得向法院提起上诉。

五、国际仲裁裁决的承认与强制执行

国际贸易仲裁在裁决之后仍然存在两大难题：第一，仲裁机构和仲裁员本身并没有权力强制执行其裁决（Award）。如果败诉方拒绝执行，胜诉方就必须向法院申请强制执行仲裁裁决。这就需要法院依法确认仲裁裁决具有可予执行的法律效力，即对仲裁裁决予以承认。第二，仲裁裁决一经做出，就具有法律效力，对争议双方当事人都具有约束力，当事人理应自动履行裁决。但如果败诉方不自动履行，就须由法院依法去强制其履行裁决。而国际贸易仲裁很可能发生这样一种情况：在 A 国进行仲裁，而败诉方却在 B 国，胜诉方须向 B 国法院申请强制执行 A 国的仲裁裁决。B 国法院会承认并强制执行 A 国的仲裁裁决吗？

为了解决各国在承认和执行外国仲裁裁决问题上的分歧和难题，联合国于

1958 年在美国纽约缔结了《承认和执行外国仲裁裁决公约》。该公约的主要内容是，要求所有缔约国承认当事人之间订立的书面仲裁协议在法律上的效力，并根据该公约的规定和申请执行地的程序，承认和执行外国的仲裁裁决。

六、仲裁条款的常用格式

（一）我国仲裁的条款格式

"凡因本合同引起的或与本合同有关的任何争议，双方应通过友好协商的办法解决；如果协商不能解决，均应提交中国国际经济贸易仲裁委员会，按照申请仲裁时该委员会现行有效的仲裁规则进行仲裁。仲裁裁决是终局的，对双方都有约束力。"

（二）被申请人所在国仲裁的条款格式

"凡因本合同引起的或与本合同有关的任何争议，双方应通过友好协商来解决，如果协商不能解决，应提交仲裁。如在××国（被申请人所在国名称），由××国××地仲裁机构（被申请人所在国仲裁机构的名称）根据该组织的仲裁程序规则进行仲裁。现行有效的仲裁裁决是终局的，对双方都有约束力。"

（三）第三国仲裁的条款格式

"凡因本合同引起的或与本合同有关的任何争议，双方应通过友好协商来解决，如果协商不能解决，应按××国××地××仲裁机构根据该仲裁机构现行有效的仲裁程序规则进行仲裁。仲裁裁决是终局的，对双方都有约束力。"

[案例 15-2]

A 国的甲公司与 B 国的乙公司签订了购销麻纺织品的合同，约定由甲公司于 2017 年 12 月底之前交付 200t 麻纺织品给乙公司。而当乙公司收到 100t 货物后，于 2017 年 5 月明确通知甲公司由于麻纺织品销路不畅，不会接收甲公司的继续供货。这时甲公司仓库下存麻纺织品 10t。甲公司为了盈利，在收到乙公司通知后，继续按双方合同约定为乙公司收购了其余的 90t 麻纺织品。后因乙公司拒绝接收后 100t 麻纺织品，酿成纠纷。问：本案例中谁违约？属于哪种违约行为？本案例应如何处理？

[分析] 在本案例中，乙公司属于违约一方当事人是毫无疑问的，其行为构成了不完全履行的违约责任。依法当事人一方不履行合同义务或者履行合同义务不符合约定的，应当承担继续履行、采取补救措施或者赔偿损失等违约责任。一方违约后，另一方应当采取适当措施防止损失的扩大；没有采取适当措施致使损失扩大的，不得就扩大的损失要求赔偿。在本案例中，应该要求乙公司承担继续履行的责任；但是，由于甲公司在乙公司明确告知即将违约的情况下仍然继续收购了 90t 的麻纺织品，扩大了损失，所以甲公司也要承担相应的责任。

[案例 15-3]

我国某外贸公司（买方）与日本甲公司（卖方）签订了一份购买 15 套 A 型设备和 8 台 K 型仪器的合同，总价值 40 万美元，价格条件 CFR 大连，装运期为 2017 年 9 月底。付款条件是，买方在货物装运前 2 个月开立货款全额的不可撤销议付信用证。2017 年 9 月 30 日，买方通过银行开出了以卖方为受益人的信用证（未交押金），卖方于 10 月 9 日和 31 日分两批发运了货物，从议付银行议付了货款，议付行从开证行处获得偿付。10 月 15 日，第一批货物 15 套 A 型设备到港；11 月 8 日，第二批货物 8 台 K 型仪器到港。这两批货物都是买方在未取得正本提单情况下，以副本提单从船公司代理处提取的。经省商检局检验认定，15 套 A 型设备中有 4 套不合格，根本不能生产出标准部件，且无法修复。其余 11 套 A 型设备及 8 台 K 型仪器无质量问题。买方认为，所购 15 套 A 型设备是相互配套使用的，4 套不合格，则其余 11 套也失去使用价值，遂于 2018 年 3 月 24 日向卖方发出一份备忘录，要求将 15 套 A 型设备全部退回。卖方既没有签字，也没有答复。买方最终提起仲裁，请求仲裁庭裁决：

（1）将 15 套 A 型设备做退货处理，卖方返还已收的全部货款并承担全部退货费用。

（2）8 台 K 型仪器比合同规定的交货期延迟 5 周到港，卖方应支付延迟到货的罚金 4 万美元。

（3）买方购买的 15 套 A 型设备用于出租，由于 A 型设备不合格，买方已向承租用户赔偿损失 2 万美元，这笔损失应由卖方负担。

问：（1）仲裁庭对上述请求应如何处理？为什么？

（2）现假设，如在开证行要求买方付款赎单时，买方鉴于货物状况，在单证相符情况下拒绝向开证行付款赎单，开证行会受到什么损失？应如何处理？

[分析]（1）买方只能退还 4 套不合格的 A 型设备，不能退还全部 15 套设备，因为其余 11 套设备是合格的，可继续使用。卖方应退还买方 4 套不合格 A 型设备的货款，应承担 4 套 A 型设备退回的一切费用。

（2）卖方 8 台 K 型仪器的交付确实在合同规定的期限之后，这种延迟是由于买方开立信用证延迟造成的。合同要求信用证应在交货前 2 个月开出，而买方直到 9 月 30 日才开出信用证，按这个日期计算，卖方实际交货期并没有违反合同，买方要求支付延迟到货罚金的请求不成立。

（3）买方将设备出租的事实卖方难以预见，且属于另一法律关系，买方赔偿用户的 2 万美元损失不应由卖方承担（或答"买方的这一部分请求不成立"）。

（4）如买方拒绝向开证行付款赎单，开证行将遭受极大损失，因为其虽持有提单却提不到货物，也没有押金可补偿。开证行可以凭提单要求船公司交付提单项下的货物或赔偿全部货款，也可依据信用证法律关系要求买方履行单证相符时的付款赎单义务。

[**案例 15-4**]

我国某公司与英商签订了一笔服装出口合同。合同按 CIF 伦敦即期 L/C 方式付款，合同和信用证中均规定不允许分批装运和转船。我方按时将货物装上直达轮，并凭直达提单在信用证有效期内向银行议付货款。该轮船中途经过某港时，船公司为了接载其他货物，擅自将我方服装卸下，换装其他船舶继续运往伦敦。由于换装的船舶设备陈旧，该批服装比原定时间晚了 2 个月到达。为此，英商向我公司提出索赔，理由是我方提交的是直达提单，而实际是转船运输，是弄虚作假行为。问：我方应否赔偿？如何处理？为什么？

[**分析**] 我方不应赔偿。应让买方凭直达提单与承运人交涉，凭保险单与保险公司交涉。

因为按 CIF 条件成交，买卖双方的风险转移以货物装上装运港船舶为界，货物在装运港装上船舶后的风险应由买方承担，所以，船方擅自转船造成的损失也应由买方承担。

另外，CIF 属象征性交货，只要卖方按合同规定在装运港将货物装船并提交全套合格单据，就算完成了交货义务，而无须保证到货。

复习思考题

1. 为什么说仲裁比较适合解决国际贸易纠纷？
2. 仲裁的程序是怎样的？
3. 仲裁处理国际贸易纠纷有哪些优点？
4. 除了采用仲裁的方式处理国际贸易纠纷外，还可以有哪些选择？

第十六章
>>>>>> 国际贸易方式

第一节 经　销

一、经销的含义

经销（Distributorship）是指出口企业与国外进口商达成书面协议，委托对方在规定地区和一定期限内销售指定的商品。

二、经销的种类

（1）独家经销。独家经销（Exclusive Distributorship）是指出口企业授予国外进口商在规定地区和期限内享有独家经销权的贸易方式。出口企业与国外进口商签订独家经销的协议后，就不得再与该地区的其他进口商签订经销协议。独家经销在我国又称为"包销"。

（2）一般经销。一般经销是指出口企业不授予国外进口商独家经销权的贸易方式。出口企业与国外进口商签订经销协议后，还可与该地区的其他进口商签订经销协议。

三、采用经销方式应注意的问题

1. 审慎选择经销方式

在选择经销方式时，和一般经销相比，独家经销更能调动经销商的积极性，促使经销商专心销售约定的商品，并向用户提供必需的售后服务。但也可能发生独家经销商的经营能力较差，虽经努力但仍无法完成规定的最低限额，或独家经销商作风不正、居心不良，凭借专营权压低价格或购而不销，给出口企业造成损失的情况。

2. 审慎选择经销商

在选择经销商时，要注意经销商的资信情况、经营能力及其在经销地区的商业地位。一般来说，可以从往来客户中挑选对象，经过适当的考察和评价，再签订正式协议。然后，不仅要逐笔检查每笔交易的执行情况，还需要定期检查协议的执行情况，以便依据不同情况采取必要的措施。

3. 审慎明确协议中的条款

（1）为了防止独家经销商垄断市场或经营不利等现象出现，最好在协议中规定中止或索赔条款。

（2）明确经销商品的范围。可以是出口商的全部商品，也可以是其部分商品。如果是全部商品，还应就出口商以后推出的新产品是否属于经销范围做出规定。

（3）明确规定经销的区域。由双方约定，区域的大小主要应考虑经销商的经营能力、销售渠道、商品性质等。

（4）明确包销的数量或金额。它既是经销商承购的数额，也是出口商供应商品的数额。一般是在一定时期内规定一个经销商购买的最低限额，如一年100万美元。

（5）明确商品的作价方法。主要有两种：一是在规定的期限内一次作价，这种方法对双方的风险较大，很少采用；二是分批作价，即在每次签订交易合同时作价，或由双方定期根据市场行情商定。

（6）明确出口商的义务。例如，在独家经销的情况下，保证经销商的独家经销权，不向指定区域内另行销售指定的商品。

（7）明确经销商的义务。例如，为经销商品促销、市场调研、保护供货商的知识产权等。

（8）明确协议期限、延期和终止条款。

[案例16-1]

我国香港某进出口公司与内地 H 公司签订了一种中成药的独家经销协议，但 H 公司并未自己生产该中成药，而是委托内地 W 公司生产并向香港进出口公司供货。W 公司在向香港进出口公司供货的同时，自营部分进出口业务，又与香港另一家贸易公司签订了该中成药的独家经销协议。这样，就形成了一种商品在当地有两个独家经销商的局面。先取得独家经销权的公司得知这一情况后，即向 H 公司交涉，要求赔偿损失。问：应如何处理？

[分析] 此案例中，H 公司显然违反了独家经销协议中有关专卖权的规定，虽然此行为不是 H 公司故意所为，但应与 W 公司进行交涉，采取相应措施避免违约情况继续发生，并承担可能的损失赔偿。此外，如果 H 公司在签订独家经销协议的同时，也与 W 公司签订了类似的独家经销协议，就可能防止本案例情况的发生。

第二节 代 理

一、代理的含义

代理 （Agency） 是指出口人通过签订代理协议，将商品委托给国外客户（代理人），委托其在一定地区和时间内为出口人代售商品、招揽生意或处理有关事宜的一种贸易做法。

二、代理的特点

（1）代理人只能在委托人的授权范围内，代表委托人从事商业活动，而不以自己的名义与第三者签订合同。

（2）代理人通常是运用委托人的资金从事业务活动，不承担风险、不负盈亏，只根据销售商品的总金额取得佣金。

（3）代理人只居间介绍生意、招揽订单，但并不承担履行合同的责任。

三、代理的种类

（一）总代理

总代理 （General Agency） 是指委托人在指定地区的全权代表，不仅享有指定地区独家代理的权利，有权代表委托人进行签订买卖合同、处理货物等商务活动外，还可以进行一些非商业性活动。在我国出口业务中，一般不签订总代理协议，而指定我国驻外的贸易机构作为我国进出口公司的总代理，如香港地区的华润集团、德信行有限公司、五丰行有限公司和澳门的南光（集团）有限公司等。

（二）独家代理

独家代理 （The Exclusive Agency or Sole Agency） 是指委托人给予代理人在一定地区和一定期限内享有代销指定商品的专营权，只要在一定地区和规定的期限内做成该项商品的交易，无论是由代理人签约，还是由委托人直接签约，除双方另有约定外，代理人都可以按成交金额提取佣金。在我国出口业务中，采用独家代理方式时，参照国际贸易习惯做法，一般都给予代理人上述权利。

独家代理与独家经销有着本质的区别：

（1）在独家代理方式下，委托人与代理人的关系是委托代理关系，代理人的行为所产生的权利和义务直接对委托人发生效力；而在独家经销方式下，独家经销商与出口企业之间的关系是买卖关系，即本人与本人的关系。

（2）在独家代理方式下，代理人不垫付资金，不担风险，不负盈亏；而在独家经销方式下，独家经销商要自筹资金进货，自担风险，自负盈亏。

（3）在独家代理方式下，独家代理人以佣金为报酬；而在独家经销方式下，独家经销商以市场差价为报酬。

（三）普通代理

普通代理（Agency）又称一般代理，是指在同一代理地区及期限内，委托人可同时委派几个代理人为其推销商品，自己也可以直接与该地区的实际买主成交，而无须付给代理人佣金。在我国出口业务中，大多采用这种代理方式。

[**案例 16-2**]

美国 Y 公司为李宁牌运动服装在纽约地区的独家代理人，同时，该公司还独家经销耐克牌运动服。问：这种做法是否合理？

[**分析**] 根据独家代理协议有关专营权的规定，此种做法不合理。因为作为某种商品在指定地区的独家代理人，其只能代理指定的商品，不得经营与代理商品相同或与代理商品有竞争性的商品。此案例中，耐克牌运动服与李宁牌运动服在该市场具有竞争性，因此该种做法不合理。

四、代理协议

代理协议是指明确委托人与代理人之间权利与义务的法律文件。其主要内容包括下列几项：

1. 协议双方当事人

在代理协议的序言中，一般应明确委托人与代理人之间的法律关系、授权范围和代理人职权范围等。

2. 指定的代理商品

在协议中应明确说明代理商品的品名、规格等。

3. 指定的代理地区

代理的地区范围一般不宜过大，可根据代理业务情况逐步扩大。

4. 代理期限及中止条款

代理期限一般限定半年、1 年至 5 年；也可不规定期限，但应规定，其中一方不履约，另一方有权中止协议。

5. 授予代理人的权利

在普通代理协议中，一般规定，保留委托人在代理人的代理地区直接同买主进行谈判和交易的权利。

在独家代理协议中，一般规定，代理人在一定地区和期限内，只能代理指定的货物，不得经营与代理货物相同或与代理货物有竞争性的货物；委托人根据协议也不能再安排另外的代理人在该地区进行代理业务。

6. 代理人佣金条款

佣金是指委托人给予代理人推销货物的报酬。佣金率的大小直接关系协议双方的利益，在协议中必须明确约定佣金率。在规定佣金率的基础上，还要明确规定计算佣金的基础，即以出口数量还是以金额作为计算佣金的基础。支付佣金的方法，可采用委托人在收汇后逐笔结算或定期结算或在货款中直接扣除等方法。

7. 关于最低成交额条款

委托人为保证自身利益，防止代理人取得专营权后发生"代而不理"的情况，可在协议中规定代理人在一定时期内必须完成的最低数量与金额，否则委托人有权撤销代理人的专营权或对其报酬做相应的调整。

8. 关于向委托人提供市场情报、广告宣传和保护商标等条款

代理人在代理协议有效期内，有义务定期向委托人提供市场趋势、海关规定以及本国有关进口的规定等资料，还应在委托人的指令下组织广告和宣传工作，有义务对推销商品的商标予以保护。

在我国进出口业务中，尽管也习惯采用代理方式，但我国实际业务中对代理的运用与某些国家有关代理法律的规定和商业惯例的解释并不完全一致。因此，在签订代理协议时，必须注意某些国家的有关法律和商业惯例以及国际上有关代理商方面公认的准则。

第三节　招标与投标

一、招标与投标的含义、特点及形式

招标与投标是一种传统的贸易方式，在国际工程承包和大宗物资的采购业务中被广为采用。本节仅就商品采购业务中的招标与投标加以介绍。

（一）招标与投标的含义

招投标包括招标和投标两个方面。

招标 （Invitation to Tender） 是指招标人（买方）发出招标通知，说明拟采购的商品名称、规格、数量及其他条件，邀请投标人（卖方）在规定的时间、地点按照一定的程序进行投标的行为。

投标 （Submission of Tender） 是指投标人（卖方）应招标人的邀请，按照招标的要求和条件，在规定的时间内向招标人报盘，争取中标的行为。

（二）招投标的特点

与其他贸易方式相比，招投标具有明显的特点。这表现在以下几个方面：

（1）招标与投标通常都是不经过交易磋商，投标人只按照招标人规定的招标条件进行报盘。这种报盘是对投标人有约束力的法律行为，一旦投标人违约，招标人可得到补偿。

（2）招标与投标属于竞买方式，即一个买方面对多个卖方。卖方之间的激烈竞争，使买方在价格及其他条件上有较多的比较和选择。

二、招标与投标的基本做法

商品采购中的招投标业务，基本上包括下列四个步骤，即招标、投标、开标和评标、签订合约。

(一) 招标

国际上采用的招标方式，主要有以下几类：

(1) 国际竞争性招标（International Competitive Bidding）。按其具体做法，可分为公开招标和选择性招标两种。

公开招标是指招标人在国内外报纸杂志上发布招标通告，以便使所有合法的投标人都有机会参与竞争。这种做法又称为无限竞争性招标。公开招标通常要先进行资格预先审查，即对打算参加投标的企业的能力、资金和信誉等方面情况进行预先审查，只有通过了资格预先审查的企业，才有权参加投标。采取资格预审有利于提高投标品质。

所谓选择性招标，是指招标人不公开发布招标通告，只是根据以往的业务关系和情报资料或由咨询公司提供的投标者的情况，向少数客户发出招标通知。这种做法也称为有限竞争性招标。非公开招标多用于购买技术要求较高的专业性设备或成套设备，应邀参加投标的企业通常都是经验丰富、技术装备优良并且在该行业中享有一定声誉的企业。

(2) 谈判招标（Negotiated Bidding）。谈判投标又称为议标，它属于非竞争性招标。其具体做法是，由招标人直接委托买方进行合同谈判、确定标价、达成交易、签订合同。严格地说，谈判招标不是通常意义上的招标，它与一般的通过谈判达成交易并直接签订合同的做法相似。

(3) 两段招标（Two-stage Bidding）。两段招标又称为两步招标，在采购某些复杂的货物时，通常采用此种招标方式。其具体做法是：第一步，邀请投标人提出不包括报价的技术投标；第二步，邀请投标人进行价格投标。

(二) 投标

鉴于投标是投标人向招标人发出的报盘，故投标人必须认真对待。投标的做法主要包括获取招标文件、缮制投标书、提供投标担保和递送投标文件等环节。

(1) 投标人在投标前先要取得招标文件。招标文件是招标人为投标人制定的规范性文件，其中对投标人应具备的资格、合同的一般交易条件、技术性标准以及投标截止时间、开标日期等事项，都有明确具体的规定。投标人要认真分析研究招标人提出的各项条件，然后根据自己的意图编制投标书。

(2) 投标书实质上是一项有效期至规定开标日期为止的发盘，其内容必须十分明确，中标后与招标人签订合同，所要包含的重要内容应当全部列入。投标既是商业行为，又是法律行为。投标人在投标书中提出的各项条件是否合适，直接关系到其中标可能性的大小，如一旦中标签约，还直接关系到投标人的经济效益。因此，投标人在缮制投标书时，应认真考虑、慎重对待。

（3）招标人招标时，要求投标人提供投标担保，以促使投标者在有效期内保证完全履行投标文件中承诺的责任和义务。按照惯例，开标后，如投标人未中标，可收回其提供的保证金；如投标人在投标有效期内撤回标书，或投标人中标后拒绝签约，则招标人可没收该项保证金作为补偿。投标担保可采用投标保证金、银行保函和备用信用证等形式。

（4）投标书应在投标截止日期之前送达招标人或其指定的收件人，逾期无效。按照一般惯例，投标人在投标截止日期之前，即投标生效之前，可以书面提出修改或撤回。

（三）开标和评标

开标有公开开标和不公开开标两种方式，究竟采用哪种方式，应按照招标人在招标通告中对开标方式所做的规定办理。

（1）公开开标是指招标人在规定的时间和地点当众起封投标书，并宣读其内容。采用公开招标时，投标人都可以参加，并当场监督开标。

（2）不公开开标则是指投标人不参加监督的情况下，由招标人自行开标，并选定投标人。

开标后，招标人对各个投标书中提出的条件进行评审、比较，并从中选出对自己最有利者为中标人，这一过程称为评标。如招标人认为所有投标均不理想或所报条件不符合要求，可宣布招标失败，并拒绝全部投标。造成招标失败的主要原因有：最低的标价也超过了招标人预定的标准；所有投标书所提供的条件都与招标要求不符；只有个别人参与投标，不具有竞争性。

（四）签订合约

招标人选定中标人后，要向其发出中标通知书，约定双方签订合约的时间和地点。中标人签约时，要提交履约保证金，以作为中标人将遵照合同履行义务的担保。在实际业务中，保证金一般以银行保函代替，有时也可由银行开出的信用证作为履约担保。

第四节 拍 卖

一、拍卖的含义及特点

拍卖 （Auction）是指由专营拍卖业务的拍卖行接受货主的委托，在一定的时间和地点，按照一定的章程和规则，以公开叫价的方法进行竞买，最后由拍卖人把货物卖给出价最高的买主的一种现货交易方式。

拍卖业务一般具有以下特点：

（1）拍卖是一种公开竞买的现货交易。拍卖开始前，买主可以查看货物；拍卖开始后，买主当场出价，公开竞买，拍卖主持人代表货主选择交易对象；成交后，买主即可付款提货。

（2）拍卖是在一定的机构内有组织地进行。拍卖一般都是由拍卖行定期组织，集中在一定的时间和地点，买卖某种特定商品。也有由货主临时组织的拍卖会。

（3）拍卖具有自己独特的章程和规则。拍卖不同于一般的进出口交易，在交易磋商的程序和方式、合同的成立和履行等问题上，都有其特殊的规定。各拍卖行也有其不同的章程和规则。

二、拍卖的类型

按出价方法的不同，拍卖可分为以下三种类型：

（一）增价拍卖

增价拍卖 是一种最常见的拍卖方式。拍卖人按照拍卖目录规定的顺序，宣布预定拍卖货物的底价，由竞买者按照规定的增价额度竞相加价，当主持人认为无人再出更高价格时，即以击槌方式宣布成交，将货物卖给出价最高的买主。

（二）减价拍卖

减价拍卖 又称荷兰式拍卖（Dutch Auction），是由拍卖人先宣布最高价，无人接受就逐渐降低叫价，直到有竞买者认为已降到可以接受的价格，并以规定的方式表示接受为止。减价拍卖的成交速度快，常用于拍卖易腐和鲜活商品，如水果、花卉、蔬菜、鲜鱼等。

增价拍卖和减价拍卖，都是公开竞买并当场成交。

（三）密封递价拍卖

密封递价拍卖 又称为招标式拍卖。其具体做法是：由拍卖人首先公布每批商品的具体情况和拍卖条件，然后由买主在规定的时间内将自己的出价密封后递交拍卖人，再由拍卖人选择条件最适合的买主达成交易。这种方式已失去了公开竞买的性质，采用此种拍卖方式，拍卖人不一定接受最高的递价，往往还要考虑其他因素。

三、拍卖的一般程序

拍卖的一般程序可分为以下三个阶段：

（一）准备阶段

参加拍卖的货主先把货物运到拍卖地点，委托拍卖行进行挑选和分批，编印目录并招揽买主。参加拍卖的买主可以在规定的时间内到仓库查看货物，了解商品品质，拟订自己的出价标准，作好拍卖前的准备工作。拍卖行一般还提供各种书面资料，进行宣传，以扩大影响。

（二）正式拍卖

正式拍卖是在规定的时间和地点，按照拍卖目录规定的次序，逐笔喊价成交。拍卖主持人作为货物的代理人掌握拍卖的过程。货主对拍卖的货物可以提出保留价，也可以无保留。对于无保留价的，拍卖主持人在拍卖前应予以说明；对于有保留价的，竞买人的最高出价未达到保留价时，主持人要停止拍卖。

在拍卖过程中，买主在正式拍卖时的每一次叫价，都相当于一次发盘，当另一竞买人报出更高价格时，该发盘即失效。拍卖主持人以击槌的方式代表货主表示接受后，交易即告达成。

（三）成交与交货

拍卖成交后，买主即在成交确认书上签字，拍卖行分别向委托人和买主收取一定比例的佣金，佣金一般不超过成交价的5%，买主通常以现汇支付货款。拍卖行在买主付清货款后，通常开出栈单（Warrant）或提货单（Delivery Order）交给买主，买主凭以在指定仓库提货。逾期不取而发生的保管、保险、运输等费用概由买主承担。上述一切事项办妥无误后，拍卖行以书面或电话形式通知卖主取款结算或取回未拍卖出去的拍卖品。

由于拍卖前买主可事先看货，所以事后索赔事件较少。若货物确有瑕疵，或拍卖人或委托人不能保证其真伪的，必须事先说明，否则，拍卖人要付担保责任。

四、招标投标与拍卖方式的比较

招标投标与拍卖在货物买卖、工程承包以及其他经济活动中被广泛采用，显示出强大的生命力。这两种交易方式的举办者，都是希望借此吸引更多的商家参与其中，形成公开竞争的局面，从而获取利益。许多事实证明，这两种方式运用得当，均可取得良好的经济效益。招标投标与拍卖都有各自的特点和长处。

招标投标属于竞买方式。招标人通过招标吸引众多的卖方参与竞争。卖方之间的竞争，使买方在价格和其他条件上有较多的比较和选择，从而在一定程度上保证了所采购商品的品质，并可使招标人以相对低廉的价格购进其所需的商品。另外，投标人提交的投标担保和履约担保也在一定程度上减少了招标人的风险。就投标人而言，这种交易方式也有其有利之处。因为，招标投标业务一般涉及金额都比较大，属于大买卖。只要投标人事先进行了认真的可行性研究，在投标过程中谨慎小心、科学计算，一旦中标，认真履约，通常都能获得可观的经济效益。

拍卖属于竞买方式。拍卖会的主办人通常都会利用媒体的宣传来扩大影响，吸引尽可能多的竞买人到场参与竞争。激烈的竞争使价格步步攀升，货主可从中得利。例如，在艺术品、文物的拍卖业务中，由于拍卖品奇货可居，引得大亨竞相斗富，卖出天价的情况屡见不鲜。拍卖价格的高低，除了取决于拍卖品本身的品质外，竞争的激烈程度也是一个重要因素。对于竞买人来讲，由于拍卖多采取公开的现场、现货竞买方式，透明度高，并且有相关的法律保证其公正性，因而大大减少了买主的风险。总之，采取这种公开竞买的方式，在一定程度上避免了因买卖双方互不见面导致事后发觉上当再索赔或打官司的被动局面。

第五节　期货交易

一、商品交易所（期货市场）的含义

商品交易所是一种在一定的时间和地点按一定规则，买卖特定商品的有组织的市场。现代大多数商品交易所买卖的都是代表一定商品的期货合同，只有少数商品交易所仍有现货买卖。所以，商品交易所往往又称为期货市场。

二、期货交易的含义

期货交易也称期货合同或纸合同交易，是众多的买主和卖主在商品交易所内按照一定的规则，通过激烈的竞价达成的一种特殊贸易方式。它是在商品交易所早期现货交易的基础上发展起来的，交易的双方一般都没有卖出或买进真正货物的需求，交易的结果可以不发生实际货物的转移，而只是买进和卖出同等数量的期货，以期从中获取利润差额。从事实际商品交易的商家（包括生产商、经营商、进出口商）都尽可能地利用期货市场，转移现货交易的价格波动风险，避免或减少现货交易由于商品价格波动可能带来的损失。

就期货交易所涉及的商品而言，基本上是交易量较大、价格波动频繁的初级产品，如谷物、棉花、食糖、咖啡、可可、油料、活牲畜、木材、有色金属、原油等。

三、期货交易的特点

（1）以标准合同作为交易的标的。期货交易是一种必须以交易所制定的标准期货合同为中介，由买卖双方在交易所内达成远期交割的贸易方式。所谓标准合同，是指由交易所制定的内容和条款为整齐划一的合同格式。在这种标准合同中，除价格和交货期两项内容需要由交易双方协商确定外，其他诸如品质、数量、交货地点、检验方法、支付方式和时间以及解决纠纷的办法等，均统一拟订。同一商品交易所的标准合同，只要商品种类相同，每一份合同所代表的数量也是相同的。这样，双方只需就价格、交货期和交易总量达成协议，即可完成交易，简化了手续，方便了交易。值得说明的是，期货交易并非实物买卖，交易双方买进或卖出的标的物通常不是实际货物（不规定或不硬性要求双方提供或接受实际货物），而是纸合同，双方关心的焦点是买进和卖出期货合同的差价。

（2）特殊的清算制度。商品交易所有自己特殊的清算制度，并由专门的清算机构办理清算事宜。有的交易所内设有清算所，有的则委托某一金融机构负责清算。清算所一般由资金雄厚、信誉卓著的会员组成。清算所会员在清算所内开立账户，并将自己的交易向清算所报告。在这种制度下，所有的清算所会员要就其买卖行为对清算所负责，反过来，清算所也对所有会员负责。

（3）严格的保证金制度。期货交易都是先成交、后清算。如果交易的一方因为巨额亏损，在交割前逃之夭夭，或者因为破产倒闭而丧失偿付能力，都将给另一方造成损失，并影响其业务的开展。为此，交易所规定了严格的保证金制度，以确保合同的履行。清算所规定，在每笔交易达成时，买卖双方均需交纳合同金额一定比例的保证金或押金（一般为 5% ～ 10%），也称初始结算保证金。如果清算所发现会员的账面上有亏损，并且已经超过了规定的百分比时，将要求该会员追加保证金或者强制平仓。正是这种严格的保证金制度，才使整个清算制度以及交易得以正常运作。

（4）价格涨、跌停板制度。期货交易商品的价格变动大，行市涨落不定，为抑制过度投机，商品交易所通常实行价格涨落限额制度，即通常所说的涨、跌停板。

四、期货交易的种类和基本做法

期货交易的种类和做法有多种，其中最常见的是投机交易和套期保值交易。

（一）投机交易

这是一种单纯的买卖期货合同以获取盈利为目的的买空卖空活动。所谓买空，是指投机者在行情看涨时买进期货，待价格实际上涨后见利回抛，获利了结。所谓卖空，是指投机者在行情看落时先抛售期货，待价格实际下跌后再低价买回期货，与其对冲，通过价格的涨落，获取利润差额。买空是先"贱买"后"贵卖"，而卖空是先"贵卖"后"贱买"。

（二）套期保值交易

套期保值交易也称安全期货，又称双重交易或对冲交易，一般是指从事现货交易的工商业主或农场主为了转移风险，避免因为价格波动所造成的损失所采取的一种措施。其基本做法是在现货、期货市场同时进行两个等量但方向相反的交易，即在买进（或卖出）一批实物商品的同时，又在期货市场卖出（或买进）同等数量的期货交易合同。套期保值具体又有以下两种形式：

1. 卖期保值

卖期保值是指经营者购进一批日后交货的实物，为了避免在日后交货时由于该项商品的价格下跌而蒙受损失，就在买进现货的同时，在交易所卖出同等数量的期货合同，以进行保值。这样，如果将来价格跌落，虽然已经买到的实物在价格上受到亏损，但可以通过在期货合同中获得的盈利来弥补先前买进现货而造成的损失。当然，若是商品价格上涨，那么，在现货交易中的盈利就被期货交易的亏损所冲抵。所以，若是对价格走势的判断较有把握，可以不进行套期保值。

2. 买期保值

买期保值与卖期保值恰好相反，是指经营者卖出一笔日后交货的实物，为了避免在以后交货时由于该项商品价格上涨而遭受损失，则可在交易所内买进同一时期交货的同样数量的期货合同。这样，如果将来货物价格上涨，在实物交易中的损失则可以通过回抛购进的期货合同获利而获得补偿。反之，若是货物价格下跌，则原来在实物交易中的获利反而会被套期保值的损失所冲抵。

在进行套期保值时，应注意以下几点：

（1）套期保值主要用于转移实物交易价格发生不利变化可能带来的风险。如果实物的价格趋势向有利方向发展，那么进行套期保值不仅起不到作用，有时甚至会起反作用，它会使实物交易由于价格而带来的好处，被期货交易所造成的亏损所冲抵。因此，当估计到实物价格是向有利方向发展时，就没有必要做套期保值。

（2）严格遵守"均等而相对"的原则。所谓"均等"，是指进行期货交易的商品必须与在现货市场上将来要交易的商品在种类和数量上一致。所谓"相对"，是指两个市场上采取相反的买卖活动，如果在现货市场上买，在期货市场上则要卖，或相反。

（3）期货交易要尽可能同时进行，即争取期差一致。

第六节 对 销 贸 易

一、对销贸易的含义

对销贸易 是在古老的易货贸易基础上发展起来的，以进出口相结合、用出口抵补进口或部分抵补进口为共同特征的一系列贸易方式的总称。在我国，一般将其理解为包括易货、互购、产品回购（补偿贸易）等多种形式。

二、对销贸易的形式及特点

目前世界上的对销贸易主要有以下四种基本形式：

（一）易货贸易

1. 易货贸易的形式

（1）直接易货。直接易货也称一般易货，是指当事人双方以等值的货物互换，不涉及货币，只由交易双方在一个合同里做出规定，不涉及第三者。直接易货一般通过对开信用证方式进行，多用于边境贸易。

（2）综合易货。综合易货也称"一揽子易货"，常见于根据两国双边贸易协定和支付协定进行的贸易，即记账贸易。按照这种方式，双方根据协定各自提出在一定时期内提供给对方的商品种类和金额，货款通过记账方式进行结算。双方账户如果出现差额，只要不超过约定的"摆动额"，顺差方不得要求用自由外汇支付，只能通过调整交货进度或由逆差方增加交货量来进行平衡。

2. 易货贸易的优点

（1）主要在于能够调剂余缺，促进对外支付手段匮乏的国家或企业之间进行贸易，从而有利于国际贸易的发展。

（2）有利于以进带出或以出带进。

（3）可以避免或减少与合同交货相关的货币转移。

正是因为这些优点，易货贸易方式在发展中国家被广泛使用。

3. 易货贸易的缺点

（1）易货贸易中交易货物的数量、品质、规格等方面必须是对方所需要的或可以接受的。而在实际业务中，尤其是在国际贸易商品种类繁多、规格复杂、从事国际贸易商人专业化程度比较高的情况下，要找到这种合适的交易伙伴有时是相当困难的。

（2）易货贸易要求在签订合同时确定货物的品质和数量。但在实践中，由于所交换货物的种类及定价标准可能存在很大差异，品质标准较为复杂，交易双方在签约时很难确定货物的品质及相应的数量。

（3）在易货贸易方式下，最大的风险是已经交付货物的一方可能收不到另一方应当交付的货物。为避免这种风险，交易双方常常强调等值交换同时进行。这在实际业务中难度较大。尤其是对于货物需要国际运输、由于某些原因彼此开立信用证又有困难的交易双方来说，货物有时难以按照约定时间交付，增加了交易的风险。

（4）易货贸易的开展还要受到双方国家经济互补性的制约。一般说来，两国的经济发展水平、产业结构差异越大，其互补性也越强，产品交换的选择余地也就越大；反之，彼此交换产品的难度就越大。

（二）互购贸易

互购贸易也称平行贸易，我国也有人译成"反向购买"，是指交易双方互相购买对方产品的贸易形式。互购贸易涉及两个既独立又相互联系的合同。

互购贸易的基本做法是：交易双方签订一个合同，约定由先进口方用现汇购买对方的货物，再由先出口方在此合同中承诺在一定时期内购买回头货；以后双方还需要签订一个合约，具体约定由先出口方用先出口所得货款从先进口方购买商定的货物。

互购贸易与易货贸易的区别是：

（1）互购贸易不是单纯的以货换货，而是一种现汇交易。

（2）互购贸易不要求等值交换。

（3）互购贸易签订两份合同。

（4）互购贸易可以涉及第三者，即先出口方的购买承诺可改由第三者执行，对方也可以改由第三者提供。

由于互购贸易对于先出口方来说，不论从资金周转还是从随后的谈判地位来看，都是比较有利的。所以，一些发达国家凭借其技术上的优势，愿意采用这种做法，从而使互购贸易成为当前对销贸易的主要方式。

（三）补偿贸易

1. 补偿贸易的含义

补偿贸易是指一方在另一方提供信用的基础上，从国外另一方企业购进机器设备、技术和服务等，不用现汇支付，待到项目投产后，用返销该项目生产的产品或其他货物或劳务或双方约定的其他办法来偿还贷款。按照我国有关部门的规定，如果利用国外信贷购置设备进行生产，然后以返销所得产品或劳务所得价款，分期偿还贷款的，也属于补偿贸易。

2. 补偿贸易形式

常见的补偿贸易形式如下：

（1）直接产品补偿。直接产品补偿也称产品返销，是指出口机器设备的一方在签订出口合同时，必须承担按期购买一定数量的用其提供的机器设备生产出来的产品，即购买直接产品的义务。进口的一方用直接产品分期偿还合同价款。

（2）间接产品补偿。进口的机器设备或技术方不生产有形产品或对方不需要直接产品，出口机器设备或技术方就购买其他产品来代替。

（3）劳务补偿。购进机器设备或技术的一方以提供劳务所赚取的收入来补偿购进设备或技术的价款和利息。例如，来料加工、来件装配等业务，就是双方根据协议，由对方代我方购进所需机器设备、技术，货款由对方垫付；我方按对方要求加工生产后，从应收的工缴费中分期扣还所欠款项。

（4）综合补偿。在实践中，如果将上述三种方式结合使用，就称之为综合补偿。有时，可以根据实际情况的需要，采用部分使用直接产品或其他产品或劳务补偿、部分使用现汇支付等做法。

3. 补偿贸易的特点

（1）信贷是进行补偿贸易必不可少的前提条件。在实际业务中，信贷既可以表现为提供货币资金，也可以表现为商品信贷，即设备的赊销。

（2）设备供应方必须同时承诺回购设备进口方的产品或劳务，这是构成补偿贸易的必备条件。既提供信贷，又承诺回购产品，是构成补偿贸易的两个重要条件。两者必须同时具备，缺一不可。

4. 补偿贸易的优缺点

补偿贸易的优点是能够将利用外资与引进国外先进技术结合在一起，把进口国外先进技术和扩大出口结合在一起，有利于我国企业的技术改造，增强出口商品在国际市场上的竞争能力。

补偿贸易的缺点是国外企业为了保持其在国际市场上的竞争力，一般不愿意转让最先进的技术和设备；一旦国际市场发生变化，设备出口方可能无法销售返销产品，从而处于被动地位。当补偿产品出口量大且与国内出口产品相同或相近时，可能会造成一定程度的相互竞争、多头出口的局面。

5. 补偿贸易合同的主要内容

目前我国对外签订的补偿贸易合同以及国外使用的产品回购合同，均没有统一固定的格式，其具体内容一般是根据交易双方当事人的意愿协商确定的。其主要内容如下：

（1）有关技术及技术协助方面的规定。该项规定一般包括设备的名称、型号、规格、参数，同时应当明确设备安装的责任、设备供应方应当负责的技术协助、人员培训的内容以及品质保证和期限等。如果涉及专利技术或专有技术时，还应当明确规定设备供应方的有关保证，以减少以后产生争议或纠纷的可能性。

（2）有关信贷的条件。此部分一般包括贷款金额、计价和结算货币及其利率、贷款偿还期限、偿还办法以及银行担保等内容。

（3）有关回购义务的规定。设备供应方回购产品或劳务的义务，应当在合同中具体、明确地加以规定。回购义务主要包括回购产品的名称、品种、规格，回购的额度，回购产品的作价，对回购产品销售地区的限制等。

6. 采用补偿贸易方式应当注意的问题

补偿贸易是一种比较复杂的交易，涉及贸易、融资、生产和销售，并且持续的时间比较长，在履约期间又往往可能发生一些事先难以预料的变化。因此，进行补偿贸易，尤其是在进行大型补偿贸易时，应当充分注意以下几个问题：

（1）必须做好项目的可行性研究，立项时必须慎重考虑合作伙伴，以及项目在技术上、财务上、市场上的可行性。

（2）合理计算贷款的成本和安排偿还期；在考虑成本时，应当从利率水平的高低、结算货币的软硬、设备价格的高低三个方面综合测算。

（3）正确处理补偿产品和正常出口产品的关系，原则上应以不对我国的正常出口产品产生影响为前提。

（四）抵销交易

抵销交易是20世纪80年代以来开始盛行的一种贸易方式，主要用于军火以及大型设备的交易，在西方发达国家之间使用较多。

抵销交易分为两种类型：一种是直接抵销；另一种是间接抵销。在直接抵销的情况下，先出口的一方同意从进口方购买在出售给进口方的产品中所使用的零部件或与该产品有关的产品；也可以是先出口方对进口方进行生产这些零部件提供技术或进行投资。这种直接抵销称为"工业参与"或"工业合作"。在间接抵销的情况下，先出口方同意从进口方购买与先出口方出口产品不相关的产品。

三、对销贸易的优缺点

（一）对销贸易的优点

（1）有利于发展中国家解决外汇严重短缺问题。

（2）对销贸易是突破国家贸易保护主义壁垒的手段之一，而且，对销贸易还可以起到平衡贸易收支，分散贸易对象以减少对少数主要市场的过分依赖的重要作用。

（3）通过对销贸易，扩大商品销售渠道，可以推销在正常贸易方式下难以销售的货物。

（二）对销贸易的缺点

（1）成本高，经济效益差。由于成交履约过程复杂、牵涉面广，因此更需要协调进出口双方的关系，一宗交易往往需要两国之间多次往返洽谈，耗费大量的时间和金钱，而且成功率低。因此成本昂贵，经济效益低。

（2）风险大。对销贸易通常成交数额较大，并且履行合同时间较长，经常会由于商品价格或汇率等方面的变化，给其中一方带来经济损失。另外，通过对销贸易换回的商品多为本企业本部门在销售方面没有专长的产品，对其品质、规格及市场需要均没有把握，因此风险较大。

（3）影响技术进步。对销贸易的特点决定了出口方必须购买进口方的产品，使进口方不必为产品的销路而担心，从而不注重提高产品品质。所以，从长远来看，可能影响整个社会技术进步，削弱发展中国家的产品竞争能力。

（4）影响国际市场的稳定。从某种程度上来说，对销贸易与世界贸易组织（WTO）所倡导的自由贸易原则不尽相符，它不是多边贸易，基本上决定于双边范围之内。这样会使部分商品与自由竞争相隔离，从而改变传统商品的供应渠道，进而影响国际市场的稳定。

第七节 加工贸易

一、加工贸易的含义

加工贸易是指利用进口原料和半成品，经国内加工、制造、装配，然后再返销出口，加工者从中赚取加工费的一种贸易方式。其特点是"两头在外"，即原料来源及产品销售均在国外，而加工生产（中间环节）是在国内。

二、加工贸易的基本形式

加工贸易主要有进料加工和来料加工两种基本形式。

（一）进料加工

1. 进料加工的含义

进料加工又叫作"以进养出"。具体是指加工者用专项外汇购进国外的原材料或半成品，利用本国的劳动力、技术和设备，加工制作为制成品或半成品，然后返销国际市场。

2. 进料加工的特点

（1）进料加工中原料的供应者和购买者没有必然联系。

（2）进口、生产和出口三位一体，紧密结合。进料必须考虑生产，生产必须考虑出口，若产销脱节，则会造成损失。

（3）在进料加工中，我国企业从事进出口活动是为了加工增值再出口，从而赚取更多的外汇。

3. 进料加工的作用

（1）通过进口原材料等急需的物资，有助于克服国内原材料等比较紧缺的困难，有利于扩大生产，促进产品出口，增加外汇收入。

（2）进料加工可以更好地根据国际市场的需要，组织进料和加工制作，从而有助于做到产销对口，加快资金周转，避免盲目生产库存积压。

（3）进料加工提供了劳动者就业的机会，使劳动者的工资待遇得到改善，同时也使企业增强了生产能力，提高了技术水平和经营管理水平，为逐步向外向型经济过渡打下了基础。

（二）来料加工

1. 来料加工的含义

来料加工是指通常所讲的"三来一补"中的"三来"，即来料加工、来样制作和来件装配的总称。这种贸易方式的具体做法，是由外商（委托人）将原材料、样品和零部件等运到我国大陆，委托我方按要求进行加工生产或装配成制成品、半制成品，然后交由委托厂自行处置，加工方按照约定收取一定的加工费作为报酬。

2. 来料加工的特点

（1）这种贸易本质上是一种委托加工，从原材料或配件的提供，到产品销售和利润的赚取，均属委托方所有。受托方（加工方）仅负责加工装配，得到的只是劳动力费用补偿。

（2）由原料和零件转化为成品过程中所创造的附加值为外商所有，因而来料加工的经济效益远不如进料加工。

（3）这种贸易项目多数是用人较多、劳动强度大、劳动时间较长的劳动密集型产品。

第八节　寄售、展销与外包

一、寄售

（一）寄售的含义

寄售（Consignment）是一种委托代售的贸易方式，也是国际贸易中习惯采用的做法之一。它是指委托人（货主）先将货物运往寄售地，委托另外一个代销人（受委托人）按照寄售协议规定的条件，由代销人代替货主进行销售，等货物出售后，由代销人向货主结算货款的一种贸易做法。

在我国进出口业务中，寄售方式运用并不普遍，但在某些商品的交易中，为促进成交，扩大出口的需要，也可灵活、适当地运用寄售方式。

（二）寄售的特点

在国际贸易中，寄售有以下几个特点：

（1）寄售人先将货物运至目的地市场（寄售地），然后经代销人在寄售地向当地买主销售。因此，它是典型的凭实物进行买卖的现货交易。

（2）寄售人与代销人之间是委托代售关系，而非买卖关系。代销人只根据寄售人的指示处置货物。货物的所有权在寄售地出售之前仍属寄售人。

（3）寄售货物在售出之前，包括运输途中和到达寄售地后的一切费用和风险，均由寄售人承担。

寄售货物装运出口后，在到达寄售地前也可使用出售路货的办法，先行议销，即当货物尚在运输途中时，如有条件即成交出售，出售不成则仍运至原定目的地。

（三）寄售的优缺点

1. 寄售的优点

（1）寄售货物出售前，寄售人持有货物的所有权，有利于随行就市。

（2）寄售方式是凭实物买卖，货物与买主直接见面，利于促进成交。以寄售方式销售，可以让商品在市场上与买主直接见面，买主可以按需要的数量随意购买，而且是现货现买，能抓住销售时机。所以，对于开拓新市场，特别是消费品市场，寄售是一种行之有效的方式。

（3）代销人不负担风险与费用，一般由寄售人垫资，代销人不占用资金，可以调动其经营的积极性。

2. 寄售的缺点

（1）出口方承担的风险较大、费用较高。①货物未售出之前发运，售后才能收回货款，资金负担较重；②货物需要在寄售地区安排存仓、提货，代销人不承担费用和风险；③如果代销人不守协议，如不能妥善代管货物，或是出售后不及时汇回货款，都将给出口商带来损失；④如果货物滞销，需要运回或转运其他口岸，出口商将遭受更大损失。

（2）寄售货物的货款回收较缓慢。货物寄放在异国他乡，什么时候可以卖出去，什么时候货款可以收回来，事先根本无法预测，寄售协议中也无法规定和限制代销人。

现在，有不少国内企业纷纷到国外开办贸易公司，国内企业利用"寄售"的方式，把出口货物源源不断地发运到国外自己开办的公司，其国外公司将货物售出后再分期分批地把外汇货款汇入国内出口企业，这样的出口生意越做越红火。这种做法不失为一种极佳的寄售方式，因为国内外贸公司与国外贸易公司在法律上是两家公司，而实质上却是一个经济实体。这样，既开拓了公司在国际市场上的业务，又基本消除了出口信用风险。

（四）寄售与代理的主要区别

（1）代销商只能以自己的名义处理寄售货物；而代理人既能以自己的名义，又能以委托人的名义处理代理业务。

（2）代销商既负责代替寄售人与客户签订销售合同，同时又代替寄售人出面负责履行合同；而代理商一般只负责代替委托人与客户签订销售合同，履行合同一事则由委托人自己负责。

（五）寄售协议的主要内容

寄售协议中一般应包括下列内容：协议性质、寄售地区、寄售期限、寄售商品名称、规格、数量、运输、保险、商品检验、作价办法、佣金的支付、货款的收付，以及剩余商品的处理办法等。在签订寄售协议时，要特别注意的几个条款是：

1. 寄售商品的作价办法

在寄售协议中规定寄售商品的作价方法时，归纳起来，大致有以下四种做法：

（1）规定最低售价。代销人在不低于最低限价的前提下，可以任意出售货物，否则，必须事先征得寄售人的同意。

（2）由代销人按行情自行定价。代销人可在不低于当地市价的情况下出售寄售货物，寄售人不规定限价。采用这种做法，代销人有较大的自主权。

（3）销售前征得寄售人的同意。代销人在得到买主的递价后，立即征求寄售人的意见，确认同意后，才能出售货物；也有的是规定一定时期的销售价格，由代销人据以对外成交。

（4）规定结算价格。货物售出后，双方依据协议中规定的价格进行结算。对代销人实际出售货物的价格，寄售人不予干涉。采用这种做法，代销人须承担一定的风险。

2. 佣金的支付

佣金是寄售人付给代销人作为其提供服务的报酬。除了采用结算价格方式外，寄售人都应支付给代销人一定数量的佣金。佣金结算的基础一般是发票净售价，通常解释为用毛销价减去有关费用（如已包括在售价之内），如销售税、货物税、增值税、关税、包装费、保险费、仓储费、商业和数量折扣、退货的货款和延期付款的利息等。

关于佣金的支付时间和方法，做法各异。代销人可在货物售出后，从所得货款中直接扣除代垫费用和应得佣金，再将余款汇给寄售人；也可先由寄售人收取全部货款，再按协议规定计算出佣金汇给代销人。佣金多以汇付方式支付，也有的采用托收方式收取。

3. 货款的收付

寄售方式下，货款多数是在货物售出后收回。寄售人和代销人之间通常采用记账的方法，定期或不定期地结算，由代销人将货款汇给寄售人，或者由寄售人用托收方式向代销人收款。为了保证安全，有的当事人在协议中加订"保证收取货款条款"，或者在协议之外另订"保证收取货款协议"，由代销人提供一定的担保。

4. 剩余商品的处理办法

由于寄售属于委托代售方式，寄售商品在未售出之前所有权归寄售人，所以，在寄售协议中通常都有明确的文字规定，在寄售期结束后，对未售出的剩余商品，代销人可以退给寄售人。当然，双方也可以做出其他约定，如有的规定剩余商品可作价卖给代销人，或者规定剩余商品自动转入下一个寄售期继续销售。

二、展销

1. 展销的含义

展销 （Fair and Sales）是指利用展览会及其他交易会形式对展品实行展销结合的一种贸易方式。

2. 展销的形式

（1）作价卖断，由国外客户参与展销。出口商把自己拟参展的商品卖断给国外客户，再由客户自己把这批商品陈列到某展览会或博览会上去展览和销售。

（2）双方合作。出口商先把拟参展商品发送给国外客户，客户先不支付货款。由国外客户在展览会上把货物卖出以后，再与出口商结算货款。卖方向客户支付约定的代办手续费，并将少数没有卖出的商品折价卖断给客户。

3. 展销的优点

（1）宣传商品，扩大影响，促进交易。

（2）建立和发展客户关系。

（3）开展市场调研。听取消费者意见，改进质量，提高竞争力。

4. 参展方式

（1）参加国际博览会（International Fair）。国际博览会也称为"国际集市"，是指在一定地点定期或不定期举办的由一国或多国联合组办、邀请多国商人参加的贸易形式。

（2）参加中国进出口商品交易会（The China Import and Export Fair）。中国进出口商品交易会又称"广交会"，它是我国规模最大、在世界上也颇有名气的综合性、定期举办的大型展览会。中国进出口商品交易会从 1957 年开始固定在广州举行，每年春、秋各一次，一直延续至今。广交会的优点是规模大、影响深远，参展企业和到会客商都特别多，成交金额也特别大。广交会由于是综合性的，集中了全中国几乎所有的出口产品，可以说是包罗万象。

（3）参加浙江义乌小商品市场。义乌小商品市场是在 20 世纪 80 年代逐步发展起来的新兴市场，商品琳琅满目，国内外商人络绎不绝，商品展销长年不断，被称为"永不闭幕的商品交易会"，可以说是一扇颇具影响力的中国小商品对外窗口。

三、外包

1. 外包的含义

外包 （Outsourcing）是指外贸企业将客户需求的商品的全部或部分委托其他企业加工制作的行为。企业利用外部优秀的专业化资源，可以达到降低生产成本和管理成本、提高生产效率、增强快速应变能力和竞争实力等目的。

2. 外包的原因

（1）企业的生产负荷大于其生产能力。假设某企业月生产某种商品的能力，满负荷也只有 5 万 MT，可是眼下的国外订单却达到 7 万 MT。在国外客户不允许延期交货、企业又不便推辞订单的情况下，企业此时就需要外包一部分数量的产品，以确保能按期交货。

（2）自制的成本大于外包的成本。同样的产品品种和质量，企业自己的生产成本高于从其他同类企业购买的综合成本，这时企业自己生产就不如外包。

（3）自制的产品质量不如他人生产加工的。

（4）企业的技术和设备达不到外商产品的要求，有些企业因技术改造不到位，设备老化、工艺落后、技术指标达不到要求，就必须借助外部企业的先进设施来完成订单。

（5）企业的经营受到知识产权的限制。例如，外商指定要购买某种品牌的商品，而本企业又不具备该品牌的生产和经营权，就可以将此订单外包给具备这种品牌资质的企业来完成。

3. 外包的形式

（1）包工包料。这是指企业将产品所需的整个生产任务全部外包给其他企业，其中包括产品的原材料、辅材料的采购和生产、加工。发包企业最终只对外包产品进行验收和付款。

（2）包工不包料。这是指原材料和辅材料一律由发包企业提供，承包企业只负责产品的加工和生产，发包企业在验收产品成品后只对承包企业支付产品加工费。为了严格控制原材料和辅材料的无谓损耗，发包企业和承包企业之间在外包谈判时约定一个原材料和辅材料的损耗比例，如果实际损耗超过了规定的比例，超额部分的损失由承包企业自己承担。

4. 外包的注意事项

（1）外包之前一定要优选承包企业。考察的范围至少包括承包企业的设备、技术、生产加工规模、领导和员工的综合素质和精神面貌、企业的资信状况、管理和运营机制、质量控制意识和手段等。

（2）外包合同一定要达到"确保生产任务按规定完成"的目标，力求将一些节外生枝的矛盾和问题排除在合作的全过程之外。

（3）外包期间，发包企业一定要派专人随时检查和督促生产加工现场，一旦发现问题，随时给予纠正，以确保生产加工任务的圆满完成。

（4）为了保证本企业的长远利益不受损害，有下列情况之一的都不适合外包：

1）外包有可能泄露本企业的生产技术和商业秘密。

2）外包产品的品质、价格、交货期等各项条件均达不到本企业的要求或得不到保证。

第九节 跨境电子商务

一、电子商务概述

电子商务是以信息网络技术为手段，以商品交换为中心的商务活动；也可理解为在互联网（Internet）、企业内部网（Intranet）和增值网（Value Added Network，VAN）上以电子交易方式进行交易活动和相关服务的活动，是传统商业活动各环节的电子化、网络化、信息化。

电子商务通常是指在全球各地广泛的商业贸易活动中，在互联网开放的网络环境下，基于浏览器/服务器应用方式，买卖双方不谋面地进行各种商贸活动，实现消费者的网上购物、商户之间的网上交易和在线电子支付以及各种商务活动、交易活动、金融活动和相关的综合服务活动的一种新型的商业运营模式。电子商务是利用微型计算机技术和网络通信技术进行的商务活动。各国政府、学者、企业界人士根据自己所处的地位和对电子商务参与的角度和程度，给出了许多不同的定义。电子商务可分为 ABC、B2B、B2C、C2C、B2M、M2C、B2A（即 B2G）、C2A（即 C2G）、O2O 电子商务模式等。

狭义上讲，电子商务（Electronic Commerce，EC）是指通过使用互联网等电子工具（包括电报、电话、广播、电视、传真、计算机、计算机网络、移动通信等）在全球范围内进行的商务贸易活动，如网上采购、网上支付、网上拍卖等。它是以计算机网络为基础所进行的各种商务活动，包括商品和服务的提供者、广告商、消费者、中介商等有关各方行为的总和。人们一般理解的电子商务是指狭义上的电子商务。

广义上讲，电子商务一词源自 Electronic Business，就是通过电子手段进行的商业事务活动。通过使用互联网等电子工具，使企业内部、供应商、客户和合作伙伴之间，利用电子业务共享信息，实现企业间业务流程的电子化，配合企业内部的电子化生产管理系统，提高企业的生产、库存、流通和资金等各个环节的效率。

联合国国际贸易程序简化工作组对电子商务的定义是：采用电子形式开展商务活动，包括在供应商、客户、政府及其他参与方之间通过任何电子工具，如 EDI、Web 技术、电子邮件等共享非结构化商务信息，并管理和完成在商务活动、管理活动和消费活动中的各种交易。

总的来说，电子商务是利用计算机技术、网络技术和远程通信技术，实现电子化、数字化、网络化和商务化的整个商务过程。

二、电子商务的特点

从电子商务的含义及发展历程可以看出，电子商务具有如下基本特征：

（1）**普遍性**。电子商务作为一种新型的交易方式，将生产企业、流通企业以及消费者和政府带入了一个网络经济、数字化生存的新天地。

（2）**方便性**。在电子商务环境中，人们不再受地域的限制，能以非常简捷的方式完成过去较为繁杂的商务活动，如通过网络银行能够全天候地存取账户资金、查询信息等，同时，使企业对客户的服务质量大大提高。

（3）**整体性**。电子商务能够规范事务处理的工作流程，将人工操作和电子信息处理集成为一个不可分割的整体，这样不仅能提高人力和物力的利用率，也可以提高系统运行的严密性。

（4）**安全性**。在电子商务中，安全性是一个至关重要的核心问题，它要求网络能提供一种端到端的安全解决方案，如加密机制、签名机制、安全管理、存取控制、防火墙、防病毒保护等，这与传统的商务活动有着很大的不同。

（5）**协调性**。商务活动本身是一种协调过程，它需要客户与企业内部、生产商、批发商、零售商间的协调。在电子商务环境中，它更要求银行、配送中心、通信部门、技术服务等多个部门的通力协作。电子商务的全过程往往是一气呵成的。

（6）**集成性**。电子商务以计算机网络为主线，对商务活动的各种功能进行了高度集成，同时也对参加商务活动的商务主体各方进行了高度集成。高度的集成性使电子商务进一步提高了效率。

三、企业实施电子商务的主要动机

1. 降低交易成本

企业实施电子商务的主要目的就是节约成本。采用电子商务有利于企业降低对基础设施的依赖，最大限度地减少重复劳动，降低推销和采购成本，并减少中间环节，从而实现交易总成本的降低。

2. 提升服务水平

企业实施电子商务的另外一个重要原因，就是通过网络服务来提升对客户的服务水平，通过提高效率和更新手段来维系与客户的关系，并进行全天24小时跨越时空的全球化运作。网络软件日益成为企业的智能代理，帮助企业以最低的成本和最有效的方式来完成以一般手段无法达到的效果。

3. 扩大贸易机会

如今，国际互联网已经成为一个非常重要的信息渠道。浏览网站，可以让企业掌握最新信息；通过网站发布信息，企业可以开展网上促销，扩大采购渠道，也可以提升企业形象。另外，企业还可以通过参与网上在线市场（如在线广交会）的活动来寻找贸易机会。

四、电商的分类

电子商务可分为 ABC、B2B、B2C、C2C、B2M、M2C、B2A（即 B2G）、C2A（即 C2G）、O2O 九类电子商务模式。

（1）ABC。ABC = Agents to Business to Consumer，它是新型电子商务模式的一种，被誉为继阿里巴巴 B2B 模式、京东商城 B2C 模式、淘宝 C2C 模式之后电子商务界的第四大模式。它是由代理商（Agents）、商家（Business）和消费者（Consumer）共同搭建的集生产、经营、消费为一体的电子商务平台。三者之间可以转化。大家相互服务，相互支持，你中有我，我中有你，真正形成一个利益共同体。

（2）B2B。B2B = Business to Business，商家（泛指企业）对商家的电子商务，即企业与企业之间通过互联网进行产品、服务及信息的交换。通俗的说法是指进行电子商务交易的供需双方都是商家（或企业、公司），她（他）们使用了互联网技术或各种商务网络平台，完成商务交易的过程。这些过程包括：发布供求信息，订货及确认订货，支付过程及票据的签发、传送和接收，确定配送方案并监控配送过程等。有时写作 B to B，但为了简便干脆用其谐音 B2B（2即 two），如阿里巴巴网。

（3）B2C。B2C = Business to Customer，它是我国最早产生的一种电子商务模式，以 8848 网上商城正式运营为标志。如今的 B2C 电子商务网站非常多，比较大型的有京东商城、当当网等。

（4）C2C。C2C = Consumer to Consumer，它同 B2B、B2C 一样，都是电子商务的几种模式之一。不同的是 C2C 是用户对用户的模式，C2C 商务平台就是通过为买卖双方提供一个在线交易平台，使卖方可以主动提供商品上网拍卖，而买方可以自行选择商品进行竞价，如淘宝网。

（5）B2M。B2M = Business to Manager，相对于 B2B、B2C、C2C 的电子商务模式而言，它是一种全新的电子商务模式。而这种电子商务相比以上三种有着本质的不同，其根本区别在于目标客户群的性质不同，后三者的目标客户群都是作为一种消费者的身份出现，而 B2M 所针对的客户群是该企业或者该产品的销售者或者为其工作者，而不是最终消费者。

（6）M2C。M2C = Manager to Consumer，它是针对 B2M 的电子商务模式而出现的延伸概念。B2M 环节中，企业通过网络平台发布其产品或者服务；职业经理人通过网络获取该企业的产品或者服务信息，并且为该企业提供产品销售或者提供企业服务；企业通过经理人的服务达到销售产品或者获得服务的目的。

（7）O2O。O2O = Online to Offline，它是近年来新兴起的一种电子商务新商业模式，即将线下商务的机会与互联网结合在一起，让互联网成为线下交易的前台。这样线下服务就可以用线上来揽客，消费者可以用线上来筛选服务，还有成交可以在线结算，很快达到规模。该模式最重要的特点是推广效果可查，每笔交易可跟踪。

五、电子商务的功能

电子商务可以提供网上交易和管理等全过程的服务，因此，它具有广告宣传、咨询洽谈、网上订购、网上支付、电子账户、服务传递、意见征询、交易管理等各项功能。

（1）**广告宣传**。电子商务可以凭借企业的 Web 服务器和客户的浏览，在互联网上发布各类商业信息。客户可借助网上的检索工具（Search）迅速地找到所需商品信息，而商家可利用网上主页（Home Page）和电子邮件（E-mail）在全球范围内做广告宣传。与以往的各类广告相比，网上的广告成本最为低廉，而提供给客户的信息量却最为丰富。

（2）**咨询洽谈**。电子商务可以借助非实时的电子邮件（E-mail）、新闻组（News Group）和实时的讨论组（Chat）来了解市场和商品信息、洽谈交易事务；如有进一步的需求，还可以用网上的白板会议（Whiteboard Conference）来交流即时的图形信息。网上的咨询洽谈能突破人们以往面对面洽谈的限制，提供多种方便的异地交谈形式。

（3）**网上订购**。电子商务可借助 Web 中的邮件交互传送实现网上订购。网上订购通常都是在产品介绍的页面上提供友好的订购提示信息和订购交互对话框。当客户填完订购单后，通常系统会回复确认信息以保证订购信息的收悉。订购信息也可采用加密的方式，使客户和商家的商业信息不会被泄漏。

（4）**网上支付**。电子商务要成为一个完整的过程，网上支付是一个重要的环节。客户和商家之间可采用信用卡账号进行支付。在网上直接采用电子支付手段可省略交易中的很多人员开销。网上支付将需要更为可靠的信息传输安全性控制，以防止欺骗、窃听、冒用等非法行为。

（5）**电子账户**。网上支付必须要有电子金融来支持，即银行或信用卡公司及保险公司等金融单位要为金融服务提供网上操作的服务。而电子账户管理是其基本的组成部分，信用卡号或银行账号都是电子账户的一种标志。而其可信度需配以必要技术措施来保证，如数字证书、数字签名、加密等手段的应用，加强了电子账户操作的安全性。

（6）**服务传递**。对已付款的客户，应将其订购的货物尽快传递到他们的手中。而有些货物在本地，有些货物在异地，电子邮件能在网络中进行物流的调配。而最适合在网上直接传递的货物是信息产品，如软件、电子读物、信息服务等，它们能直接从电子仓库中发送到用户端。

（7）**意见征询**。电子商务能十分方便地采用网页上的"选择""填空"等格式文件来收集客户对销售服务的反馈意见。这样能使企业的市场运营形成一个封闭的回路。客户的反馈意见不仅能提高企业售后服务的水平，更能使企业获得改进产品、发现市场的商业机会。

（8）**交易管理**。对整个交易的管理将涉及人、财、物多个方面，企业和企业、企业和客户及企业内部等各方面的协调和管理。因此，交易管理是涉及电子商务活动全过程的管理。

电子商务的发展将会提供良好的交易管理的网络环境及多种多样的应用服务系统，从而促使电子商务获得更广泛的应用。

六、电子商务在国际贸易中的应用及前景

近年来，电子商务获得了长足发展。越来越多的企业借助电商平台寻找交易对手，通过电子邮件和在线服务与贸易伙伴进行联系。有关电子商务在国际贸易中的应用，目前主要体现在以下环节：

（1）商品网站和网页。企业对外发布商品求售或求购信息广告是必需的，而在互联网上发布商品广告，具有价格低、影响广、信息传播快、视觉冲击力强等其他广告方式所无法比拟的优势。

（2）电子邮件和在线洽商。在国际贸易中，买卖双方相互交流商品信息、洽谈买卖业务等利用互联网进行，既省时又省力，还节约了大量的差旅费用和时间。

（3）通过互联网传输订单、合同和单据。必要的文件和单证借助互联网络传输，变纸质单据为电子单据，具有省时省力、高效快捷的优点。

（4）电子报检、电子报关、电子稽查税收、电子申请进出口单证。目前，在我国的海关、商检、外汇管理局、国家税务局等部门办理有关出入境货物的法定程序的申请事宜时，都需要进行电子申报了。

（5）电子托运、电子提单、电子投保。现在，与国际贸易关联的服务行业也在大力推广电子化的业务程序，以提升其服务水平，最大限度地满足国际贸易发展的客观需要。

（6）电子支付和结汇。目前，电子支付在国际贸易领域内仅限于一般情况下的汇付方式，如 T/T。在现阶段，由于受到外汇管制、跨越国界等诸多因素的制约，国际支付一时还难以实现像国内电子商务中已经盛行的类似"支付宝"的支付方式。

可以毫不夸张地说，要是没有了电子商务，当今的国际贸易几乎会陷于

"瘫痪"状态。但是，现在的电子商务离人们预期的高级层次——全方位的数字化，还需要一个过程。所谓电子商务的高级层次，是指将企业商务活动的全部程序都用网络的信息处理和信息传输所代替，最大限度地消除人工干预。当前电子商务面临以下几方面急需解决的问题：

（1）法律问题。电子商务主要涉及解决电子文件、合同、公证、单据及签署以及它们的法律效力问题，需要建立一套各国法律认同、电子商务市场的所有参与者共同遵守的电子商务规则等。

（2）标准化问题。电子商务标准化是指为在该领域获得最佳秩序，针对实际和潜在的问题，制定出一套共同遵守和重复使用的规则。它主要包括网络标准化和数据传输标准化。

（3）税收问题。在国际互联网上安排一个不可追踪的网点很容易，这就使得国际互联网地址（计算机域名）与网上从事交易活动实际发生的位置之间的联系变得非常微妙了。网址可以让你知道是谁养护哪个网点，但它不会让你知道有关连接在国际互联网地址上那台计算机所处的位置和情况。现在有大量的数字产品，如软件、信息等，都是可以在互联网上交付的。这就为税务机构追踪和确定交易人及其交易所在的地址增添了新的课题。

（4）安全问题。有效保障通信网络、信息系统的安全，确保信息的真实性、保密性、不可否认性和不可更改性，防止非法侵入使用、盗用、修改和破坏电子信息等，是营造可信赖的电子商务环境的又一大迫切任务。例如，建立完善的加密和解密系统，以满足以下要求：①安全可靠的电信网络；②找到一套有效方法保护有关网络的信息系统；③证实并确保电子信息的机密性，防止信息未经授权而被使用。

复习思考题

1. 什么是经销？经销协议中涉及的当事人之间是什么关系？
2. 在我国进口贸易中开展展销业务的意义是什么？
3. 期货交易与现货交易有哪些区别和联系？
4. 期货交易的主要特点是什么？
5. 寄售业务对寄售人、代销人以及买方各有哪些有利之处？

参 考 文 献

[1] 田运银. 国际贸易实务精讲 [M]. 5版. 北京：中国海关出版社，2012.

[2] 田运银. 国际贸易单证精讲 [M]. 4版. 北京：中国海关出版社，2015.

[3] 余庆瑜. 国际贸易实务原理与案例 [M]. 北京：中国人民大学出版社，2014.

[4] 莫莎. 国际贸易实务 [M]. 大连：东北财经大学出版社，2008.

[5] 韩宝庆. 国际结算 [M]. 2版. 北京：清华大学出版社，2016.

[6] 庞红，尹继红，沈瑞年. 国际结算 [M]. 5版. 北京：中国人民大学出版社，2016.

[7] 孟祥年. 国际贸易实务操作教程 [M]. 3版. 北京：对外经济贸易大学出版社，2007.

[8] 冯静. 国际贸易实务 [M]. 北京：北京大学出版社，2009.

[9] 苏定东，王群飞. 国际贸易单证实务 [M]. 北京：北京大学出版社，2006.